HEINZ PRÜLLER

# GRAND PRIX STORY 85

## Danke, Niki!

VERLAG ORAC WIEN

Fotonachweis:
ARC Lausanne (21); Reinhard (17), Froideveaux (12), International Press Agency Hutchinson/Sharif (11), Muls (11), DPPI (5), Glöckner (3), Townsend (1), Lotus (1), Photo Press Zürich (1).

ISBN 3-7015-0018-5
1. Auflage 1985

Schutzumschlag: Fritz Gnan
Satz: Friedrich Brandstetter, Wien
Druck und Bindearbeit: Wiener Verlag, Himberg bei Wien

# Inhaltsverzeichnis

## CHAMPION DU MONDE

Seine Augen schimmern, aber er verneint: Nicht vor Rührung, und schon gar nicht wären es Tränen. „Ich hab mir nur bei der Siegerehrung selbst ein paar Champagnertropfen ins Aug gespritzt." Als ich Alain Prost vorm improvisierten Radio- und TV-Studio von Brands Hatch — einer grünen Wellblechhütte inmitten der BBC-Wagenburg hinter den Haupttribünen — treffe, ist er seit gerade zehn Minuten Formel-1-Weltmeister.

Alain grinst und raucht, die Zigarette fast verschämt in der Hand wie ein Bub auf dem Schulklo. „Na, hast du gut geschrien?" fragt er den französischen Radioreporter Dominique. Er hat.

Endlich, gratulier ich Prost: Der erste französische Formel-1-Weltmeister der Geschichte. „Aber das ist für die Franzosen viel wichtiger als für mich . . . Ich hab den Titel für ein englisches Team geholt, darum freut mich extra, daß es Brands Hatch war." Aber doch: „Ich bin der erste Franzose, diesen Rekord kann mir keiner wegnehmen, den bricht keiner mehr."

Noch wetterleuchtet das dramatische Rennen in seinem Gesicht. Alain ist auf kontrollierte Weise happy: „Richtig freuen kann ich mich erst in ein paar Stunden . . . oder Tagen . . . weil ich jetzt immer noch zu stark die Spannung spür." Und doch: welcher Gegensatz zum Prost von Estoril 1984, der so tapfer mit den Tränen kämpfte.

Ein vierter Platz im Großen Preis von Europa hinter Nigel Mansell, Ayrton Senna und Keke Rosberg hat Prost zum Titel genügt. Sein schlechtestes Saisonergebnis. Wie man später weiß: sogar ein Streichresultat. Momentan für Prost aber genauso belanglos wie der erste Kommentar des heimlichen McLaren-Teambesitzers Mansour Ojjeh in der lebensgefährlich überfüllten McLaren-Box: „Voriges Jahr Niki Lauda — heuer Alain — und nächstes Jahr vielleicht Keke!"

Am besten, jedes Jahr einen anderen Weltmeister im gleichen Auto. Fahrer austauschbar, Team und Auto immer gleich. Formel-1-Chefs haben das gern.

„Er ist der Beste, also soll er auch gewinnen. Absolut gerecht, Alain war für den WM-Titel überfällig", gratuliert Lauda aus Ibiza — wegen einer Handgelenksverletzung nicht gestartet.

*Der erste französische Weltmeister . . . Raymond Sommer und Jean-Pierre Wimille hätten es sein können, hätte es schon vor 1950 eine Weltmeisterschaft gegeben. Oder der temperamentvolle Jean Behra, hätte er nicht 1958 dem Ferrari-Rennleiter einen Schraubenschlüssel nachgeschmissen. Oder Francois Cevert, der nie erfuhr, daß er ab 1974 der Stewart-Nachfolger als Nr. 1 bei Tyrrell geworden wäre. Oder Patrick Depailler, wäre seine Karriere nicht unter einem Unglücksstern gestanden. Oder Jacques Laffite, der in den ersten Rennen 1979 alles niederriß, worauf Ligier begann, die Sonntagssiege schon am Samstag zu feiern.*
*Oder, am ehesten von allen, Didier Pironi, wäre seine Karriere nicht 1982 im Regen von Hockenheim zerschellt. Schicksalsverknüpfung: Pironi war Prost, der gerade neue Bremsbeläge einfuhr, übers Hinterrad gefahren und aufgestiegen, „bis ich die Bäume von oben sah."*
*Drei Jahre später (Juni 1985) saß der moralische Weltmeister von 1982 streng geheim erstmals wieder in einem Formel 1: Juni 1985, auf einer Privatrennstrecke eines Freundes in Paris, im Williams-Ford FW07. „Ich brach sogar den Rundenrekord! 37,7 gegen 38,2 von Tambay und Cheever, die am gleichen Tag mitfuhren", verriet mir Pironi stolz, konnte sich aber nicht lang freuen — er brach sich zwischendurch schon wieder das Bein. Seine Ex-Frau Catherine lebt übrigens heute mit dem Filmstar Alain Delon.*
*„Prost wird erst Weltmeister, wenn er von Renault weggeht!" Was Formel-1-Auguren vor Jahren geweissagt hatten, wird auf doppelbödige Weise Wirklichkeit: Prost Champion du Monde — während Renault sein Formel-1-Team zusperrt.*
*Frankreich hat seinerzeit den ersten Grand Prix veranstaltet (1906 in Le Mans), der Ungar Ferenc Szics auf Renault hat ihn gewonnen. 79 Jahre später schließt sich der Kreis: Prost als erster Franzose Weltmeister, Renault hört auf, aber Ungarn bekommt im August 1986 in Budapest seinen ersten Formel-1-Grand-Prix, eine Woche vor Zeltweg. Also wenigstens in der Formel 1 eine Wiederauferstehung der Österreichisch-Ungarischen Monarchie.*
*Mögen die Franzosen und Deutschen auch streiten, wer vor 100 Jahren das Automobil erfunden hat: Triumphiert hat 1985 ein französischer Pilot mit deutschem Motor.*

Seine ersten eineinhalb Kilometer als Weltmeister sind für Alain Prost die mühsamsten: mit Koffern und Taschen, assistiert von Ron Dennis und dessen Freundin Liza, umwieselt vom FISA-Zeremonienmeister, hetzt er zum grün-weißen TAG-Hubschrauber. In Biggen Hill wartet Mansours neues Privatflugzeug, die Falcon 2000, mit der sich Prost ins Pariser Nachtleben stürzt.

19.55: Ankunft in Le Bourget. Scheinwerfer und Blitzlichtgewitter. Fernsehen, Radio, Fotografen.

Um 20.30 Uhr kann sich Alain endlich das verschwitzte Weltmeister-Zeugs ausziehen. Geduscht und gekampelt kommt er ins „Sport Special"-Studio des französischen Fernsehens.

22.45 Uhr: Im Mercedes 500 über die Pariser Prachtstraße Champs Elysées, fast wie die Konfettiparade der amerikanischen Astronauten in New Yorks Fifth Avenue. Das Ziel: Der Arc de Triomphe — was sonst als der Triumphbogen? Gleich hinterm Place d'Etoile, im Prominentenrestaurant „Entrecote", ist der ganze erste Stock für Alain Prosts Weltmeisterfeier reserviert. Übers Autotelefon ruft Alain den ersten französischen Turbo-Sieger Jean-Pierre Jabouille an: „Komm, feier mit uns."

Das „Entrecote" wird von Paparazzi belagert, also müssen sich Prost & Co. über den Hintereingang einschleichen.

Eingelassen wird nur, wer den berühmten gelben Ansteckknopf trägt: „Touche pas mon Prost!" — die Rennsportversion des franzöischen Kumpelspruchs: „Touche pas mon pote", tu ja nichts meinem Freund.

14 Mann am Tisch, darunter der französische Künstler Norbert Sahada. Und das Weltmeistermenü: Salat, Roastbeef mit Pommes frites, Erdbeeren. Dazu Rotwein und Champagner. Nachher zwängen sie sich zu acht in ein weißes, offenes Oldsmobil, Baujahr 1947, fahren unter Sternenhimmel zum Nachtklub „Atmosphère". Langsam genießt es Alain, Champion du Monde zu sein: „Ich hab schon immer gewußt, daß ich der Beste bin. Aber dazu brauch ich auch den Titel."

Um 3 Uhr früh hat er's schwarz auf weiß: Der Zeitungsboy kommt mit der „L' Equipe", Riesenschlagzeile: „Prosterité." Frankophile Menschen wissen, daß Prost damit zu den größten Franzosen dieses Jahrhunderts avanciert ist. In der Disco trifft er den Judo-Olympiasieger Thierry Rey, den Humoristen Luron und fällt um fünf Uhr

früh in Sahadas Appartement im vornehmen 16. Arodissement (wo 1968 auch Jochen Rindt gewohnt hat) todmüde ins Bett.
11 Uhr Tagwache, 12 Uhr Fernsehen in Canal 2, dann RTL Luxemburg, dann Canal 1. Gleiche Fragen, gleiche Antworten. Ganz schön anstrengend, Weltmeister zu sein.
Um 13.30 Uhr fällt ihm plötzlich Balestre ein. Er holt den FISA-Präsidenten direkt von einem Lunch aus der bulgarischen Botschaft: „Jean-Marie, ich will dich Donnerstag bei meiner Pressekonferenz dabei haben." Hätte sonst jemals wer erfahren, daß Balestre vor zehn Jahren den kleinen Prost als Kartpilot gesponsert hat?
Interviews fürs Privatfernsehen. Privat-Jet nach London. Gleich ins BBC-Studio und Dienstag früh auch noch die Breakfast-Show.
Mittagessen in einem alten Schloß in Bordeaux, wie nur die Franzosen mittagessen: stundenlang, runtergespült mit „Mouton Rothschild" 1955, Alains Geburtsjahr. Die Flasche kostet heute 2000 Dollar.
Baron Philippe Rothschild, der unermeßlich reiche, 84jährige Exrennfahrer, ist ein charmanter Gastgeber. 1927 bis 1929 hat er auf Bugatti viele Große Preise bestritten, war Zweiter auf dem Nürburgring, Vierter in Monte Carlo.
„Heute hätte ich nur noch eine Bitte an dich, Alain: Könntest du mich einmal wenigstens dein Ersatzauto fahren lassen . . .?"
Der berühmteste Porträtfotograf der Welt, der 70jährige Armenier Yussuf Karsh, soll Prost für ein „Paris-Match"-Titelfoto belichten. Dafür hat er 1,20 Stunden vorgesehen. Für ungeduldige Rennfahrer eine Ewigkeit. Ein Zimmer des Schlosses wird zum Studio umfunktioniert: Silberspiegel, Schwarzfolien, Scheinwerfer . . . Nach fünf Minuten wird Prost zappelig: „Noch immer nicht schußbereit, Monsieur?"
Der alte Meister lächelt gütig auf sein Opfer herab: „Junger Mann, wenn du am Start eines Autorennens stehst: Weißt du dann vielleicht, ob du gewinnen wirst?"
„Ja — ich immer!" grinst Alain Prost.
Für Lauda war Prost „sowieso schon immer der Größte, Beste, Schnellste und Schönste — das einzige, das mich stört, ist seine Nase . . ."
Aus Ibiza schickt er seinem Weltmeister-Nachfolger ein Glückwunschtelegramm. Der englische Text lautet: *„The first one is the most difficult, the next ones come easier. Best regards, Niki."*

Auf deutsch: Die erste Weltmeisterschaft ist immer die schwerste, die nächsten Titel kommen leichter. Viele Grüße, Niki.
„Was ich ihm damit sagen wollte: Daß ich ihm noch einige Weltmeistertitel zutrau."
Denn, wie Niki seine eigenen Weltmeistertitel vergleicht: „Der erste Titel ist der schwerste, weil er beweist: Du hast für die Leute, die dich anstellen und bezahlen, den Job optimal erledigt. Das nimmt irrsinnig viel Druck von dir." Und nachher? „Ob 1977 oder 1984, da war jeder Titel wichtig zu seiner Zeit."
Auch Prost schwebt zwar die ganze Woche im Lear-Jet, aber über den Wolken war noch kein Formel-1-Weltmeister.
Jackie Stewart hat 1969 seinen ersten Titel (sagt er) „gar nicht so registriert. Erst Montag, als der Hotelportier in Monza mein Flugticket umbuchte und am Telefon wisperte: Si, für Signor Stewart, den Herrn Weltmeister."
Keke Rosberg, der letzte Saugmotor-Weltmeister: „Wenn du den WM-Titel gewinnst, ist es wie mit einem Luftballon. Du läßt die Luft raus, und alles, was übrigbleibt, ist ein Fetzen Gummi."
Nelson Piquet, der Doppelweltmeister: „Prost tut mir leid. In Frankreich sind jetzt alle Zeitungen, alle Illustrierten voll mit ihm — aber das heißt gar nichts. Ich hab auch geglaubt: Weltmeister zu sein, muß ein wunderschönes Gefühl sein. Dann wachst du am nächsten Morgen auf — und alles ist gleich: nichts hat sich verändert: kein sechster Finger, und auch alle deine anderen Glieder sind gleich . . . dann dachte ich: na, vielleicht beim zweiten WM-Titel. Auch nichts verändert. Alles gleich."
Wirklich Alain?
Wirklich alles gleichgeblieben, bestätigt Prost. „Ich bin höchstens etwas mehr relaxed . . . aber ich hab auch viel mehr Arbeit."

## MCLAREN IM WINTER: FROST UND FRUST

Der kleine, wuschelköpfige Prost ist also (zumindest) ein Jahr lang Ambassador seines Sports: der Weltbotschafter der Formel 1. Ein anstrengender Job, wie er von Lauda weiß. Ein Jahr zurückgeblendet:

*Weltmeister Niki Lauda auf Welttournee ... so anstrengend, daß er bald genug hat und auch Prost sagt: „Nie mehr wieder!" Blitzlichter aus Mittel- und Südamerika: „Als ich aus der Luft auf Jamaika runterschau, sag ich: servus, Bob Marley." Am gleichen Tag: Santa Domingo, Puerto Rico, Mexico City. Ankunft um 2 Uhr früh. Motorrad-Polizisten fegen die vierspurige Avenida Reforma für den Formel-1-Konvoi frei, stoppen bei grün den ganzen Verkehr. Feudales Abendessen, Meisterehrung. Ein kleiner Mexikaner weint, weil ihm nicht Lauda, sondern Prost den Pokal überreicht. Fotos im Blitzlichtgewitter, mit den Autos, mit den Familien.*

*3 Uhr früh: Pressekonferenz, zum tausendstenmal die gleichen Fragen.*

*Senor Lauda, was halten Sie von Prost? Ich hasse ihn, sagt Niki.*

*Senor Prost, was halten Sie von Lauda? Ich hasse ihn auch.*

*Inzwischen hat sich bei McLaren einiges getan: Prost-Renningenieur Alan Jenkins ist fahnenflüchtig geworden, zum amerikanischen Penske-Team übergelaufen — um dort mit General Motors ein Formel-1-Team für 1988 zu lancieren? Alain also ohne Alan, und flugs dirigiert Ron Dennis den Lauda-Renningenieur Steve Nicols aufs Prost-Auto um. Als Lauda davon hört, ist er bös, fliegt am Neujahrstag von Ibiza nach Österreich, kämpft sich durch Urlauber- und Schneemassen nach Hochgurgl durch, wo Ron gerade skiläuft, und wirft ihm „alles auf einmal" an den Kopf, „weil ich immer mehr draufkomm, daß mein WM-Titel nicht im Sinn all meiner Freunde war, die mir technisches Equipment zur Verfügung stellen". Sein erster Saisonsieg: Steve bleibt bei ihm.*

*Tags darauf treffe ich Niki zum Skifahren am Arlberg, wo sich John Watson bereits wundert, „warum Niki zu keinen Tests mehr geholt wird". Was auch Lauda „ein bißl komisch" findet. Als Prost aus Le Castellet — um 0,5 langsamer als die Ferrari — ratsuchend einen Hilferuf losläßt, holt niemand den Weltmeister.*

*30 Grad klirrender Frost, aber unbeirrbar, tief vermummt, spult Niki in Zug bei Lech sein Fitneßprogramm ab: 15 Kilometer täglich. Frost und Frust aber auch wegen McLaren.*

*Niki: „Das Team hat Prost schon 1984 psychologisch geholfen, heuer eher noch mehr — weil er ja noch mehr der Arme ist: Sieben Siege 1984, und trotzdem nicht Weltmeister."*

*Und was sagt Alain?*

*Niki: „Mit dem komm ich vor lauter Promotion-Arbeiten fast nicht zum Reden, aber klar ist: Alles wird immer schwieriger, nie leichter. Aber je schwieriger, je mehr Autos 1985 zwischen Prost und mir — um so besser für mich."*
*Glaubst du an ein McLaren-Superjahr wie 1984 — mit zwölf Siegen?*
*Niki: „Schwer, weil das einmalig war. Auch Erfolg verschleißt ein Team. Noch mehr Motivation zu finden ist unmöglich. Was willst nach zwölf Siegen sagen: Strengts euch an, arbeitets noch besser?"*
*Und du selbst?*
*Niki: „Einen WM-Titel zu gewinnen laugt aus, raubt dir alle Kraft. Es ist, wie wenn ein Bergsteiger von einem Achttausender runterkommt und schon wieder auf den nächsten Achttausender hinauf muß. Da geht er auch erst unten ein bißl um den Berg herum ..."*
Lauda ist ungeduldig: Die McLaren-Überlegenheit schmilzt in sechs Monaten Pause mit jedem Tag. Die ersten Rio-Tests sind eine Katastrophe — ausgenommen der neue Bordcomputer: „Damit sind wir auf dem Weg zum Space shuttle. Wirklich super", jubelt Lauda noch ...
Das neue Reglement: Spriteinfrieren verboten, Heckflügelohren weg. Aber für McLaren noch dramatischer: der Wechsel von Michelin auf Goodyear. „Mit den Michelins hatten wir, je nach Strecke, pro Runde einen Vorteil von 0,5 bis 0,8 Sekunden. Unser größtes Plus. Das ist jetzt schlagartig weg."
Weil der neue McLaren, wie üblich, als allerletzter fertig wird, sitzen Lauda und Prost bei der Imola-Testwoche noch im Vorjahrsauto. „Also ist es der alte McLaren, den wir heuer schlagen müssen?" fragt Enzo Ferrari aus der Boxenecke heraus giftig.
Die Sieger im Winter: Boutsen (Arrows) bei der Testwoche in Imola, Patrese (Alfa) bei allen Skirennwochen der Formel 1: er gewinnt sowohl den Fischer-Grand-Prix in Kitz als auch den Formel-1-Riesenslalom von Sestriere — wo sich Alain Prost als „Kilometro Lanciato"-Pilot versucht: 111 km/h, ohne Helm. „Kein Problem, ich bin sicher genug unterwegs", lacht Prost. Er ist braungebrannt, locker und voll Zuversicht. „Ich hatte einen Superwinter: Viel skilaufen, viel Ferien, wenig testen ... und natürlich immer die Willi-Dungl-Spezialdiät. Ich bin gut beisammen, körperlich und seelisch — und bereit für die Saison!" Die Augen funkeln, der Tatendrang ist unübersehbar.

*Wie gehst du heuer auf den WM-Titel los?*
*Alain: „Wie jedes Jahr, seit ich Formel 1 fahr, heuer zum fünftenmal. Heuer sollte es klappen. Ich spür: Das wird ein gutes Jahr. Gutes Auto, gute Motoren ...“*
*Und Niki?*
*Alain: „Mit ihm bin ich jetzt fast besser befreundet als vorher — weil der große Druck weg ist. Die Konkurrenz ist viel härter. Doch Niki wird mir helfen, den Titel zu gewinnen, oder umgekehrt ... aber er wird sicher versuchen, selbst wieder den Titel zu gewinnen. Das ist normal.“*
*Bist du schon bereit?*
*„Ich schon, das neue Auto noch nicht — und mit den neuen Reifen brauchen wir sicher zwei, drei Rennen, bis alles okay ist. 1984 war eine phantastische Saison, 1985 wird sicher auch gut.“*
*Und wie sieht die Konkurrenz aus?*

| | 1984: | 1985: |
|---|---|---|
| Marlboro-McLaren | Lauda (16), Prost (16) | Lauda (14), Prost (16), Watson (1) |
| Ferrari | Alboreto (16), Arnoux (16) | Alboreto (16), Arnoux (1), Johansson (15) |
| JPS-Lotus-Renault | de Angelis (16), Mansell (16) | de Angelis (16), Senna (16) |
| Brabham-BMW (Parmalat) | (Parmalat): Piquet (16), Teo Fabi (12), Corrado Fabi (3), Winkelhock (1) | Piquet (16), Hesnault (3), Surer (12) |
| Renault-elf | Tambay (15), Warwick (16), Streiff (1) | Tambay (15), Warwick (15), Hesnault (1) |
| Williams-Honda | (Saudia): Rosberg (16), Laffite (16) | (Canon): Rosberg (16), Mansell (15) |
| Toleman-Hart | Senna (14), Cecotto (3), Johansson (3) | (Benetton): Teo Fabi (13), Ghinzani (7) |
| Benetton-Euroracing-Alfa-Romeo | Patrese (16), Cheever (15) | Patrese (16), Cheever (16) |
| Barclay-Arrows-BMW | Surer (15), Boutsen (15) | Boutsen (16), Berger (16) |
| Ligier-Renault | (Loto): de Cesaris (16), Hesnault (16) | (Gitanes): de Cesaris (11), Laffite (15), Streiff (4) |
| Osella-Alfa | (Kelemata): Ghinzani (14), Gartner (8) | Ghinzani (7), Rothengatter (8) |
| Tyrrell-Ford/Renault | Bellof (11), Brundle (7), Johansson (3) | Bellof (9), Brundle (15), Johansson (1), Capelli (2), Streiff (1) |
| ATS-BMW | Winkelhock (11), Berger (4) | — |
| Skoal-Bandit-Ram-Hart | Alliot (13), Palmer (14), Thackwell (1) | Winkelhock (8), Alliot (13), Acheson (2) |
| Zakspeed | — | Palmer (7), Danner (2) |
| Minardi-MM | — | Martini (15) |
| Beatrice-Lola-Hart | — | Jones (3) |
| Spirit-Hart | Baldi (7), Rothengatter (7) | — |

LOTUS: Beendigt die „unheilige Allianz" de Angelis/Mansell und holt dafür den brasilianischen „Wunderknaben" Ayrton Senna als gleichberechtigte Nr. 1 — unter stürmischen Protesten von de Angelis: „Das hätte ich bei einem Fahrer meines Jahrgangs akzeptiert, etwa Prost, aber bei Senna mit nur einem Jahr Formel-1-Erfahrung kann ich das nicht." Senna leidet über den Winter an einer mysteriösen Nervenlähmung im Gesicht. „Am besten, wir schicken ihn zu Skiferien auf den Arlberg: The Schnaps will kill the virus", spaßt Lotus-Chef Peter Warr, voll Erfolgshunger. „Der Lotus ist das beste Chassis im ganzen Business. Mit den gleichen Reifen können wir endlich die McLaren pushen — und du wirst sehen: Plötzlich unter Druck gesetzt, sind das auch nur ganz normale Rennautos."
WILLIAMS: Begrüßt Mansell so herzlich, wie es bei Williams möglich ist — aber Rosberg empfängt seinen neuen Partner eher cool: „Nein, wir schlafen nicht zusammen", sagt Keke. Bei den ersten Testfahrten wundert sich Mansell, wie ruppig der Williams-Honda zu fahren ist.
BRABHAM-BMW: Neuer Sponsor, neue Reifen, neue Nr. 2: Parmalat-Chef Tanzi zieht alle Millionen von Brabham ab, bleibt nur dem Lauda-Kappl treu — weil er seine Werbestrategie total umstellt: „Wir stecken lieber 18 Millionen Dollar in TV-Werbespots." Am Tag vor der offiziellen Teampräsentation in München weiß nicht einmal Rennleiter Blash, welche Aufkleber aufs Auto kommen. Dann fliegt Bernie Ecclestone (im Parmalat-Helikopter, wie sonst?) nach Ivrea und schließt mit Olivetti-Chef de Benedetti einen Dreijahresvertrag für zwölf Millionen Dollar. Die neue Nr. 2, Hesnault, vermittelt eine Million Dollar von Pernod. „Ich kenn mich selbst nimmer aus: Bernie hat mir immer nur gesagt: sei still, red nicht viel, du fährst für mich." Piquet ist über den Winter der Fleißigste von allen: 13.000 Testkilometer mit Pirelli. Das große Fragezeichen dieser WM, glaubt Lauda über Piquet, „weil Pirelli nur ein Spitzenauto betreuen muß und, wenn nötig, blitzschnell reagieren kann".
ARROWS: Der schnelle Boutsen natürlich fix, aber um Platz 2 eine Schlammschlacht, in der Berger durch seinen (unverschuldeten) Autounfall zurückgeworfen wird: „Ich werd durchs Heckfenster rausgeschleudert, lieg halb aufgestützt im Bach, kann mich nicht rühren, ober mir hängt das Auto in den Bäumen, und jemand brüllt: Benzin rinnt

aus!“ Bilanz nach der glücklichen Rettung: „Während alle anderen ihre Verträge abschließen, lieg ich bewegungslos im Spital — und während sie fleißig testen und Fitneßtraining machen, muß ich mich um meine Verträge kümmern.“ Arrows will immer nur Berger: „Wir finden gemeinsam mit ihm Sponsoren — oder wir schauen, mit wieviel Geld Jo Gartner daherkommt.“ Als beim Formel-1-Tiroler der Sponsor Swarovski abspringt, offeriert Gartner (angeblich) 1,2 Millionen Dollar. Berger: „Wäre ich Jackie Oliver, würde ich mit soviel Geld ung'schaut den Gartner nehmen.“ Darauf organisiert sich Berger 400.000 Dollar bei de Longhi, die Gartner (angeblich) auf 200.000 halbiert: „Ich zahl die andere Hälfte, dafür setzt ihr mich ins Auto.“ Womit er Berger „den Sponsor zusammenhaut“, was den Tiroler schimpfen läßt: „Der Idiot!“ Worauf sich Gartner hinsetzt und an alle Zeitungen „offene Briefe an Berger“ verschickt, mit dem Hinweis: „Laß dir beim Aufsetzen der Lauda-Krone noch Zeit, denn dazu fehlt dir das Format.“ Zum Nennungsschluß telext Oliver die Namen beider Österreicher nach Paris, bekommt eine Nachfrist bewilligt, legt sich auf Berger fest und fragt mich: „Lauda hat doch seine Weltkarriere mit 2,5 Millionen Schilling Sponsorgeld begonnen. Wieviel ist euch der nächste österreichische Weltmeister wert?“ Berger kanalisiert seine Sponsorgelder auf Arrows um; das Bestätigungs-Telex landet irrtümlich bei McLaren.

RENAULT: Der „schlafende Riese“ erlebt über die Winterpause das größte Revirement: Das Lauda-Engagement wäre für Rennleiter Larrousse die letzte Trumpfkarte gewesen — als sie nicht stach, mußte er gehen: zum Erzfeind Ligier. Und er nahm seinen Konstrukteur Tetu gleich mit. Neuer Renault-Sportchef: Gerard Toth, ein Mann von der Qualitätskontrolle, unbeleckt in Sportfragen. „1985 müssen wir wieder Große Preise gewinnen. Und 1986 endlich die Weltmeisterschaft!“ trommelt er bei der Weltpräsentation in Paris-Billancourt. „Er ist nicht mein Freund“, sagt Rennleiter Sage, „mein Chef, aber kein Freund.“ Tambay und Warwick versprühen Optimismus: „Noch nie fuhren wir für ein Team, das mit soviel Kampfhunger und fanatischem Siegeswillen einer neuen Saison entgegengefiebert hat.“ Einbremsen, liebe Freunde.

LIGIER-RENAULT: Außer Larrousse/Tetu kommt vor allem Jacques Laffite: Heimkehr zu Ligier nach zwei kühlen englischen Jahren bei

Williams. „Ligier ist wie meine Familie!" freut sich der alte Haudegen, gepartnert mit de Cesaris. Die ersten Testfahrten spenden Mut: „Das Auto ist gut und gesund geboren — das ist das wichtigste."
TYRRELL: Muß sich bei der Motorsport-Oberhoheit FISA noch hochoffiziell für alle Missetaten 1984 entschuldigen, sich also noch bedanken, daß man ihm alle WM-Punkte gestrichen hat — dann darf er mit Bellof und Brundle wieder mitkonkurrieren. FISA-Erklärung: „Mister Tyrrell war einverstanden, jedwede Entscheidung zu akzeptieren, und dann hat er uns vor Gericht zitiert." Tyrrell 1985: in gespannter Erwartung der Renault-Turbomotoren.
ALFA ROMEO: Unverändert mit Patrese/Cheever und Benetton-Sponsorgeld: Pro WM-Punkt sind 50.000 Dollar Prämie vereinbart — die nie ausgezahlt werden müssen. Neu ist der frühere Rallye-Weltstar Sandro Munari als „Direttore sportivo". Anständig bezahlt, aber für viel PR-Arbeit fast ein bißl schüchtern.
TOLEMAN: Mit Pirelli seit Imola 1984 zerstritten, durch den Michelin-Rückzug überrascht, von Goodyear abgelehnt, steht Toleman anfangs 1985 ohne Reifen da — aber nicht ohne Ideen. „Wollt ihr Zusammenarbeit?" fragen die „Tolemänner" beim japanischen Pneu-Giganten Bridgestone an. „Dann gebt uns 5000 Reifen und zahlt uns 5,5 Millionen Dollar." Entsetzt fragen die Japaner bei Ecclestone rück: „Ist das in der Formel 1 wirklich heutzutage so üblich?"
MINARDI: ein neues, kleines, aber überraschend kompaktes Team, das der italienische Industrielle Minardi gegründet hat: Konstrukteur Ing. Caliri (ex-Ferrari), den Motor baut Ing. Carlo Chiti (ex-Alfa): „Motori moderni". Dazu kommt der jüngste Fahrer im Grand-Prix-Zirkus, der Formel-3-Europameister und Monaco-Sieger Pierluigi Martini, mit dem erfahrensten Rennmechaniker, Laudas gutem, altem Ermanno Cuoghi.
RAM-HART: Ein umgekrempeltes Team (Winkelhock Nr. 1, Gustav Brunner Konstrukteur) in totaler Euphorie. Man träumt vom Vorstoß ins Mittelfeld. Doch als Brunner zuviel vom Geld schwärmt, bremst ihn Bellof-Manager Willi Maurer: „Laß dir dein Gehalt immer im voraus zahlen!" Hoffentlich hat's auch Winkelhock gehört.
ZAKSPEED: Das neue deutsche Formel-1-Team, für dessen Chef Erich Zakowski die Formel 1 kein Abenteuer ist, „sondern eine Herausforde-

rung und, wenn man unseren Werdegang ansieht, eine ganz logische Entwicklung". Mit seiner 10-Mann-Rennabteilung, mit selbstgestricktem 4-Zylinder-Turbomotor, mit dem Londoner Spitalsarzt Dr. Jonathan Palmer im Cockpit fordert Erich Zakowski, der gebürtige Ostpreuße, die Turbogiganten.

FERRARI: Vorläufig weiter mit Alboreto/Arnoux, aber René hat schon die Schlinge um den Hals. Wellenberge von Wundernachrichten eilen den roten Rennern voraus. Designer Postlethwaite, vertraulich: „Wir haben unbegrenzt PS, soviel Kraft, wie sich keiner vorstellen kann!" Der revolutionäre „Quattro-Turbo" (vier Turbolader, je zwei pro Zylinderreihe für den V6) kommt 1985 ebensowenig wie der spritsparende Vierzylinder.

Aber hinter den Kulissen von Maranello stinkt und gärt es: Arnoux steht auf der Abschußliste, weil Ferrari plötzlich zetert: „Ich seh nicht ein, warum wir Millionen in einen Fahrer investieren müssen, der so wenig sein Hirn benützt." Offizielle Rüge: „Dein Geist hat sich geändert, dein Tempo auch. Du bist nicht mehr der René Arnoux, den ich gekauft hab."

Im Kreml stellen sie in solchen Fällen einen Sessel vom Konferenztisch weg. Bei Ferrari tauschen sie: „Wir schlagen dir ein Geschäft vor: Wir holen für dich de Cesaris — und du gehst statt ihm zu Ligier." Aus der Rochade wird nichts, weil Arnoux sich weigert. Ferrari muß das Offert zurückziehen. Aber Arnoux ist ab sofort ein toter Mann.

Zunächst ein kranker. „Schon monatelang tut mir der rechte Wadenmuskel weh. Die heutigen Biester verlangen unheimlich viel Kraft." In aller Stille, streng geheim, läßt er sich zwischen Weihnachten und Neujahr in Paris operieren. Zufällig kriegt der Ferrari-Importeur Pozzi Wind von der Sache und meldet alles pflichtschuldig nach Maranello. Ab jetzt muß Arnoux eine neue Vertragsklausel akzeptieren: „Wenn du dich als nicht fit erweist, brauchst du Urlaub."

Mir fällt nur auf, wie maßlos Arnoux den ganzen Winter übertreibt: „Weltmeister 1985? Muß, kann nur ein Ferrari sein, weder Lauda, noch Prost." Jetzt wissen wir, warum.

Lauda beginnt also mit der Nr. 1 auf der Schnauze. „Aber die macht mich nicht schneller — weil ich sie ja nicht seh."

## *RIO: AUFPASSEN AUF FERRARI UND LOTUS!*

*Ein langer Nachtbummel mit Niki durch Wien, irgendwann im Winter. Seine Stationen: „Argentina", „Oswald und Kalb", „Motto", „Echo" — und ein paar verblüffende Geständnisse: „Eigentlich ist die Formel 1 pervers. Vor zehn Jahren, in meinem ersten WM-Jahr mit Ferrari, hab ich das gleiche in Schillingen verdient, was mir McLaren heute in Dollars zahlt. Verstehst du das?"*
*Er öffnet sich wie eine Blume: „Was mich an der Formel 1 fasziniert, war immer nur das Autoentwickeln, das schnelle Autofahren — alles andere stört mich jetzt immer mehr. Daß die Formel 1 aufgeblasen wird, aufs Niveau eines Zirkus, daß Wichtigtuer Dinge hineininterpretieren, die nicht mehr der Realität entsprechen. Natürlich, ich erfüll meine Pflicht, gib auch hundert Interviews am Tag, aber das Umfeld stört mich. Die gleichen faden Gesichter, überhaupt keine neuen Impulse . . ."*
*Was wär die Konsequenz für dich? frag ich. „Aufhören . . . Im Grund genommen brauch ich ja nur mein Auto, meine Ingenieure, meine Mechaniker, damit ich den McLaren wieder zum Fliegen bring — sonst nichts. Alles andere ist mir fad."*
*Aber ändert sich das nicht schlagartig, wenn du wieder im Auto sitzt?*
*„Schon möglich. Mein Bezugspunkt war immer mein Rennauto — und der hat mir, vom bißl Testen abgesehen, jetzt ein halbes Jahr gefehlt."*
Was Lauda nicht kapiert: „Ein so erfolgreiches Auto zu modifizieren, dem neuen Reglement anzupassen, hätte keine sechs Monate dauern dürfen."
Endlich ist der neue McLaren fertig: keine technische Revolution — nur die Weiterentwicklung des Superautos von 1984: noch extremerer Flaschenhals, neue Hinterradaufhängung, geänderte Aerodynamik. Der Laie sieht nichts, die Profis ärgern sich: Die ersten Tests in Brands Hatch gehen im Regen unter. Ungetestet fliegt ein Auto nach Rio. Die restlichen zwei werden noch im Jumbo zusammengeschraubt . . .
Rio ist der ersten Waffengang der neuen Autos, die zum erstenmal aufeinanderprallen. Viele haben den McLaren nachgebaut. Klar: McLaren gibt soviel Geld im Windkanal aus, daß man ruhig kopieren kann. Der neue Lotus 97? „Als hätten's einen McLaren hergenommen

und schwarz angemalt", notiert Lauda. Nur der lange, überschlanke Brabham BT 54 tanzt aus der Reihe. Und der Ligier JS 25: französisch, also ein bißl umständlich, findet der österreichische RAM-Konstrukteur Gustav Brunner, „nicht schön, im Detail schlimm" — aber gut.

In Zukunft, glaubt Brunner, würden sowieso alle Rennautos wie Zeppelins aussehen.

Was niemandem auffällt: In Rio haben alle Piloten andere Sturzhelme — nur noch ein Kilo statt zwei Kilo. Die alten Rennfüchse wissen längst: Anders hältst du nicht durch. Das erste Rennen, sehr heiß, als einziges linksherum, die Kurven nicht überhöht — all das drückt auf die Halsmuskulatur. Lauda zu Berger: „Samstag abend glaubt keiner von uns, daß er das Rennen durchsteht. Alle brauchen Massage. Und Sonntag sind die meisten halbtot . . . denk daran: leichter Helm!"

Gerd Bacher hat einmal gesagt: „Nur am Mount Everest bist du wirklich frei." Lauda wenigstens in Corcovado. In der Eifel können ihn die Deutschen nicht einmal mit Superhonoraren bewegen, für ein Foto zur alten Nürburg hochzuklettern — aber in Rio fährt er spät nachts, ganz allein, zur berühmten Christusstatue hoch: Schranken schon herunten, davor drei Brasilianer mit Pistolen. Strengstes Fahrverbot. Dann die Frage: Aha, Niki Lauda? Haben Sie 10.000 Cruzeiros . . .? Für Millionenstar Lauda, normal auf Schritt und Tritt von Kameras belauert, ein unheimliches Erlebnis: „Ich ganz allein unter dem riesigen Christus, stürmischer Wind, wackelnde Scheinwerfer — und der atemberaubende Blick hinunter auf Rio."

Das Kontrastprogramm: Bernie Ecclestones Samba-Party mit Riesenfeuerwerk und Wahl der „Miß Tanga" — es gewinnt das Lotus-Mädchen.

Trotz 35 Grad Gluthitze rennt Berger täglich eineinhalb Stunden: am Stadtrand oder draußen neben den Krokodilsümpfen. Auf Laudas Rat hat er sich einen Motorradhelm besorgt. Sein Rezept: „Die ersten zwei Rennen behutsam, auf Ankommen fahren — und dann erst angreifen."

*Weltpressekonferenz im „Intercontinental": Alle Piloten aufgefädelt. Mir fällt auf, daß Senna am längsten steht, dann schiebt er die Platz-*

*karte „Prost" zur Seite und setzt sich neben Lauda. Wie auf Kommando rücken alle anderen Fahrer einen Sessel weiter — und Senna hat plötzlich zwei Stühle. Boshafte Zungen behaupten: einen für sich, einen für sein Ego.*

*Aber nur ein einziger ist wirklich im Blitzlichtgewitter, nur auf Lauda prasseln die Fragen herein. Franco Lini, Ex-Ferrari-Rennleiter und jetzt Starreporter: „Warum hörst du nicht auf, gehst fischen und überläßt den jungen Fahrern den WM-Titel?" Klassischer Lauda-Konter: „Weil ich gottlob noch nicht so alt bin wie Franco Lini . . ."*

*Dabei weiß Lauda bereits im März, daß es seine letzte McLaren-Saison wird — als er seine Kollegen Piquet und Rosberg vergattert: „Paßt auf: Ich fahr heuer sicher mein letztes Jahr für McLaren. Bisher haben wir uns immer von den Konstrukteuren gegenseitig ausspielen lassen" — wie im Herbst 1984, als sich Rosberg so billig bei McLaren anbot, daß er den Lauda-Preis drückte. „Wenn wir aber zusammenhalten, kassiert jeder von euch nächstes Jahr drei Millionen Dollar."*

*Der erste Mißton des Jahres: Kurz vor Trainingsbeginn. Kaum kommt Stefan Bellof vom Abwiegen, schmeißt ihn Ken Tyrrell raus: „Du bist für ein Rennen gesperrt!" Die Hintergründe: Tyrrell und der Deutsche haben 140 Quadratzentimeter Werbefläche auf dem Overall fix vereinbart, z. B. zehn Aufkleber à 14 Quadratzentimeter. Aber Stefan muß ICI vom Visier wegnehmen, weil Tyrrell mit dem Faserhersteller Couthals verbandelt ist. Er kriegt Schwierigkeiten wegen seiner Shell-Dekoration — weil Tyrrell die „elf"-Gelder für den Turbomotor braucht. Also: fünf Aufkleber am Ärmel — und der Zigarettensponsor am Rücken. Zu groß, rechnet Tyrrell aus, und läuft selber zu den Zigarettenleuten: „Ihr dürft mit Bellof etwas machen . . . aber das Geld krieg ich." Nicht so ganz die feine englische Art.*

Freitag kommt Niki mit einem Stapel Papier in die Box: „Bitte hilf mir beim Verteilen. Für jeden Fahrer eins." Es sind selbstgeschriebene 20-Zeilen-Aufrufe an die „lieben Fahrerkollegen", beim Qualifikationstraining besser aufzupassen: „Schaut in den Rückspiegel, gebt die Ideallinie frei!" Und dann wünscht Lauda allen „eine sichere Rennsaison 1985". Mit einem Boxenrundgang beginnt Lauda seine letzte Rennsaison — mit einem Boxenrundgang in Australien wird er sich verabschieden.

Ich bin gespannt, wie du heute fahren wirst, sagt ein Freund zu Lauda, der zustimmend nickt: Ich auch.
Er hat nichts verlernt, und der neue McLaren fliegt. „Ein Superauto. So macht das Rennfahren wieder richtig Spaß!“ freut sich Niki schon nach den ersten Runden: „Aha, nur eine halbe Sekunde hinter Prost, ich werde besser.“ Alboreto schafft die erste Bestzeit, im offiziellen Training dominieren die Lotus: de Angelis vor Senna, Prost Vierter, Lauda Sechster.
Aber die McLaren-Gegner haben mehr Leistung — das wird in Rio erstmals klar. Auch der größere Turbolader und 3,6 bar Ladedruck helfen Niki und Alain nichts: „Wir haben immer gleich viel PS.“ So fallen beide im Abschlußtraining zurück: Prost auf den sechsten, Lauda auf den neunten Startplatz. Rosberg schießt sich trotz zwei kaputten Turbos in die erste Reihe. Und die erste Pole-position 1985 holt Michele Alboreto.
*Ein Ferrari wird Weltmeister? Jackie Stewart, den ich in Rio um seine Saisonprognose frage, hat seinen jährlichen Tip: „Alain Prost! Weil er immer noch wahnsinnig hungrig nach dem WM-Titel ist, die besten Reifen, das beste Team, den besten Motor hat — und weil er der zweitbeste Rennfahrer der Welt ist.“ Hinter Lauda? „Nein — hinter Piquet. Nelson hat ein Superauto, Superteam, Supermechaniker — aber Motor und Reifen sind nicht ganz zu kalkulieren.“*
Aber in Rio ist nichts zu kalkulieren. Alle zittern der Hitzeschlacht auf flimmerndem Asphalt entgegen. Berger: „Ich nimm alles mit an Bord: Luftschläuche zur Kühlung, Getränke, ein Seil zum Helm-Befestigen, Bandagen für die aufgerissene Hand — alles bis auf einen Rotkreuzkoffer.“
Und dann brennt der Tiroler schon im Aufwärmtraining fast ab: Überdruck (weil der vollgetankte Arrows zu lang in der Sonne stand) löst das Feuer aus, das der Fahrtwind unters Auto bläst. Wechsel ins Ersatzauto, und dort löst sich schon in der ersten Kurve die Trinkflasche. Gerhard schmeißt sie bei voller Fahrt aus dem Auto. „Zufällig triff ich den Ghinzani.“
Weniger harmlos die Kollision Mansell — Alboreto in der ersten Kurve. Nigel brennt in seinem ersten Williams-Rennen vor Ehrgeiz, will die WM schon in der ersten Kurve gewinnen — und kollidiert mit

Alboreto. „Bei Lotus wär mir das die ganze Saison nachgehängt — bei Williams verliert keiner drüber ein böses Wort“, freut sich Nigel.

Rosberg führt die ersten 42,5 Grand-Prix-Kilometer 1985. Keke hat einen echten Reifencocktail gemixt: drei verschiedene Mischungen. „Ich fahr gemütlich, aber plötzlich ein Schuß: Turboladerschaden.“ Damit geht Platz eins an Alboreto über, doch Michele weiß: „Seit dem Kontakt mit Mansell ist mein Auto nimmer perfekt. Das Untersteuern demoliert meinen rechten Vorderreifen.“ Sonst, bedauert Alboreto, wäre der Ferrari fehlerlos.

So aber muß er Prost kampflos vorbeilassen: Durch einen Reifenwechsel-Boxenstop. „Danach fahr ich genau so schnell wie Alain.“

Laudas Taktik (behutsamer Anfang, Reifen schonen, dann voll attackieren, nach 25 Runden auf weichere Pneus umstecken und auf Sieg fahren) scheint aufzugehen: Alles läuft laut Plan. An beiden Lotus vorbei, ist Niki ab der 14. Runde schon Dritter hinter Prost und Alboreto, bereits im Windschatten des Ferrari, aber längst flimmert das Lauda-Cockpit wie ein Flipper-Automat, leuchten pausenlos rote und grüne Lichter auf: Die Elektronik spinnt, Fehlzündungen, die immer schlimmer werden, bis es Laudas Kopf vor- und zurückreißt. „So kann man nicht Autorennen fahren.“

Prost hat ein ähnliches Problem, aber viel geringfügiger: „Meine Fehlzündungs-Motoraussetzer bleiben gleich, werden nicht schlimmer, ich hab Glück.“

Lauda muß an die Boxen. Den Computer wechseln, kostet fünf Runden. „Aber ich fahr weiter, weil ich wissen muß: Ist es der Computer oder der Motor?“ In der McLaren-Box: Riesenpanik, weil gleichzetig Prost zum Reifenwechsel hereinkommt. Kein Mensch kümmert sich um Niki, am Auto ist keine Schnauze montiert. Nach zwei Fahrversuchen wirft der Weltmeister endgültig das Handtuch.

*Wie man später weiß, ist das Massekabel vom Motor zum Chassis „nicht so befestigt, wie es sein soll.“ Bosch unterwirft den Computer auf alle Fälle härtesten Schüttel- und Zerstörungstests, „um wirklich die absolute Grenze herauszufinden.“ Aber dem Bordcomputer Nr. 13 weicht Niki fortan aus wie der Teufel dem Weihwasser.*

Und Berger, bei Halbzeit schon auf Platz sieben, bricht vor den Boxen das linke Hinterrad weg.

*Arnoux ist das ganze Wochenende wahnsinnig nervös. Er weiß nicht, aber er spürt: mein Schicksalsrennen. Im Training zwei Sekunden langsamer als Alboreto — und dabei noch zweimal von der Strecke geflogen. Dann das Rennen: Im hitzigen Duell mit de Cesaris steigt Arnoux mitten in der Kurve auf die Bremse, der völlig überraschte Andrea rammt den Ferrari, muß ausscheiden, Arnoux schleppt sich mit aufgeschlitztem Hinterreifen an die Box. Er wird, mit zwei Runden Rückstand, schließlich Vierter. Für einen Ferrari-Fahrer ein Todesurteil.*

Prost gewinnt vor Alboreto, und beide sind happy. Alain, „weil ich heuer nicht so schnell mit einem Sieg gerechnet hab", Michele, „weil ich nur drei Sekunden Rückstand hab. Voriges Jahr: noch drei Runden." Der Ferrari, sagt mir Prost, „wird heuer schwer zu schlagen sein. Es kommt drauf an, das ganze Jahr kompetitiv zu bleiben."

*Deja vu,* sagen die Franzosen: Prost und McLaren siegen genau wie 1985. Aber was im brasilianischen Wirbel total untergeht, was nur Jean Sage von Renault wittert: „Ich weiß seit Rio: Der McLaren ist zu leicht." Prosts Auto wiegt im Ziel nur 545 Kilogramm, hat aber noch elf Liter Sprit an Bord — wäre also schon beim WM-Auftakt zu leicht gewesen.

Lauda und Prost schlagen Alarm: „Wir brauchen dringend mehr PS, sonst fährt uns der Ferrari-Motor heuer noch glatt an die Wand." Schnell ist klargeworden: Der Vorteil von 50 PS, den McLaren anfangs 1984 noch hatte, ist längst weggeblasen. Porsche hat über den Winter vor allem den Spritverbrauch verbessert (um fünf Prozent) — woanders ist die Leistung raketenhaft explodiert.

„Der Ferrari-Motor ist ein Wahnsinn: in der Beschleunigung, im Topspeed. Wir müssen schnell reagieren", fordern Niki und Alain. Die Angst vor Ferrari ist groß.

## ESTORIL: GEBURT EINES SUPERSTARS

Fünf Tage nach Rio sehen Alboreto und Arnoux einander in Fiorano. „René ist ganz normal, wie immer", erinnert sich Michele. Als der Franzose am Dienstag drauf beim Frühstück die „Gazetta dello Sport" aufschlägt, knallen ihm die riesigen Schlagzeilen „Arnoux gefeuert“ ins Gesicht. Er muß herzhaft lachen. Um 11 Uhr lacht er nimmer: Ein Anruf befiehlt ihn ins Büro von Enzo Ferrari.

*Das übliche Femegericht: zugezogene Vorhänge, düstere Tischlampe, brennende Kerzen. Rund um den Tisch: der Commendatore, sein Sohn Piero Lardi-Ferrari und Rennleiter Piccinini. Arnoux mag wenig Phantasie haben, ist unsensibel, hat auch kaum Bücher gelesen, aber soviel ist ihm sofort klar: Das ist mein Abschied von Ferrari. So wie er wurden schon Legionen von Ferrari-Piloten hinauskomplimentiert. Sogar die Presseerklärung liegt schon getextet da: „Enzo Ferrari wurde heute von René Arnoux besucht, der ihm erklärte, er wäre aus gesundheitlichen Gründen momentan nicht imstande, Autorennen zu fahren, weshalb er um Beurlaubung ersuchte. Ferrari hat diese Bitte selbstverständlich sofort erfüllt.“*

*Ein Todesurteil, liebevoll formuliert. Arnoux braucht nur noch zu unterschreiben. Ein kurzer Händedruck, dann noch der gehobene Zeigefinger: „Und vergiß nicht: Wir zahlen das volle Gehalt“ — 568.000 Dollar, die zweite Hälfte fällig am 1. Juli. Für soviel Geld kann man schon verlangen: halt den Mund. Arnoux reagiert nach Programm: „Ich fahr seit acht Jahren pausenlos Formel 1, ich brauch wirklich Ferien.“ Die Gehirnwäsche funktioniert.*

*So entlädt sich das Gewitter, das sich längst zusammengebraut hat: Kollisionen, kein Sieg 1984, vergammeltes Auftreten. 18mal Poleposition, zwölfmal schnellste Runde, sieben Siege — und jetzt ist der kleine Arnoux, der sich, aus ärmlichsten Verhältnissen kommend, zum Formel-1-Star hochgearbeitet hat, „out of business“. Aber wenigstens nicht „out of money“.*

*Auffallend, wie rührend sich Ferrari um die Gesundheit seiner Fahrer sorgt: John Surtees konnte 1966 nach seinem GP-Sieg in Belgien ein Start in Le Mans „nicht zugemutet“ werden, weshalb ein Italiener (Scarfiotti) als dritter Mann ins Team geschleust wurde. Und Lauda hatte man nach Fuji 1976 ebenso zartfühlend den Job des Rennleiters angeboten ...*

Der neue, junge, hungrige Pilot, der Arnoux ersetzen und Alboreto unter Druck setzen soll, ist der „Super-Sub“ der Formel 1, ihr bester Einspringer: Stefan Johansson. Schnell und verläßlich, hochtalentiert, aber aus unerfindlichen Gründen nirgendwo seßhaft geworden: Bei Shadow 1980 viel zu früh in der Formel 1, bei Spirit-Honda der „rollende Prüfstand" für Williams, bei Tyrrell 1984 so schnell wie Bellof, bei Toleman 1984 so schnell wie Senna, auch unter Vertrag — aber schon wieder in der Luft hängend, weil Toleman ja keine Reifen bekommt.

Bereits am Montag schließt Ferrari für Johansson eine Versicherung mit Lloyds in London ab. Den entscheidenden Anruf erhält Stefan aber erst Dienstag von Toleman-Rennleiter Alex Hawkridge: „Ich glaub, du sollst nach Italien fliegen ..." Stefan fliegt so schnell er kann und dreht tags darauf in Fiorano seine ersten 40 Ferrari-Runden: „Mein Bubentraum erfüllt sich."

Stefan Johansson, Ferrari-Fahrer! Als er seinen Vertrag unterschreibt, ist er so aufgeregt, daß er ihn auf dem Tisch liegen läßt ... Aber ich kenn keinen, der sich für Johansson nicht freut — außer Arnoux.

*Bei Toleman hätte der Schwede 200.000 Dollar Jahresgage bekommen, aber den Overall selbst vermarkten dürfen, plus freien Jaguar plus alle Spesen — bei Ferrari kriegt er zwar auch 200.000 Dollar, ist aber damit in Bausch und Bogen gekauft und muß sogar seine Spesen selbst bezahlen. „Aber dafür bin ich Ferrari-Pilot!"*

*Unvergleichlich fürs Image, wie man weiß. Grenzübertritt von Italien nach Monte Carlo. Johansson im „schnellsten Ritmo Italiens", vor ihm ein aufregender, blonder Hase im Rolls Royce, aufreizend und blasiert, würdigt Johansson keines Blicks. Zwei Tage später: Motorbootrennen in Monte Carlo. Johansson, sofort erkannt, wird um Autogramme bestürmt — worauf die blasierte Schöne von vorgestern gleich verheißungsvoll lächelt.*

*„So ungerecht ist das Leben", wundert sich der Schwede. „Als Stefan Johansson bist du eine Null — als Ferrari-Fahrer kriegst du alles."*

*In Monte Carlo übernimmt er Alboretos alte Vier-Zimmer-Wohnung, gleich beim Country Club, für rund 25.000 Schilling Monatsmiete, fährt aber gleich nach Nizza, Bettwäsche einzukaufen. „Dort ist sie billiger."*

*Mit seinem ansteckenden, unschuldigen Grinsen erinnert mich Johansson immer an einen vollbepackten Interrail-Tramper — aber notfalls hat er auch die kalten Augen eines Fremdenlegionärs.*

*Er ist kameradschaftlich, lustig und offen, bei jeder Hetz dabei. Beim traditionellen Fischer-Dynafit-Grand-Prix für Formel-1-Piloten am Kitzbüheler Hahnenkamm-Wochenende imponiert dem BMW-Rennleiter Dieter Stappert, „wie sich Stefan kopfüber in den Rummel stürzt und jede Nacht das volle Programm mitmacht." Die Skirennatsmosphäre ist Johansson nicht fremd: Ich kenn ihn seit 1979, als er in Val d'Isere — in der roten Jacke des Weltcup-Zigarettensponsors — die Skireporter in einem Range-Rover zwischen Rennstrecke und Pressezentrum hin- und herchauffierte. Immer willig, immer freundlich. Und immer sehr flott.*

*Stefan leidet schon länger an Rückenproblemen: Hohlkreuz, bedingt durch Muskelverkürzung. Aber wann hat dieser perfekte Rennfahrer-Söldner schon Zeit zur Behandlung?*

*Lauda bescheinigt dem Mann, „der aus dem Nichts zu Ferrari gekommen ist: Er hat genug Speed und Einsatz für die Formel 1, muß sich aber erst im Ferrari-Labyrinth zurechtfinden. Ferrari erwartet, daß Johansson genauso schnell ist wie Alboreto. Meiner Ansicht nach ist er das nicht."*

In Estoril redet Piccinini erstmals über die „Scheidung auf italienisch" von Arnoux: ein Rennfahrer-Requiem nach der Hinrichtung auf Ferrari-Art. Hände gefaltet, Kopf sanft geneigt, macht der Ex-Priesterschüler unglaubliche Aussagen: „Arnoux bat um zwei Monate Ferien. Weil er ein Freund ist, haben wir sie ihm erlaubt... wir verstehen seine persönliche Sache... sehr loyal, ein Gentleman."

Lauter Gewäsch, das Arnoux monatelang weder dementieren kann noch will: Er hat sich in der Gardasee-Villa eines Freundes verkrochen. Ich frag Lauda, der sich mit Ferrari besser auskennt als jeder andere. „Ich bin sicher: Arnoux wurde gefeuert, weil er Ferrari nicht entsprochen hat. Mit Geld wird das fair ausgeglichen. Trotzdem muß ich mit FISA-Chef-Balestre reden, daß dieses Beispiel nicht Schule macht. Die Teamchefs dürfen alles — die Fahrer nichts! Sie werden dauernd überrumpelt. Etwa mit der Klausel: Jedes Team darf pro Saison einen Piloten austauschen — nur wir dürfen kein Team wechseln", ärgert sich Niki, der in der Formel-1-Kommission abwechselnd mit Alboreto die Piloten vertritt. „Ich fürcht, da hat Michele einmal nicht aufgepaßt."

*Was macht Arnoux, der teuerste Arbeitslose der Formel 1, das ganze Jahr ohne Rennen — bis zum Formel-3-Comeback in Macao? „Dokumente ordnen, fischen, mit Freunden bootfahren auf dem Gardasee." Er ist happy und hat viele Angebote abgesagt. „Aber heißt es nicht: Alle sieben Jahre sollst du dein Leben total ändern? Alle sieben Jahre muß etwas Einschneidendes passieren?" René will „mit Freude und klarem Kopf drüber nachdenken, wo ich 1986 fahren will". Bald denkt ein anderer Arbeitsloser mit — de Cesaris.*

*Ein halbes Jahr später: amüsante Fußnote zum Ferrari-Wechsel Arnoux - Johansson. Beim Prominenten-Kartrennen in Wohlen bei Zürich läßt Arnoux seinem Nachfolger die Luft aus — was Stefan gar nicht merkt. Er kann vom Ferrari-Handling nicht allzu verwöhnt sein.*

„Das Beste am Ferrari", schwärmt mir Johansson vor, „sind der Motor und das Getriebe." Doch in Estoril erlebt er eine mühsame Feuertaufe: Freitag setzt der Motor aus, Samstag blockiert das Getriebe.

Der andere Stefan — in Rio von Tyrrell gesperrt — ist wieder da: „Wir haben uns in einer Londoner Rechtsanwaltskanzlei getroffen und sechs Stunden lang alles ausgeredet", sagt mit Bellof. „Jetzt will ich die ganze Saison keine Streitereien, kein Theater mehr, nur noch absolute Ruhe ..."

*Laudas Wiedersehen mit seiner WM-Triumphstrecke 1984? „Emotionen null." Höchstens fällt ihm ein, warum er damals beim Superfinale so lang hinter Johansson eingeklemmt war: „am linken Turbolader waren die Schaufeln heruntergerissen und der Schaft der Ölpumpe war abgebrochen." „Doch ich leb heute und denk an morgen. 1984 ist Schnee von gestern. Höchstens die Zielgerade ist besser asphaltiert ..."*

Niki weiß, „daß uns im Rennen 50, im Qualifikationstraining 100 PS fehlen", muß also einen Trick auspacken. Griff ans Dampfrad im Cockpit, aber anders als die anderen: „Ich dreh am Beginn der Geraden, wenn ich schon auf Vollgas steh, den Ladedruck rauf, um die optimale Leistung herauszukitzeln — und am Ende der Geraden wieder zurück, damit der Motor schneller Gas annimmt." So ist Lauda am Freitag Dritter, geschlagen nur von den schwarzen Lotus-Teufeln, aber zwei Plätze vor Prost, der sich mit dem Wetter verspekuliert — und gerade die ersten Regentropfen erwischt.

Samstag rollt Lauda ohne Strom auf der Strecke aus: defekte Lichtmaschine, Getriebeschaden. Mit dem Ersatzauto fällt Niki auf den 7. Platz zurück.

De Angelis hat Pech, weil sein Turbolader zehn Meter vor der Ziellinie kollabiert, und Prost tigert sich zu Senna in die erste Startreihe vor. Für den Brasilianer der erste von sieben Poggia-Motorrollern 1985, die ständige Prämie für den Pole-position-Mann. „Einen behalt ich mir, die anderen sechs verkauf ich.“

Ayrton freut sich echt. Ich treff ihn dort, wo er nach einem Training meist ist — mutterseelenallein im Lotus-Transporter. Und was glaubst für morgen? „1984 war ich in Estoril im Training Dritter und im Rennen Dritter — diesmal bin ich Erster im Training ... denk selber weiter.“ Bei anderen klingt es präpotent. Bei Senna nicht.

*Weltpremiere feiert der Zakspeed: bei den Testfahrten noch ganz deutscher Silberpfeil, jetzt plötzlich rot-weiß lackiert. „Die Reemtsma-Werbefachleute haben mein Auto vor 14 Tagen im TV gesehen und sich sofort bei mir gemeldet.“ Das ist Zakspeed-Tempo: Gründonnerstag Vorvertrag, Karfreitag bereits lackiert. Die Reifen muß Zakspeed kaufen, „aber schön, daß wir überhaupt welche kriegen“. Nach erst 600 Testkilometern blamiert Jonathan Palmer die Turbobrigade: auf Anhieb auf Platz 19. „Das Chassis ist steif und der Motor so elastisch, daß wir noch 100 PS herauskitzeln können.“*

Sonntag fasziniert mich, wie Senna alle Probleme wegsteckt, ohne zappelig zu werden: den Druck, die Verantwortung, den Getriebeschaden im letzten Aufwärmtraining. Und den Regen, der 30 Minuten vorm Start alle überrumpelt.

Wie alle Teams, glaubt auch McLaren: Der Regen wird aufhören, die Bahn abtrocknen — ändert also gerade weichere Stabilisatoren vorn, sonst nichts. Barnard, später: „Ich hab mich verspekuliert.“ Lauda verteidigt ihn: „Keiner konnte ahnen, wie das Wetter wird.“

Fürchterlich. Die Reifenrillen sind nicht imstande, die Wassermassen zu verdrängen. Da steht soviel Wasser, daß die Räder haltlos durchdrehen. Es geht drunter und drüber. Mansell crasht bereits in der Aufwärmrunde, muß mit dem Ersatz-Williams aus der Box starten.

Am Start karambolieren Rosberg, der nicht wegkommt, und der Zakspeed — das verletzte Handgelenk schmerzt Keke noch wochenlang.

Hesnault und Alliot fliegen raus. Patrese reitet auf Johansson auf. Die Karambolagen, Dreher und Ausritte sind kaum mehr zu zählen: Die Estoril-Strecke, besonders schmutzig und rutschig, wird im Regen auch noch schmierig. Besonders für die Pirelli-Fahrer, die mehr in den Boxen als auf der Strecke sind.

Piquet gibt zu: „Mir tun alle leid, die gleichzeitig mit mir draußen kreisen, weil ich selber nie weiß, in welche Richtung mein Auto dreht — heut bin ich eine Gefahr für alle."

Und Winkelhock sagt: „Mein allerschlimmstes Rennen. Ich kann nicht einmal auf der Geraden Gas geben, ohne mich zu drehen." Fünfmal insgesamt, zählt McDonald: Einmal in der Zielkurve, gerade als Bellof daherkommt, Aug in Aug sitzen sich die beiden Deutschen gegenüber, die Räder ineinander verkeilt. Weil Manfred den Retourgang nicht findet: ein endloses Zuckeln.

Bellof fährt ohne Frontspoiler weiter — im Gegensatz zu Johansson, der nochmals von der Strecke fliegt, um einem neuerlichen Winkelhock-Dreher auszuweichen. An diesem Tag ist jeder ein kleiner Held. Auch Berger, der bereits vor Bellof und Boutsen geigt, als der Motor aussetzt, kein Gas mehr annimmt und in der Zielkurve endgültig abstirbt. „Ich leg blitzschnell den 3. Gang ein, aber da drehen die Räder durch, und ich küß die Leitplanken ..."

Bei soviel Chaos hat dieser verrückte Grand Prix von Portugal einen einzigen Fixpunkt: Ayrton Senna, der vom Start weg in Führung liegt. Anfangs vor de Angelis, Prost, Alboreto und Lauda — jeder in der Gischt der anderen geduscht.

Dann fällt Elio wegen Reifenschadens zurück, Niki wegen Bremsdefekten, Übersteuern und Motorproblemen. „Nie kann ich mehr als 10.000 U/min drehen." Aber Sennas Vorsprung wird immer größer. Er macht ganze zwei regendurchtränkte Stunden keinen einzigen Fehler. Der brasilianische Wunderknabe deklassiert oder überrundet alles, was übrigbleibt. „Die größte Schlechtwetter-Demonstration, seit Jackie Stewart 1968 auf dem Nürburgring bei Regen und Nebel mit vier Minuten Vorsprung gewann", vergleicht Peter Warr bereits.

Für uns von außen unmöglich, die gefährliche Rutschpartie auch nur halbwegs zu erahnen, weil Senna, wie ein Engel fahrend, alles so leicht und mühelos aussehen läßt.

Er weicht wie mit Radaraugen den ärgsten Pfützen aus. Er tanzt Samba im Regen. Er geht förmlich übers Wasser.
Aber für alle, die noch monatelang von seiner „unglaublichen Wagenkontrolle" schwärmen, hat er nur ein kurzes Lachen übrig: stoßweise, ein bißl heiter, fast verächtlich.
„Ich hatte überhaupt keine *car control.* Da ist eine Kurve unter den Boxen. Plötzlich rinnt quer ein Bach, der vorher noch nicht da war. Aquaplaning — und schon bin ich von der Strecke gespült, mit allen vier Rädern in der Wiese, lächerlich fünf Zentimeter von den Leitplanken weg — aber plötzlich find ich mich, mit dem ganzen Dreck und Wasser und Gras unter den Reifen, wieder mitten auf der Straße. Das war keinerlei Wagenkontrolle — nur reinstes Glück."
Aber vielleicht hat deine *car control* eingesetzt, als du den Lotus plötzlich wieder mitten auf der Straße hattest?
Ein Fragezeichen in den dunkelbraunen Augen, dann ein zögerndes Ja. „Yes, maybe", nickt Senna leise.
Mitten auf der Straße steht auch der rausgeflogene Spirit von Baldi: als gefährliche Schikane für alle anderen. Laffite gibt auf, Piquet gibt auf, de Cesaris wird von der Ligier-Box aus dem Rennen genommen, bevor ein Unglück geschieht.
Das Duell um Platz 2 — weit hinter Senna — spitzt sich zu: Rundenlang krallt sich Prost an de Angelis fest. Beim Versuch, ihn auszutricksen, gerät er in eine Wasserpfütze — und schon steckt der Rio-Sieger in den Leitplanken. „Ich bin nicht gerade sein innigster Freund", sagt Lauda, „aber wenn sich ein Spitzenmann wie Prost auf der Geraden dreht, ist das ein deutliches Signal, daß die Verhältnisse nicht sicher sein können!"
Lauda, auf Platz 7 abgerutscht, brennt der Kolben durch. Langsam kriecht er an die Box — gerade als der Regen am stärksten prasselt. „Abbrechen!" fordert Niki von der Rennleitung. „Ihr wißt ja überhaupt nicht, was da draußen los ist! Warum nicht nach zwei Dritteln abbrechen? Die vollen zwei Stunden durchzufahren ist absoluter Wahnsinn."
Aber die Herren haben für Lauda „keine Zeit. Sie haben anderes zu tun."
Als Prost weg ist, denkt sich Senna: Langsamer! „Aber ich brauch eine

halbe Runde, bis mir klar ist: Sobald die Konzentration weg ist, schleichen sich Fehler ein ... also gib ich lieber wieder Vollgas!"

Endlich, nach 67 Runden gefährlicher Rutschpartie, kommt die Zielflagge raus. Senna gewinnt über eine Minute vor Alboreto, krönt eine wahnsinnige Leistung, dreht aber auf der Ziellinie vor Freude durch: Er löst den Gurt, reißt beide Arme in die Luft, geht vom Gas, was für die Hintermänner den gleichen Effekt hat, als würde er bremsen — und schmeißt dadurch Mansell und Bellof, die mit zwei Runden Rückstand um Platz 5 kämpfen, fast in die Leitplanken.

„Ein bißl mehr Selbstkontrolle", kritisiert Lauda zum erstenmal, „könnt ihm nicht schaden." Denn auch die triumphierenden Mechaniker sind unnötig gefährdet. „Jubel verboten!" verfügt die FISA. „Wer nochmals über die Boxenmauer springt, zahlt 10.000 Dollar Strafe."

Erste McLaren-Niederlage seit Dallas 1984. Erster Lotus-Sieg seit Zeltweg 1982. Aber vor allem: die Geburt eines Superstars, über den mir Peter Warr bereits sagt: „Daß Senna Weltmeister wird, ist nur eine Frage der Zeit: nicht ob, sondern nur: wann."

Die Brasilianer-Feier in Estoril ist trotzdem nur kurz: am gleichen Tag stirbt der Staatspräsident ...

Rückflug mit Senna aus Portugal. Er vergräbt sich in die Statistik. „Warum gibt es so viele Piloten, die 60, 70, 80, 90 Formel-1-Rennen gefahren sind, aber nur eins gewonnen haben? Nach dem ersten Sieg mußt du doch alles tun, daß du sofort weiter gewinnst."

Mag sein. Aber nicht jeder Fahrer mit einem Sieg hat dieses Rennen auch wirklich gewonnen — manche durch Glück, Zufall oder den Unfall eines anderen.

Ayrton Senna ahnt nicht, daß er selbst zehn Rennen wird warten müssen, bis er wieder eins gewinnt.

*Die berühmte schwarze Samtmütze fliegt nie mehr wieder — aber zum erstenmal seit Colin Chapmans Herztod hat Lotus wieder einen Grand Prix gewonnen: Lotus-Renaissance!*

*Peter Warr und Ayrton Senna, denk ich in Estoril zum erstenmal, ist schon fast so wie Colin Chapman und Jim Clark.*

*Aber der neue „Mr. Lotus" fühlt sich nicht als der Mann in Chapmans Fußstapfen: „Einfach, weil es nie wieder einen neuen Chapman geben kann. Aber was mich persönlich sehr freut: Als Colin starb, prophe-*

Champion du monde! Alain Prost ist der erste französische Formel-1-Weltmeister der Geschichte. Sein nächstes Ziel: „Jackie Stewarts Weltrekord von 27 Grand-Prix-Siegen übertreffen."

Seine Augen haben in Brands Hatch geschimmert. „Aber das waren nur Champagnertropfen . . . keine Tränen.“ Das Superrennen um den GP von Europa gewann Mansell (Mitte) vor Senna (von Prost verdeckt), Rosberg (links) und dem neuen Weltmeister.

**Allround-Talent Prost: Mahlzeit mit Sohn Nicolas, Bootspartie mit Frau Anne-Marie, Tandem mit Laffite und Ski mit viel Herz.**

**Prinz Alain von Monaco: sein zweiter Sieg im Fürstentum.**

**Der lange Weg zum Titel: Oben als Autostopper in Imola, weil ihm in der Auslaufrunde der Sprit ausging – Mitte der Dreher auf dem Nürburgring – unten in der Regenschlacht von Estoril, Rosberg im Nacken.**

BOSS

**Niki Laudas letzte Formel-1-Saison liest sich wie eine Serie von Attentaten: Motor- und Turboschäden, gestörte Elektrik und spinnende Elektronik, Getriebe- und Differentialdefekte — und in Spa ein Unfall, weil der Gaszug klemmte (links).**

„Um an mir vorbeizukommen, hätte mich Prost heute umbringen müssen": Eine Woche nach seiner Rücktrittserklärung von Zeltweg besiegte Lauda den angehenden Weltmeister in Zandvoort: sein 25. und letzter Sieg.

*zeiten uns viele: Jetzt stirbt auch Lotus. Aber wir sind immer noch sehr erfolgreich!"*

*Bereits das „Team to beat?" Als Außenseiter gestartet, jetzt mitten in der Titeljagd. Spürt Warr bereits Eifersucht? „Nicht direkt — aber alle wissen jetzt, daß sie auf uns aufpassen müssen."*

*Warr kommandiert in Norwich 63 Mann. Jahresbudget: etwa 160 Millionen Schilling. Von „Lotus Cars" oder „Team Lotus" gehört ihm persönlich überhaupt nichts. Hazel Chapman, Colins Witwe, hat erst kürzlich ihre Anteile an den englischen Baugiganten JBC verkauft und sich bloß 10.000 von vier Millionen Lotus-Cars-Aktien behalten — sie ist vielfache Millionärin. Aber das Rennteam gibt Hazel nicht aus der Hand, wie es Pat Yvonne McLaren (leider) einmal getan hat: 80 Prozent von Team Lotus gehören ihr, 20 Prozent dem Lotus-Finanzchef Fred Bushell.*

*1985 kommt Hazel fast regelmäßig wieder zu den Rennen. Die Kinder sind aus dem Haus: Sohn Clive macht sein Ingenieurdiplom, Tochter Sarah ist Innenarchitektin, Jane Motormagazin-Verlegerin. „Bevor der Lady zu Hause fad wird", sagt Warr, „kommt sie lieber alle zwei Wochen zu den Rennen. Training und Rennen interessieren sie — die Technik nicht."*

*Senna und de Angelis begegneten der „Mrs. Lotus" anfangs mit furchtsamem Respekt — unbegründet, weil Hazel beide Fahrer mag.*

*Chapman konnte gestern ein Rennauto bauen, heute Moonraker-Boote und morgen Leightweight-Flugzeuge: Ein phantastischer Ingenieur von unglaublichem Geist. Er traf viele Entscheidungen durch Intuition und Inspiration — heute da-, morgen dorthin. Gerard Ducarouge arbeitet anders: „Eher konservativ, weniger inspirativ. Aber nicht weniger effektiv", lobt ihn Warr. „Wir versuchen, das Auto gleich so richtig wie nur möglich zu bauen, es grundsätzlich zu belassen und nur noch in kleinen Maßen weiterzuentwickeln."*

*Die schwarzen Lotus-Raketen, geboren im Windkanal von Saint-Cyr, mit exzellentem Chassis, fabelhafter Aufhängung, perfekter aerodynamischer Balance, tragen die Handschrift des „Goldfingers" Ducaruoge. Aber der Konstrukteur mit grenzenloser Ausdauer und Arbeitskraft muß wohl ewig im Schatten Chapmans arbeiten. Wer kann schon mit einem toten Genie konkurrieren?*

*Irgendein Italiener erfindet später die „geheime Vertragsklausel", daß Sennas Lotus-Vertrag nur in Verbindung mit Ducarouge gilt, weshalb beide abhauen und ein eigenes Auto rund um den Renault-Motor bauen würden — und der ganze Formel-1-Troß plappert den Stumpfsinn nach. Ducarouge ist bis 1988 fix an Lotus gebunden, und Senna sowieso: „Mit Handschellen und Fesseln — ohne Optionen und Fristen", donnert Warr allen ins Gesicht — sogar Ecclestone.*
*Peter Warr wird immer öfter gefragt: Wie dirigierst du die Situation mit zwei Nummer-1-Piloten? „Überhaupt nicht, beide haben längst begriffen, daß auch der andere sehr schnell ist. Also muß sich jeder noch mehr bemühen. Zwei Piloten, von denen jeder gewinnen kann, wenn der andere in Probleme schlittert — das war seit Jim Clark/Graham Hill immer die Lotus-Politik."*
*Hier de Angelis, seit sechs Jahren bei Lotus verankert, auch für Peter Warr „ein sehr begabter Fahrer, mit der unumstrittenen Fähigkeit, Weltmeister zu werden" — dort Ayrton Senna, der kommende Supermann. Einmal komm' ich gerade zurecht, wie er seiner Frau nach England telefoniert: „Ich schwör dir, dieser Boy ist der nächste . . ." Und es klang wie Fangio, Clark, Stewart, Rindt und Lauda miteinander.*
*Senna hat keine feste Freundin, nie ein Mädchen in der Box. Seine Gegner machen sich schon Sorgen, daß er sich innerlich auffrißt, innerlich verbrennt, „weil er immer so mitgenommen ausschaut". Ayrtons Manager Domingos Piedade kann sie beruhigen: „Es gibt nämlich zwei Senna, zwei völlig getrennte Persönlichkeiten — eine von Donnerstag bis Sonntag, eine von Montag bis Donnerstag."*
*Der Donnerstag-bis-Sonntag-Senna: verkrampft, introvertiert, nur ans Auto denkend, bringt keinen Witz über die Lippen — „the bad Senna", leider der einzige, den man im Formel-1-Zirkus kennt.*
*Der Montag-bis-Donnerstag-Senna dagegen: lustig und locker, lauter Blödheiten im Kopf, zu allem Verrückten bereit — ein großes Kind mit 25, vergleichbar mit Laffite. Da läuft er, ein ungewöhnliches akrobatisches Talent, wie besessen Wasserski, springt über Rampen, fährt auch barfuß übers Wasser. Einmal versucht er Wasserski auf einem See bei Redding — und köpfelt prompt aus einem Ski, der im Schlamm steckt . . .*
*Sein Hobby ist dem Höhenflug angepaßt: Wie schon Fittipaldi, ist*

*auch Senna begeisterter Modellflieger. Seine neueste Errungenschaft, in Singapur gekauft: Spannweite zwei Meter, die Funksteuerung reicht bis in 300 Meter Höhe. Kein billiges Hobby (Basisausrüstung: 2000 Dollar, dann pro Flieger 700), aber ein schönes. „Leider verbieg ich mir bei der ersten Landung den Flügel", erzählt mir Ayrton. Hoffentlich kein Symbol: wie der Karriereknick.*

*Klar ist: Hätte Lauda ein Jahr früher aufgehört oder McLaren verlassen, wäre Senna 1985 der Prost-Teamkollege geworden! Das war seit Detroit 1984 abgesprochen, „aber schriftlich", bremst Dennis, „hab ich nichts".*

*Für Lauda ist Senna „die große Saisonentdeckung überhaupt, weil er ununterbrochen beweist, daß er echt schnell ist. Echt gut, wahnsinnig schnell, enormes Talent. Was vielleicht noch an Erfahrung fehlt, kriegt er ruck-zuck. Aber er macht keine Fehler, schmeißt kein Auto raus."*

*Jackie Stewart preist Senna: „Eines jener Supertalente, wie sie höchstens alle fünf Jahre auftauchen — aus ihm könnte sehr leicht der große Superstar der achtziger Jahre werden."*

*Und Jacky Ickx vergleicht: „Senna und Prost? Das ist der Unterschied zwischen einem sehr, sehr guten Piloten und einem Champion, wie er alle drei, vier Jahre kommt."*

*Wer sind eigentlich deine Vorbilder? frag ich Senna einmal, und er rattert los: „Fittipaldi, Lauda und Villeneuve". Wegen seines ruhigen, entspannten, unheimlich selbstbewußten Fahrstils wird er schon mit Clark und Stewart verglichen, paßt aber wohl eher in die Kategorie eines Bernd Rosemeyer: Weil auf derart hohem Niveau noch selten einer in den Grand-Prix-Sport eingestiegen ist.*

*Senna unterspielt, was er leistet: „Die Formel 1 ist keine Zauberei, nicht anders als sonstige Rennen— höchstens, daß du eineinhalb Stunden lang mit den Besten der Welt fährst. Wunder kannst du da oder dort nicht vollbringen: Mit einem schlechten Auto bist du überall chancenlos." Und mit dem Lotus? „Wenn du ein solches Superauto hast, mußt du das Beste draus machen — aber oft ist der Druck enorm. Dann versuch ich zu relaxen, den Blutdruck zu senken . . . und denk mir: wirklich ein Rennen wie jedes andere."*

*Senna ist wie ein Schwamm, der alles aufsaugt. Einmal fragt er den legendären Denis Jenkinson, Ex-Beifahrer von Stirling Moss bei der*

*Mille Miglia: „Du hast so viele Rennen, so viele Rennfahrer gesehen: Welche Eigenschaften sind wichtig für einen Piloten?“ Jenkinson läßt alle Klischees wie mutig, tollkühn, waghalsig usw. weg, sondern zählt zehn andere Ingredienzen auf: Sehkraft; das Wissen, warum man es tut; welche Richtung man einschlägt etc. Senna nickt kein einzigesmal, aber von den dunkelbraunen Augen im offenen Gesicht liest Jenkinson jedesmal ein Ja ab: Hab ich. Weiß ich. Kann ich.*

*Senna geht ins Qualifikationstraining mit ungewöhnlichen Tricks und neuen Methoden: Wenn er aus der Box rollt, saugt er jedesmal das ganze Panorama in sich auf. Drei rot-weiße Farbhuscher bei McLaren: Aha, alle in der Box. Bei Ferrari aufgebockte Autos: also Probleme. Senna weiß jederzeit, wer gerade auf der Strecke ist und wer in den Boxen. Das überprüft er von verschiedenen Streckenpunkten, die er extrem langsam fährt. Er umkreist die Strecke wie ein Habicht, stürzt sich aber auf keine Beute, sondern auf die Lücken im Verkehr.*

*Ich hab ihn noch nie schimpfen gehört: ich wurde blockiert. Später, in Monte Carlo, schimpfen dafür die anderen um so lauter.*

*Sein Fahrstil: weich, ruhig, entspannt, aber gleichzeitig voll Selbstvertrauen. So wirkt er auch privat: nicht aggressiv, nicht arrogant. Weil in der Formel 1 nur arrogant ist, wer unsicher ist — und damit sind wir schon wieder bei Sennas Fahrstil: total von sich selber überzeugt.*

*„Senna verbraucht etwas weniger Bremsen und Reifen“, vergleicht Warr. „Er fährt etwas weicher, bremst etwas früher und fährt einen Hauch anders durch die Kurven.“*

*Noch ein Senna-Spruch: „Ab jetzt ist es unmöglich, ein Rennen zu fahren ohne die ganze Zeit an die Bremsen zu denken! Du mußt sie schonen und genauso drauf schauen wie auf die Reifen.“*

*Warum gibt's von Senna fast nur Fotos, auf denen er an der Boxenmauer lümmelt? Weil ihm, wenn er zu lange steht, die Beine einschlafen — Spätfolgen von nicht erkannten (oder falsch behandelten) Wirbelverletzungen nach früheren Unfällen!*

*Die Nestwärme, die Senna braucht, kriegt er von Landsleuten. Er lebt mit dem brasilianischen Formel-3-Piloten Mauricio Gugelmin und dessen Frau in einem gemieteten englischen Haus. Die drei haben ein perfektes System erfunden: Frau Gugelmin kocht, Mauricio wäscht ab,*

*Ayrton trocknet ab — vielleicht auch umgekehrt. Im Sommer zerbricht die Idylle: Kündigung, fast über Nacht. Erst im August findet das Trio ein neues Haus in Redding.*

*Der riesige Lotus-Wohnwagen hat zwei Türen. „Eine für Senna, eine für de Angelis", spottet Rosberg. Also hören wir den Lotus-Chef, wie er Ayrton mit Elio vergleicht.*

*Peter Warr erlebt mit Senna das gleiche Phänomen, das 1984 schon das Toleman-Team fassungslos gemacht hat: „Ayrton hat die unglaubliche Fähigkeit, ein Auto physisch zu fahren, dabei aber seinen Kopf vom Fahren völlig herauszuhalten. Wenn er an die Box oder ins Motorhome kommt, kann er bis ins allerletzte Detail beschreiben, wie sich das Auto verhält. Das wieder hilft Elio, wenn er zwar sehr gut weiß, wie das Auto reagiert, sich aber nicht so genau ausdrücken kann."*

*Wir nähern uns der Lotus-Innenpolitik: „Vielleicht hat de Angelis das Problem, daß er nach sechs Lotus-Jahren die gleichen Dinge über's Auto sagt — aber inzwischen hat sich der Wagen ziemlich verändert. Gleiche Worte heißen nicht mehr die gleichen Dinge. Dagegen kam Senna völlig neu, frisch und unbelastet zu uns, ohne jede Lotus-Erfahrung, und ist im Stand, haarklein zu analysieren, was das Auto tut."*

*Und außerhalb des Cockpits? „Senna hat außer dem Autorennsport, auf den er sich total konzentriert, wirklich keine anderen Interessen im Leben — Elio dagegen viele andere. Was aus ihm keinen schlechteren Rennfahrer macht. Aber vielleicht wird er eines Tages zu sich sagen: Hätte ich doch nur etwas mehr Zeit meiner Rennkarriere geopfert — vielleicht hätte ich noch mehr erreichen können."*

*Die Stechuhr in der Lotus-Fabrik offenbart den Unterschied: de Angelis war „die ganzen sechs Jahre vielleicht zehnmal im Werk, Senna hingegen kommt jede Woche mindestens einmal".*

*Charakter und Background sind ähnlich. Beide, Senna wie de Angelis, entstammen reichen, starken, einflußreichen Familien. Warr wird nicht zwischen zwei Machtblöcken zerrieben, „aber wenn einer der beiden nicht vorn ist, will die Familie natürlich wissen: warum?" Lotus-Motto 1985: Bring your family. Vater Senna, der Großgrundbesitzer mit einer riesigen Viehzucht von 8000 Stück, sieht sich die ersten drei Rennen 1985 an, und Elios Familie ist sowieso immer pronto.*

*Alle De-Angelis-Geschwister schauen einander unheimlich ähnlich. Andrea, der gerade mit der Uni (Wirtschaftsstudium) fertig geworden ist; Roberto, der beim Vater arbeitet; und Fabiana, die gerade aus der Schule kommt. Immer dabei auch Elios Freund Luis, ein Argentinier.*

*Seit er schon zu Formel-3-Rennen im Privatflugzeug gekommen ist, hat Elio viele Neider, die ihm übelwollen. Indem sie verbreiten: „Sein Papa hat 1980 an Chapman Geld bezahlt, damit Elio bei Lotus unterkommt" — genauso ein Blödsinn wie die Verdächtigung, „Elio kauft Lotus die Renault-Motoren".*

*Genau wie Alboreto, ist auch de Angelis genau das Gegenteil des Klischee-Italieners: ruhig, fast introvertiert, leise sprechend, sparsame Gesten — und außerdem sehr kultiviert. „Wenn ich einmal aufhör mit der Rennerei, wird mir sicher nicht fad wie Jody Scheckter. Ich kann soviel anfangen mit dem Leben."*

*Vor allem, wenn er Wasser um sich hat. „Es gibt nichts Schöneres als das Mittelmeer. So schön blau, und du siehst 20 Meter tief. Natürlich, es gibt auch Mauritius oder die Seychellen oder Brasilien — aber dort ist das Wasser hell- oder dunkelgrün." Nein, Elio bleibt schon bei seinem geliebten Mediterranée.*

*In Cap Ferrat hat er sich 1984 ein Haus gebaut, in Rom steht sein Elternhaus, und auf Sardinien lebt der De-Angelis-Clan im Sommer.*

*Viele reiche italienische Familien haben die größten Probleme mit Erpressern und Kidnappern. Ihr auch? frage ich Elio.*

*„Nein, zum Glück nimmer. Aber in Rom war es vor vier Jahren ganz schlimm. Jedesmal, wenn ich in Fiumicino ankam, wartete die Bodyguard. Und ein kugelsicheres Auto. Wir mußten nicht aufpassen, weil ich Rennfahrer bin — sondern wegen der Familie. Ich hab mit vielen mitgezittert. Sechs gute Freunde von mir sind entführt worden, ein Mädchen wurde sogar 13 Monate lang gefangengehalten. Ich weiß schon, warum ich in Rom wenig ausgeh."*

*Und auf Sardinien? frage ich ihn.*

*„Da zahlen wir Schutzgebühr, und das Haus ist bewacht. Überhaupt ist Sardinien viel ruhiger als Korsika. Ich flieg von Rom eine halbe Stunde bis Olbia — und hab dann noch eine Viertelstunde mit dem Auto."*

*Seit 1984 lebt er in Cap Ferrat, aber sein Wasserskiboot ist in Sar-*

*dinien geblieben. „Ich such jetzt ein größeres, mit dem ich den Atlantik überqueren kann.“ Tennis spielt er auch gut. „Etwa so wie Laffite — und der hat Carlos Reutemann geschlagen.“*
*Für Lauda ist Elio auch 1985 „der Mann, der immer im Hintergrund lauert, immer ankommt“. Die Schwierigkeiten im Lotus-Team sieht er voraus: „Weil Senna der Schnellere ist.“*

## IMOLA: DIE FALSCHEN SIEGER

In der Weltmeisterschaft liegt zum erstenmal seit 1958 (Luigi Musso) ein Italiener in Führung: Michele Alboreto mit zwei zweiten Plätzen aus Rio und Estoril. Damit fiebert ganz Italien dem Grand Prix im „Autodrom Dino Ferrari“ von Imola entgegen. Er wird verrückt — aber anders, als alle glauben.
Zuerst hat das lebensgefährliche Regenrennen von Estoril ein Nachspiel: Fahrer-Präsident Lauda stürmt vor Trainingsbeginn durch alle Boxen in Imola — Unterschriftenaktion! Auf Lauda-Briefpapier steht: „Wir glauben, daß Estoril abgebrochen hätte werden müssen, aber die Sportkommissäre haben die gefährliche Situation nicht begriffen.“
Nachsatz: „Die Formel 1 ist gottlob so sicher geworden, wir kämpfen um jeden Zentimeter Krautschzone — aber dann wollen die Kommissäre nicht kapieren, worum es geht. Warum immer erst im letzten Moment abbrechen, warum nicht im ersten?“
Alle Fahrer unterschreiben spontan — mit einer Ausnahme: Winkelhock. „Das müssen wir diskutieren ... nicht zwischen Tür und Angel. Ich kann doch nicht gleich blind unterschreiben, wenn der Herr Lauda daherkommt“, sagt der gründliche Schwabe.
*Völlig überraschend taucht der gefeuerte Arnoux im Fahrerlager auf: „Verklag Ferrari, verlang die zweite Hälfte deines Gehalts sofort plus eine Million Dollar wegen Rufschädigung!“ rät ihm Lauda. „Du wirst sehen: Ferrari zahlt.“*
Das Training beginnt mit der gewohnten Senna-Bestzeit. Aber mit einer österreichischen Überraschung: Berger vor Lauda. Zum erstenmal seit 13 Jahren, seit seinen Duellen mit Dr. Helmut Marko, ist Niki nicht schnellster Österreicher einer Formel-1-Trainings. „Mir nur recht,

meine Herren", sagt Niki den Reportern, „muß ich nur noch die halbe Zeit mit euch verbringen ..."
Berger schafft das „Miracolo della giornata", laut italienischen Zeitungsschlagzeilen das „Wunder des Tages": 5. Platz. „Als ich Johanssons Ferrari halten kann, weiß ich, daß ich schnell bin." Aber: „Das Team hat nichts gesagt, als ich drei-vier Sekunden hinten war, also wird jetzt auch nicht laut gejubelt." Berger ein österreichischer Senna — oder der Arrows A8 ein Wunderauto? Die Wahrheit liegt in der Mitte: „Schnelle Kurven und enge Schikanen sind ideal für uns." Grippig, aber vergnügt, liegt Berger in Zimmer 109 der „Imola Residence", schaufelt Spaghetti, läßt den Fernseher rennen, redet von Niki. „Ich laß ihn sowieso vorbei. Aber nicht, weil er der große Lauda ist, sondern weil das immer meine Taktik war: Lieber an einen Schnelleren anhängen, statt dem fürchterlichen Druck der Führungsarbeit."
Samstag greift Gerhard sogar nach der Pole-position. „Ich erwisch eine Superrunde, jede Kurve optimal, da platzt drei Kurven vor dem Ziel eine Einspritzleitung." Auf drei Zylindern schafft Gerhard noch 1,29. „Eine niedrige 1,27-Zeit wär drin gewesen." Pole-position holt Senna mit 1:27,327.
Lauda, vormittags mit dem Ersatzauto Schnellster, kann nach Motorwechsel erst 20 Minuten vor Trainingsende einsteigen, hat gerade eine einzige Runde zur Verfügung, springt vom 13. auf den 8. Rang — dann bremst ihn der Regen.
Also wieder ein Lauda-Training, das die Schmerzgrenze sprengt. Aber noch übler wird Brundle mitgespielt. Die Tyrrell-Mechaniker vergessen, einen Bremsbelag einzubauen. Als Martin bei 280 km/h in die Bremsen steigt, fällt das Pedal durch. Brundle überlebt mit Rückenschmerzen. Tapfer, wie Brundle Unfälle wegstecken kann.
Sonntag kommt die Schlechtwetterfront. Das McLaren-Chaos beginnt mit dem verregneten Aufwärmtraining: Die Autos werden nicht mehr gewogen, auch Benzinverbrauchsmessungen erfolgen keine. Dafür haben vor allem die Pirelli-Piloten Angst vor einem zweiten Estoril. Niki Lauda namens der Fahrer zu den Sportkommissären: „Ich hoffe, meine Herren, Sie zeigen im Fall von Regen mehr Verantwortungsgefühl als Ihre Kollegen in Portugal." Die Estoril-Geister sind wieder aufgescheucht. Als Pirelli-Mann Umberto Grano im BMW-Wohn-

wagen nörgelt: „Meine Schuhe werden ganz naß", kontert BMW-Rennleiter Dieter Stappert trocken: „Ich hoff, deine nassen Schuhe sind heute unser einziges Problem."
Regen, Defekte. Bei Lauda funktioniert der Starter nicht, Berger hat Fehlzündungen, Pole-Mann Senna Probleme mit der Benzinpumpe — die gleichen wie in Rio. Gebannt blickt Lauda auf den Fernseher in der Box und liest von der Wetterkarte ab: „In Ibiza scheint die Sonne ..."
Rosberg, der andere Balearen-Inselmensch, warnt seine Kameraden beim Piloten-Briefing: „Ich hab ständig Zündaussetzer, ich komm am Start entweder weg oder nicht weg — paßt um Himmels willen auf!" Nicht unwichtig, weil Rosberg neben Senna in der ersten Startreihe steht.
Keke kommt weg, aber nicht berühmt: Senna vor de Angelis, Alboreto, Prost, auf Platz 5 bald Lauda, „obwohl ab der 3. Runde, wie in Rio, der Computer spinnt, die roten und grünen Lampen aufflackern, der Motor aussetzt. Eine Katastrophe, das ganze Rennen." Für Berger auch, aber kürzer: super gestartet, in Piquet vorbei, bereits neben Lauda — und dann in einem Zylinder keine Kompression mehr.
*Brabhams Nr. 2, Hesnault, hat erstmals eine TV-Livekamera an Bord. Aber bevor der Relais-Hubschrauber aufsteigen kann, hat sich Francois bereits spektakulär verabschiedet:*
*Man sieht die Mauer näherkommen — gegenlenken — die Mauer wächst ins Cockpit — dann steht das Bild ruckartig. Ein Kopf schaut rechts, dann links, ob wer kommt, dann schlagen beide Hände verzweifelt ins Gesicht. Herbie Blash hat den Hesnault-Film aufbewahrt; und lacht heute noch.*
An der Spitze, wie auf Schienen, der Lotus-Expreß: Senna vor de Angelis. Erst nach elf Runden schafft es Alboreto, das Duo der Schwarz-Goldenen zu sprengen. Aber dann muß Michele Zündbox und Batterie wechseln. Die Lichtmaschine streikt. Doch da heißt das Duell um Platz 1 längst Senna gegen Prost.
Ein Zweikampf mit viel Taktik. Senna: „Ich beginn vorsichtig, schon die Reifen und gib erst mit halbleeren Tanks mehr Ladedruck. Prost ist auf der Geraden eindeutig schneller, aber für mich nie ein Problem." Und Prost: „Mir sagt mein Bordcomputer ab der zehnten Runde: Der Sprit reicht nicht. Ich könnte Senna ohne Probleme über-

holen, muß mich aber zwingen, gegen mein Temperament zu fahren."
So muß Prost Senna davonziehen lassen, und aus dem Nichts, vom 15. Startplatz weg unaufhörlich attackierend, kommt Johansson vor.
Noch führt Senna, aber mit wachsender Verzweiflung: „Als der Sprit wegbleibt, glaub ich zuerst: nur Ansaugprobleme." Senna also längst mit dem Rücken zur Wand, sich mühsam weiterschleppend, Prost so behutsam er kann, nur noch mit Blick auf die Instrumente — und dahinter der totale Angriff des Ferrari Nr. 28.
Imola ist längst ein Tollhaus. Jede Runde sieht Johansson den dicken Giuseppe, Italien-Vertreter der „Timberland"-Schuhe, aufgeregt an der Boxenmauer herumfuchteln. „Er signalisiert mir jede Runde, und ich überleg schon: Klopf ihm eine auf den Finger", grinst Stefan in den Helm.
Für vier Runden erhöht Johansson den Ladedruck. Zuerst überholt er Prost und dann — in der Schikane „Acqua minerale" — den ohne Sprit gestrandeten Lotus von Senna. Was für eine Supershow: Erst Johanssons zweites Rennen für Ferrari, und schon in Führung.
„Daß auch mir der Sprit ausgehen könnte, denk ich nie." Die Box befiehlt ihm: *Boost down.* Aber auch Johansson hat Pech: Im Bergaufstück nach der Tosa-Kurve hustet und spuckt der Ferrari, dann rühren sich die sechs Zylinder nicht mehr.
*Der zweite vermeintliche Sieger ist draußen. Erst Senna, dann Johansson. Nicht schlecht, die zwei letztjährigen Toleman-Piloten, sagt Harvey Postlethwaite in der Ferrari-Box zu Piccinini.*
*Der Applaus begleitet Stefan, als er im Laufschritt an die Box kommt: „Lieber so, mit fliegenden Fahnen untergehen als farbloser Zweiter oder Dritter", tröstet er sich — erst fünf Minuten später, in der fast geleerten Box, weint Johansson um diesen gestohlenen Sieg. Enzo Ferrari sagt später: „Wir haben in Imola ein Rennen verloren, aber einen Fahrer gewonnen."*
Also muß jetzt Prost gewinnen, aber fast 200.000 Tifosi halten den Atem an: Piquet rollt als nächster ohne Benzin aus — was dem Brabham-BMW den dritten Platz kostet. Lauda strampelt tapfer dem Ziel entgegen, trotz dauernder Motoraussetzer (darum auch ein Dreher) und ohne 5. Gang. Aber den unerwarteten Ausgang dieses Tages, der alle Beteiligten bis zum letzten auslaugt, ahnt noch keiner.

*Sicher, Regenangst, Benzindramen und Disqualifikationen hat es in der Formel-1-Geschichte immer gegeben. Etwa 1982 in Rio, als die ersten zwei, Piquet und Rosberg, gnadenlos aus der Wertung flogen. Oder 1964 in Spa, als die ersten drei, Gurney, Hill und McLaren, in der letzten Runde ohne Sprit liegenblieben und Jim Clark gewann. Aber alles zusammen in einen einzigen Tag verpackt, Regenangst, Benzingrotesken und der falsche Sieger auf dem Podest: diese Weltpremiere bleibt Imola vorbehalten. Der verrückteste Grand Prix seit Jahren: nach zwei vermeintlichen, doch ohne Sprit ausgerollten Siegern gibt es noch einen falschen Gewinner.*

Prost wird als Erster vor de Angelis abgewinkt, dann wartet alles auf Boutsen. Der Belgier — schon 44 Sekunden vor Tambay — hat den Ladedruck auf 2,0 bar runtergedreht. Er verwendet zum erstenmal einen 216-Liter-Tank, „wovon mir Arrows aber nichts gesagt hat". Folglich fehlt ihm der Sprit für die letzte Runde.

Kurzes Spucken, Husten, und dann stirbt im kurzen Bergaufstück nach der „Acqua-minerale"-Schikane der Motor ab. 300 Meter Zittern, dann wirft Boutsen den Motor an, tritt in der Zielkurve nochmals die Kupplung, stemmt sich hoch, rollt im Leerlauf über die Ziellinie — und bleibt 50 Zentimeter dahinter stehen.

*Boutsen weiß schon, warum er nicht aussteigt und anschiebt: Seit dem Drama im 1000-km-Rennen von Buenos Aires 1971 streng verboten. Damals war Ferrari-Fahrer Ignazio Giunti gegen den von Beltoise geschobenen Matra geprallt und töglich verletzt worden.*

Boutsen — nach links ausgestiegen — hört die Autos heranfetzen, „weiß aber nicht: Tambay? Lauda? Oder wer sonst?" Später, auf dem Siegespodest, entschuldigt er sich fast bei Lauda.

Prost bleibt zwei Kurven nach der Ziellinie ohne Sprit liegen. Gewonnen, verloren, gewonnen oder was schon wieder? Tambay bringt Prost als Autostopper an die Box zurück.

Jean Sage denkt an Rio: Ist der McLaren zu leicht? Die erste Gewichtskontrolle im „Pac fermee" ergibt wirklich 538 kg, also 2 kg zu wenig.

Bei McLaren klingeln gerade die Champagnergläser, als Zeitnehmerin Ann — eine frühere Hockey-Teamspielerin — hereinkommt: „Sorry, Alain, aber es scheint, du bist disqualifiziert." Ron Dennis verlangt sofort eine zweite Messung. Die französische Neidgenossenschaft lacht hämisch, weil sie weiß: FISA-Ingenieur Mosson hat die erste Waage um 2 kg zu günstig geeicht, „damit wir keine Probleme haben, wenn es knapp wird".

Prompt ergibt die Nachkontrolle: 536 kg. Weil zwei verschiedene Gewichte vorliegen, mutmaßt die Konkurrenz: Auch Lauda disqualifiziert. Keine Rede — Niki ist nur im Hubschrauber aus der Imola-Hölle geflüchtet: „Aber ob ich Dritter, Vierter oder Fünfter bin, müssen andere entscheiden. Ich bin nur der Rennfahrer."

Prost ist tapfer: „Das Reglement muß für alle gelten, wir haben eine Lektion bekommen. Nur schade, daß wir die Autos heute früh nicht, wie sonst immer, abgewogen haben." Vielleicht deshalb, weil John Barnard wegen einer Hochzeit vorzeitig aus Imola abgereist war.

*Jeder sagt: wegen der blöden zwei Kilo ... „Aber wir müssen knapp kalkulieren, sonst stehen wir plötzlich mit einem 1000-Kilo-Auto am Start", verteidigt Lauda sein Team. „Wir rechnen genau: 20 kg für Öl- und Wasserverbrauch sowie abgefahrene Bremsbeläge. Hat bisher immer gepaßt, weil noch Sprit drin war. Jetzt zum erstenmal nicht."*

So gibt es nach zwei moralischen und einem falschen Sieger doch noch einen echten: Elio de Angelis vor Boutsen, Tambay und Lauda. „Vielleicht nicht die beste Art, ein Rennen zu gewinnen. Aber ich hab diesen Sieg bestimmt nicht gestohlen — ich fuhr die letzten Runden ohne Bremsen." Zum erstenmal in seiner Karriere ist Elio jetzt WM-Leader.

## MONTE CARLO: DIE GROSSE ANGST

Monte Carlo ist ein Heimat-Grand-Prix für viele. Auch für Riccardo Patrese, der das Auto-Roulette schein einmal gewonnen hat: 1982, auf Brabham.

*Im Hafen von Monte Carlo liegt sein 30-Fuß-Rennboot: ursprünglich mit zwei 240-PS-Motoren von BMW bestückt, mit 85 km/h für Patrese „zwar schnell, aber nicht superschnell", ließ er später zwei Mercury-Motoren mit je 400 PS einbauen, „womit ich zwar 100 km/h fahren, aber vor lauter Lärm mein eigenes Wort nicht verstehen konnte" — und jetzt ist er wieder zu BMW-Power zurückgekehrt.*

*Außer Wasserski fährt er auch Motocross. Vor allem jedoch: Märklin-Eisenbahnen, Baujahr 1935 bis jetzt. „Bei null hab ich angefangen, jetzt hab ich 180“, erzählt er mir stolz. „Eine Riesenanlage, für die ich viel Platz brauch.“ Darum kaufte Patrese in der Via Alltinate von Padua — einen Steinwurf von seinem Elternhaus — ein eigenes Penthouse mit 100 Quadratmetern „als mein eigenes Recreation-Center“. Er spielt mit seinen Eisenbahnen, und sein achtjähriger Bub Simon mit seinen elektronischen Spielautomaten.*

*Die 180 Patrese-Züge laufen über Berge und Täler auf vier Tischen. Boshafte Zungen würden sagen: Ein Wunder, daß sie nicht zusammenstoßen ...*

*Gleich nach der Schule ist Patrese auf die Uni gegangen, hat „politische Wissenschaften inskribiert, weil ich schon Rennen fuhr, also für ein Medizin- oder Technikstudium zuwenig Zeit hatte“. Riccardo, auf halbem Weg zum „Dr. Patrese“, ist immer noch eingeschrieben, „auch wenn ich 1977 zum letztenmal im Hörsaal war. Aber ich möchte noch zehn Jahre Rennen fahren — und dann fertigstudieren.“ Politikwissenschaften: Da hat er die richtige Fakultät gewählt. Erstens die Brabham-Jahre mit Bernie, zweitens seine eigenen Probleme ...*

*Seine Freundin Suzy schenkt ihm im Frühjahr zum Buben Simone noch Zwillingstöchter: Beatrice und Maddalena. Hochzeit? „Nicht notwendig. Wir leben zusammen, das macht keinen Unterschied.“*

*Dafür ist er, was Unfälle betrifft, um so empfindlicher. „Ich sag nie etwas, wenn ich über Unfälle von anderen gefragt werde — im Gegenteil, ich spiel sie immer nur herunter. Aber was hat man mir angetan? Mir die Startkarambolage von Monza 1978 in die Schuhe geschoben, fürs nächste Rennen (Watkins Glen) auf Betreiben von Lauda, Hunt, Scheckter usw. Startverbot gegeben. Vier Jahre später wurde ich endlich freigesprochen — aber alle paar Monate steht irgendwo zu lesen: Patrese, der Killer.“*

*Zunehmend ist er von seinen Fahrerkollegen isoliert, obwohl er 1982 beim Fahrerstreik von Kyalami voll mitmachte, „obwohl es mein erstes Rennen für Mr. Ecclestone war und ich große Schwierigkeiten hatte“. Patrese schlief damals im Johannesburger Matratzenlager in einem Bett mit Lauda, der „Patrese an der Hand nahm, um auf ihn aufzupassen“.*

Als einer von ganz wenigen zahlte Patrese damals die 10.000 Dollar Anwaltskosten — womit er sich von allen Gemeinschaftsverpflichtungen freikaufte: „Damit tret ich aus der Fahrervereinigung aus, laßts mich künftig in Kraut — ich tu nur noch meinen eigenen Job."

Für ihn kein Zweifel: „Der beste Fahrer jedes Jahres ist der jeweilige Weltmeister. Und dann gibt's eine Gruppe von Piloten, die vorn um den Titel mitkämpfen würden, hätten sie das richtige Material. Als Brabham-Pilot hab ich auch dazugehört. Aber bei Alfa ganz sicher nicht ..."

Noch heute ist Patrese fasziniert, wie Gordon Murray bei Brabham arbeitet: „Er ist wie ein Computer, in den du alles reinwirfst — und er spuckt das Richtige aus. Von Arrows war ich gewohnt: stundenlange Diskussionen mit den Ingenieuren und Technikern — so hielt ich es auch bei Brabham." Bis Riccardo auffiel: „Piquet redet nach dem Training mit Murray fünf Minuten, dann ist er weg und hat am nächsten Tag genau das Auto, das er will. Ich dagegen debattier bis 19 Uhr, um gemeinsame Lösungen zu erarbeiten." Erst nach drei, vier Rennen erkennt Riccardo, daß man Murray nur Angaben machen muß, ohne Lösungsvorschläge.

Man spürt: Patrese hat Heimweh nach Brabham, zumal ihm plötzlich auch Bernie Ecclestone nachsagt: „Riccardo mußte 1983 gehen, weil es Parmalat so wollte. Aber Patrese wäre genauso schnell gewesen wie Piquet! Nur hab ich ihn nie annähernd so behandelt wie Nelson, nicht einmal wie eine Nummer 2 — eher wie eine Nummer 4 ..."

Und was Riccardo noch wehtut: „Wenn ich in Grand-Prix-Programmen jedesmal lesen muß: Der umstrittene Patrese." Und er fragt mich: „Was hab ich schon verbrochen? Welche Unfälle? Wo etwas getan?" Einmal, auf einem langen Überseeflug, geht er mit mir seine 128 Grand-Prix-Rennen durch: „Im Verhältnis weniger Unfälle als die anderen. Und nur eine einzige wirklich schlimme Karambolage: mit Pironi 1978 in Zandvoort" (die zweite folgt in Monte Carlo).

Für Lauda ist Patrese „einer der schwierigsten Charaktere der Formel 1, weil er, glaub ich, wahnsinnig schwer beurteilen kann, wann es gefährlich wird und wann nicht. Mit ihm im Pulk zu fahren ist das Unangenehmste, das es gibt!"

Patrese und Cheever (Alfa) lesen von ihrem Bosch-Display ab, wie-

*viele Runden noch zu fahren sind und wieviel Sprit sie noch haben, also zum Beispiel: „10 Liter, 3 Runden.“ Aber soweit kommen sie selten. Nur wenn alle „in the general shit“ sind, wenn's allen schlecht geht, „dann schaut Alfa nicht so schlecht aus“: ein klassischer Patrese-Spruch.*

*Patrese und Cheever: Schon das zweite Jahr langweilen sie sich nebeneinander bei Alfa Romeo. „1984 hat Eddie ein paar Dinge hintenherum versucht, heuer geht's besser.“ Cheevers Selbstbewußtsein ist sein großes Plus, aber gleichzeitig auch sein Minus. „Er glaubt, er ist der Beste. Aber was hat er bis jetzt erreicht? Nie erste Startreihe, nie geführt, nie die schnellste Runde. Und er hat kein Team freiwillig verlassen, sondern ging immer, weil sie ihn nimmer wollten“, glaubt Patrese.*

*Mit dem Mansour-Ojjeh-Clan ist Eddie eng befreundet — aber soviel Einfluß hat Mansour auch nicht, um Cheever in ein Spitzenteam zu hieven. Benetton braucht, weil es auf den US-Markt eindringen will, einen amerikanischen Piloten — die Wahl lag zwischen Sullivan und Cheever. Genau, wie Piquet heute noch freiwillig zugab: „Ich bin 1979 als junger Spund zu Brabham gekommen, weil mich Bernie mochte und Parmalat für eine neue Fabrik in Brasilien Werbung brauchte.“ Man soll sich da keinen großen Illusionen hingeben.*

*Er hat in der Formel 1 eigentlich nie etwas gezeigt, findet auch Lauda. „Sicher, auf schnellen Kursen ist Cheever mit dem Alfa gehandikapt, aber auf langsamen Strecken geht der Alfa nicht schlecht.“*

*Nach Theodore, Osella, Tyrrell, Ligier, Renault hat Cheever also zum erstenmal nicht das Team gewechselt, sondern ist bei Alfa geblieben. Hätte er sich sparen können.*

*Manchmal wirkt er Formel-1-müde: „Vielleicht geh ich 1986 in die USA und fahr die Cart-Serie“ — wo er mit Andretti, Fittipaldi, Guerrero, Daly, Giacomelli viele alte Bekannte treffen würde. Sein Bruder Ross strampelt derweil in der Formel 3 an die Spitze.*

*Der baumlange Eddie mit der Basketballerfigur und dem „Laker“-Baseball-Wappen auf dem Sturzhelm ist gut auf Stadtkursen, sehr gut im Regen.*

Endlich wieder dabei ist Toleman. Höchste Zeit, weil die „Tolemänner“ seit Oktober 1984 bereits 1,3 Millionen Pfund (etwa 35 Millionen

Schilling) an Gehältern zahlen müssen — ohne die Einnahmen eines einzigen Rennens! Hilfe naht, als das Spirit-Team aussteigt, Benetton den Spirit-Reifenvertrag mit Pirelli aufkauft und ab sofort Toleman sponsert. Der Textilkonzern kriegt das Formel-1-Team relativ billig: für 350.000 Pfund (zehn Millionen Schilling) gehören ihm 51 Prozent von Toleman.

Zu den grün-roten Benetton-Alfas kommen ab sofort „The United Colours of Benetton", die vielen Flaggen auf dem weißen Toleman Nr. 21 von Teo Fabi. Für viele: das schönste Formel-1-Auto mit der schönsten Lackierung. Die doppelte Benetton-Werbung, Alfa und Toleman, stört nicht: „Wie wenn du in der gleichen Straße zwei Geschäfte hast . . ."

*Beim Frühstück im „Beach Plaza" ist das Fußball-Europacupfinale noch Thema Nr. 1: „3:1 für Everton gegen Rapid, was sagt ihr jetzt?" fragt Laffite den Lauda-Clan. Mansell, der Edelbrite, trägt den Kopf nicht zu hoch: „Hauptsache, gewonnen." Und Ex-Fußballer Prost, seinerzeit nur deshalb nicht Linksaußen bei St. Etienne geworden, „weil ich für Kopfbälle zu klein bin", tröstet uns: „Ich hab gleich gesehen: Der Druck von Everton ist für euch zu stark. Aber es war ein gutes Finale."*

*Der österreichische Fußball, wirft ein fußballfeindlicher Reporter ein, werde ohnehin nur noch künstlich beatmet. Lauda grinst: „Dann beatmets dieses Wochenende den Berger und mich . . ."*

Lauda blickt dem „Auto-Roulette" skeptisch entgegen: „McLaren war in Monte Carlo noch nie grandios: Weil unsere Stärke die Aerodynamik ist, die im Straßendschungel aber nichts bringt. Weil wir im Gegensatz zu Ferrari, BMW, Renault keinen Qualifikationsmotor mit 1000 PS haben, werden wir in der Startaufstellung hinten sein. Und überholen kannst in Monaco kaum."

Das Stahlgewitter von Monte Carlo: ein mörderischer Steptanz auf den Pedalen. „Deppert", sagt Lauda dazu, „nachdenken darfst net. Aber wir müssen hier fahren, weil es das wichtigste Rennen ist." Niki muß sich zwingen abzuschalten. Gerhard Berger findet's „20 Runden lang zum Fürchten, wie schnell die Häuser auf dich zufliegen. Bergauf zum Casino hörst die Leitplanken singen. Du denkst: Nur ja keinen Unfall. Und: Warum hab ich nicht 600 PS weniger? Tät auch genügen . . ."

Oft reißt der dünne Faden. In Mirabeau — den Randstein touchiert —

schlägt es Lauda das Lenkrad aus der Hand. Prost nickt mitfühlend: „Mir 1980 in Kyalami passiert: linke Hand gebrochen." Später hat Lauda „soviel Freude, daß ich eine freie Runde vorfinde, daß ich mich vor lauter Freud verschalte".

Und dann, plötzlich, schlägt der Blitz ein: De Cesaris springt vor der Massenet-Linkskurve voll in die Bremsen — nichts. „Das Pedal klappt bis zum Boden durch." Nur die Hinterbremsen ziehen. Ein wilder Sturzflug in die Leitplanken, bei dem Roger Benoit als Augenzeuge die Gänsehaut spürt: „Jetzt weiß ich, wie das ist, wenn in der Formel 1 einer stirbt." Andrea aber sitzt 20 Minuten später schon wieder im Ersatzauto. „Sonst wäre es für alles zu spät. Aber schwierig genug, wieder Vertrauen ins Auto zu gewinnen."

Schnellster am ersten Tag: Senna vor dem sensationellen Patrese, dann Prost und Alboreto, Lauda Siebenter. Und Brabham flüchtet aus dem Fürstentum, 250 Kilometer nach Le Castellet: Piquet wird am arbeitslosen Freitag zu geheimen Testfahrten vergattert.

*Die anderen freuen sich, daß sie dableiben. Fachgesimpelt wird überall, am meisten bei den Skirennläufern. Dem Abfahrts-Weltcupsieger Helmut Höflehner imponiert Ex-Skirennfahrer Tambay: „Er fährt am rundesten die Kurven. Aber am meisten attackiert Berger — weil er immer so quer um die Ecken driftet. Wie die fahren, ist gigantisch."*

*Ein Fest jagt das andere. Die Schönen und Reichen gieren nach Boxentickets und Partyeinladungen, wie immer beim Auto-Roulette, noch lang bevor die Kugel auf die rote 27 (Alboreto) oder schwarze 12 (Senna) fallen kann. Am lustigsten: Die Arrows-Party im „Flashman". Am exklusivsten: Die McLaren-Gala im „Sporting Club" unter künstlichem Sternenhimmel — Gesang Vivien Reed. Da muß man doch.*

*Als ich mit Niki vom „Beach Plaza" den kurzen Weg bis zum „Sporting Club" gehe: Dutzende Rennfans, die dem Mann im grauen Flanell (mit rotem Kappl) die Hand entgegenstrecken und Glück wünschen. Plötzlich ein Belgier, der wie ein Tourist aussieht, den Niki aber sofort erkennt: „Jener Formel-3-Pilot, den ich 1970 bei der Massenkarambolage von Zolder aus den Trümmern gezogen hab. Ich fürchtete, er sei tot, weil er so bewegungslos unter den Trümmern lag, aber er hat immer nur gefragt: Mein Auto — sehr kaputt?"*

*Die Gala selbst: Superstars von Juan Manuel Fangio abwärts, Broad-*

*way-Show, ein Magier, der für einen Zaubertrick die im Smoking angetretenen Formel-1-Piloten fragt: „Hat zufällig jemand 500 Franc?" Alle verneinen. Worauf Clay Regazzoni aus dem Rollstuhl heraus grinst: „Frag doch den Bernie Ecclestone . . ."*
*Clay wird als neuer Alfa-Sportdirektor gehandelt. Was er aber weder bestätigt noch dementiert. Er wird es nicht.*
*Monaco, das Fest des Jahres, hat sie alle wieder angelockt. Auch drei Bosse von gestern: Walter Wolf, Günter Schmid, David Thieme.*
*Thieme, der ehemalige Lotus-Sponsor mit dem schwarzen Cowboyhut, lebt jetzt zurückgezogen im „Hotel de Paris", versteckt wie Howard Hughes seinerzeit auf den Bahamas: kein Mann für die große Show. Wolf, der wieder Bombengeschäfte im Öl-Business macht, ist beim Skifahren in eine Gletscherspalte gestürzt und hat sich das Knie operieren lassen: „Wennst eine 23jährige Freundin hast, mußt gut laufen können." Die vier Boxenkarten, die ihm Ecclestone beim Concierge des „Hotels de Paris" deponiert, schnappt sich eine gierige Dame, die sich als „Frau Wolf" ausgibt — armer Walter.*
*Schmid, der ATS-Felgenkönig, ist mit seiner Superyacht „Wheels 2" eingelaufen: das schönste Schiff im Hafen, gleich nach Niarchos' „Atlantis 2", mit eigenem Hubschrauber-Landeplatz. Schmid genießt sein Formel-1-Pensionistenleben: „Keine Intrigen mehr. Aber ich komm wieder."*
*Klatsch und Tratsch aus Monte Carlo zwischen der Bar im „Hotel de Paris" und der Disco „Jimmy'z", wo die „wilde Prinzessin" Stephanie so gern unterwegs ist: gerade aus den USA retour, wo sie als Dior-Fotomodell für Bademoden 420.000 Schilling Tagesgage kassiert hat. Ihre Schwester Caroline, verheiratete Casiraghi, ist dagegen sehr familiär geworden. Anneliese Abarth, die seit dem Tod des berühmten Carlo an der Cote d'Azur" lebt, betreibt mit ihr Joga im gleichen Fitneßklub: „Unglaublich, wie sportlich-schlank die Prinzessin ist." Abarth-Sohn Raffaele ist gerade mit Pamela Scheckter (Jodys geschiedener Frau) liiert, Björn Borgs Exfrau Mariana hat ihrem neuen Verlobten Marsay den Ring zurückgegeben, Riccardo Patreses Exfreundin dafür den Marsay-Bruder geheiratet . . .*
*Und der Höhepunkt: Galaempfang im zuckerlrosafarbenen Grimaldi-Palast. „Um die Prinzessinnen wieder einmal zu sehen", juckt es sogar*

*Niki Lauda, sich in Schale zu werfen. Gerhard Berger sowieso: „Wennst aus Wörgl kommst, hast ja sonst nie eine Chance, daß du vom Fürschten eingeladen wirst ...“*
*Als ich mit Gerhard nach Mitternacht über den Casinoplatz bummle, bleibt er auf einem Ölfleck mit Brandspuren und Zementstaub stehen: „Das war mein Motorschaden im Training. Eine Million beim Teufel.“ Was die Relationen im Fürstentum, wo das Zimmer fürs Wochenende mehr als 20.000 Schilling kostet, wieder zurechtrückt. Und meine urwüchsigsten zwei Stunden: Jause bei Stefan Bellof, auf der Terrasse seines gemütlichen Appartements. Blick aufs Casino, das Meer und die Palmen, Kaviar und Champagner in der Luft, aber Stefan ißt, was er am liebsten jeden Tag ißt: Schnitzel mit Karotten und Blumenkohl.*
Leider verpaßt Bellof die Qualifikation. Wegen eines Benzinlecks, gerade als er sich in die Zeitenjagd stürzen will. Ken Tyrrell: „Wir haben alles repariert, aber vielleicht gerade die günstigste Zeit verpaßt.“ Denn später steht ihm andauernd jemand im Weg, einmal sogar Teamkollege Brundle. „Zum erstenmal, seit ich Rennen fahr, nicht qualifiziert!“ sagt Stefan traurig. „Aber was soll ich tun? Andere Autos über die Leitplanken heben, wenn ich gerade daherkomm?“
Winkelhock rennt die Zeit davon. Ein Spießrutenlauf mit drei Autos: Motorschaden im ersten, Fehlzündungen im zweiten, Getriebeschaden im dritten, binnen 18 Minuten repariert, wohl Weltrekord — aber um 25 Sekunden zu lang: Gerade, als Manfred seine schnelle Runde beginnt, wird er abgewunken.
Die deutsche Ehre rettet der Zakspeed: sensationell qualifiziert.
Monaco, der charmanteste Anachronismus der Sportwelt. Nirgendwo ist die Pole-position so wichtig. Darum verteidigt sie Senna mit allen Mitteln — „sogar um den Preis, uns alle zu gefährden“, tobt Alboreto.
Auch Lauda empört sich: „Wir alle heizen unsere Reifen auf, drehen eine schnelle Runde und verschwinden wieder in der Box. Aber Senna bleibt 17 Runden lang draußen. Das können nur reine Störrunden gewesen sein, um andere aufzuhalten.“
Falsch, korrigiert Senna-Manager Domingos, „der Junge muß den Kurs noch lernen, weil er hier fremd ist.“
Lauda läuft am Schwimmbad auf Senna auf: „Der Lotus rollt in der Straßenmitte, im ersten Gang. Ich muß abrupt abbremsen.“

Senna entschuldigt sich später artig: „Ich hab dich nicht gesehen . . .“ Alboreto auch nicht? Den Ferrari hat Senna fünf Runden lang im Rückspiegel und läßt ihn nicht vorbei. Peter Warr verteidigt Senna: „Schau dir das Rundenprotokoll an: Mit Alboreto im Nacken fährt Ayrton seine zweitschnellste Runde.“ Plötzlich sieht Senna im Rückspiegel, „wie der Ferrari auf mich zurast, genau gegen meine Hinterräder“. Michele, der vor Wut kocht, greift zur Selbsthilfe, boxt den Lotus in der Zielkurve nach außen und sticht innen durch. Zu spät — er bleibt auf Platz 3 eingeklemmt.

Ringrichter ist Domingos Piedade, sowohl Alboretos als auch Sennas Manager. „Ihr seid beide über 21, habt beide den Führerschein, solltet wissen, was ihr tut — aber ihr müßt drüber reden.“

*Durch die Boxen läuft das Gerücht wie ein Buschfeuer: „Lauda hat gesagt, so lange er Rennen fahre, werde er dafür sorgen, daß Senna nie mehr ins Ziel kommt.“ Hat er nie gesagt, grinst aber: „Gute Idee. Wenn sich ein paar zusammentun und immer warten, bis Senna aus der Box kommt, fährt er nie wieder Pole-position!“*

*Die Senna-Blockade hat natürlich ein Nachspiel: Zwei Tage später, Testfahrten in Le Castellet. Senna entschuldigt sich bei Lauda, und Niki verzeiht ihm: „Jugendlicher Überschwang . . . aber du hast ja niemanden gefährdet . . . ist erledigt.“ Nicht vergessen kann Alboreto. Er erwartet, daß Senna zu ihm kommt, und er kommt auch — aber um sich zu rechtfertigen, nicht sich zu entschuldigen: Ducarouge, an Sennas Seite: „Du wirst doch nicht glauben, daß dich der Bub absichtlich gesperrt hat.“ Alboreto jagt Senna zum Teufel: „Nächstes Jahr schick ich dich im fünften Gang zu den Tribünen rauf!“*

Der liebe Gott straft Senna schon im letzten Warm-up: „Eine Zündkerze verölt, wir wissen nicht, was wir tun sollen.“ McLaren füllt für Prost nur 200 Liter Sprit ein — was sich beinahe bitter rächen wird.

Der Start in Monte Carlo ist immer ein Problem — nicht nur, weil das ganze Feld in den Haarnadeln fast zum Stillstand kommt.

*„Wir verlieren jedes Jahr in St. Devote in der ersten Runde drei Autos“, fleht Peter Warr den Sportkommissär Corsmit an. „Bitte: für die erste Runde Überholverbot!“ Corsmit geht fragen, kommt zurück: keine gelben Flaggen, alles bleibt wie es immer war.*

*Berger schlägt Lauda vor: „Wenn du schneller bist als ich, pick mir nicht am Getriebe, sondern wart zehn Runden, dann laß ich dich vorbei — aber nicht sofort, weil dann gleich fünf andere vorbeistürmen, bis ich den Rhythmus wieder find.“*

*Berger dreht den Motor bis zum Drehzahlbegrenzer hoch — darum kommt er nicht weg, wird von Tambay und Johansson gerammt. Für Tambay: fast die Wiederholung von 1984. Für den blassen, grippekranken Johansson: Tiefpunkt eines verpatzten Wochenendes. Und für Berger: sein kürzester Grand Prix.*

An der Spitze brennt Senna ein Brillantfeuerwerk ab, aber nur 13 Runden lang. Dann geht der neue EF-15-Motor, die Wunderwaffe von Renault, k.o. Jetzt heißt es für Alboreto und Prost plötzlich: Machen Sie Ihr Spiel. Der Ferrari vorn, der McLaren dahinter. Die ersten Bremsprobleme melden sich: zuerst bei de Angelis, dann bei den Williams, und schon wieder bei Ligier.

Laffite hat Stahlbremsen, de Cesaris Carbonfiberbremsen, „und die sind schwieriger zu kalkulieren“. Ing. Tetu warnt ihn: „Wenn du wieder Probleme hast: fahr langsamer! Vielleicht kommen die Bremsen wieder zurück.“ Ab der siebenten Runde hat de Cesaris Angst. „Das Pedal wird immer weicher, immer länger.“ Mehrmals will er aufgeben. „Jedesmal, wenn ich attackier, klappt das Bremspedal durch . . .“

Im Mittelfeld sorgt Patrese für Unruhe. „Erst 14 Runden gefahren, und schon lösen sich meine Hinterreifen auf.“ Wie so oft, „ist der Alfa im Rennen schlechter als in Training. Also kämpf ich verzweifelt, meine Position zu verteidigen.“

Mit Patrese: das alte Lied. Im Tunnel verschaltet er sich, bringt den 3. Gang nicht rein, Lauda will überholen — und wird vom Alfa gegen die Leitplanken gedrückt. „Ich muß bremsen wie ein Verrückter“ — aber Niki kämpft sich wieder heran. Will auf der Geraden links überholen — Patrese schert nach links aus. Will rechts vorbei — Patrese rutscht nach rechts.

„Sicher, Niki ist schneller als ich. Aber solang er die Schnauze nicht vorn hat, laß ich ihn nicht vorbei!“ Als Patrese eine Kurve schlecht erwischt, ist Lauda (beim Anstieg zum Casino) endgültig vorbei.

Jetzt bekommt Patrese Plus-Signale auf Piquet, der aber pro Runde vier Sekunden aufholt und rasch näherkommt. Die Zielgerade von Monte Carlo ist gebogen. Wer der Straße folgt, fährt Schlangenlinien.

Piquet beschwert sich später: „Sieben Runden hat er mich blockiert!" Nur zwei, beschwichtigt Patrese, und das ist wenig in einem 75-Runden-Rennen.

In der 16. Runde bricht das Inferno los. 275 km/h auf der Geraden. Noch lang vor der Anbremszone zur St.-Devote-Schikane Krach, ineinander verhakte Räder. Feuerzauber nach einer gespenstischen Karambolage.

*Patrese: „Ich seh nichts, spür nur plötzlich einen Schlag von schräg rechts hinten." Das sieht er auf Videorecorder viele Male. „Ich war vorn!" erteilt er sich selbst die Absolution. „Denn wären Piquets Vorderräder vor meinen Hinterrädern gewesen, wäre ich ja gesprungen." Patrese glaubt also: „Ich wurde gerempelt." Piquet tobt: „Er schmeißt mir die Tür zu, als ich rechts überholen will."*

Die Analyse der schlimmsten Formel-1-Karambolage des Jahres: Piquet, von Patrese in die Leitplanken gedrängt, reißt in einem Funkenschauer das rechte Hinterrad ab, sein Öltank geht in Flammen auf — beim Zusammenprall explodiert an Patreses Alfa das Getriebe. An der Unfallstelle: eine Ölspur, breit wie ein Bach. Aber die Streckenposten reagieren nur mit den gelben, nicht mit den rot-gelben Ölflaggen.

Laffite, der dichtauf folgt, bremst wie ein Verrückter, blockiert alle vier Räder.

Fabi, der Übernächste, bescheinigt Patrese später: „Riccardo hat nichts Falsches getan."

Niki Lauda, eine Runde später: „Ich ziel genau, um den Wracks auszuweichen, schau geradeaus — und sieh das Öl nicht. Als ich einlenken will, rutsch ich geradeaus wie auf Glatteis. Mein einziger Fehler, den ich mir 1985 vorzuwerfen hab." Der Motor stirbt ab, der McLaren hat zwar einen Anlasser, aber keine Preßluftflasche an Bord.

„Erst, wenn mir Hercules eine aus Glasfiber baut", knurrt John Barnard.

Auf der gleichen Ölspur gleitet der führende Alboreto aus, demoliert einen Reifen, erkämpft sich acht Runden später zwar nochmals die Spitze, weil Prost zugibt: „Mir passiert beim Rausbeschleunigen aus der Zielkurve ein Fehler" — aber dann muß der Ferrari an die Box, Reifen wechseln, und Prost ist an der Spitze allein.

„Ein komisches Rennen, Monaco. Ich fahr nicht zu hart, um Getriebe,

Bremsen, Reifen zu schonen. Ich könnte viel schneller sein, aber mir damit vielleicht nur Materialprobleme einhandeln", analysiert Prost. *Er glaubt: In Monte Carlo hat der Ferrari einen kleinen Vorteil, aber generell ist der McLaren immer noch das beste Auto.*
*Im Duell Prost — Alboreto ist Monte Carlo ein Schlüsselrennen. „Michele hätte genauso den Sieg verdient", sagt Prost später zu Piccinini.*
Alboretos faszinierende Aufholjagd bringt ihn bis auf 7,5 Sekunden an Prost heran: „Es ist schwierig, andauernd von hinten attackieren zu müssen. Jetzt bin ich zum drittenmal Zweiter. Wann werde ich endlich gewinnen?" Bald, Michele.
Prost hat die letzten Runden Herzklopfen: „Angst, als es leicht zu regnen anfängt. Plötzlich ist es fürchterlich rutschig, und ich muß unheimlich aufpassen."
Alain gewinnt mit den letzten Benzintropfen: In der Auslaufrunde geht ihm der Sprit aus. Gewichtsdrama wie in Imola? Die Waage zeigt 542 kg — statt 2 kg Frust nur 2 kg Sicherheit. „Wir haben schon wieder mit dem Feuer gespielt" — aber anders als Piquet und Patrese.
Wieviel ist dir dein zweiter Sieg in Monaco wert? frage ich Prost.
Alain: „Viel, sehr viel. Unheimlich wichtig für meine Mannschaft und ihre Moral."
Und auch ein gewisser Trost für Imola?
Alain: „Ich betrachte mich immer noch als Pechvogel. Ich hätte alle vier Rennen gewinnen können, hab aber erst zwei Siege."
*Abergläubisch können die Franzosen nicht sein, sonst würde ein französischer TV-Mann nicht schon ab Sommer mit der großen Prost-Biographie beginnen. Und wie wird das Buch heißen? „Champion du monde".*
*Vom ersten französischen Automobilweltmeister träumt man ja längst überall. Glanz und Glorie ihres Automobilsports diskutieren alle Franzosen. Glanz von gestern: im berühmten New Yorker Rennfahrerrestaurant „Chanteclair" der über 80jährigen Rennfahrerbrüder René und Maurice Dreyfus, wo René gern erzählt, wie er 1930 in Monte Carlo mit einem Bugatti mit Zusatztank alle irritiert und ohne Tankstop gewonnen hat. Und* gloire *von morgen: In den Winfield-Rennfahrerschulen von Le Castellet und Magny-Cours.*
*Diese „Ecole de Pilotage", die französische Nachwuchsschulung,*

*wurde berühmt und trug reiche Früchte, wenngleich keine billigen. Der volle 8-Tage-Rennfahrerkurs kostet heute 11.000 Franc, zur Verfügung stehen acht Martini-Formel-Renault-Turbo mit 120 PS. Kostenbeitrag und Autos haben sich im Lauf der Jahre geändert, gleichgeblieben sind der Chef, Simon de la Tour, und das Auslesesystem am Ende jeder Saison. Über Achtel- und Viertelfinale wird das Feld der Teilnehmer auf fünf Piloten reduziert, die vor einer Prominentenjury aus Formel-1-Stars, Sponsoren und Reportern um den Titel „Pilot de l'année" kämpfen. Der Sieg ist wichtig, weil er die Teilnahme am „Championat Formula Renault Turbo" bedeutet — eine Gratis-Rennsaison, 400.000 Franc wert.*

*Auf diesem Weg wurden fast alle französischen Formel-1-Piloten in den Grand-Prix-Zirkus geschleust. Tambay war der Gewinner 1972, Pironi 1973, Prost machte als Jahrgangsbester 1976 (in Laudas Nürburgring- und Fuji-Jahr) seine ersten Schritte zum Weltruhm, nachdem in Magny-Cours Laffite und Arnoux ihre Schuldiplome gewonnen hatten. Mit Prost endet interessanterweise die Liste — aber vielleicht brauchen die anderen noch etwas Zeit: Fabre (1979) oder Filmstarsohn Paul Belmondo, Kursbester 1983, heuer bereits Formel-3-Sieger.*

*Alle paar Jahre spürt man: Im Grand-Prix-Zirkus hat der Blitz eingeschlagen — wenn neues Talent zu offensichtlich ist: 1977 Villeneuve, 1984 Senna, dazwischen 1980 Prost. „Wenn ein Junger reinkommt und Riesentalent hat, merkst du das sofort", erinnert sich John Watson an die Le-Castellet-Testfahrten im Winter 1979/80: „Alain hatte einfach immer so viel Zeit: beim Bremsen, beim Schalten . . . nie geriet er in Eile, nie in Panik."*

*Weder Lauda noch Prost wurden von ihren Vätern in der millionenschweren Kunst des Autofahrens unterrichtet. Überraschendes Geständnis Nikis: „Ich verdank alles meiner Großmutter. Sie hatte ein Gelübde abgelegt: Wenn alle Söhne und Schwiegersöhne gesund aus dem Krieg zurückkommen, wird sie katholisch. Und so chauffierte ich sie jeden Sonntag in Hirschwang mit dem Puch 500 in die Kirche, sobald ich 13 war." Und Prosts erste Fahrlehrerin war seine Mutter . . . Lauda war selber überrascht, als er draufkam, welche Vorbildwirkung er auf Prost hatte. Alain gestand ihm einmal: „Als ich 18 war und den*

*Führerschein bekam, warst du mein großes Idol." Muß am Beginn von Laudas Ferrari-Weltkarriere gewesen sein.*
*Jahrelang, sagt Prost, „bin ich einfach ins Rennauto geklettert, ohne mich auf ein Rennen geistig vorzubereiten — ich hab einfach Gas gegeben. Erst von Niki habe ich gelernt, wie man den psychologischen Druck abschüttelt und sich geistig auf ein Rennen einstellt."*
*Tatsächlich ist Prost 1985 seinem nervösen Nägelbeißer-Image davongefahren. Denn seit Jim Clark hat kein Formel-1-Pilot soviele Fingernägel zerbissen. Vielleicht war auch keiner so schnell.*
*Sogar 1979, als er in der Formel 3 von Sieg zu Sieg fuhr, „stand Prost nervös und grübelnd in der Box", erinnert sich ein Ex-Rivale. In Zandvoort sperrte ihn sein damaliger Teamkollege Dalleste im Hotelzimmer ein und trompetete: „Heut gewinn ich!" Prost rüttelte wie verrückt an der Tür, zertrümmerte dann das Fenster . . . und danach die Konkurrenz.*
*Über den Prost-Wandel sagt Lauda: „Er hat viel durchgemacht, viel Sturm und Drang, sich aber jetzt beruhigt. Er fährt mit dem Kopf. Er hat irrsinniges Talent, vor allem irrsinniges Talent, schnell zu fahren. Und 21 Siege zeigen ja die Kraft, die in ihm steckt."*
*89 Grand-Prix-Starts, 21 Siege, 286,5 Punkte: Mit 3,26 Punkten pro Grand Prix hat Prost den besten Durchschnitt aller aktiven Formel-1-Piloten, gefolgt von Lauda (2,47), Piquet (2,17), Jones (2,04), Senna (1,76) und Rosberg (1,32).*
*Im statistischen Durchschnitt hat er also fast jedes vierte Rennen gewonnen — Lauda, zum Vergleich, fast jedes sechste. Dafür sind Prost Teams wie March und BRM erspart geblieben . . .*
*Ein Geheimnis: zwischen den Rennen ruft Prost sehr oft bei Lauda an: Wegen jeder kleinsten Federeinstellung, die er ändern will, fragt er beim Champion nach.*
*Später in der Saison sagt Alain immer öfter, „wie sehr mir Niki mit seiner Abstimmung geholfen hat." Ein Beispiel: eine winzige aerodynamische Änderung an der Schnauze zwecks mehr Bodendruck. „Spür ich nicht", sagt Prost, worauf ihn Lauda korrigiert: „Und wenn du jede Kurve nur eine Tausendstelsekunde gewinnst . . . bei soviel Kurven . . . bei soviel Runden . . . denk dran!"*
*Sein Bestes gibt er immer. Ein Samstagvormittagtraining, der übliche*

*Volltanktest. Prost, mit Niki im Rückspiegel, verbremst sich in der ersten Kurve, ist knapp am Rausfliegen, hoppelt über die Randsteine. „Unheimlich", beobachtet Niki, „der Kerl gibt immer Vollgas." Und lobt ihn: „Der echt schnelle Vollprofi, der genau die richtige Einstellung hat, bei dem alles ideal paßt. Er nimmt die Formel 1 sehr ernst, lebt zu 100 Prozent dafür mit allem, was dazugehört." Was hat er eigentlich Lauda voraus? „Die Jugend und seinen Qualifying-Speed. Je jünger, um so weniger denkst nach." Sicher kann sich auch Niki zwingen, auf Stadtkursen wie Monte Carlo „nicht nachzudenken, aber Alain denkt von Haus aus nicht dran".*

*Etwa zur Saisonmitte wird Niki klar, „daß Alain heuer Weltmeister wird, weil das Pech an meinem Auto klebt, er dafür immer ankommt." Daß Prost immer lockerer und entspannter wirkt, überrascht Lauda nicht: „Er hat ja auch viel weniger Druck, außer von Alboreto — und den müßte er von der Geschwindigkeit her in Zeltweg, Zandvoort, Monza besiegen."*

*Er ist aber auch auf der Autobahn kaum zu bremsen: Zwischen Lyon und Marseille donnert er statt mit erlaubten 80 mit 174 km/h durch eine Baustelle. Der Führerscheinentzug bleibt Alain „wegen seiner Persönlichkeit und der besonderen Umstände" erspart, zumal der angehende Weltmeister „mit 174 km/h bestimmt sicherer unterwegs ist als ein normaler Autofahrer mit Tempo 80" — was ja wohl auch stimmt.*

*Von seiner ersten Schweizer Heimat — St. Croix — zieht Prost am 15. Oktober, also schon als Weltmeister, in sein geschmackvolles neues Zuhause: eine uralte, aber komplett renovierte Luxusvilla in Yens, zwischen Genf und Lausanne, am Berg gelegen, einem gleichfalls prominenten Deutschen abgekauft. Schon anfangs 1985, aber der Deutsche ist jetzt erst ausgezogen.*

*Aber schließlich hatte schon Jochen Rindt in seinem ersten Genfer-See-Haus einen berühmten Vormieter: den Ex-Boxweltmeister Ingemar Johansson.*

*Manchmal schaut er sich zu Hause Video-Aufzeichnungen seiner Rennen an. Zwei Tage nach Hockenheim 1984, McLaren-Doppelsieg. Als sein Sohn Nicolas (auf Alains Schoß) die beiden McLaren von Prost und Lauda erkennt, jubelt er auf: „Ich hab zwei Papa!" Weil er mich in jedem rot-weißen Rennauto vermutet", erklärt mir Prost voll Stolz. Zu einem Formel-1-Fahrer — notabene zum Weltmeister — gehört viel: Fitneßtraining, gesunde Ernährung und Lebensführung, organisiertes Privatleben — denn zwischen den Rennen bleibt für nichts mehr Zeit. Grad zum Atemholen.*

*Prost organisiert alle seine Reisen selbst. Nur einmal läßt er sich übers Reisebüro vermitteln: zehn Ferientage in St. John in der Karibik mit seinem Freund Laffite. „Aber das war ein böser Reinfall: von den zehn Tagen sind wir drei nur auf Flugplätzen rumgehängt. Alle Flugpläne waren veraltet. Und das Reisebüro hatte kurz vorher Pleite gemacht", erzählt mir Alain, der einmal noch am falschen Dampfer sitzen wird — bei seinem ersten Flug als Weltmeister.*

*Im Frühjahr 1985 hat Prost einen Drei-Jahres-Vertrag für McLaren unterschrieben, im Juni verblüfft er mich mit der Idee: „Mir gefällt, wie Niki seine Rennkarriere auf zwei Jahre unterbrochen hat und wiedergekommen ist. Könnte ich mir auch für mich vorstellen: Vielleicht ein Jahr Pause, fürs Business oder zum Golfspielen — und dann komm ich wieder. Mein Vermögen laß ich, gut angelegt, inzwischen arbeiten. Was ich zum Leben brauch, verdien ich extra."*

*So hab ich Alain noch nie reden gehört. „Denn die Formel 1", sagt er mir „ist zu leicht. Du kassierst 5000 Dollar für ein paar Minuten Autogrammschreiben — ich kenn sehr viele Leute, die das ganze Jahr keine 5000 Dollar verdienen." Prost, der Tischlersohn, rückt die Relationen, die er nie verloren hat, wieder zurecht.*

*Für viele ist er der Prototyp des heutigen Profisportlers: salopp, aber teuer gekleidet, ständig unterwegs, kalt, aber freundlich.*

*Über 400 Profisportler verdienen im Jahr mehr als eine Million Dollar. Für 230 von ihnen legt die McCormack-Agentur das Geld an. Unter ihnen: Björn Borg, Jackie Stewart, „die aufgehört haben, aber weiterverdienen" — und eben Alain Prost.*

*Stößt McCormack die Tore zum Big Business auf? Verfilmt Hollywood die Livestory „vom Modelltischlersohn zum Weltmeister?" Jochen Neerparsch, der Prost betreut, glaubt: „Da wird sich nicht viel ändern. Alain ist ziemlich vergeben an seine Sponsoren. Er kann nicht sehr viel mehr tun, will auch gar nicht — Prost ist nicht der Typ wie Rosberg, der dauernd Action braucht."*

*Zu einem Übersee-Grand-Prix fliegt er meist schon ein, zwei Tage vorher an — dann holt er seinen Busenfreund Laffite vom Flugplatz ab und geht mit ihm Golfspielen. Gemeinsam besitzen die beiden auch einen Golfplatz in Dijon — sicher gutes Business.*

*Mit Prost immer unterwegs ist ein großer, schwarzhaariger, kantiger Korse: Paolo, Golfspieler und Chefcroupier im ersten französischen Casino nach der Schweizer Grenze, in Divonne.*

*Aber so gern und gut Prost auch Golf spielt: Nie bringt ihn Neerpasch dazu, 14 Tage vor einer mit Superstars in den USA arrangierten Golfpartie in den USA ja zu sagen. Er will sich nie festlegen — immer erst, wenn mit der Rennerei alles stimmt.*

*Auch eine Prost-Golfserie kommt nicht über Nacht. „Braucht noch ein bißl Zeit", weiß Neerpasch, „bis sich ein Sportler in der Öffentlichkeit durchsetzt. Sobald er Weltmeister ist: noch ein Jahr."*

*Als ich Alain einmal nach seinem aktuellen Golf-Handikap frage, variiert er grinsend einen berühmten Ausspruch von Sammy Davies jr.: „Sieh mich an, ich bin winzigklein, hab eine viermal gebrochene Nase — ist dir das noch nicht Handikap genug?"*

*Eine andere (höhergerutschte) „Achillesferse" des Franzosen: „Blaumeisen" am Steißbein. 1984 hatte Prost nach jedem Rennen dort einen Bluterguß — 1985 schuf dann ein speziell konstruierter Willi-Dungl-Sitz Abhilfe: Wie man sich bettet, so fährt man.*

*Das Prost-Image, glaubt Neerpasch, „hat sich 1985 gewaltig zum Positiven verändert. Er hat jetzt den Durchbruch geschafft. Einfach durch seine Art — dadurch gewinnt er. Und das kommt sofort durch."*

*Wäre ihm aber auch 1985 der WM-Titel entglitten, er wäre wohl ein zweiter Stirling Moss geworden: der prominenteste Nicht-Weltmeister der Formel 1, der sich, die junge, dritte Ehefrau am Sozius, bei jedem englischen Grand Prix mit dem Motorrad durchs Fahrerlager schlängelt. „Aber Alain ist nicht so sprudelnd wie Moss. Und die Franzosen haben ihn auch lang nicht verstanden — die Renault-Affäre, das Auswandern in die Schweiz. Aber sobald er Weltmeister ist, wird jeder als Persönlichkeit stärker — der Wandel ist enorm."*

*Aber auch als angehender Weltmeister schläft Prost 1985 oft schlecht, steht aufrecht im Bett, „das ganze Jahr, rund um die Uhr. Keine Entspannungsphasen. Aber das kontrolliert er ganz gut, lebt damit —*

*„Winzigklein . . . gebrochene Nase . . . noch nicht Handikap genug?“*

*wahrscheinlich braucht er diesen Spannungszustand sogar, um fürs Rennen richtig scharf zu sein, Superleistungen zu bieten“, glaubt Neerpasch.*
*Alain ist sensibel, aber nicht der Typ, der auf autogenes Training reagieren würde. „Auf Willi Dungl springt Lauda viel besser an.“*
*Trotz seiner Superbilanz glaubt Prost gar nicht, daß er fahrerisch schon auf dem Gipfel ist: „Wartet nur, da kommt noch mehr. Ich hatte die letzten zwei, drei Jahre unheimlich viel Druck. Wenn er weg ist, kann ich sicher noch besser fahren!“ Cool, kalkulierend, materialschonend, weich, schnell und ziemlich fehlerlos: „Yes, I am at my best“, freut er sich, lächelt aber bisweilen: „Den allerbesten Prost habt ihr ja noch gar nicht gesehen.“*
*Vielleicht jenen Prost, der Weltrekorde jagt: Monsieur macht kein Geheimnis draus, daß ihn — im Gegensatz zu Lauda — Jackie Stewarts Allzeit-Weltrekord von 27 Siegen enorm reizt: „Im Leben mußt du dir immer ein Ziel setzen: Für mich sind es die 27 Siege.“ Und die fünf WM-Titel von Fangio? frag ich. „Die sind unerreichbar“, lächelt Prost. Und wohl erst dann werden ihn seine Kritiker verlassen, die ihm heute noch — charmanter als früher — vorwerfen: himmelhoch jauchzend — zu Tode betrübt. Gewinnt nur bei Schönwetter im Team. Kein Fahrer für die Krise. Macht alles für seine Publicity, aber hat wenig. Redet viel, aber sagt wenig aus. Und wenn ihm keiner mehr Fragen stellt, tut er das selber.*
*Manchmal ist er unberechenbar. Es kann passieren, daß er Nebenstehende nicht sieht (oder nicht sehen will) — dann ruft er auf einem Flugplatz, 100 Meter entfernt, deinen Namen. Oder er springt dir mitten in der Hektik eines Abschlußtrainings an der Boxenmauer wie ein kleiner Bruder auf den Rücken — damit er den Zeitcomputer besser sehen kann.*
*Ich glaub, daß Rennfahren sehr viel mit Psychologie zu tun hat — siehe Niki Laudas Kindheit. Oder vielleicht Alains Größe — weshalb sie ihn in Frankreich wenig charmant „den Zwerg“ nennen. Mag sein, daß er dadurch besonders kritikempfindlich ist, weil er sich selber in Frage stellt. Zusammen mit seiner unbestreitbaren Sensibilität: ein komplexer Charakter, aber ein netter Kerl.*
*Lassen wir ihn sein Herz ausschütten: „Dreimal war ich schon knapp*

*dran, Weltmeister zu werden. Ich kann's mir heuer nicht erlauben, daß mir der Titel wieder durch die Finger rinnt. Weil mich die Leute immer nach der Vergangenheit beurteilen, meine Fehler zerpflücken und mich dran erinnern . . . sicher, sie sind mir passiert, aber wenn ich jetzt Weltmeister werde, müssen mir alle die Anerkennung zollen, die ich verdien . . . dann müssen sie akzeptieren, was ich geleistet habe."*
*Man spürt: Alain geht's nicht nur um den Titel und die Erfüllung seiner Sehnsüchte, sondern auch um die innere Befriedigung: „Dann kann mich niemand mehr diskriminieren und sagen: Ich bin nur der Zweite."*
*Aus seinen Worten klingt keine Bitternis. Nur die Skepsis eines Mannes, der sich öfter verletzt gefühlt hat.*
*Er redet offen und ehrlich — wie er auch an anderen Menschen Aufrichtigkeit am meisten schätzt.*
De Angelis 20, Prost und Alboreto je 18 Punkte. Der Titelkampf verschärft sich. Das Klima nach Monte Carlo auch.

## DAS GEISTERRENNEN VON SPA

*Zehn Tage später, im „Posthouse"-Hotel von Lüttich, knallt mir Patrese empört eine italienische Zeitung hin. „Wieso kann Lauda da im Interview sagen: Patrese ist schuld am Unfall, ein Mörder und Killer, ihm gehört die Lizenz entzogen?"*
*Frag ihn selber, schlag ich ihm vor, und weil Niki gerade um die Ecke biegt, komm ich mir vor wie ein Ringrichter.*
*Patrese: „Niki, was würdest du sagen, wenn du ahnungslos aufwachst und in der Zeitung liest: Patrese ist ein Idiot und Mörder, dem man die Lizenz wegnehmen sollte?"*
*Weil es stimmt, sagt Niki cool. „Um ein Haar hättest du halb Monte Carlo ausgerottet!"*
*Patrese streitet jede Schuld ab. Also komm, sagt Lauda, reden wir übers Rennen.*
*„Über Monte Carlo will ich nicht reden", trotzt Patrese. „Mir geht's ums Prinzip, wie meine Karriere ruiniert wird. Geht das schon wieder los? Wennst einmal einen schlechten Ruf hast, bleibt er dir ewig."*

*Konkret, sagt Niki, reden wir über Monte Carlo.*
*Über Monaco spricht er nicht, trotzt Patrese, worauf die beiden auseinandergehen. Später sagt mir Niki: „Den Patrese verfolg ich bis ans Ende, bis zum Jüngsten Tag. Wenn Mansell für eine Startkollision mit 5000 Dollar und angedrohter Sperre bestraft wird, darf Patrese nicht ungeschoren davonkommen!" Die FISA verwarnt später beide — Patrese und Piquet.*
Beim Testen in Le Castellet hat Hesnault den Schreck seines Lebens: 300-km/h-Unfall im schnellen S von Verrerie, 150 Meter Zaun niedergefetzt. Aufgeschreckt, wachgerüttelt fliegt der Franzose nach New York, um den gerade aus Indianapolis kommenden Ecclestone zu treffen: „Ich hab Angst ... lösen wir doch den Vertrag." Jetzt muß schnell ein neuer Mann her. Brabham angelt in drei Richtungen.
1. Arnoux — beißt aber nicht an, weil er nicht seine Ferrari-Geldüberweisungen gefährden will.
2. Watson — was Lauda für die logische Lösung gehalten hätte.
3. Surer — unerreichbar, weil gerade in seinem neugekauften Ferienhaus in Alicante in Spanien.
„Rein zufällig", träumt Surer, wie er mir erzählt, „in dieser Nacht sowieso von Brabham". Als er in der Früh den Zettel findet: „Brabham anrufen", reibt er sich die Augen: wach ich oder träum ich? Er wählt 0044-1-391-01 21, und Herbie Blash fragt am Telefon: „Willst du wieder Formel 1 fahren?" Wann? fragt Surer sofort zurück. „Dann komm nach Spa ..."
Neun Stunden — mit Sturzhelmabholen in der Schweiz — braucht Marc von Spanien nach Belgien. In der Box angekommen, findet er einen überraschten Gordon Murray: „Ich war auf Ferien und hab vom Fahrerwechsel gar nichts gewußt.
Und was machst du mit deinem Vertrag als Schweizer TV-Kommentator? frag ich Marc. Er grinst: „Bernie Ecclestone hat gesagt: kein Problem, unser zweites Auto läuft im Schnitt sowieso nur vier Runden. Dann kann ich immer noch zu den Kabinen raufgehen und plaudern."
Und wie siehst du deinen Brabham-Vertrag? Als spät erfüllten Traum? Als Beginn deiner zweiten Karriere?
Surer: „Irgendwie als Belohnung für alles, was ich durchgemacht hab, als gewisse Gerechtigkeit und als die große Chance."

Piquet empfängt ihn freundlich: „Welcome, Teammate!" Die Brabham-Leute warnen ihn: „Arbeite beim erstenmal nicht fürs Team, nur für dich. Aber schmeiß bitte kein Auto raus — davon hatten wir in letzter Zeit genug." Die ersten Fahreindrücke für Surer: „Ein Rennauto, wie ich es mir immer vorgestellt hab: ohne Schwachstellen.

Doch dann kommt Marc, wie alle anderen, nicht viel zum Fahren. Denn der belgische Grand Prix zum Originaltermin 2. Juni wird ein Geisterrennen, nachzuschlagen in keiner Statistik.

*Die Vorgeschichte: Laut FISA-Gesetz muß eine Rennstrecke acht Wochen vor einem GP rennfertig sein. In Spa beginnt man jedoch erst drei Wochen vorm Termin mit dem Asphaltieren. „Weil wir einen strengen Winter hatten", entschuldigt Thierry Boutsen, „mit vielen Frostaufbrüchen." Leider liieren sich die Männer von Spa mit einer Baufirma, die „einen Wunderbelag" verspricht: „Asphalt, vermischt mit Gummi. Gibt phantastischen Grip und bei Regen fabelhafte Drainage."*

Aber schon das Freitagtraining alarmiert: aufgebrochener Asphalt, Rollsplitt, mit Steinen gespickte Reifen, die aussehen wie Streuselkuchen. Oder mit faustgroßen Löchern. „Nach einer halben Runde sind die Reifen kaputt", sagt Berger, „auf der Geraden bricht das Auto aus. Ein Gefühl, als hättest in beiden Hinterreifen einen Patschen."

McLaren hat außerdem noch Motorschaden. „Kaum kommen wir auf die schnellen Strecken", kritisiert Lauda, „kaum fahren wir zum erstenmal 30 bis 40 Sekunden pro Runde Vollgas, geht der Ärger los." Eine böse Kettenreaktion, als hätte jemand in die TAG-Raketen Zeitzünder eingebaut: Vier Motorschäden am Freitag.

Prost erlebt ein Drama: Motorwechsel bis 15 Minuten vor Trainingsschluß, kaum auf der Strecke, platzt ihm der Ölschlauch. In Öl gebadet, kommt Alain an die Box zurück, kann aber auch nicht ins Lauda-Auto umsteigen: keine Leistung mehr. So muß der Monaco-Sieger ohne gültige Rundenzeiten schlafen gehen. Dafür fährt Alboreto alles in Grund und Boden.

Das Rennen? Noch relativ zumutbar. Der große Fehler passiert in der Nacht: Die Baufirma „korrigiert", indem sie drei Viertel der Strecke absolut grundlos mit neuem, öligem, sandigem Asphalt bedeckt — was endgültig alles ruiniert.

Als Lauda Samstag früh mit seinem Mercedes 190 einmal scharf ab-

Gewitterwolken über Ferrari: Alboreto in Silverstone.

„Du Supermann!“ Enthusiastisch begrüßt Lotus-Chef Peter Warr seinen Sieger Ayrton Senna nach der Regenschlacht von Estoril.

Special
Turbo
RENAULT
GOODYEAR

„Ich schwör dir: Er ist der nächste Clark oder Stewart“: Lotus-Wunderknabe Ayrton Senna.

**Falschnoten bei Lotus? Elio de Angelis überraschte am Nürburgring als Pianist mit einer Eigenkomposition. Im Cockpit konnte er nicht immer, wie er wollte.**

Katastrophenstimmung: Nigel Mansells Reifenplatzer-Unfall von Le Castellet. „Bei 320 km/h stand er plötzlich vor der Himmelstür."

bremst, reißt er den weichen Belag meterweit auf: Widerwillig gehen die Fahrer ins Training und erleben die Hölle. Piquet zerbrechen im prasselnden Steinhagel zwei Visiere. Lauda ist entsetzt: „Hier kann man höchstens eine Rallye fahren." Bellof: „... oder ein Off-Road-Auto mit Vierradantrieb." Winkelhock bestätigt, als das wilde Rodeo nach 22 Minuten abgebrochen wird: „Weiterzufahren, wäre absoluter Schwachsinn."

Der Asphalt löst sich auf, aber die Belgier faseln weiter von einem „Wunderbelag", der alles retten würde, und rufen sogar das Militär um Sukkurs an. Boutsen, ungläubig: „Am Samstag kämpft kein belgischer Soldat."

Das einzige, das versucht wird: die Strecke sauberzubürsten. Aber nach einem R5-Cup-Training sieht sie wieder aus wie eine Mondlandschaft. Mehrere Pisteninspektionen ärgern Lauda, Prost, Piquet und Alboreto immer mehr: „Eine Frechheit. Die Belgier tun nichts. Statt ihren Fehler einzugestehen und zu sagen: Sorry, tut uns leid, versuchen sie, sich bis zum Sonntag durchzuschwindeln."

Und Niki flüstert mir: „Wirst sehen: Ich zwinge die Leute, schon heute abzusagen! Die Formel 1 ist gefährlich genug. Wozu unnötig Menschenleben riskieren? Dann heulen wir wieder drei Monate lang, wenn einer von uns stirbt ..."

*Was Lauda denkt, ist klar: gefährliche Absagesituationen hatten schon oft gedroht. Zolder 1973, Barcelona 1975, Dallas 1984 ... Dort hatten sich die Veranstalter aber immer bis zum Renntag durchmanövrieren können. In einem vollgepfropften Autodrom, vor 100.000 rennbesessenen Fans und schußbereiten Kameras abzusagen, hatte sich noch keiner getraut. Und wenn die Piloten noch so auf Streik eingeschworen waren — irgendeiner hatte noch immer als erster den Motor gezündet (Mansell in Dallas). Worauf auch die anderen losbrausen mußten.*

Nur: „In Dallas fuhren wir 115, in Spa fahren wir 215 km/h: Das ist der Unterschied zwischen Leben und Tod", sagt mir Niki ernst.

In Spa zerreißt — zum erstenmal — Niki Lauda die Fäden, an denen die Marionetten sonst tanzen müssen. Ein Absagekrieg mit den üblichen Ingredienzen: Schlamperei, leere Versprechungen, Geldgier, Drohungen bis hin zur Erpressung.

Das Gespenst der Fußballkatastrophe von Brüssel geistert auch nach

Spa. „Bitte, trainiert wenigstens", flehen die Belgier, „sonst geschieht das gleiche Unglück wie im Heysel-Stadion." Wieso? fragt Niki verblüfft. Die Belgier: „Weil die Leute aufeinander losgehen werden, wenn sie keine Rennautos sehen." Aber dann, der umgekehrte Effekt: Angst vor einer Katastrophe auf der Strecke. Die teilt die FISA mit den Rennfahrern.

*Die FISA — Sportkommission des Automobil-Weltverbandes — ist eine eingeschworene Clique, die sich von der Freunderlwirtschaft der Flugplatzrennen-Kontrollorgane längst meilenweit entfernt hat. Intrigiert wird dort nicht. Aber der Eindruck, Jean-Marie Balestre schare nur Yes-Men um sich, mag täuschen. Vielleicht zufällig sind wirklich alle immer einer Meinung.*

*Im Herbst wird Balestre sogar FISA-Präsident, und sein Exekutivkomitee, kann man spöttisch hören und lesen, bilden John McBallister (England), Hans-Maria Balesträuß (BRD), Juan Mariano Ballesteros (Spanien) und, der vor allem, Jon M. Balestrono (Ghana).*

*Auf die gertenschlanke Schwedin Louise, engagiert, um „das Image der FISA und ganz besonders das ihres Präsidenten zu verbessern", wartet noch viel Arbeit. Lauda würde ihr gern dabei helfen.*

*Manchmal lädt Balestre Formel-1-Reporter (bevorzugt französische) zum Abendessen ein. Eröffnungsspruch: „Sie können mich alles fragen, was Sie wollen — nur nicht die Unterhosenfarbe meiner Freundin von gestern nacht." (Die Dolmetscherin übersetzt hüstelnd.) Dann folgt ein 90-Minuten-Monolog, gebremst höchstens durch Speisenauftragen.*

*FISA-Sicherheitschef ist Derek Ongaro, ein rotblonder Engländer mit der gepflegten Sprache eines Shakespeare-Darstellers und dem etwas verschmitzten Aussehen vieler Landärzte: Der „Mann mit dem Knopf", dafür zuständig, daß am Start das Ampellicht rechtzeitig von Rot auf Grün springt. „Danach kann ich nur noch beten, daß alles gutgeht — aber sonst nichts mehr tun."*

*Der technische FISA-Chef ist Ing. Gabriele Cadringher. „Wir entdeckten ihn zufällig einmal in Imola, wo er Sportkommissär war. Ein Italiener, der in Imola einen Ferrari und einen Alfa disqualifiziert, dachten wir, muß ein Herz wie ein Löwe haben. Für uns grad richtig", schmunzelt Ongaro.*

Weil Spa aber kein FISA-, sondern ein FOCA-Rennen ist, prallt Lauda

direkt mit Bernie Ecclestone zusammen. Bernie verhält sich wie immer: „Er will, daß wir fahren." Und sein Hauptargument: „Wenn ihr mich nicht veranstalten läßt, streiche ich alle fünf FOCA-Rennen 1985 — also auch Zeltweg." Ein Machtkampf, über den mir Jackie Stewart flüstert: „Den muß Niki gegen Bernie verlieren!"
Aber Lauda gewinnt sein drittes Match gegen Ecclestone: Das erste 1979 um die drei Millionen Dollar Gage für 1980 — ehe er die Lust verlor und zurücktrat. Das zweite 1982 in Kyalami — um die Abschaffung der Leibeigenen-Verträge. Und jetzt das dritte — um die Absage von Spa.
Was sich nach 90 Minuten Streit und Kampf im Rennleiterturm abspielt, verrät mir Prost: „Keiner traut sich, Balestre in Paris anzurufen. Aber ich weiß seine Nummer und kenn die Probleme." Balestre gibt sofort Feuerschutz: „Wenn es so lebensgefährlich ist, wie ihr sagt, dürft ihr nicht starten!"
Samstag, 19.45 Uhr, unterschreiben die FISA-Sportkommissäre Corsmit (Holland), Peart (Kanada) und Hendrickx van den Bosch (Belgien) die Absage: „Weil die Rennstrecke im gegenwärtigen Zustand für Formel-1-Autos nicht geeignet ist, wird das komplette Formel-1-Programm aus Sicherheitsgründen verschoben."
Lauda ist der große Sieger, sagt aber bescheiden: „Ich zieh mein Kappl vor den Sportkommissären, weil sie zum erstenmal, seit ich Rennen fahr, in einer kritischen Absagesituation so mutig waren, eine richtige Entscheidung zu treffen."
Der Baustellen-Grand-Prix ist abgesagt, das Selbstmörderrennen bleibt den Formel-1-Piloten erspart. Das einzige, das Niki weh tut: „Daß man die Formel 3000 fahren läßt. Das sind genauso Menschen wie wir — nur mit weniger PS." Thackwell gewinnt die Sturzorgie von Alain Ferte und Christian Danner — der im Herbst in Spa sein Formel-1-Debüt feiern wird, als die gleiche Piste beim 1000-Kilometer-Rennen grausame Lücken in die Formel-1-Startfelder gerissen hat: einer tot, einer schwer verletzt.

## MONTREAL: EINE STADT SIEHT ROT

Zum Grand Prix von Kanada hat der zweimalige Montreal-Sieger Nelson Piquet die längste, aber schönste Anreise: 24-Stunden-Flug im Citation-Privatjet von Nizza über Glasgow, Island und Grönland. „400 Kilometer klare Sicht, endlose Weiten, plötzlich irgendwo ein Licht: eine amerikanische Polarstation." Piquet, dem das Chaos eines Grand Prix sowieso auf die Nerven geht, ist fassungslos: „Phantastisch, diese Einsamkeit. Das sind die Momente, in denen du weißt, warum du lebst." In Montreal wird er schnell auf den Boden zurückkommen: Getriebe-K.o. schon in der 1. Runde.

Bergers Amerika-Premiere ist wie der Film: „Nie wieder New York" mit Jack Lemmon: Reisepaß abgelaufen, Sturzhelm in Brünn gestohlen, neuer Helm nachgeschickt, in Montreal vermißt er sein Gepäck ... „Dabei hab ich in Rio noch über Boutsen blöd gelacht, weil er seine Koffer vermißte und nichts zum Anziehen hatte."

Alain Prost treff ich im Flugzeug Zürich — Montreal: gutgelaunt, mit leicht modifizierter Frisur. „Dafür hab ich in Paris 300 Franc hinblättern müssen — viel Geld fürs Haarschneiden." Will er in Montreal wieder einbringen: „Wirst sehen, Kanada wird ein fades Rennen. Ein langweiliger McLaren-Doppelsieg — weil unser Benzinverbrauch der beste ist ..."

*In Montreal warten auf Prost schon die Golfschläger. Ansonsten ist das kanadische Freizeitprogramm jedes Jahr das gleiche: Schlauchboot-Wildwasserregatta und Fußball, diesmal im „Centre Robillard", das wir von der Olympiade 1976 ja gut kennen. Auf dem „Riviere Rouge" zeigen sich wegen des trostlosen Regens nur vier Piloten wetterfest: Tambay, Brundle, Martini und Winkelhock, der auf dem Floß kräftig zupackt.*

*Beim Fußball gewinnen die Rennfahrer gegen die Reporter 1:0. Mit Warwick als Rackerer im Mittelfeld, dem eleganten, technisch fabelhaften de Angelis als Mittelfeldregisseur und den Sturmspitzen Patrese und de Cesaris, der mit zwei Pfosten- und zwei Lattenschüssen der Gefährlichste ist. Riccardo schimpft am lautesten. Dafür entschuldigt sich Elio für jeden Fehlpaß höflich — soll keiner sagen, der WM-Leader habe keine Manieren.*

*„Wir haben", verneigt sich Tambay, „alles versucht, die Reporter zuerst zu ersäufen und ihnen danach beim Fußball die Beine zu brechen. Beides mißlang."*

Der Regen klatscht gegen die Glasdächer des Parkhotels. „Montreal, wie es leibt und lebt", grinst Lauda giftig hinter seiner Kräuterteetasse hervor. „Ich hasse diese Strecke." Er weiß, warum er auf dem mörderisch buckligen Stadtkurs seine Reifen nie auf Temperatur kriegt: „Die jungen Kerle teufeln wie wild um den Kurs, bei denen werden die Reifen schnell warm. Ich versuch halt immer eine saubere Linie." Niki ist Freitag 12., Berger 20., weil er auf zwei schnellen Runden mit der roten Flagge gestoppt wird, weil jedesmal ein Alfa brennt: erst Cheever, dann Patrese.

*Laudas einziger Lichtblick: Der neueste James Bond, „Im Angesicht des Todes", gefällt ihm gut. Berger, Bellof und mir auch. „Der Bellof ist ein netter Kerl", sagt Gerhard nachher, „bis jetzt hatte ich mit ihm fast nie Kontakt. Schade, daß man sich in der Formel 1 so wenig kennt."*

Samstag fällt Lauda sogar auf den 17. Platz zurück, weil er sich mit den Reifen verspekuliert hat. „Daß Prost eine andere Hinterradaufhängung hat, überseh ich leider." Das Abschlußtraining ist turbulent: zuerst Verspätung wegen einiger Biber auf der Strecke, dann lenkt Alboreto seinen brennenden Ferrari in die Wiese, entzündet sich auch am Mansell-Auspuff heißes Öl, Piquet kracht gegen die Leitplanken, Prost dreht sich in der Zielkurve ... und de Angelis holt Pole-position: „Ich spür als WM-Leader keinen Druck, höchstens angenehmen."

„Unsere Autos sind alle komplett gleich. Wer nein sagt, sucht nur eine Ausrede", sagt Barnard — nicht sehr nett zu Niki. Über Nacht baut Lauda sein Auto völlig um: Radaufhängung, Federn, Turbolader — kein Stein bleibt auf dem anderen. „Jetzt liegt mir das Auto, entspricht meinem Fahrstil — und darum bin ich auch schnell": Bestzeit im Aufwärmtraining, um drei Tausendstel vor Prost! In der McLaren-Box haben sie sofort wieder das fade Aug. „Zu spät", sagt Niki, „was nützt mir die Bestzeit jetzt? Mein Hauptproblem wird sein, vom 17. Platz vorzukommen." Wer gewinnt? „Vier Fahrer aus drei Teams: Senna, vielleicht de Angelis, Alboreto ... und einer der beiden McLaren."

Prost vorm Start: „Ich hab eine sehr gute Chance, zu gewinnen. Mein einziges Problem: vielleicht die Bremsen, also muß ich die ersten drei Runden aufpassen. Aber die Entscheidung fällt sowieso erst die letzten zehn, fünfzehn Runden — und darauf muß ich warten.“
Cheever warnt Lauda noch vor Patrese: „Paß auf, daß er dich heut nicht rausboxt — wegen deiner Monaco-Kritik.“
Die erste Startreihe ist schwarz-gold, die zweite feuerrot. Die Männer dahinter: Lotus-Chef Peter Warr und Ferrari-Konstrukteur Harvey Postlethwaite. „Alles ehemalige Wolf-Leute. Was beweist: Ich hatte mir die Besten ausgesucht“, freut sich Austro-Kanadier Walter Wolf.
Alboreto ist kostümiert: Weil ihm am Renntag die Tasche mit allen Rennklamotten gestohlen wird, muß sich Michele alles ausborgen: den Ersatz-Overall von Johansson und den Reservehelm von Martini...
Berger rechnet Oliver vor: „In Rio fuhr ich bis fünf Runden vor Schluß, in Estoril nur 20, in Imola gar nur fünf, in Monte Carlo 100 Meter und in Spa gar nicht — glaubst, fahr ich heut mit dem Retourgang weg?“ Dann riskiert Laffite einen Frühstart, der ihn eine Strafminute kostet. Berger verpatzt den Start wie in Monaco, weil der Computer spinnt und der Motor aussetzt.
Wie erwartet, sucht de Angelis sein Heil in einer Flucht nach vorn: Immer vor Senna, dem in der 6. Runde eine Spange zwischen Turbolader und Auspuff bricht. Der 6-Runden-Boxenstop wirft Ayrton hoffnungslos zurück, „aber Lotus dreht ihm den Ladedruck rauf, damit er ja die schnellste Runde fährt“, kränkt sich Elio, der selbst „wie ein Verrückter kämpfen muß, um mich gegen die Ferrari zu wehren — weil sie so unheimlich viel Kraft haben. Dabei ruinier ich meine Reifen.“ So überholt ihn nach 16 Runden Alboreto, aber gegen Johansson hält sich Elio bis zur 52. Runde.
Inzwischen freilich ist viel passiert: De Cesaris überholt Winkelhock, dreht sich in der Spitzkehre, beschleunigt zurück auf die Ideallinie, Manfred will zwischen dem Ligier und der Mauer durchbalancieren — da dreht sich Andrea nochmals herum und kracht genau in Winkelhocks Auto. Stocksauer steigt Manfred aus: „Der Kerl hat Aussetzer. Bei dem tickt's nicht richtig. Die FISA muß Maßnahmen treffen.“
Lauda, schon auf Platz 8 vorgestoßen, hat plötzlich einen losen Wasserschlauch: Motor überhitzt. Und Prost fährt mit der großen Angst,

„daß mir der Sprit ausgeht. Auf dem Display les ich immer: +1 Runde, also mit einer Runde im Plus. Aber was tu ich, wenn die Anzeige nicht stimmt?" fragt mich Alain. „Also laß ich lieber unverändert den gleichen Ladedruck und red mir ein: Ja nicht pushen!"
Einer fällt Prost kampflos in den Rachen: de Angelis, mit immer schlechteren Reifen und wachsendem Grimm: „Die Box signalisiert mir: +16 Rosberg, aber beim nächstenmal seh ich Keke schon in der Haarnadel. Warum falsche Signale?"
Rosberg liefert wieder sein Meisterstück: Sensationelle Aufholjagd nach zwei Boxenstops. Erst wegen der Elektrik, dann zum Reifenwechsel nach zwei Drehern, weil ihn Warwick abgedrängt hat — blitzschnell tritt Keke die Kupplung, damit der Motor nicht abstirbt. „Reifenwechsel!" meldet er sich über Funk bei der Box an — was 1985 nur die Piloten von Williams und Lotus können.
*Die Funk-Idee kommt aus Indianapolis, wo der Fahrer bei Tempo 350 die zitternden Boxensignale nicht ablesen kann, aber taktische Boxenstops zum Tanken und Reifenwechsel (während einer Gelblicht-, also Neutralisationsphase) oft rennentscheidend sind. 1985 freilich verspielt Danny Sullivan durch ein Funk-Mißverständnis fast den Sieg. „Ich frag über Funk: Wieviele Runden noch? 119 gefahren, heißt die Antwort, ich versteh aber: nur noch 19 Runden. Also beschloß ich:* have a go, *überall Andretti, und dabei kommt es zu einem fürchterlichen Dreher." Durch ein Wunder: keine Karambolage. Sullivan gewinnt und wird 507.000 Dollar reicher.*
*Je mehr Funkerei, desto mehr Dramen. Das weiß auch Rosberg.*
*„Keke funkt seltener als Nigel, er versteht auch schlechter", verrät Williams. Rosberg sagt auch nie: „Roger" oder „Habt ihr verstanden?" — „Ich will gar keine Antwort hören. Ich melde mich zum Boxenstop an — und basta. Konversation braucht keiner."*
*Und noch eine Premiere in Kanada: das erste direkte Duell Rosberg gegen Senna, Auftakt einer Serie mit Bomben und Granaten. Beide fahren, obwohl fast aussichtslos zurück, wie um ihr Leben, obwohl's um nichts mehr geht, außer ein paar WM-Punkte für Rosberg. „Senna fährt super! Hart, aber fair und sauber, und er läßt dir Platz", lobt Keke den Brasilianer — der erst später den Widerstand mancher spürt, als er sich ungewollt ein falsches Image aufbaut.*

*Der modifizierte Honda-Motor ist weniger durstig und hat mehr Leistung, aber die kommt wie ein Hammer. Die Verzögerung durch den Turbolader? „Immer noch gleich schlimm."*

*Noch fast unbemerkt, gelingt Honda in Montreal der erste große Sprung nach vorn: Rosberg holt in der zweiten Rennhälfte auf den führenden Alboreto pro Runde eine halbe bis ganze Sekunde auf!*

An der Spitze droht ein Ferrari-Stallkrieg: Johansson hat zu Alboreto aufgeschlossen, was Michele nicht beunruhigt, „weil ich erstens noch Reserven hab und zweitens weiß: mit Stefan gibt's keinen Krieg in der Familie" — aber Ferraris „graue Eminenz" Piccinini zittert um so mehr: „Schnell, raus mit der Tafel SLOW, er kommt gleich und überholt Alboreto... schnell, er kommt", treibt er seine Mechaniker an. Riskiert Stefan den großen Coup? „Ich kann nicht, weil ich im Finish plötzlich Motoraussetzer hab." Und hättest du gewinnen dürfen? frag ich. Stefan grinst: „Ja, ich glaub."

Als Alboreto den zweiten Ferrari im Rückspiegel sieht: sofort ein Zwischenspurt. Damit Johansson kapiert.

Knapp zwei Sekunden trennen die Ferrari auf dem Zielstrich: vorn Alboreto, dann Johansson.

*„Second place pays first", heißt es im englischen Speedway: Wer hinter seinem Teamkollegen Zweiter wird, bekommt genauso die Siegesprämie. Bei Ferrari nicht.*

Prost, der Dritte, bleibt gleich nach der Ziellinie stehen: „Fürs Gewicht, nicht wegen dem Sprit — ich hab noch acht Liter." Rosberg, der Vierte, sieht erstmals seit seinem Dallas-Sieg 1984 die Zielflagge, und de Angelis ist ein trauriger Fünfter, weil er die WM-Führung an Alboreto verloren hat. „Meine einzige Chance sind jetzt 2. und 3. Plätze — weil sich die Ferrari die Siege aufteilen. Ab jetzt gewinnt Ferrari alle Rennen", fürchtet Elio zu Unrecht.

In Montreal pumpen sie noch zehn Liter aus Alboretos, fünf Liter aus Johanssons Ferrari. Michele muß große Reserven haben.

Ich fahr mit den beiden im Motorboot den Kanal zu den Garagen. „Ich behalt deinen Overall gleich an", lächelt Michele zu Stefan rüber. „Er zwickt, weil er eng ist, aber wenn ich gewinn?"

Und Bellof, mit im Boot, lacht am schallendsten: „Sprit ausgegangen — gerade mir, dem Sauger-Piloten." Nur 172 Liter getankt: „Unfaß-

bar, daß die Turbos soviel schneller sind und nur knapp mehr Sprit fressen", rechnet Brundle.
Berger wird mit kaputten Hinterreifen und ohne 5. Gang als 13. abgewinkt: vor Surer in dessen erstem Brabham-Rennen. „Sind aber heute viele angekommen", ärgert sich Gerhard.
Rosberg und Senna fallen einander nach ihrem sensationellen Duell in die Arme — wird man später auch nimmer sehen. „Höchste Zeit", applaudiert sich Keke, „weil manche Leute schon fragen: Was ist mit dem Rosberg los? Ist er nimmer motiviert?" Und: „Schon lang nimmer hat mir Autorennfahren soviel Spaß gemacht." Senna hatscht mühsam weg: wie Piquet 1984, hat er sich die Fußsohlen verbrannt.
*Ein paar Tage Atempause bis Detroit: Lauda fliegt nach Arizona, dann nach Cincinatti zu einer Goodyear-Präsentation, Berger zigeunert zu den Niagarafällen, Prost macht Ferien in Montebello: mit Laffite und den Golfschlägern. „Mit den Mücken haben wir heuer kein Problem, nur mit dem Rotwein", grinst er, als ich ihn im Flieger nach Detroit wieder treffe. Die Ford-City ruft.*

## DETROIT: ROSBERG, DER STRASSENKÄMPFER

*„Die City der Champions heißt den Champion willkommen!" wird Lauda in ganzseitigen Zeitungsinseraten zugerufen. Beim Ford-Galadiner im „Detroit Plaza" fehlt Niki noch. Unter lauter Fracks und Smokings nur zwei Rennfahrer im Straßenanzug: Bellof und Berger, „weil für die Formel 3 war das noch gut genug". Jetzt präsentiert sie Jackie Stewart als Zeremonienmeister den zahlenden Partygästen: „Das sind die Piloten der Zukunft."*
*Racing into the future heißt auch das neue Ford-Werbekonzept: Stündliche TV-Werbespots mit Jackie, noch im königsblauen Tyrrell-Cockpit 1973.*
*Und dann vollzieht sich im Henry-Ford-Museum von Dearborn das Comeback des Giganten auch offiziell, zwischen Champagnerregen, Blitzlichtgeknatter und Jazzmusik: Der neue Ford-V6-Turbomotor kostet „drei bis vier Millionen Dollar" und treibt drei Jahre lang exklusiv die Beatrice-Rennwagen an.*

*Auf der Bühne sitzen sie feierlich nebeneinander: Der weißhaarig gewordene Keith Duckworth, der fast 20 Jahre älter gewordene, aber nicht gealterte Walter Hayes. Ich überleg, wo ich Fotos mit solcher Stimmung schon einmal gesehen habe, bis mir einfällt: Koreakrieg, mit dem Alliierten-Oberbefehlshaber Eisenhower mittlerweile als US-Präsident und dem legendären „Inselspringer"-General aus dem Zweiten Weltkrieg, McArthur. Mit dem Beatrice-Ford ziehen jetzt auch Hayes und Duckworth ein zweitesmal in den Krieg.*

*Und wenn das Gigantenprojekt schiefgeht? „Dann packen wir den ganzen Motor in einen Samsonite-Koffer und fahren wieder nach Hause", grinst Teddy Mayer. Dezentes Gelächter: Samsonite ist eine der vielen Beatrice-Firmen.*

*Direkt von der Ford-Gala eilt Stewart mit dem Überschallflugzeug „Concorde" nach London zurück, um den 21. Geburtstag von Prinz Edward im Buckingham-Palace mitzufeiern, kommt aber rechtzeitig zurück nach Detroit, um das Rennen im Fernsehen zu kommentieren. Zeremonienmeister, Partylöwe, Fernsehstar.*

Ab Freitag wird der neue „Motown-Sound" auf höchste Lautstärke gedreht: Training über klappernde Kanaldeckel, durch die 13 verhaßten 90-Grad-Kurven. „Hier die 1000 PS auf den Boden zu bringen, ist mörderisch", warnt Lauda, der diese Straßenschlacht sowieso immer für pervers gehalten hat. „Andererseits nicht ganz so erschreckend wie Monte Carlo, wo der Gegensatz zwischen europäischer Kultur und perverser Straßenstrecke noch größer ist. Denn hier sind wir schon mitten in der amerikanischen Szene ... Die Straßenbuckel werden von Jahr zu Jahr schlimmer, die Autos hüpfen herum wie Geißböcke. Aber die Formel 1 muß offenbar überall fahren."

Nur Eddie Cheever, der Original-Amerikaner, läßt seinen Blick träumerisch über den Detroit River schweifen, mit Fabriken und Hafenanlagen, und sagt: „*What a beautiful land* — ihr wißt gar nicht, wie schön ihr es in Amerika habt ..."

Das Training beginnt schockhaft. Post hat in der Kurve vor dem Tunnel plötzlich keine Hinterradbremsen. „Ich steig aufs Pedal, aber nichts rührt sich." Sturzflug in den Stapel aus Gummireifen, das Lenkrad wirbelt herum und schlägt Alain voll auf den rechten Handrücken: Prellung, Zerrung und arge Schmerzen, die der tapfere Alain verbeißt.

Kaum hat Willi Dungl Prost verarztet, der nächste Schock: Gerhard Berger schwer verunglückt.
„Das ganze Jahr noch nichts kaputtgemacht", hat mir Gerhard vor Trainingsbeginn gesagt, „also hab ich bei Arrows einen Dreher gut." Aber keinen so bösen: Auf einem Buckel ausgebrochen, rückwärts gegen die Betonmauern. „Das Geräusch: Getriebe auf Beton ist grausig. Das vergiß ich bestimmt mein ganzes Leben nie", weiß Berger. „Wäre der 250-km/h-Anprall frontal erfolgt, wär ich jetzt tot."
Er legt sich kurz auf die Betonmauer, weil ihm schlecht wird. Zurück in den Boxen, spuckt er Blut — aber gottlob ist nur eine Ader geplatzt. Das Brust- und Rückenröntgen ergibt: zum Glück keine Verletzungen. Aber die Ärzte wollen ihn unter Narkose endoskopieren (Sonde in die Lunge), was Willi Dungl verhindert: „Sonst bist du tagelang kaputt."
In Detroit fährt die Angst mit. Keine blauen Warnflaggen, als Tambay seine Reifen aufwärmt und de Angelis wie eine Rakete daherkommt. Der Lotus schiebt den Renault 100 Meter weit.
Lauda hat den ganzen Freitag über Getriebedefekte. Senna fliegt allen um eine Sekunde davon, sagt aber freimütig: „Detroit ist schrecklich. Ich fühl mich hier wirklich unsicher."
Samstag kommt, wie so oft 1985, das Schlechtwetter mit Regen und Hagelstürmen.
Piquet flüchtet in eine Werkzeugkiste. Surer findet, als er nach vier Drehern aus der Regenhölle zurückkommt, seine Box nicht — sie hat sich inzwischen total aufgelöst. Marc teilnahmsvoll zu Nelson: „Jetzt begreif ich erst, was du in Estoril mitgemacht hast. Muß furchtbar gewesen sein."
Bellof, dessen Motor im Regen abgestorben ist, packt kurzerhand Sitz und Lenkrad und nimmt im Sturmschritt einen Abschneider durchs Hotel. Prost hockt im Wohnmobil: „Gut, daß meine Hand einen Tag Pause hat. Heut könnte ich kein Rennen fahren." Lauda bleibt sogar im Hotelzimmer und fährt keinen Meter. „Dabei hätte ich das Training so nötig gebraucht: Getriebe ausprobieren, Auto abstimmen."
Mit blauen Flecken überall, steif und mit Kopfweh fährt Berger tapfer in den Wolkenbruch hinaus: „Ich mag regennasse Pisten, muß aber sehr aufpassen: Noch ein Crash, und es hieße sofort: Natürlich, schon wieder der Berger." Jedesmal, wenn er die Unfallstelle passiert, fällt

ihm die Katastrophe von gestern ein. „Da halt ich lieber ein bißl Abstand von den Betonmauern." Nicht für ewig: Mit aufwirbelnden Wasserfontänen, sogar im 5. Gang durchdrehenden Rädern fährt der Tiroler sensationelle Bestzeit im Regentraining!

*Keine amerikanische Veranstaltung ohne amerikanische Helden: wie Charlton Heston bei der Olympiade in Los Angeles. „Ben Hur" im Coliseum zu sehen war einmalig. Auch in Detroit weht ein Hauch von Hollywood: dank Paul Newman, dem „Hot shot" der Trans-Am-Meisterschaft im rot-weißen Nissan 300 ZX, dem Sensationsauto so vieler Rennen. In Portland hatten seine Mechaniker noch vergessen, den Luftschlauch ins Cockpit anzuschließen — so wurde ihm dauernd Wasser ins Cockpit gepumpt. Newman: „Wie ein Wasserrohrbruch bei 300 km/h ..." In Detroit bricht die Vorderachse, aber im letzten Warm-up ist Newman Schnellster, vor Negerrennfahrer Willie T. Ribbs, Le-Mans-Haudegen Davis Hobbs usw. Kein schlechter Umgang. Im Rennen wird er Fünfter, völlig erschöpft durchs Fenster rausgezogen. Er winkt apathisch den Fans zu und klagt: „Bin ich müde, hundemüde."*

*Respekt, Paul Newman! Den hat sogar Rosberg, der 1979 für Newmans CanAm-Team gestartet ist: „Er wollte in Laguna Seca unbedingt einsteigen und war nur um drei bis vier Sekunden langsamer als wir Profis!" applaudiert Keke. „Wenn man weiß, was Paul Newman schon alles getan, wie er sein Leben abgesichert hat ... Und er fühlt sich gar nicht alt, er ist ja erst 57."*

*Paul Newman wird in Detroit von den Fans mehr gejagt als Rosberg, Lauda oder Prost, redet aber mit niemandem, gibt auch keine Autogramme. Ich versuch's mit dem Radiomikro: „Bitte, ein paar freundliche Worte für Ö 3." I'm tired, stöhnt der Hollywood-Star und schleppt sich vom Auto weg. „I really am."*

*Lauda grinst: „Das muß ich mir merken: Keine Interviews heut — ich bin zu müde ..."*

*Paul Newman also vom Filmstar zum Rennfahrer, Danny Sullivan umgekehrt: Der Indy-Sieger wird Star in einem Rennfahrerfilm und pflegt gezielt sein Playboy-Image: „Ein schrecklicher Job. Aber irgendeiner muß es ja tun."*

*Formel-1- oder Indy-Stars, wer ist besser? In Ecclestones Superhirn lebt eine alte Idee wieder auf: ein Gigantenmatch im Steiloval sowie auf einem Straßenkurs, FOCA und CART stellen je 2,5 Millionen Dollar bereit, 5 Millionen kommen vom Veranstalter. „Aber dafür brauch ich unbedingt Niki Lauda!" Zu spät, Bernie. Dafür hat er Rosberg, den wildesten aller Straßenraser.*

*14 Rennen, von Dallas 1984 bis Montreal 1985, war er ohne WM-Punkte. „Eine schwere Zeit", gibt Keke zu, „aber zum erstenmal seit einem Jahr hab ich jetzt endlich das Material, daß mir die Rennen zwei Stunden Spaß machen ... und nicht nur zehn Minuten." Der 4. Platz von Montreal ist sein Aufputschmittel „genau zur richtigen Zeit, weil ich schon reden hör: Hat der Kerl keine Lust mehr? Aber wennst dauernd mit dem Kopf gegen die Wand knallst, mußt anfangen, von etwas Lustigerem zu reden als von der Formel 1."*

*Im Frühsommer 1985 hat Keke zwei Ziele: „Zuerst den kleinen Rosberg auf die Welt bringen — und dann endlich wieder einen Grand Prix gewinnen!"*

*Lauda fällt auf, daß Keke bis 1983 „noch wahnsinnig hart und brutal gefahren ist — jetzt ist er überlegter. Wahnsinnig schnell und gut, keine Schwächen." Fairerweise hofft auch Niki für Keke, „daß seine technischen Probleme mit dem Williams-Honda bald ein Ende haben". Umgekehrt sagt Rosberg keck über Lauda: „Sein ganzes Kapital ist sein Gesicht." Wo er auftaucht, kommt die Show nie zu kurz: Sturzhelm auf der Tischkarte im Vorgarten des Williams-Wohnwagens: „Reserviert für ..." Mehr und mehr wird er dort von einer finnischen Reporterrunde umlagert, und wenn nicht, dann von einer englischen — wer in deutsch fragt, wird abgemahnt: „Wrong language! Falsche Sprache." Zum Rosberg-Outfit gehören: Spiegelbrillen, Fliegerjacke oder zumindest die schwarze Jacke mit dem Aufdruck: „Hard Rock Café" und „Rettet den Planeten".*

*Aber sein Riesenherz, sein Speed und sein Einsatz sind jeden Groschen wert. Keke Rosberg in einem Grand-Prix-Feld, das wissen und schreiben sie von Rio bis Australien, „ist wie eine Handgranate, die jeden Moment explodieren kann." Sein Einsatz bleibt beispielhaft. „Der Rosberg", fällt Berger im Training oft auf, „fährt wie die Sau." Er poliert die Randsteine.*

*Viele tun Keke unrecht. Er gilt immer als der wilde Draufgänger —*

*und sein Williams-Vorgänger Alan Jones als der Pilot mit soviel Hirn. Die Wahrheit? Jones ist viermal an der Spitze rausgeflogen — Rosberg hatte bei Williams bis Herbst 1985 einen einzigen Unfall: beim Testen in Brands Hatch 1982.*
*Der bullige Williams-Konstrukteur Patrick Head hat sich ja selbst einmal in einen FW06 gezwängt: 1978 in Castellet. Beim Rausrollen aus der Box starb ihm viermal der Motor ab, „aber dann hat's ihm gefallen. He is a racer!" lobt ihn Frank Williams.*
*Daß sie im letzten Warm-up vor dem Start nie vorn sind, sondern meist Vierter oder Fünfter, tut den Williams-Leuten nicht weh. „Ich weiß nie, was die anderen tun — fahren sie nur mit 150 Liter? Weil alle wissen, daß die ersten zehn Runden keiner voll fährt? 70 Liter Sprit weniger heißt: eine bis eineinhalb Sekunden schneller. Ach was: ignorieren", beschließt Frank Williams.*
*1985 baut er am Werksgelände in Didcot an: Platz für 15 Honda-Spezialisten, die den Platz mieten. Wieviel Motoren er hat? „Ich weiß nicht . . . aber genug." Sein Vertrauen zu Honda ist genauso grenzenlos wie die Geldreserven der Japaner: „Was immer es braucht, um zu gewinnen — Honda tut es! Und was die Japaner sagen, wird befolgt." Vertrauen total in die japanische Technik: „Nach Überseeflügen geh ich immer zum Honda-Generalvertreter: Bitte, meine Uhr umstellen. Ich rühr sie nicht an."*
*Was er hat, steckt er ins Racing. Ein Flugzeugdialog Lauda-Williams zum Thema Haushaltsgeld. Niki: „Ich hab Marlene schon gesagt: nach meinem Rücktritt gibt's nur noch ein Drittel Haushaltsgeld, weil wir ab jetzt sparen müssen." Frank lächelt: „Ich gib's meiner Frau immer Donnerstag, in cash — also muß sie freundlich zu mir sein . . ."*
*Sein Langstreckenprogramm geht 1985 natürlich weiter: Nicht Endurance-WM, sondern Dauerlauf. Sein persönlicher Rekord: 58 Minuten für zehn Meilen, gelaufen im Frühjahr in Hamel Hampstead. „Ich muß fit sein für meine Verhandlungen." Einmal fliegt er Sydney — New York — Tokio, völlig verkehrt zur Geographie, „aber es muß in dieser Reihenfolge sein. Wenn du 200.000 Dollar aufreißen kannst, wen stören da noch neun Stunden mehr im Flieger?"*
*Wo immer er ist: Laufschuhe hat Frank stets im Handgepäck. Stopover in Singapur, drei Stunden in Sydney: er joggt überall, um fit zu*

*bleiben. „Leider hab ich 1985 für Marathons keine Zeit. Nur für Zehn-Meilen-Rennen." Und weil Williams-Sponsor Mobil neuerdings den Leichtathletik-Grand-Prix finanziert, fliegt Williams jetzt auch zu den großen Leichtathletik-Meetings. Ich seh ihn auf dem Letzigrund in Zürich, und er jubelt besonders im Bislett-Stadion von Oslo: „Traummeilen"-Weltrekord von Steve Cram und zwei weitere Weltrekorde in einer Nacht. „Ich war begeistert!"*

200.000 Race-Fans erleben in Detroit Amerikas einzige übriggebliebene Formel-1-Straßenschlacht, in die Rosberg mit einem goldenen Reifentrick geht: Fast alle anderen Goodyear-Piloten lassen Reifen aufziehen, die sich als zu hart erweisen, doch Keke riskiert als einziger die weicheren „B"-Reifen — an diesem Tag ideal. Dagegen ist Lauda völlig illusionslos: „Unser Auto ist katastrophal. Im Moment fährt McLaren rückwärts." Und auch Prost muß offen zugeben: „Momentan ist der Ferrari das beste Auto!" Niki riskiert weichere Reifen als Prost. Nach zwei Runden hat er keine Bremsen mehr ...

Mansell gewinnt das Beschleunigungsduell am Start gegen Senna, doch nur bis zur zweiten Kurve. Dann kämpft Senna den Williams nieder, überfordert aber seine Reifen. Damit liegt ab der 8. Runde jener Pilot vorn, den alle als den besten Streetfighter verehren: Rosberg, der Straßenkämpfer, zunächst abgesichert von Mansell, dann belauert von de Angelis, bis Berger dem Lotus beim Überrunden unabsichtlich über die Schnauze fährt — was Gerhard leid tut: „Sorry, ich hab dich im Rückspiegel nicht gesehen."

Was Brundle nicht behaupten kann, als er Bellof plötzlich die Tür zuschmeißt, gerade als Stefan überholen will. Die Frontpartie fliegt weg. Das halbe Rennen muß Bellof „mit einem halben Auto fahren, das gräßlich untersteuert". Außerdem spielt die Kupplung verrückt: „Bei jedem Schaltmanöver dreht der Motor hoch. Ich muß unheimlich aufpassen."

Was hinter dem Tyrrell-Prestigeduell steckt, ist klar: Der Ringkampf um den ersten Turboeinsatz. Darum sieht Stefan auch ohne Tränen das Brundle-Auto plötzlich am Kranhaken baumeln — abgeschossen von Alliot.

Bellof ist klar: „Die letzte Chance, mit einem Cosworth-Saugmotor WM-Punkte zu holen. Danach ist der Ofen aus."

Für viele andere auch, die eine Kombination aus Reifenproblemen, Bremsdefekt und aufbrechendem Straßenbelag ins Out befördert — alle in der dritten Kurve. Zuerst Tambay, dann Prost, dessen Bremsen trotz zwei zusätzlichen Luftschläuchen überhitzen, dann Mansell — er prallt am härtesten auf, weil die Reifen-Schutzstapel schon von den anderen weggefetzt worden sind. Mansell ist zwölf Sekunden bewußtlos, sein rechter Daumen bös angeschwollen.
Senna, nach zwei Reifenwechsel-Boxenstops, sensationell fahrend, schon wieder auf Platz 4 vorgestoßen, ist wie in Montreal der schnellste Mann im Rennen: pro Runde fünf Sekunden schneller als der führende Rosberg! Aber die Lotus-Bremsen sind längst völlig k.o.: „Ich muß vor jeder Kurve das Bremspedal pumpen", erzählt mir Senna, „aber im Duell mit Alboreto vergiß ich einmal darauf ..."
Das ist der Unfall, wie alle anderen an der Mauer von Turn three. Wie Mansell muß Senna wegen Handgelenksverletzung zum Röntgenarzt. Die zwei treffen einander 1985 überhaupt oft.
Damit sind die Fronten bezogen: Rosberg klar 25 Sekunden vor Johansson, Dritter Alboreto, Vierter der sensationelle Bellof. Bis — 20 Runden vor Schluß — Rosberg plötzlich Notsignale funkt: „Überhitzung droht! Steigende Wassertemperatur!" Keke klingt aufgeregt, ja alarmiert.
Patrick Head bleibt cool, weil er ja die Ursachen sehen kann: Papierfetzen im Ansaugkanal für den Ladeluftkühler und vor dem Gitterschutz für den Wasser- und Ölkühler. Die „Detroit News" und braune Packpapierfetzen fahren bei Rosberg rundenlang als blinde Passagiere mit.
Noch 15 Runden. „*Water temperature?*" läßt Frank Williams ein Signal für Keke raushängen.
„O.k.", funkt Rosberg an die Box, „110 Grad."
Die Kühler sind schon fast zugeweht. In Panik dreht Rosberg den Ladedruck zurück. Dadurch kommt ihm Johansson näher ...
Noch 13 Runden. Immer noch o.k., immer noch 110 Grad. Aber dann funkt Rosberg, der Überflieger, plötzlich *mayday:* „120 Grad Wassertemperatur ... verlier Leistung ..." Und die Williams-Box, die das Problem ja sehen kann, funkt sofort: „*Come in.*"
Keke taucht in die Box, macht verrückte Signale, die Papierfetzen von

den Kühlern zu reißen, was auch getan wird, „aber was machen die Burschen noch? Wechseln mir, total unnötig, auch alle vier Reifen."
In 8,5 Sekunden ist Rosberg abgefertigt und wieder im Rennen, gerade 1,8 Sekunden bevor Johanssons Ferrari herandonnert. Rosberg ärgert sich grün und blau, klemmt das Messer zwischen die Zähne und switcht zornig den Bordfunk aus, bevor er schimpft und flucht: „Meine Sprache ist im Moment nicht sehr fein."
Heads couragierte Entscheidung erweist sich aber im Nachhinein als richtig, und auch Keke gibt später zu: „Klar, wenn man an der Box ist, kann man auch gleich neue Reifen aufziehen." Zwei Runden später verklebt ihm erneut Papier die Kühler, wird aber vom Wind weggerissen. Und Johansson muß die Krallen einziehen: im Finish — genau wie Alboreto — keine Bremsen mehr: „Wir können nur noch durch Runterschalten verzögern."
Piquet wird in seinem 100. und BMWs 50. Grand Prix überrundet Sechster, Berger mit Höllenschmerzen tapferer 13. — und hinkt sofort auf de Angelis zu: „Tut mir leid ..." Bellof ist grandioser Vierter geworden.
Nachdenklich geht sich Lauda umziehen. Willi Dungl späht noch durchs Hotelfenster auf die Strecke — als er Prost unverletzt davongehen sieht, ruft er im Lauda-Zimmer an: „Wir können abfliegen." Lauda, noch während des Rennens abgereist, fragt bei der Zwischenlandung in Goose Bay (Labrador) nach den ersten sechs, die ihm keiner verraten kann — nur den Sieger: Keke Rosberg.
Aber auch Ferraris Nordamerika-Ausbeute ist bombastisch: 25 Konstrukteurpunkte! Sowas gehört ausgenützt. Alboreto muß nach Los Angeles, zur Geschäftseröffnung eines neuen Ferrari-Händlers, dann in Fiorano testen — weil Johansson plötzlich von „Rosolia" befallen wird: Windpocken, aufgelesen bereits auf dem Flug nach Montreal. „Da war ein kleines, krankes Kind an Bord ... aber durch die Inkubationszeit ist es erst später rausgekommen."
Johansson tröstet sich mit einer Open-Air-Supershow: Zusammen mit Tennisstar Mats Wilander erlebt er Bruce Springsteen live. „Born in the USA" — aber wer ist das schon, außer Cheever?
Und der kleine Rosberg? „Sollte schon vorige Woche da sein, wartet aber sicher, bis ich zu Hause bin." Er kommt ein paar Tage später und

heißt Nico. Der Vater aus Stahl, der Sohn in Leder: Masseur Toni Mathis schickt als Geburtstagsgeschenk eine kleine Lederhose nach Ibiza.

*Früher, in den prä-laudaschen oder Vor-Rosberg-Zeiten, hatte Ibiza immer als die Pirateninsel gegolten: besiedelt von den ersten Seeräubern, die hier gelandet waren, phönizischer Herkunft, wie sie immer auf alten ägyptischen Höhlenzeichnungen grüßen: spitze Nasen, abstehende Ohren. Mit Piratengeld von der Insel, sagt man, hat die March-Bank später auch Franco finanziert.*

*March hat mit Nikis erstem Formel-1-Stall, mit Max Mosley und Robin Herd, aber nichts zu tun.*

*Bekanntgeworden ist Ibiza natürlich vor 20 Jahren als die „Hippie-Insel". Das war, als Jackie Stewart Flamboyance und bunte Krawatten in den Formel-1-Zirkus einschleuste: „Put flowers in your hair".*

*Ibiza war immer die einzige Insel der Welt ohne giftige Tiere, ohne giftige Pflanzen, ohne Schlangen. Dafür hat sie jetzt den Formel-1-Virus.*

*Für die Formel 1 entdeckt hat sie seinerzeit Colin Chapman. Bei einer zufälligen Notlandung, wie er mir einmal erzählte. Der selige Colin glaubte fast, Atlantis wäre wiederaufgetaucht.*

*Heute ist es kein Zufall mehr, wenn in Ibiza 20 Motorsport-Weltmeistertitel gleichzeitig an einem Tisch sitzen. So geschehen vergangenen Sommer im Restaurant der Discothek „Pacha", als folgende Herrschaften vergnüglich beisammenhockten:*

*Niki Lauda, Nelson Piquet, Keke Rosberg, Angel Nieto — mit 13 Motorrad-WM-Titeln fast der erfolgreichste Zweiradpilot aller Zeiten, überboten nur von Giacomo Agostini (15), aber gerade jetzt hat er ein Comeback-Angebot von Garelli erhalten; und Heinz Kinigadner — zweifacher Motocross-Weltmeister auf KTM.*

*Von diesem Quintett leben zwei ständig auf der Insel: Lauda und Rosberg. Einer nicht immer, aber sehr oft: Nieto, der sich vom einfachen Fabrikarbeiter bei Derbi zum Multimillionär hinaufgeritten hat. „Momentan produzier ich das Musical Evita in Madrid. Zwei Vorstellungen täglich ausverkauft. Ich hab noch nie soviel Geld verdient."*

*Die anderen zwei sind reif für die Insel: Piquet, der vorigen Sommer mit seiner Yacht „Gostosa" nur auf eine Woche vorbeischaute, schwor beim Abschied: „1986 komm ich wieder — aber auf einen ganzen Monat." Und Kinigadner, der sich in Ibiza viel angesehen hat, will hier über den Winter eine Motocross-Schule aufmachen: „Zum Training ist das Wetter da ideal!" Einziges Problem: Noch hat der Tiroler — für seinen Bruder — kein Haus ohne Schwellen gefunden.*

*Noch nicht genug Benzingeruch? Rosbergs Ex-Freundin Yvonne, aus der finnischen Skirennfahrerfamilie Rosenkjer, arbeitet im „Pacha" als Zahlkellnerin. Arbeitet wirklich, obwohl sie nicht müßte: der Papa, Atomic-Vertreter in Finnland und Schweden, Möbelfabrikant mit einer Fertigteilfabrik auch in Kärnten, hat auf Ibiza ein wunderschönes Haus gebaut.*

*Yvonne hat's in Ibiza sofort gefallen, und sie ist hängengeblieben.*

*Kleine Korrektur: Das Rennfahrer-Ibiza ist nicht die hektische Illustrierten-Hauptstadt Ibiza, sondern Santa Eulalia, mit dem Auto zehn Minuten. Für Lauda und Rosberg auch nicht kürzer.*

*„Auto ist nicht wichtig auf Ibiza", sagt Niki, „Boot ist wichtig. Auto nicht." Aussteiger-Millionäre hüpfen mit Citroen 2 CV über die Sandstraßen. Laudas Familie hat zwei kleine Renault. Plus Landrover.*

*Wo früher die Piraten auf durchfahrende Schiffe lauerten, landen heute — bequemer als Captain Hook — an einem durchschnittlichen Sommertag 60 Flugzeuge. Niki kann sich noch genau erinnern, wie er 1975, damals noch mit der Cessna Golden Eagle OE-FLF, sechs Stunden lang nach Ibiza gondelte, um seine Marlene zum erstenmal auf ausländischem Boden zu treffen.*

*„Nach der Landung winkte mir aus dem kleinen Follow-me-Wagerl jemand aufgeregt durchs Fenster. Als wir ausrollten, stieg Marlene aus und fiel mir um den Hals. Willkommen in Ibiza, hat sie gesagt." Niki war beeindruckt: „Ist das Mädel aber gut organisiert ..."*

*Heute wie damals: zwei Go-Kart-Rennpisten auf dem Weg vom Flugplatz nach Santa Eulalia. Manchmal unter Wasser gesetzt — damit es die deutschen Urlauber mal so richtig schleudert.*

*„Für mich", sagt Niki, „sind das die wahren, die echten Motorsportler. Kommen hin und zahlen, weil's ihnen Freud macht. Nicht so wie wir in der Formel 1, wo sich so viele künstlich aufblasen und so wichtig nehmen."*

*Ibiza nivelliert, kein Zweifel. Aber an der Insel muß viel dran sein, wenn sich Keke Rosberg im März am Swimmingpool in Rio reckt und streckt und genießerisch sagt: „In zwei Wochen haben wir Sommer auf Ibiza." Oder wenn er in Estoril alle Einladungen zum Abendessen ausschlägt, sich genüßlich im Lehnstuhl zurücklehnt und behaglich grunzt: „Dinner at home". Daß er dann wegen Unfalls das Besteck nicht halten konnte — Pech für Keke.*

*Lauda und Rosberg wohnen — Luftlinie — vielleicht einen Kilometer auseinander. Von Santa Eulalia Richtung San Carlos, der Hippie-Stadt mit Hippie-Markt, dann links rein. Als ich das erstemal nach Ibiza kam, hatte mir Niki alles aufgezeichnet: die Renault-Werkstatt, das Trafo-Häusl — Signalschilder zum Weltmeister.*

*„Zu mir findest leicht: Du brauchst dich nur an den Telefondrähten orientieren, die man extra für mich gelegt hat." Für Jackie Stewarts „Clayton House" in Begnins hatte es immer geheißen: „Vom Genfer Flugplatz aus bloß den Leitschienen nach ..."*

*Lauda hat prominente Nachbarn: da die Filmschauspielerin Angela Molina („Der diskrete Charme der Bourgeoisie"), dort den Schlagzeuger der Pop-Supergruppe „Queen". We are the champion, my friend.*

*Rennfahrer und Popstars: Unter den 40.000 Einwohnern der Baleareninsel, davon 18.000 Ibicencos, kein schwacher Anteil.*

*Dazu kommen nämlich noch: Bob Geldof, dem das „Ibiza Sound Studio" zur Hälfte gehört, die anderen 50 Prozent sind die Popgruppe „Judas Priest". Nina Hagen war da, um aufzunehmen. Fernando Rey, der Hauptdarsteller aus „French Connection", lebt da, ebenso Nina und Fredrik und noch viele, viele andere.*

*Nur Adi Vogel, dem auf Ibiza ein Riesenhaus gehört, ist weder bei „Motor" noch „Musik" einzuordnen, aber wenigstens in der Abteilung für Salzbarone.*

*Ich glaub trotzdem nicht, daß überall soviel lebhafter Betrieb ist wie im Lauda-Haus: Ehefrau Marlene, die Buben Lucas und Mathias, Marlene-Schwester Renate, deren Mann, ein hoher UNO-Beamter, vor einem Jahr tragisch umgekommen ist (Depressionen), deren beider Kinder, Marlene-Bruder Tilly, bisweilen Mutter und Schwiegermutter, das Kindermädchen Ines, fünf Hunde ...*

*„Ein Zirkus“, sagt Niki, „wenn ich nach Ibiza komm, schau ich ihn mir gern immer zwei, drei Tage an.“ Dann düst er in zwei Stunden nach Wien, ins Büro, auch nicht länger als eine Autobahnfahrt Wien — Salzburg.*
*„Andere fahren zwei Stunden lang in die Arbeit. Ich flieg halt.“*
*Zwischen Flugplatz und Santa Eulalia gibt es auch ein Fitneß-Center. Methode: Nautilus. Vorigen Winter, ehe er seine letzte Formel-1-Saison begann, war Lauda schon 17mal dort. Und jetzt? „Werde ich sicher weitersporteln, auch g'sund weiteressen, weil ich draufgekommen bin: Das ist für mich das Beste.“*
*Ab September besucht Lucas, der ältere Bub, die deutsche Schule in Ibiza unter lauter Diplomatenkindern? „Ach wo — lauter Hippies und Ausgeflippte.“ Aber Lucas nimmt die Schule sehr ernst: „Ich hab keine Zeit mehr zum Spielen — ich muß Aufgaben machen.“*
*Und er kommt jeden Tag pünktlich, seit Niki — ein kleiner Trick — Marlenes Uhr um eine Viertelstunde vorgestellt hat. „Marlene ist ein so gefühlsbetonter Stimmungsmensch.“*
*Als einer der Lauda-Buben ein Pony geschenkt bekam, beschloß der Familienrat richtig: der andere Bub braucht auch eins. Also fuhr Lauda mit Tilly und dem Landrover los, eine Stunde lang, ans andere Ende der Insel. Pony aufgeladen, Rückfahrt. „Leider steig ich einmal statt auf die Kupplung voll auf die Bremse.“ Großer Schreck: Das Pony stürzt nach vorn, mit dem Kopf durchs kleine Fenster — drunter begraben, strampelnd, der arme Tilly.*
*Die Weiterfahrt erfolgt behutsamer.*
*In Santa Eulalia taucht die Frage auf: Wo schlafen die Ponys? Wir brauchen einen Stall. Jemand, der viele Pferde herumrennen hat, bietet sich an: Ich bau den Stall.*
*Als Lauda ein paar Tage später wieder heimkommt, wundert er sich über die Riesenbaustelle auf seinem Grund: „Was geschieht da?“*
*„Nicht viel — nur der Stall für die Ponys.“*
*Ein Grand Prix oder zwei Wochen später: Ein riesiges Gebäude wächst aus dem Lauda-Grund, für Ibiza-Verhältnisse wolkenkratzerartig, fast die Sonne verfinsternd.*
*„Was wird das?“ fragt Lauda entsetzt.*
*„Der Stall für die Pferde.“*

*Morgen kommt der Caterpillar! droht Niki, und tatsächlich reißt er tags darauf den ganzen Stall nieder. „Den neuen bau ich selber."*
*Er baut ihn auch, klein, bescheiden, gerade so hoch, daß zwei Ponys drin stehen können. Und, was nur einem Lauda einfallen würde, sonst keinem: Mit so extrem niedriger Tür, so daß die Ponys den Kopf einziehen und sich ganz tief bücken müssen, um überhaupt reinzukommen.*
*Jetzt kann ihm kein Nachbar mehr seine Pferde in den Stall stellen.*
*Keke Rosberg suchte nach anderen praktischen Lösungen: Um sein prächtiges Haus — eine renovierte alte Finca — hat er eine Drei-Meter-Mauer gezogen. Oben zusätzlich noch Stacheldraht. Wer zu Keke, Sina und dem kleinen Nico kommt, wähnt die Rennfahrerfamilie bereits im ersten Haus, dabei ist das erst das Dienstbotengebäude. Edle Auffahrt, verschlungene K+S-Goldbuchstaben, viele Nischen, angestrahlte Rennpokale.*
*Keke hat alles: Poolhaus, Sauna, unterirdische Sprayanlagen, damit der Rasen immer schön Wimbledon-grün gepflegt ist, und eine Riesen-Parabolantenne, die seinerzeit mit zwei Containern aus Barcelona eingeschifft wurde: Das Satelliten-Fernsehen des Keke Rosberg. „Dafür kann ich jetzt alle europäischen TV-Programme einfangen."*
*Bleibt die Frage: Wo wohnen die Flugpiloten? Nikis Copilot Sammy hatte in der Villa Rustica des Holländers Carel van Mook immer ein Super-Appartement gemietet. Und Keke extra eine Wohnung gekauft, die er an seinen Copiloten Janne für 3500 Schilling pro Monat vermietet.*
*„Siehst du, Niki", grinste Nelson Piquet bei seinem Ibiza-Besuch, „jetzt wissen wir, wieso wir nie reich werden: weil wir unsere Piloten zu sehr verwöhnen, sie immer in Luxushotels mitnehmen usw. Wir müssen es künftig auch so machen wie Keke."*
*Rosberg hat auch sein Büro auf Ibiza — was Lauda nie einfallen würde.*
*Ihm bleibt ja das „Café Royalt" am Hauptplatz von Santa Eulalia, in dem er am liebsten seinen „Cortado con leche" trinkt. Oder, wenn Willi Dungl grad nicht auf Ibiza ist, den Kräuterschnaps „Hierbas".*
*Schräg gegenüber ist die Disco „La Villa" des blaublütigen Albi: ein früherer Lauda-Air-Mann, der später Hohenlohes „Marbella Club"*

*geschaukelt hat und jetzt in Ibiza aufblüht. Vor Mitternacht, wie unsere deutschen Freunde gern sagen, tote Hose.*
*Danach kommen alle. Tilly, der Lauda-Schwager, am liebsten hoch zu Pferd, in prachtvoller chilenischer Kavalleristenuniform, mit Stiefeln, Cowboyhut und Lasso.*
*Einmal sitzt Lauda im „Café Royalt“. Plötzlich Hufeklappern. Tilly reitet am Hauptplatz vor, steigt ab, bindet das Pferd am Baum an — ein bißl schlampig, wie Niki scheint.*
*Tilly plaudert, das Pferd tänzelt. Ein Autobus fährt vor, verdeckt das Pferd, fährt wieder weiter, kein Pferd mehr da.*
*Das Pferd, sagt Niki. Das Pferd? fragt Tilly. Das Pferd!*
*Wie er seinen störrischen, wiehernden Gaul nach 20 Minuten Akrobatik auf dem Hauptplatz von Santa Eulalia endlich wieder einfängt, davon reden die Ibicencos heute noch, und die haben weiß Gott viel zu reden.*
*Des Nachts reitet Tilly mit Grubenlampe auf dem Kopf. Einmal bindet er sein Pferd vorm „La Villa“ an, hockt sich stundenlang wortlos an die Bar und geht erst wieder, als die Batterie aufgeladen ist.*
*Aber natürlich ist Ibiza nicht nur Pferd und Disco, sondern vor allem Sonne und Wasser. 30 Grad noch im November. 20 Grad — und der Christbaum aus Andorra — zu Weihnachten. Wer nicht den Touritsenpfaden nachtrampelt, sondern Laudas Copiloten Sammy fragt, findet atemberaubend stille Buchten.*
*20 Minuten (mit dem Boot) braucht Niki zur Insel Formentera mit ihren weißen Sandstränden — wie in der Karibik. Niki hat einen zweimotorigen Abarth-Innenborder, 260 PS, acht Meter lang. „Ideal zum Wasserskilaufen.“ Und das schnellste Boot von Ibiza? Auspuff aus dem Wasser, die größten Wasserfontänen — damit jeder gleich merkt: Hier kommt Rosberg.*
Beim nächsten Grand Prix (Le Castellet) gratulieren alle dem Finnen. Ron Dennis: „Ich hab dir Blumen geschickt — wie immer.“ Darauf der nebenstehende Lauda: „Und ich hab schon zwei Buben — aber bei uns hast dich nie gerührt.“
Doch noch ein Jahr für die alten Weltmeister? Rosberg erstmals wieder Sieger, aber Lauda hat erst drei WM-Punkte (weniger als Bellof), und Piquet gar erst einen. Längst fragen alle: Was ist mit Brabham los?

## LE CASTELLET: PIQUET IST WIEDER DA

*„Piquet fährt nie Drift, sondern immer Linie", fällt Marc Surer schon lang auf. „Er fährt schneller in die Kurven rein, drinnen dann ohne Gas, rollt also durch. Schwer zu beurteilen, aber wenn er vor mir ist, hat er einen Vorsprung — dann verliert er ihn wieder." Warum, will Marc ergründen, indem er Nelson ganz genau und bewußt zuschaut: „Ich bin mir nicht sicher, ob sein Fahrstil besser ist oder einfach die Kombination mit der Abstimmung, die ihm besser paßt. Und Piquet macht sein Auto für sich allein."*

*Gordon Murray hat sein Auto immer um Piquet herum gebaut, Pirelli seine Reifen für den Brabham (mehr Gewicht auf der Hinterachse als alle anderen) konstruiert — alles dreht sich um Nelson. Er sagt: „Wir haben uns um zehn Prozent verbessert — die anderen jedoch um 50 Prozent."*

*Nicht nur, aber vor allem für Lauda ist Piquet „einer der Besten, vielleicht überhaupt der Beste von uns. Aber er hat Reifenprobleme und ich glaub: Auch der Brabham ist nicht das beste Auto. 1985 muß er kämpfen — gut für ihn, sowas stärkt nur den Charakter." Flieger unter sich.*

*Seit er 1983 (Brands Hatch) erstmals mit dem eigenen Flieger zu einem Grand Prix gereist ist, fasziniert Piquet das Fliegen immer mehr. Im April 1986 bekommt auch er seinen Lear-Jet: wie Lauda und Rosberg. Mit seinem Vorarlberger Piloten Bernd Konzett versteht sich Piquet optimal. „Ich pack immer für drei Wochen frische Wäsche ein, auch wenn Nelson sagt: Wir verreisen nur auf zwei Tage. Denn bei ihm weißt du nie."*

*Als einmal ein Geschäftspartner mit ihm abrechnen will („du kriegst von mir noch 50.000 Schilling"), sagt ihm Nelson, der Pilot mit Herz: „Nimm deine Frau, fahr mit ihr in die Stadt und kauf ihr was Schönes."*

*Einmal erzählt er mir bei einer Zwischenlandung auf dem moscheeartigen Flugplatz von Abu Dhabi: „Hier hatte ich vor Jahren eine BMW-Demonstration — am nächsten Morgen waren sieben Autos verkauft. Und zwei Tage später alle wieder umgetauscht, weil die Farben nicht paßten." Piquet, die Nr. 1.*

*Der Nr.-2-Platz bei Brabham ist einer der meistbegehrten im Formel-1-Business — aber auch zu Recht? Manfred Winkelhock, 1984 in Estoril für ein Rennen eingesprungen, hat durchblicken lassen, wie wenig Luft bei Brabham für die Nr. 2 zum Atmen übrigbleibt: „Man spürt die starke Position, die Piquet im Team hat, weil er von allen voll akzeptiert wird. Da muß sich erst einer durchbeißen — aber ob das in einem Jahr gelingt? Andererseits kann sich jeder freuen, der diesen Platz kriegt."*
*Surer ist derjenige, der sich freuen darf. Auch für Lauda ist der Schweizer „von allen, die noch am Markt waren, der Beste. Solange ist er für kleine Teams gefahren, hat oft über sein Material geklagt — jetzt, in einem Topteam, kann er beweisen, was wirklich in ihm steckt."*
*Surer mag bei Brabham „in die Situation kommen, daß ich Verbesserungen am Auto bestimmen, daß ich Informationen beim Testen geben kann". Denn der Brabham reagiert „überempfindlich auf jede Abstimmung. Ein Grad mehr Frontflügel, und du kennst das Auto nimmer", entdeckt Surer.*
*Ich versteh nicht, warum er in der Schweiz so viele Kritiker hat. „Aha, Marc fährt heute wieder um den Prix d'Elegance", spottet ein Sponsor beim Training. Und Clay Regazzoni einmal: „Surer sollte endlich den Unterschied zwischen Langstreckenrennen und Formel 1 lernen."*
*Die meisten Schweizer, die heutzutage die Grand-Prix-Autodrome stürmen (30.000 in Monza!) sind ja Tessiner. So sieht Surer „zwar immer viele Schweizer Flaggen, aber die Tessiner reden italienisch und sind mir gegenüber unparteiisch. Ich bin für sie etwa so wie de Angelis . . . weil sie mit mir ja nicht reden können."*
*Reden wir also von Teamproblemen. Warum bricht bei Brabham 1985 so oft der Auspuff? Ing. Paul Rosche klärt mich auf: „Weil Brabham, um mitzukommen, einen Ladedruck fährt, der gar nicht vorgesehen ist. Dadurch wird der Auspufftrakt heißer — und das schwächste Glied der Kette reißt. Aber die Fahrer kämen sonst nicht mit. Die einzige Möglichkeit, zu korrigieren, ist das berühmte Radl — ein bis zwei Zehntel mehr genügt schon."*
*Und der berühmte Funkenzauber beim Aufschlagen, der Millionen TV-Zusehern die Gänsehaut über den Rücken jagt? „Alle schlagen durch, nur bei uns sieht man's." Ein geplantes Spektakel: „Wir haben*

*unten absichtlich Magnesiumleisten festgeschraubt, auf die das Monocoque aufschlägt, um das Fahrwerk zu entlasten . . . und Magnesium hat nun einmal die Eigenschaften, daß es Funken sprüht."*
*Das tut Arrows-Chef Jackie Oliver auch, wenn er vergleicht: „Bernie Ecclestone kommt zu BMW mit Gorillamännern und MP und kriegt, was er will — aber ich?"*
*Wieviel er kriegt, wird Bernie einmal bei einer BMW-Weltpressekonferenz gefragt. Er versteht nicht: „Zwei Dinge hat man mir schon als Kind eingetrichtert: Ein Gentleman redet nie über letzte Nacht — und nie übers Geld."*
*Piquet fährt zumeist im Qualifikationstraining 4,5 bar Ladedruck, im Rennen und beim Testen 3,7. „Die BMW-Motoren müssen unheimlich standfest geworden sein . . . oder man hat uns 1984 beschissen", vergleicht ATS-Chef Günter Schmid mit seinen eigenen Vorjahreswerten: 3,2 im Qualifying, 2,2 im Rennen.*
*Ing. Mezger von Porsche traut den vielen BMW-PS nicht: „Dann müßten die Brabham-BMW ja noch schneller sein!" Dirk Straßl kalkuliert in München so: „Wenn Paul Rosche 800 PS zugibt, kann man getrost davon ausgehen, daß wir 900 PS haben. Und weil BMW-Motoren nach oben streuen: über 1000!"*
*Competition ja, Schrebergartengeist nein: Wer im Motor Racing mitmacht, schaut längst über den Zaun. So ist auch die Kollaboration BMW — McLaren (mag erstaunlich klingen) keine Sensation mehr. „McLaren Engineering Detroit" (Derek Knutsen) wird 1986 die BMW-Einsätze in der nordamerikanischen IMSA-Serie betreuen! „Warum nicht?" fragt Paul Rosche zurück, „wir können das von Europa aus nicht, und McLaren hat gute Erfahrungen." Fahrer: sicher Nordamerikaner. Das ganze ist „kein Geheimnis, aber wir pushen das auch nicht". Mit Brabham hat das nichts zu tun.*
*Trotz aller Unkenrufe ist Gordon Murray mit 1985 nicht so unglücklich, sondern „quite happy fürs erste Jahr mit Pirelli. Und aerodynamisch waren wir nicht so schlecht" — wie die Topspeed-Messungen beweisen. Unterstützt wird Murray ab Brands Hatch 1985 von John Gentry. „Vielleicht feier ich dann ein Comeback als Rennfahrer", blödelt der 1967 aus dem Cockpit gestiegene Designer. „Aber mit 1,90 Meter bin ich für die heutigen Autos viel zu lang . . ."*

*Der BT54 hat einen langen Radstand, ein weit zurückgesetzter Wagenschwerpunkt kann unter Umständen ein Riesenvorteil sein, wenn die Reifen funktionieren. Lauda hat die Reifensituation zu Saisonbeginn noch so eingeschätzt: „Goodyear hat schon 17 Autos. Wenn etwas passiert, trommeln alle 17 an die Tür um Reifen: Lotus, Ferrari, McLaren etc. Aber Pirelli braucht sich nur um ein Team zu kümmern — Brabham." Die große Unbekannte. The dark horse, wie die Leichtathleten sagen.*
*Die Pirelli, in der Struktur alle sehr gut, reagieren auf Temperaturwechsel sehr sensibel. Manchmal sind sie sehr gut für Brabham — manchmal überhaupt nicht. Pirelli hat seine Reifen natürlich „rund um den Brabham konstruiert, der mehr Gewicht aufs Heck hat als jeder andere Rennwagen" — darum kriegen die anderen Probleme. Aber für Gordon Murray gibt es „noch sechs Millionen Gründe, bei Pirelli zu bleiben." Meint er Dollars?*
*Piquet hat nie gemeckert, nie geflucht, ist für Brabham, BMW und Pirelli noch immer durch dick und dünn, durch Himmel und Hölle gegangen: „Ich hab nie das Vertrauen verloren!" Paul Rosche weiß: „Die letzten Straßenkurse waren Gift für uns. Weil Murray den Brabham für schnelle Strecken entwickelt hat."*
*Der Kraftprotz aus Bayern wird noch zuschlagen — wenn er in Le Castellet seine Lungen wechselt: Statt mit KKK-Turboladern erstmals mit einer amerikanischen Garrett-Turbine ausgestattet. „Zwecks besserem Ansprechverhalten", begründet Rosche.*
Sechs Rennen, fünf verschiedene Sieger. Wer ist der nächste? Piquet, Lauda oder gar Renault? Prost erzählt Lauda amTelefon Wunderdinge über die neue Radaufhängung: „Unser Auto fliegt wieder — dank geänderter Radgeometrie." Und Renault kommt mit der neuen „Wunderwaffe": Die RE60B sind um 30 Kilogramm leichter, kleiner, schlanker, schneller.
*Ein stilles, ruhiges Abendessen mit Niki im „Pfefferesel", dem Superrestaurant in Le Castellet.*
*Freut's dich wieder? Ein typisches Lauda-Naserümpfen. Also wirst du Sonntag gewinnen und dir ist wieder fad? Er nickt.*
Auf der kurvenreichen Bergstraße von den Rennfahrerhotels am Mittelmeerstrand bis zum kargen Hochplateau von Le Castellet kann man

täglich Stil- und Charakterstudien betreiben. Am aggressivsten fährt Surer (BMW) zur Arbeit, am unauffälligsten, aber schnellsten Prost im Mercedes.
Der Freitag beginnt für Lauda wie so viele Freitage 1985: vormittags totaler Getriebedefekt, kein Gang läßt sich einspannen. Nachmittags fliegt ihm sogar die Karosserie weg, hebt auf voller Fahrt ab und ist plötzlich rund ums Cockpit. „Da kannst weder fahren noch etwas sehen", schildert Lauda die Gefahr — gottlob nicht bei 340 km/h auf der Mistral-Geraden passiert, sondern direkt vor der Box.
„Unsere Schuld", sagt mir Lauda-Chefmechaniker Harry Mandel, „eine Schraube vergessen . . ."
Niki steckt alles weg und ist plötzlich dort, wo er hingehört: mitten in der Pole-position-Jagd: lange Zweiter, dann Vierter hinter Senna, Rosberg, Prost. „Endlich ist mein Auto wieder ein echtes Rennauto, das man normal fahren kann. Aber wenn ich Siebzehnter bin, kapieren das die Leute nicht. Bin ich Vierter, ist alles wieder normal."
Und dein Einsatz?
„Der ist immer der gleiche. 100 Prozent gib ich immer. 150 Prozent nur, wenn's um Leben und Tod geht wie in Estoril. Aber darum geht's ja im Moment nicht."
Für andere ja — am nächsten Tag. Fahr nie schneller, als dein Schutzengel fliegen kann. Bei soviel Turbo-Power 1985 haben die Schutzengel jedoch Mühe, mitzufliegen. Piquet hämmert auf der „Geraden der Wahrheit" bei 11.000 U/min und 4,5 bar Ladedruck mit 341 km/h durch den Lichtschranken. Mit flachgestelltem Heckflügel wären sogar 360 km/h „kein Problem".
„Das Zittern", sagt Lauda, „ist immer gleich." Für andere nicht. Aber wer sagt, was sich wirklich in den Cockpits abspielt?
„Ich hatte Wind von schräg hinten", gesteht mir Senna, „und panische Angst, daß er mich in die Leitplanken boxt." Das Rezept? Leichtes Gegenlenken mit fast 340 km/h.
Gerhard Berger: „Auf der langen Geraden vibriert alles, zittert alles, du kannst nichts im Rückspiegel sehen." Stefan Bellof, mit dem einzigen übriggebliebenen Saugmotor aus prähistorischen Formel-1-Zeiten: „Auf der Geraden seh ich im Spiegel kein Auto, höchstens einen Farbfleck — und plötzlich huscht dieser Farbfleck an mir vorbei."

*Reifenexplosion! „Nigel Mansell steht plötzlich vor der Himmelstür"*

Nach dem längsten Geradeausstück des Grand-Prix-Kalenders lauert die meistgefürchtete Kurve: die Biegung von Signes. Eine gewaltige Mutprobe, an die sich Neulinge behutsam herantasten müssen. „Ich hab Sehstörungen", klagt mir Berger, „weil alles vibriert." Sogar Senna traut sich nur ein einzigesmal, „die Signes-Kurve wirklich voll im fünften Gang zu fahren". Sein Pech, daß ausgerechnet in dieser Superrunde der Motor festgeht. Alboreto riskiert das gleiche: ja kein Gas wegzunehmen. „Mir zittern noch Stunden danach die Hände."

Genau dort, am Ende der Mistral-Geraden, vor Signes, entgleisen im Samstagtraining zwei Autos. Zuerst Berger, der Ghinzanis Osella aus dem Windschatten überholt. Ghinzani sieht also wie in Zeitlupe, was passiert: Reifenexplosion links hinten — worauf der Arrows sofort einknickt. Akrobatisch fängt der Tiroler sein schleuderndes Auto ein, aber er braucht die ganze Straße dazu. „Mit 320 km/h auf drei Rädern", sagt mir Berger, „das gehört ins Buch der Weltrekorde."

Kaum hat sich alles halbwegs beruhigt, steht Nigel Mansell, wie sein Freund Helmut Zwickl notiert, „am Ende der Mistral-Geraden vor der Himmelstür".

„Ganz sicher kein normaler Reifendefekt ... sondern eine echte Reifenexplosion ... Glücklicherweise bin ich vor der Rechtskurve ganz links gefahren ... das rettet mir das Leben", analysiert mir der Engländer später, was passiert. „Die Fangzäune dämpfen sofort meine Fahrt. Ich brems und schließ nur noch die Augen, verkriech mich im Cockpit. Ein Zaunpflock muß mir das linke Vorderrad abgerissen haben, das mich genau auf den Kopf trifft."

*Ein solcher Alptraumunfall hat 1980 in Hockenheim das große Talent Markus Höttinger getötet. Und Mark Donohue starb 1975 in Zeltweg an den Folgen eines Blutgerinnsels.*

Der athletische, stiernackige Mansell aber geht lediglich für ein paar Sekunden k.o. „Ich erinnere mich noch an alles ... Hände, immer wieder Hände ... vor allem seh ich die vielen Hände, die sich mir entgegenstrecken."

Rennfahrerhände sind darunter. Surer versucht verzweifelt, das Training zu stoppen, weil immer noch Wrackteile herumliegen. Es sieht aus wie nach einem Flugzeugabsturz. Aber die zehnminütige Fahrt im Krankenwagen, über Stock und Stein, ist für Nigel „fast noch schlim-

mer als der ganze Unfall". Sein Glück: keine Wirbelsäulenverletzung. Trotzdem tobt Mansells privater Rennarzt Dr. Raffaele Grajales-Robles: „Würde ich meinen Beruf so nachlässig ausüben wie manche andere den ihren — ich säße jede Woche im Gefängnis."
Goodyear-Rennchef Lee Gaugh — Pfeifenraucher und Weltkriegs-Kampfflieger — steht vor einem Rätsel: „Wir testen auf doppelte Renndistanz, haben auch die Gluthölle von Rio überstanden — und das ganze Jahr die gleiche Konstruktion im Einsatz."
Mansell redet mit Williams wie ein groggy geschlagener Boxer: Gehirnerschütterung. Ein Hubschrauber fliegt ihn in eine Klinik nach Marseille. In Le Castellet hat er Startverbot.
Kaum verblassen in der Williams-Box die Schatten, jagt Keke Rosberg zur Pole-position. „Mit einer chaotisch-herrlichen Runde" (Keke über Keke) überflügelt er Senna, rast aber ausgangs Signes-Kurve auch um 15 km/h schneller durch als alle anderen. „Das ist der Fahrer ganz allein, nicht das Auto", lobt Williams.
Ich red gerade mit Rosberg, als Senna kommt, viel Schweiß und ein bißl Enttäuschung im Gesicht: „Gratuliere, Keke."
Und du? fragt der Finne zurück.
Motor, wirft Senna hin.
Rosberg nickt: „Darauf haben wir alle gewartet."
Lauda, von Alboreto und Piquet überholt, fällt auf den 6. Platz zurück, Berger ist guter Achter.
Sonntag früh fliegt Mansell heim auf die Insel Man. Das Aufwärmtraining beherrscht McLaren: 1. Prost, 2. Lauda. „Ich fahr heute voll, bis die Kiste hin ist", schwört mir Niki. „Alles oder nix! Taktik ist sinnlos, an die WM zu denken sowieso — ich hab nichts mehr zu verlieren, für mich zählt nur noch das Gewinnen."
Für Piquet sind die letzten Stunden nervenzerfetzend: Im Warm-up ein Gang herausgesprungen, Motor überdreht. Also Motorwechsel über Mittag. In der Aufwärmrunde das gleiche Malheur: wieder ein Gang herausgehupft, „wieder Angst, daß ich überdreht hab". Als „reine Vorsichtsmaßnahme" klettert Piquet in letzter Sekunde ins Ersatzauto. „Vielleicht ist es gut so", strahlt Paul Rosche nachher.
Rosberg führt vor Senna, die Animatoren so vieler Rennen 1985 — aber Piquet überholt den Lotus schon nach sechs Runden (Getriebe-

probleme), den Williams nach zehn Runden. Fast gleichzeitig verabschiedet sich Senna, wie man es von ihm gewohnt ist: voller Dramatik. Sein Lotus blockiert im 3. Gang, Öl spritzt auf die Hinterräder, Senna fliegt auf seinem eigenen Schmiermittel von der Strecke.
Piquet also vor Rosberg, Lauda bereits Dritter, hält Prost immer hinter sich, setzt sogar Rosberg unter Feuer.
„Doch Kekes Honda-Motor ist ein echter Wahnsinn!" sagt Niki später. „Ich peitsch auf der Mistral-Geraden den Ladedruck jede Runde auf 3,6 wie im Training. Trotzdem komm ich an Rosberg nicht vorbei!" Keke, damit konfrontiert: „Der Niki weiß ja nicht, wie hoch ich gedreht hab..."
Einmal kommt der kleine Martini beim Überrunden zwischen Rosberg und Lauda und klemmt Niki von Keke ab. Der gleiche Martini boxt später Berger in einer 200-km/h-Kurve von der Strecke. In Österreich ist er heute nicht der beliebteste Mann.
Trotzdem spürt Lauda, „daß ich Rosberg irgendwann erwisch. Prost ist für mich kein Problem." Aber nach zwei Renndritteln ist er draußen: Aus der Spitzkehre heraus, läßt sich plötzlich kein Gang mehr einlegen — Differentialschaden. „Ich könnte heulen für Niki", sagt Jackie Stewart, neben mir auf den TV-Kommentatorplätzen. „Ein sicherer zweiter oder dritter Platz beim Teufel." Langsam, ergänzt Niki, wird's wirklich fad.
Wegen der 50-Sekunden-Vollgasbelastung und der Flimmerhitze haben alle das große Motorsterben befürchtet, tatsächlich gehen nur zwei Triebwerke k.o.: Alboretos Ferrari (die falschen Kolben erwischt) und Palmers Zakspeed. De Angelis punktet zum siebentenmal 1985, aber diesmal total verbittert: „Das schlechteste Formel-1-Auto, in dem ich je gesessen bin. Wenn's so weitergeht: addio, WM-Titel."
Für Piquet ist an diesem Tag „alles einfach und problemlos". Das heißt: „Die Zeit im Rennauto ist zwar nie leicht, weil du immer fighten mußt, ins Auto hineinhorchst, aber heut merke ich lediglich leichte Vibrationen von den Reifen, sonst nichts."
Seine einzige Aufregung: zehn Runden vor Schluß. „Da lies ich von den Boxensignalen ab: Prost hat Rosberg, der Reifen wechselt, überholt und kommt näher. Also erhöh ich einfach den Ladedruck. Der Rest ist einfach. Mir ist fast langweilig", grinst Piquet, als er aussteigt.

Schicksal eines Champions: Da rennt Piquet, frustriert und schon verzweifelt, 13 Monate lang dem Sieg hinterher, und kaum hat er ihn, ist ihm auf dem Siegerpodest schon wieder fad. „Aber ich bin trotzdem glücklich: Nach so vielen schlechten Rennen endlich wieder ein Sieg." Vor Rosberg, der Prost in der letzten Runde zurücküberholt hat, weil Alain „beim Bremsen immer der Motor abstirbt". Und die stille Sensation nachher: aus dem Sieger-Brabham werden noch 21 Liter Sprit gepumpt, und der Williams ist gar nur mit 210 Liter Benzin gestartet. Was beweist: Die McLaren-Konkurrenz hat nicht nur gewaltig aufgeholt, sondern sich enorme Reserven geschaffen.

Das Goodyear-Monopol ist gebrochen: Erster Pirelli-Sieg seit Stirling Moss 1957 in Monza auf Vanwall. Pirelli-Rennchef Mezzanotte weint vor Freude, und die Italiener schenken ihm eine gefühlvolle Schlagzeile: Sonne um Mitternacht.

*Ganz Sensible spüren: Le Castellet — mit den vier Ferrari-Motorplatzern — ist die dramatische Saisonwende für Ferrari. „Wir brauchen viel zu lang, bis wir verstehen, was mit den Motoren passiert ist, verlieren viel Zeit, weil wir nur mit dem Motor arbeiten — und geraten mit dem Chassis und der Aerodynamik arg in Rückstand", analysiert mir Alboreto später den ganzen Jammer.*

*Italienische Zeitungsschlagzeilen plärren bereits: „Ferrari nach Indy, Formel 1 addio!" Als ich Alboreto anrufe, lächelt er: „Na ja, eine lange Woche für die italienischen Zeitungen nach einem Grad Prix ohne Ferrari-Sieg." Natürlich stürmen die Europäer die „Hölle von Indianapolis", natürlich baut Porsche — unter strengster Geheimhaltung — einen Indy-Motor, ist auch McLaren brennend interessiert, erklärt auch Ferrari: „Wir gehen nach Indy, weil der US-Markt für uns der allerwichtigste ist" — aber nicht unter Aufgabe oder Umwandlung des Formel-1-Teams.*

*Lauda weiß, was es heißt, auf Ferrari um die WM zu kämpfen. „Die Italiener sind so emotionell, daß, wenn etwas schiefgeht, immer gleich die Spaghetti fliegen — aber Michele ist eher das Gegenteil: völlig unitalienisch ruhig, überlegt, weiß immer genau, was er tut — damit kann er den Druck aushalten."*

*Seine Philosophie: „Als Rennfahrer mußt du während deiner ganzen Karriere dazulernen. Und ich hör erst an dem Tag zu lernen auf, wenn*

**Rennfahrer sehen dich an: Oben Lauda, Mitte Laffite, unten Johansson.**

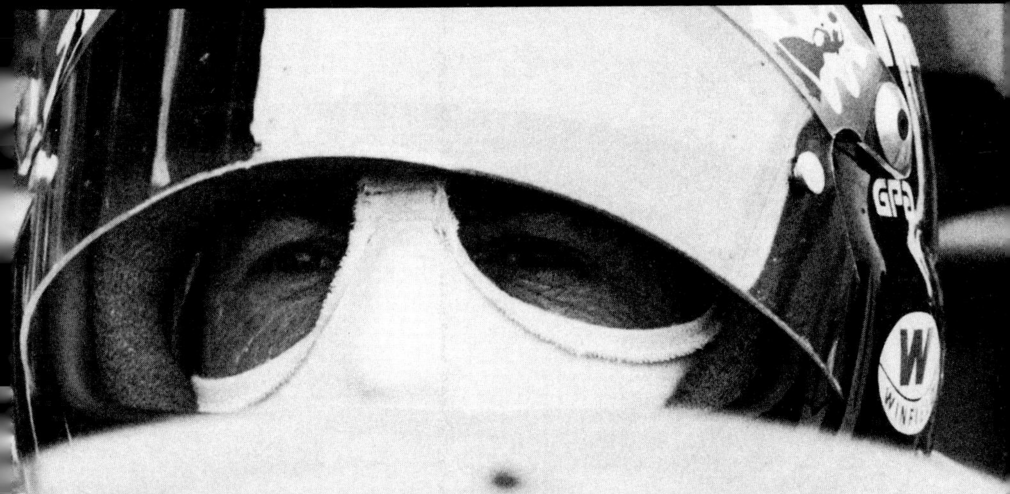

**Funkenschauer bei Brabham-BMW, aber mit viel Hirn gewann Nelson Piquet in Le Castellet.**

Im Herbst waren die Williams-Honda am stärksten: Rosberg (links) und Mansell beim Stallduell von Spa.

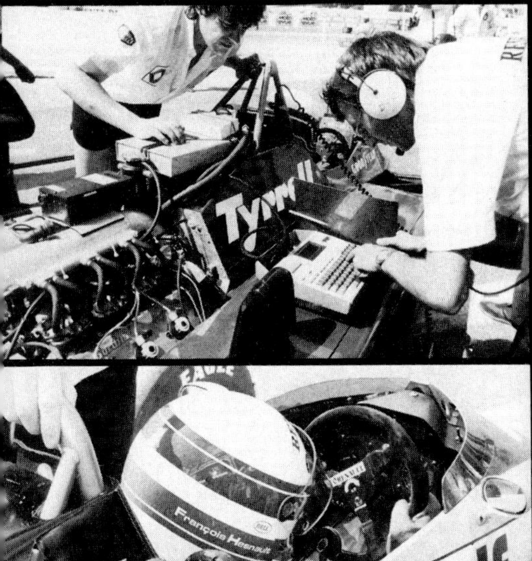


**McLaren war selten untermotorisiert (oben). Links: Tyrrells Turbozeitalter beginnt, Hesnault als rasender TV-Kameramann, Fieberkurven der Formel-1-Technik. Rechts: Renault geht — der Motor bleibt.**

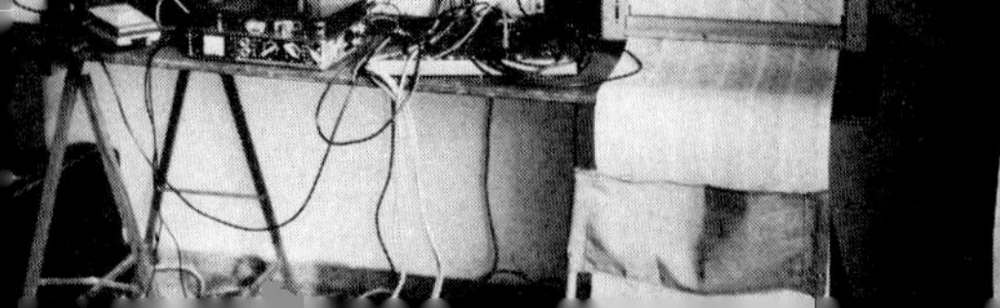

**Hoppla, Gegenverkehr: de Cesaris (22), zorniger Warwick, ein loses Renault-Vorderrad.**

**In und out 1985: Arnoux ging bei Ferrari baden (oben), de Cesaris von Ligier aufs Eis gelegt (Mitte), Warwick und Tambay neben gepackten Renault-Kisten (unten). Rechts: Stefan Johansson, der Aufsteiger des Jahres.**

Alte Bekannte, neue Geschichten: Oben links Laffite mit Double. Mitte Teo Fabi mit überraschender Pole-position am Nürburgring, rechts Carlo Chiti mit neuem Motor. Unten: Alan Jones' Comeback mit dem Beatrice-Lola-Hart.

Neue Gesichter im Formel-1-Zirkus: Martini, Danner und Streiff (oben), Erich Zakowski mit Dr. Palmer (unten). Zakspeed goes West.

*ich den Helm abnehme." Er könne sich, sagt Michele, „durchaus vorstellen, daß ich meine Formel-1-Laufbahn einmal dort abschließe, wo ich sie begonnen habe — bei Tyrrell". Wäre für ihn ein Traum, sagt Tyrrell dazu.*

*Viele fürchten: Wenn Alboreto in seinem zweiten Ferrari-Jahr ohne WM-Titel heimkommt, sieht er bangen Zeiten entgegen. „Ein exzellenter Fahrer, maximal schnell — aber nicht der einzige", formuliert Piccinini mit lauerndem Grinsen.*

*Einmal flüstert er mir: „Drei Jahre ist das Maximum, was du als Ferrari-Fahrer aushalten kannst!" Ob wegen der Ferrari-Politik oder wegen des Drucks von außen, sagt er nicht. „Darum bleib ich 1986 bei Ferrari: Das wird mein drittes Jahr. Obwohl ich Angebote von drei Spitzenteams hab, bleib ich in Maranello."*

*Die Azzurri vergöttern ihn längst, wollen um jeden Preis Alboreto als ersten italienischen Weltmeister seit Alberto Ascari 1952/53 feiern. Ein Erwartungsdruck, gepaart mit Ferrari-Chaos und WM-Streß, der viele andere Piloten kaputtgemacht hätte — nicht Alboreto, den „unitalienischen" Fahrer mit Herz, Hirn und Durchschlagskraft.*

*Alboreto bleibt auch im Ferrari-Dschungel ehrlich und aufrichtig wie eh und je, ist immer gesprächs- und auskunftsbereit, lügt nie.*

*In Italien ist Alboreto Nationalheiligtum. Jeder seiner wöchentlichen Besuche im Elternhaus ist ein Spießrutenlaufen zwischen Fans.*

*Wie beurteilst du die Konkurrenz? frag ich ihn.*

*Michele: „Prost und Rosberg sind heuer sicher die schärfsten Gegner."*

*Und Niki Lauda?*

*Michele: „Der muß auch wieder einmal gewinnen, ich mag Niki gern: ein netter Kerl, ein guter Freund."*

*Und wie siehst du den Materialkrieg?*

*Michele: „Lotus baut das beste Chassis, aber zum Glück nicht den besten Motor. Über den verfügen Williams mit Honda, Brabham mit BMW — einen kleinen Schritt dahinter kommen Ferrari und Porsche."*

*Worin siehst du den Vorteil für Ferrari?*

*Michele: „Unser Plus ist das gute Handling in den schnellen Kurven. Natürlich sind die Hochgeschwindigkeitsstrecken wahnsinnig schnell, ist alles zu schnell in der Formel 1 — aber wir können ja nicht nur in Monte Carlo oder Detroit fahren."*

*„Für den Fall, daß Alboreto weggeht", verrät Enzo Ferrari im Sommer ein Geheimnis, „hab ich mit zwei Fahrern für 1986 bzw. 1987 Vorverträge abgeschlossen." Raten wir: Einer könnte Rosberg sein, einer Senna. Als der junge Brasilianer darauf angesprochen wird: „Stimmt es, daß du eine Option für Ferrari unterschrieben hast?" wird er blaß im Gesicht. Soll doch alles ein Geheimnis bleiben. Doch er dementiert: „Unsinn, stimmt nicht, ich bin selber davon überrascht."*
*Ferrari produziert pro Jahr 3000 Autos. Der diesjährige große Hit war der GTO, von dem nur 200 Stück erzeugt wurden. Alboreto bekam im April einen der ersten, feuerrot natürlich und mit jetzt 3000 Kilometer auf dem Tacho; auch Lauda und Cheever wurden GTO-Fahrer. Johansson nicht: „Als er zu Ferrari kam, war die Liste schon zu." Und die anderen 197? „Ich muß sagen, ich kenn sie nicht. Weil sie geheim bleiben müssen wie ein Schweizer Bankkonto", windet sich Piccinini, aber auch, wenn er über die Fahrer redet.*
*Überraschende Rochade: „Es gibt keine Verträge zwischen Ferrari und seinen Piloten: macht alles der Zigarettensponsor."*
*Im Ferrari-Italienisch: „Mit unseren Piloten haben wir keine Verträge, sondern Collaboration — und mit unseren Sponsoren keine Collaboration, sondern ewig lange Freundschaft."*
*Auszug aus Alboretos Terminkalender, September, zwischen zwei Rennen: PR-Aktion für Fiat in Spanien — Goodyear-Reifentest in Luxemburg — zwei Tage testen in Fiorano — 80-Jahr-Feier des ACI in Modena. „Du siehst: very busy — keine Zeit für Ferien."*
*Sein größtes Hobby heißt aber „Fritz": Ein Superboot, 36 Fuß lang, mit zwei großen 400-PS-Mercury-Motoren. Prost käme gar nicht auf die Idee, sein Motorboot zu taufen („Namen? Es hat keinen Namen"), Alboreto findet „Fritz" für sein schnelles, offenes Abate-Boot durchaus angepaßt: „Ich mag die Deutschen." Mit seinem schnellen, offenen Abate fährt er gern raus ins Meer, zum Schwimmen, oder nach Saint-Tropez zum Abendessen.*
*Michele ist nie untermotorisiert. In der Garage steht außer dem GTO-Ferrari auch ein AMG-Mercedes. Jetzt wartet er sehnsüchtig auf den neuesten AMG, den 300er mit V-8-Motor, Vierventiler, 5,6 Liter, 400 PS und 300 km/h — direkt vom Frankfurter Salon gekauft.*
*Bis Anfang August ist die WM noch offen, aber in den nächsten drei,*

*vier Rennen verliert Alboreto durch zwei Motorplatzer alles. „Für mich", gesteht er mir später, „ist die WM schon vor Monza verloren."*
*Alboreto gegen Prost wird in der entscheidenden WM-Phase ein „Geisterduell" wie Boris Becker gegen John McEnroe in Flushing Meadow: Das Duell, das nie stattfand.*
*Und privat? Wöchentliche Telefongespräche wie 1984 zwischen Prost und Lauda bleiben klarerweise aus. „Ich hab seine Telefonnummer nicht", sagt Alboreto. Und dann gesteht mir Michele: „Als WM-Leader hab ich wahnsinnig schlecht geschlafen, immer von vergangenen Rennen geträumt, viele, viele Male." Und später? „Da schlaf ich gut . . . aber gewinn nichts mehr."*
*„Ferrari in der Krise!" tobt ganz Italien. „Wer ist schuld daran?" schwingt „Autosprint" bereits die Geißel. Die Umfrage ergibt: Nur einer gibt dem Motor die Schuld (klar: die Ferrari-Religion), alle anderen Experten antworten: Chassis und Aerodynamik. Auffällig, daß die Ferrari-Krise begonnen hat, als der Formel-1-Zirkus auf die schnellen Kurse gezogen ist — weil man in Fiorano keine ausreichenden Höchstgeschwindigkeiten testen kann? Piccinini: „Wir schaffen in Fiorano 300 km/h, zwar nur ganz kurz, aber wir verstecken uns nicht zu Hause — keiner ist in Le Castellet fleißiger als wir!"*
*Ferrari-Abendessen in einem Country Club. Atmosphäre wie immer: warmherzig und freundlich. Piccinini — mir gegenüber — persifliert eine Pressekonferenz. „Signori, wer hat noch Fragen?"*
*„Ich", brüllt Alboreto los, „sagt mir endlich, wer schuld ist: Die Fahrer oder das Auto?"*
*„Beide zusammen", erwidert Piccinini. Schallendes Gelächter.*
*Alboreto zeigt nochmals auf. Bitte, sagt Piccinini, „nochmals der Signor von der Tribuna Maranello".*
*Michele fragt: „Ist im Team wirklich alles in Ordnung?" Piccinini nickt. Worauf Alboreto die Faust ballt, halb öffnet und mit den typisch italienischen Handbewegungen fragt: „Quando vince? Dann möcht ich wissen, wann ihr endlich wieder gewinnt!"*
*Diesmal donnert Applaus. „Und jetzt bitte alles nochmals auf Englisch", schlägt Marlboro-Dame Agnes vor, „weil Johansson nicht italienisch kann."*
*„Besser so", entscheidet Piccinini, „wenn Johansson nichts versteht."*

## SILVERSTONE: DIE RAKETENMENSCHEN

Turbo-Pionier Renault hat 1977 in Silverstone in der Formel 1 debütiert. Anno 1985 zeichnet sich bereits das Ende der französischen „Staatsrakete" ab: Rückzug aus dem Grand-Prix-Zirkus.

*Unter Gerard Toth geht Renault neue Wege. Nicht bessere, nur andere: keine endlosen Windkanalversuche mehr, sondern nur noch praktische Tests mit Telemetrie. Jean-Pierre Jaussaud, der alte Haudegen, fährt sie regelmäßig auf drei französischen Flugplätzen.*

*Woher die vielen Renault-Getriebeschäden? „Weil wir, im Gegensatz zu Ferrari und McLaren, vor dem Rennen nie das Getriebe auswechseln", ärgert sich Tambay.*

*Im Sommer lächelt sein Filmstargesicht in ganz Frankreich: „Sur la Route — roulez relax". Entspannt fahren, und dazu der gelbe Renault. „Diese Plakataktion mach ich gratis". Patrick wirbt ohne einen Centime Gage, „und wir bereiten noch andere Aktionen vor". Alain Prost hat das mit dem französischen Verkehrsministerium „schon vor längerer Zeit auch versucht. Aber was herauskam, war so armselig, daß ich's wieder aufgab."*

*Lauda singt Tambay wenig Lobeshymnen: „Schon wahnsinnig lang in der Formel 1, von McLaren bis Ferrari und Renault fast alles gefahren, rund 100 Starts und bisher nur zwei Rennen gewonnen — das sagt eigentlich alles."*

*Er raucht nicht, trinkt nicht, hat unter den Macho-Typen der Formel 1 fast das Image eines „Softies" — gegen das er sich aber heftigst wehrt: „Ich hab 1982 auf dem Hockenheimring gewonnen, einen Tag nach Pironis fürchterlichem Unfall — und ich hab 1983 in Imola selber am Start geweint, als mir die Villeneuve-Fans Transparente, Helm und Startnummer von Giles entgegenhielten. Aber ich hab das Rennen — für meinen besten Freund — gewonnen!" Irgendwann heuer hatte Patrick Gelegenheit, den alten Ferrari T4 von Villeneuve zu fahren. „Er hat schrecklich übersteuert. Man merkt sofort, wer ihn abgestimmt hat . . ."*

*Seine Skikarriere kennt jeder, seine Rallyelaufbahn niemand: „Schon 1973 bin ich mit einem R12 die Rallye Monte Carlo mitgefahren. Vor der letzten Nacht war ich ex aequo mit Ragnotti im gleichen Auto —*

*dann wurde ich 20." Auch für diesen Winter ist ein Rallye-Abstecher fix eingeplant: wieder die „Monte Carlo", mit einem Citroen-Visa — „wenn nicht die Goodyear-Tests in Rio dazwischenkommen". Sein Traum: „Einmal die Monte-Carlo-Rallye und Paris-Dakar mit dem gleichen Auto bestreiten — und dann vergleichen."*
*So tröstet er sich, denn auch für Tambay ist die Renault-Situation „dramatisch und traurig. 1984 hatte ich einen Drei-Jahres-Vertrag mit Beatrice in der Tasche. Hätte ich Niki bei Renault Platz machen müssen — ich wär längst bei Beatrice." Keine Sorge, Patrick: Nur ein Jahr Verspätung.*
*Jean Sage dagegen hat Angebote „von zwei Teams und sogar eins von Ecclestones FOCA. Aber ich bleib bei Renault, bis alle Teammitglieder versorgt sind." Die Mechaniker bleiben — weg will keiner.*
*Am schwierigsten hat es Warwick. Dafür hat er als English speaking Bastion den Konstrukteur John Gentry (früher Toleman, damals Alfa, jetzt Brabham) zu Renault geholt — was auch nicht viel hilft. „Das Auto ist sicherer als 1984, aber nicht schneller. Die Organisation ist schwerfällig — sowohl im Rennteam als auch in der Firmenleitung. Da bewegt sich nichts." In diesem Jahr, sagt Warwick, „werde ich um fünf Jahre älter".*
*Er ist sogar von England weggezogen und hat auf der Kanalinsel Jersey ein Haus gekauft — „aber nicht, um Steuer zu sparen, sondern damit ich mich besser auf meinen Rennfahrerjob konzentrieren kann. In England hätte ich mich doch immer ums Familienbusiness gekümmert."*
*Lauda hält Warwick „für einen wahnsinnigen Kämpfer, unheimlich schwierig zu überholen. Da packt er alle Tricks aus, ohne aber direkt unfair zu sein. Im Moment noch zweite Wahl, muß sich noch organisieren, um das richtige Auto zu kriegen — dann kann er beweisen, was er kann." Aber wo?*
Die Revolution frißt, wie so oft, ihre Kinder. Jetzt, da der Zirkus auf die Vollgasstrecken gekommen ist, fallen die Renault zurück. WM-Leader Alboreto bestätigt in Silverstone: „Die stärksten Motoren sind Honda und BMW, mit Ferrari knapp dahinter. Das beste Chassis baut Lotus." Die PS galoppieren davon, Balestre schlägt längst Alarm: „Wir müssen den Hubraum vorzeitig auf 1,2 Liter verkleinern" —

was in den großen Rennställen ein Erdbeben auslösen würde. Ecclestone holt seinen langjährigen FOCA-Anwalt Max Mosley nach Silverstone: „Komm dringend her, mit Balestre verhandeln." Renault ist für eine Ladedruckbegrenzung — als einziges Team.

*Turbo-Fahren muß ähnlich sein, wie der erste Deutsche im Weltall, Ulf Merbold, den Raketenstart beschrieben hat: „Ein leises Vibrieren geht durch Steißbein und Rückenmark. Du glaubst, einen Augenblick zu schweben, und dann rammt dich ein Lastwagen von hinten."*

*Sogar John Barnard gibt zu: „Die heutige Formel 1 macht mir Angst. Du mußt verrückt sein, dich da reinzusetzen. So ein erschreckendes Leistungsgewicht — im Qualifying fast 2:1! Unmöglich, sich die Sensation auch nur halbwegs vorzustellen."*

*Ab Mai schaudert Rosberg: „Ford wird fantastisch! Ein Turbo zum Fürchten!"*

*Aber wieviel PS? Ihre Motorleistungen halten die Formel-1-Bosse geheim wie Generäle ihre Aufmarschpläne. Aber ein Mann hält ihnen immer wieder den Spiegel vors Gesicht: Ing. Enrico Benzing, italienischer Fachjournalist und Motorenexperte, der seinen Heimcomputer mit allen verfügbaren Daten füttert.*

*„Ing. Benzing macht das sehr sorgfältig und gibt sich unheimliche Mühe" sagt Ing. Mezger, von Ing. Benzing eingeweiht. „Seine Berechnungen basieren auf Endgeschwindigkeit und Rundenzeit, meist im letzten Aufwärmtraining — aber das hängt ab vom Luftwiderstand der Fahrzeuge, und darüber hat Benzing keine Angaben: Welches Auto ist aerodynamisch besser? Welches schlechter? Ob die Benzing-Werte absolut stimmen, ist also schwer zu sagen — und weil es auch keinen Motorenprüfstand gibt, der aufs PS genau messen kann."*

Mezgers Rechnung: „Wer den Spritverbrauch um fünf Prozent verbessert, kann auch mit fünf Prozent mehr Leistung fahren." Hat Porsche gemacht — die anderen aber offenbar noch etwas mehr.

Über den Honda-Motor, argwöhnt Ing. Mezger, „haben die Japaner nie etwas rausgerückt. Aber jetzt höre ich: Er hat die gleichen Maße wie unser Triebwerk: 82 mm Bohrung, 47,3 mm Hub." Und mag Frank Williams auch die Motor-Modifikationen lässig herunterspielen — für Mezger „deuten die Änderungen von Hub und Bohrung darauf hin, daß Größeres am Motor gemacht wurde."

*In den Silverstone-Boxen treff ich den Mann, der Jochen Rindt bezahlt hat: John Cooper, Erfinder des Heckmotorrennwagens, schon leicht graumeliert, fassungslos, wie teuer die Formel 1 geworden ist: „1965 betrug mein ganzes Jahresbudget 50.000 Pfund — 2000 davon hab ich Rindt gezahlt. Heute haben die großen Teams 20 Millionen Pfund!“ Weil die Motoren soviel Geld fressen.*

Und dann entfesseln die Turbo-Giganten auf dem ehemaligen Flughafenhorst Silverstone eine unheimliche Rekordjagd. „Auf dieser Strecke“, sträubt sich sogar Altmeister Stirling Moss, gewiß kein Feigling, „möchte ich in keinem der heutigen Formel-1-Autos sitzen.“ Und sogar Ayrton Senna sagt mir im Fernsehinterview: „Vor manchen Kurven hämmert mir richtig das Herz. Aber wenn du optimal durchgekommen bist und die Kurve hinter dir hast — ein unbeschreibliches Gefühl.“

In den schnellen Fliehkraftkurven (die langsamste: 180 km/h) rotieren die Boliden an unsichtbaren Seilen. Manche beklagen Sehstörungen. Manfred Winkelhock weiß: „Mit einem schlechten Auto spürst die Geschwindigkeit mehr als mit einem guten.“ Alain Prost lächelt: „Ich mag Silverstone, ich haß nur die grauslichen englischen Sandwiches.“ Dennoch kämpft er mit der Orientierung: „Hier ist alles so flach, so breit, daß du Mühe hast, die richtige Linie zu finden.“ Zu gefährlich? „Ob 250 oder 340 km/h, ist auch schon egal. Bei diesen Geschwindigkeiten ist nichts mehr sicher . . .“

Keke Rosberg nickt: „Wennst so lang in der Formel 1 bist, spürst zwischen 300 und 340 km/h keinen Unterschied.“

Sehr bald feiert ihn die Fleet-Street-Presse als „the rocket man“: die Wiedergeburt des Raketenmenschen. Regen, Nebel können ihn nicht entmutigen. Rosberg erwischt immer den idealen Zeitpunkt für eine Superrunde, bevor der nächste Regenschauer kommt. Freitag 1:06,107 = 256,961 km/h, die er im Abschlußtraining weiter drückt: als einziger unter 1:06, als es schon zu tröpfeln anfängt, bevor der Regen kommt — und in der letzten Runde noch 1:05,591, die wie der Blitz einschlagen.

„Der Kerl spinnt ja!“ sagt Lauda kopfschüttelnd, aber bewundernd, als Keke knapp vor Trainingsschluß, unter schwarzen Regenwolken, nochmals auf die Strecke geht: „Unnötig — aber super.“ Rosberg fährt

also nicht einmal, sondern dreimal Pole-position. Und mit 257,75 km/h absoluten Trainingsweltrekord: Chris Amon hat 1971 in Monza (vor dem Bau der drei Schikanen) 251,2 km/h erzielt, Nelson Piquet 1984 in Zeltweg 248,2 km/h.
Aber der „fliegende Finne", so tief geflogen wie noch nie, spielt lässig seine Pioniertat runter: „Reiner Zufall, daß es gerade ich in Silverstone bin. Warte auf Zeltweg."
Langsam wirst du der große WM-Geheimfavorit, sag ich zu Keke, und er hüstelt: „Davon hab ich noch nichts gehört."
Die Frage nach dem Limit drängt sich auf. 258 km/h Schnitt, nicht Spitze: Der „ganz normale Wahnsinn" oder schon drüber? Jackie Stewart erinnert sich: „Als ich in Silverstone die erste 120-Meilen-Runde fuhr — was für ein Geschrei. Und jetzt fährt Rosberg trotz Woodcote-Schikane die erste Runde über 160 Stundenmeilen."
An Rosbergs kanarigelbem Overall, Spiegelbrillen und Flieger-Habitus prallt jede Frage nach dem Limit ab: „In der Formel 1 gibt's keine Grenze, darf es keine Grenze geben. Sonst ist die ganze Entwicklung und technische Herausforderung tot." Vielleicht ist es trotzdem das letzte echte, klassische Silverstone: Ongaro hat schon Umbaupläne in der Tischlade.
Auf Platz zwei stößt Piquet vor, „obwohl ich auf Patrese auflauf." Keine Rachegefühle wegen Monaco: „Irgendeinen erwischt du immer." Prost und Senna lauern in der zweiten Reihe, Lauda auf Platz zehn — weil zuerst Senna den Windschatten abbricht und in die Box abbiegt, dann Surer im Weg ist.
„Aber mit Lauda muß man immer rechnen, solang er McLaren fährt", grübelt Keke — was viel ahnen läßt.
Die Pole-position, sagt mir Rosberg, „ist eine Stunde Freude". Und denkt sich vermutlich: Und wenn's morgen schiefgeht: zwei Wochen Frust. Überhaupt hat er sich längst seine Philosophie zurechtgezimmert: „Der Autorennsport hat Momente der Freude — aber da sind auch 75 Prozent Enttäuschung."
Am Renntag ist der Himmel über Silverstone schwarz: von den Regenwolken, von den Helikoptergeschwadern, mit denen die Prominenz einflattert: von George Harrison bis zu Pink Floyd. Ich seh, wie Ayrton Senna einem Renault-Techniker droht: Wehe, wenn du dich

heute verspekulierst! Senna ist sieghungrig wie nie zuvor — zu lang wartet er schon seit Estoril auf einen neuen Sieg. Spürst du den Neid der anderen? frag ich den Brasilianer, und er nickt: „Ja, den spür ich. Aber neidig sind mir nicht die Superstars — neidig sind mir nur die Mitläufer."

Der Wolkenbruch, prophezeien die Wetterfrösche, wird Silverstone 30 Minuten nach dem Start erreichen. Also wählt der kluge Prost die weichen C-Reifen, bereit für einen Reifenwechsel-Boxenstop nach halber Distanz. Oder eben beim Wolkenbruch.

*Lauda verpatzt den Start, entfesselt aber vom 19. Platz eine wilde Aufholjagd, ist in der 22. Runde schon Dritter hinter Senna und Prost, 50 Sekunden vor Alboreto, denkt dann jedoch an den Spritverbrauch, dreht den Ladedruck zurück und rollt einem sicheren dritten Platz entgegen, „bis plötzlich im Cockpit die grüne Lampe aufleuchtet. Und dann bin ich schon gestanden." Zum erstenmal flucht Niki: „Jetzt reicht's mir aber." Sieht ganz nach Lichtmaschinendefekt aus — denn als Ing. Hahn abends den Motor startet, springt er sofort an. „Aber ohne Strom läuft halt nichts . . ."*

Auch beide Williams sind ausgeschieden: der tapfere Krieger Mansell mit Kupplungs-, „the rocket man" Rosberg mit Motorschaden. Wie Keke sagt: Eine Stunde Freude für die Pole-position, 75 Prozent Frust. Heute vielleicht 99.

Damit bleiben zwei Mann in der Silverstone-Arena allein zurück: Senna und Prost. Die Entdeckung des Jahres und der logische Weltmeister. Neuauflage ihres Superduells von Imola.

Was Prost rettet, ist ein leichter Regenschauer bei Halbzeit, der die Reifen kühlt und Alain den Boxenstop erspart — denn der Wolkenbruch bleibt aus.

Was Senna den Sieg kostet, ist ein komisches Motorproblem.

Jedenfalls wundert sich Prost: „Sobald ich den Ladedruck hochdreh, um Senna zu überholen, fährt der Lotus genauso schnell. Ich frag mich schon langsam, wieviel Benzin Senna hat, weil ich ja an meiner Tankanzeige ablesen kann: Du fährst am Limit."

Noch 15 Runden. Senna führt immer noch, aber sein Motor fängt an zu stottern. „Komisch, auf der Rückseite des Kurses läuft er lupenrein, aber in Richtung Woodcote setzt er aus." Prost überholt Senna, der junge Löwe kontert, muß aber die Krallen einziehen und rollt neben der Boxenmauer aus.

Kein Sprit mehr, weil Ayrton wie in Imola zu lang voll gefahren ist? Peter Warr erteilt ihm Freispruch: „Die Elektronik spielte verrückt" — was ihm viele nicht abkaufen: Du würdest Senna immer verteidigen.

*Nicht nötig. Sämtliche Renault-Autos haben seit Detroit einen mitfahrenden Detektiv: ein Computer-Hirn im Auto, das während des ganzen Trainings und Rennens Ladedruck und Drehzahl speichert — jede Runde ist abrufbar. Der „große Bruder" sieht und hört alles. Die Zauberschachtel hat zum Beispiel Jacques Laffite als Motorkiller von Le Castellet entlarvt — weil der Ligier-Pilot den Ladedruck solang hochpeitschte, bis der Motor zerplatzte.*

*In Silverstone spricht der Renault-Hausdetektiv Senna von jedem Benzinfresser-Verdacht frei: Im Einlaß-Drallapparat hatten sich die Schaufeln verstellt, weshalb die rechte Zylinderseite 35 Prozent fetteres Gemisch bekam — fünf Runden vor Schluß war aller Sprit verbrannt.*

Oder schon sechs Runden? Rennleiter Peter Cooper leistet sich einen unglaublichen Skandal, weil er das Rennen um eine Runde zu früh abwinkt: statt nach 66 bereits nach 65 Runden. Ich sag das sofort ins Mikrofon.

Menschliches Versagen wirbelt die WM-Punkteränge durcheinander, und die Betrogenen schimpfen: „Warum habt ihr mir falsche Runden angezeigt?" tobt Piquet und muß hören: „Nicht wir haben uns geirrt, sondern die Rennleitung." Laffite bleibt ohne Sprit liegen — und wird Dritter. Warwick rollt mit den letzten Tropfen über die Ziellinie — aber da ist die karierte Flagge schon heraußen.

Die Betrogenen sind die BMW-Piloten: Piquet statt Dritter nur Vierter, Surer statt Vierter nur Sechster, und Berger statt Fünfter oder Sechster nur Achter. Denn Gerhard hat seinen Spritverbrauch genau getimt, „vom Tempo der anderen auf der Geraden gewußt: Da geht ein paar der Sprit aus, mich sogar von Brundle überholen lassen, weil ich weiß: Der Tyrrell hat am Lenkrad einen Spezialhebel für den ganz gewaltigen Ladedruck. So eine Schweinerei! Von 66 Runden auf null runterzählen, müßte man doch verlangen können."

*Perverse Formel 1: Wenn ein Fahrer zum Sonntag-Briefing um zwei*

*Minuten zu spät kommt, wird er zu 5000 Dollar Strafe verdonnert. Aber wenn sich Mr. Cooper im Millionengeschäft Grand Prix um eine Runde irrt, das ganze Ergebnis verfälscht: bad luck, sorry, boys.*

Prost triumphiert eine Runde und 20 Sekunden vor Alboreto: „Kein leichtes Rennen, aber auch nicht mein schwerstes." Der Ferrari, das ganze Wochenende problemgeplagt, hat „vom ganzen Rennen nichts gesehen. Ich war ja viel zu weit zurück. Wo ist Niki?" fragt er mich.

Hartnäckig hält sich das Gerücht, Ferrari habe in Silverstone den Computer falsch programmiert. Alboreto weiß es besser: „Das Wastegate (Ladedruckbegrenzer) ist innen gebrochen."

Das WM-Duell Alboreto — Prost steht 37:35, und Prost sagt zum erstenmal: „Auf den WM-Titel hab ich jetzt viel Zuversicht."

Er brüllt die RAC-Keiler an, die ihn wie einen Erdäpfelsack ins Auto schubsen, vom Pressezelt zum Fernsehen, vom Fernsehen zum Radio etc. chauffieren wollen, und sagt: „Ich gib Interviews, wann und wo ich will." Dann fährt er vergnügt — mit Laffite am Sozius — per Motorrad durchs Fahrerlager.

Der Ron-Dennis-Anruf bei Lauda in Ibiza ist eine Frechheit: „Schade, Niki, daß du ausgefallen bist — als Zweiter hättests du Alboreto zwei wichtige WM-Punkte weggenommen, und McLaren wäre im Konstrukteurbewerb bereits in Führung." Niki muß tief schlucken.

In Italien sagt Alboreto: „Ich flieg nach Sardinien, ich brauch Ferien — Ferrari hat ohnehin genug Fahrer zum Testen." Prächtig erholt kommt Michele in die Eifel zurück, wo er mir prophezeit: „Diese Saison ist so heiß umkämpft, daß Punktesammeln heuer wenig nützt. Wer mehr Siege hat, ist im November Weltmeister. Darauf bau ich meine Taktik auf. Zu gewinnen — die einzige Lösung."

## NÜRBURGRING: ERDBEEREN BEI KM 9,6

*Langweiliger, stinkfader neuer Nürburgring, hört man teilweise schon wieder Kritik aufflammen. Ecclestone will 1986 zurück ins Hockenheim-Motodrom mit seinen steil aufragenden Tribünen und der Fußballstadion-Atmosphäre. Ist „Sicherheit bis ins Jahr 2000" nicht mehr gefragt?*

*Ich erlebe am Eifel-Rennwochenende das totale Gegenteil: superspannend, faszinierend: eine Runde mit Niki Lauda auf dem alten, 22,9 Kilometer langen, klassischen Nürburgring. „Genau neun Jahre nach meinem Grillfest", grinst Niki sarkastisch.*
*„Der alte Nürburgring heute: Das ist wie der Zweite Weltkrieg. Schau her: Da fliegst in den Himmel . . . hier köpfelst du den Wald hinunter . . . da würden die Autos heute glatt in der Mitte auseinanderbrechen!" Niki jagt den Mercedes durch die rund 190 Kurven, läßt die Reifen quietschen. Und ich laß mein Tonband mitlaufen.*
*HATZENBACH — die schnellen Bergab-Schlängelkurven nach der Gegengeraden, wo der Formel-1-Troß, hinter den Boxen, immer am Gitter hing: „Hier müßte man schon voll hinunternageln, damit man überhaupt eine Zeit herausfährt. Du merkst schon in diesem Auto, wie uneben es ist. Du bist also voll am Limit hier, weil du immer voll rausbeschleunigen mußt — nach jeder Kurve geht's ein Stück schnurgerade. Allein hier bremsen: Da würdest mit einem Formel 1 aufschlagen ohne Ende. Von Leitschienen und Sicherheit brauchen wir gar nicht zu reden. Nur: Wennst hier rausfliegst, bist sicher mausetot. Aber du mußt mit Vollgas hinunterbeschleunigen, weil du bergauf Zeit gutmachen mußt!"*
*FLUGPLATZ — wo sich 1970 Manfred Winkelhock mit dem Formel 2 so spektakulär überschlagen hat: „Stell dir vor, du kommst hierher mit 300 km/h — dann steigst auf wie eine Rakete. Paß auf: wie auf der Hochschaubahn. Abheben und übers Häusl drüber."*
*SCHWEDENKREUZ — der gleiche Schreck: „Du kommst sicher mit über 300 km/h da herunter, leicht bergab. Schau, wo es dann dahingeht. Dreimal Bodenwellen, da schlagst auf, daß das Auto auseinanderbricht. Achtung: Hier kommst du mit gut 340 km/h an und mußt dann hereinlenken. Auslaufzonen? Wo bitte? Das ist ja nix."*
*FUCHSRÖHRE — wo in der Pionierzeit ausgefallene Rennfahrer noch hinter den Hecken lauerten: „Hier mußt du um jeden Preis voll hereinkommen, brauchst unbedingt Speed — du mußt ja überall Zeit gutmachen. Jetzt kommst also runter, wieder mit gut 300 km/h. Früher schon konnte man den Fuß nicht vom Gas nehmen, hier herunten in der Senke, die Schwerkraft drückt dir den Fuß aufs Pedal. Paß auf, wie das Auto jetzt zusammenknickt, und stell dir vor, du machst das mit einem Formel 1 — dann bricht er sofort auseinander."*

*ADENAUER FORST — die nächste klassische Passage: „Relativ normal, weil es relativ langsam ist." Pausenlos das gleiche Spiel: bremsen — beschleunigen. Eine „irrsinnig schnelle Kurve" im 4. Gang. Wieder bremsen, wieder schnurgerade.*
*KALLENHART — und Niki ist alarmiert: „Bergabpassage. Da beschleunigst wieder auf über 250 km/h auf dem kurzen Stückl. Schau her, diese Senke: Du hüpfst drüber — dann kommt der nächste Hupfer — und jetzt diese lange Rechtskurve". Wie es zugeht, schon allein in diesem Auto, kann sich keiner vorstellen.*
*WEHRSEIFEN — nächster kritischer Punkt: „Wenn da in einem Formel 1 die Bremse versagt: Weißt, wo du dann bist? In der Hölle oder im Fegefeuer, je nach Benehmen."*
*BERGWERK — der historische Streckenkilometer 9,6. „Der Linksknick ging schon damals voll: sicher über 200 km/h. So, und jetzt üben wir das gleich nocheinmal . . ." Mit sarkastischem Grinsen reißt Lauda am Lenkrad. „Keine Leitplanken, kein Netz war damals — nichts. Und da bin ich schon 1973 mit dem BRM rausgeschossen, ohne zu lenken oder zu bremsen wie vom Geist gelenkt um dieses Streckenpostenhäusl herum — aber damals stand die Hütte noch herinnen. Es ist ein Wahnsinn, bitte."*
*DAS KARUSSELL — an dem so viele Erinnerungen der Superstars hängen. „Aber heute würde das Karussell jeden Formel-1-Wagen killen. Das ganze Feld müßten sie hier einmal durchjagen, bloß einmal: Dann brechen die Autos in der Mitte auseinander, da kommt kein einziger heil heraus. Und dann, schwör ich dir, schreit keiner mehr nach dem alten Nürburgring." Fast glaubt man, sogar der Mercedes könnte auseinanderbrechen. „Du mußt hier aber schnell durch — weil das alles wieder gewonnene Zeit ist."*
*HOHE ACHT — sehr grün, sehr viel Wald. „Vom Waldsterben kann man hier sicher nix reden, bei den vielen Bäumen da — nur ist überhaupt keine Sicherheit da. Nur zwei Leitschienen: Was glaubst, wie du da in den Wald hinunterköpfelst?"*
*PFLANZGARTEN — wo 1958 Peter Collins starb: „Diese Kurve war immer irrsinnig wichtig, weil du den vollen Speed mitnehmen mußtest. Ein Sprunghügel — von außen anfahren und dann schnurgrad runter — zack und in die Luft. Du mußt nur unbedingt den letz-*

*ten Schlenker nach rechts erwischen, weil's dann nach rechts rausgeht. Wichtig, weil dann die Gerade kommt: Jede 100 U/min, die du schneller rauskommst, bringen dir Zeit."*

*Dann ist, wie ein gerissener Film, der Zehn-Minuten-Wahnsinn zu Ende. 22,9 Kilometer, 190 Kurven. Niki Lauda fuhr den „alten Nürburgring" 1976 im Training in 6,58 — der Formel-1-Rekord, den keiner mehr gebrochen hat und keiner mehr brechen wird. Trotzdem die Frage: Wie schnell wärst du heute mit einem Formel 1? „Keine Ahnung. Vielleicht 50 Sekunden schneller, vielleicht eine Minute."*

*Stefan Bellof fuhr 1983 mit dem Porsche eine Sensationsrunde von 6,13 — womit er sich selber ein Denkmal gesetzt hat.*

*Bergwerk, Streckenkilometer 9,6. „Der Asphalt müßte noch verbrannt sein", sagt Niki später, als wir fotografieren. „Und dort oben, auf der Böschung, stand der Bub, der 1976 als einziger den ganzen Unfall gefilmt hat." Neun Jahre später pflückten wir dort Himbeeren und Walderdbeeren ...*

*Auf dem neuen Nürburgring pflanzt ab 1985 jeder Formel-1-Weltmeister einen Baum. Lauda setzt eine Eiche, Alain Prost — auf Vorschuß — eine kleine Tanne.*

*Zwei Nürburgring-Runden mit Niki Lauda: einmal Rennsportgeschichte und zurück.*

Aber längst bejubeln die Deutschen einen Fahrer, der für sie die Brücke zwischen altem und neuem Nürburgring schlägt — zwischen der „Silberpfeil"-Herrlichkeit und der modernen Turbo-Ära: Stefan Bellof.

*Und endlich reißt auch Tyrrell — Stefan Bellofs Lieblingsausdruck — „seine vereinigten Hüttenwerke nieder", baut neue Werkhallen und rüstet auf für die Zukunft:* Tyrrell goes Turbo.

*In Imola plaudere ich mit Bellof gerade in der Hotelhalle, als Ken Tyrrell strahlend aus der Telefonkabine kommt: „Heute ist mein 61. Geburtstag . . . und heute hat mir Renault den ersten Turbomotor geliefert! Zwei Wochen früher als geplant." Die Einsätze sind vorgezeichnet: Nach dem Premierenrennen fährt Brundle in Silverstone, Bellof auf dem Nürburgring den Turbo-Tyrrell. „Ich mach das wie Arrows 1984 mit BMW: abwechselnd ein Sauger und ein Turbo, bis wir drei Turbowagen fertig haben. Dann führt kein Weg zurück zum Cosworth."*

*Endlich, ein heißes Gesprächsthema. Ken Tyrrell zu Bellof: „Im Juni konnte man mit dir die ganze Zeit nur über Bernhard Langer und das US-Open der Golfspieler reden, im Juli nur über Boris Becker und Wimbledon — jetzt endlich wieder über die Formel 1!"*
*Er ist nicht nur für Lauda oder Ken Tyrrell „das größte Talent, das seit 25 Jahren aus Deutschland gekommen ist". Stefan Bellof, der 1983 bei seinem Eintritt ins Porsche-Werkteam so entwaffnend gelacht hat: „Eines Tages bin ich Formel-1-Weltmeister!"*
*Schon jetzt hat er Rekorde, die ihm keiner je wegnehmen kann, Deutschlands erster Weltmeister auf der Rundstrecke — Langstrecken-Champion 1984. Der einzige, der seine beiden ersten Formel-2-Rennen gewann — Silverstone und Hockenheim 1983. Rekordhalter auf dem alten Nürburgring — mit der unglaublichen 6,13-Runde. Und der letzte Fahrer, der mit einem Saugmotor noch Formel-1-WM-Punkte geholt hat — Vierter in Detroit.*
*Und vor allem: Im Formel-1-Zirkus der Technokraten kann keiner so offen und ansteckend lachen wie er, keiner so lustige Geschichten erzählen. Bellof-Sprüche bleiben im Ohr: Du stehst ja neben der Telefonzelle — wenn einer nicht gleich kapiert. Arschrunzeln im Tyrrell. Oder schad um den Sprit — solang noch kein Turbo da war.*
*Seine Zukunft scheint strahlend offen: Dennis hat mit ihm schon 1984 einen McLaren-Vorvertrag für 1986 abgeschlossen. BMW knüpft bereits heimliche Fäden zu Brabham. Aber da ist, noch viel faszinierender, das größte Geheimnis der Bellof-Karriere: Ferrari! Auf dem langen Flug Zürich — Lissabon hat er es mir anvertraut, in der letzten Reihe der Business-Class verkrümelt, wo keiner lauschen konnte.*
*Also: Schon im Spätwinter wollte Ferrari den Deutschen — statt Johansson — als Nachfolger für Arnoux, „und wenn das nicht klappt, dann eben 1986". Aber größte Geheimhaltung war befohlen. Darum das Codewort, wann immer Bellof oder sein Manager Willi Maurer in Maranello anrief: „Hier spricht Mr. Miller aus Kalifornien." Worauf Piccinini immer blitzschnell sein Büro leerfegte, um ungestört zu telefonieren.*
*Ferrari hatte letztlich Angst, den Tyrrell-Vertrag zu brechen. Also 1986. Aber Indiskretion könnte alles zerstören. „Darum sag kein Wort, bitte." Ich hab mich dran gehalten.*

*Beide Tyrell-Youngster gelten als jung, talentiert und schnell — aber erst, wenn sie Turbo fahren, kann man sich ein gerechtes Bild von ihnen machen. „Mit dem Cosworth-Motor waren beide immer etwa gleich schnell", vergleicht Lauda, „aber das Cosworth-Auto hat nicht nur 200 bis 400 PS weniger, sondern ist auch dementsprechend leichter zu fahren."*
*Saugmotor-Frust nach den ersten Turbotests kennt Bellof nicht. „Du hast ja auch noch einen Teamgefährten, an dem du gemessen wirst." Und wenn Angelika in der Box sitzt, grinst Tyrrell oft: „Sie ist eine Sekunde wert."*
*Beim Tennismatch mit Willi Maurer im Monte Carlo Country Club verknöchelt sich Bellof — ein paar Rennen fährt er mit bandagiertem rechten Fuß. „Ich hab keine Schmerzen: nur nix anmerken lassen!" Trotzdem zeigt ihm Ken Tyrrell die rote Karte für alles — auch Fußball und Schlauchbootregatta in Montreal: „Lies das Kleingedruckte in deinem Vertrag: gefährliche Sportarten sind verboten!" Worauf Stefan immer unschuldig grinst: „Ich bin doch fit wie Oscar!" Von der Langstrecken-WM steht leider nichts im Vertrag ...*
*Die Tyrrells 1985: wieder königsblau, anfangs ohne einen Sponsoraufkleber. Hätte Tyrrell ein halbes Jahr früher seinen Renault-Turbovertrag und sein Programm präsentieren können — „de Longhi" wäre bei Tyrrell geblieben, nicht zu Arrows gewechselt. Jackie Oliver kennt das Problem: „Italienische Sponsoren sind glitschig wie nasse Seife in der Badewanne: nicht zu fassen, unfair, falsch bis zum Vertragsabschluß. Aber dann: zauberhaft nett, super und flexibel. Mit den deutschen Sponsoren ist es genau umgekehrt ..."*
*Tyrrell hält immer noch ohne Sponsor durch, aber „elf" zahlt ihm wenigstens die Renault-Motoren.*
*Über Tyrrell hat Brundle längst seine eigene Philosophie: „No sponsor, no problem." Brundle ist bei Tyrrell mit einem Drei-Jahres-Vertrag festgebunden. Als ihn der italienische Sponsor im Winter zu Arrows umdirigieren wollte, fletschte Ken Tyrrell die Zähne: „Aber gern — wenn ihr Martin mit 500.000 Dollar freikauft."*
*Tyrrell ist überzeugt, „daß wir 1985 noch ein Rennen gewinnen. Wenn nicht, wäre ich sehr enttäuscht. Wir wissen: Der Motor ist dazu imstande, wir glauben an die Fahrer, also liegt es an uns, das richtige*

*Chassis zu bauen.“ Mit drei 7. Plätzen 1985 bleibt Brundle ein armer Hund, von Ken Tyrrell jedoch nicht bedauert: „Keine WM-Punkte zu machen, ist keine Frage von Glück, sondern von schlechtem Management, schlechter Vorbereitung, schlechtem Fahren. Du kriegst immer nur, was du verdienst. Und wenn's bei uns nur der 7. Platz ist, müssen wir künftig besser werden, ganz einfach.“*

Ich treff Bellof bei der traditionellen Playboy-Formel-1-Party in der Frankfurter Flughafendisco „Dorian Gray“. Er ist von den ersten Testfahrten mit dem Tyrrell-Renault begeistert. Und am Nürburgring beginnt endlich auch Bellofs Turbo-Gegenwart. Nicht ohne Handikap: Der Tyrrell-Renault ist mit 595 kg um 55 kg zu schwer. „Das spürst bei jedem Bremsen, bei jedem Beschleunigen.“ Stefans Turbo-Lernstunden sind auf ein Minimum reduziert: Freitag bleibt der Motor stehen, das Auto untersteuert, ist nervös in schnellen Kurven.

Unabsichtlich verpatzt Bellof einem anderen die schnellste Runde — Pech für Lauda, daß er gerade auf den Tyrrell aufläuft: „Ich seh ihn schon lang vorher, bettle und fluche: Bitte, verschwind — aber dann steht er mir genau bei der Einfahrt zur schnellsten Linkskurve im Weg.“ Eine halbe Sekunde beim Teufel — darum ist Lauda Zwölfter.

Samstag ist Bellof lange Phasen Schnellster, dann müssen die Garrett-Turboschnecken gewechselt werden, „als links blauer Rauch rauskommt“. Trotzdem: „Martin war in Silverstone noch 4,7 Sekunden hinter der Bestzeit — ich verlier nur noch 3 Sekunden.“

Obwohl er 0,5 bar weniger Ladedruck hat als die anderen Renault-Piloten: weil Tyrrell als einziges Kundenteam nicht den EF-15-Motor bekommt, sondern den alten EF4, was bedeutet: weniger Leistung, aber höherer Spritverbrauch. In der Renault-Box in der Eifel: Tour-de-France-Held Laurent Fignon und Hinault-Entdecker Cyrille Guimard, arbeitslos, weil Renault den Profirennstall bereits aufgelöst hat. Gerard Toth: „Wir hatten unsere Räder verkauft, danach war kein Grund, weiter zu rennen. Für die Formel 1 suchen wir einen Sponsor.“ Schon allein aus optischen Gründen — bei 21.000 drohenden Entlassungen. Es wird immer trister.

*Laut FISA-Präsident Balestre hat Renault „von 1982 bis 1984 für die Formel 1 genau 100 Millionen Dollar ausgegeben, aber allein heuer 40 Millionen Dollar. Ein Vermögen — kein Erfolg.“*

*Francois Hesnault, wie in Imola als „rasender Kameramann" ins Rennen geschickt, filmt bereits den Renault-Schwanengesang — und Renault-Lotus-Pilot Elio de Angelis spielt ein Requiem für den französischen Sechszylinder: Fürs ZDF-Sportstudio gebeten, auf der Nürburg-Ziellinie auf einem weißen Piano Gershwin zu spielen, verlegt Elio das Recital ins Zelt des Zakspeed-Motodroms. „Weil die Rennstrecke mein Arbeitsplatz, das Klavier aber mein Hobby ist." Und dann verblüfft der Lotus-Pilot mit einer Eigenkomposition ohne Namen.*

*Originell das Rennen der Boxenladies in identischen Ford-Fiestas: Surer-Freundin Franziska gewinnt vor Patricia Boutsen, Jill Palmer, Rita Cheever und de Angelis' Freundin Ute — Letzte wird Nadia Alboreto, der Michele geraten hat: „Paß ja auf!" Und tags darauf, beim Kart-Rennen der Formel-1-Damen, gibt Bellofs Freundin Angelika vor der TV-Livekamera zu: „Ich hab Angst."*

*Sie hat die Feuerkatastrophe in der Porsche-Box beim 1000-Kilometer-Rennen von Hockenheim noch nicht vergessen. „Ein furchtbarer Schock für uns. Stefan hat ja viele der Mechaniker gekannt." Ein Blinklicht, das die nahenden deutschen Katastrophen in der Endurance-WM signalisiert, aber niemand begreift es.*

*Und niemand ahnt, daß man Deutschlands beste Rennfahrer — Bellof und Winkelhock — zum letztenmal gemeinsam im Fernsehstudio sieht.*

Es ist ein naßkaltes, trostloses Wochenende in der Eifel. Für August bitter kalt: nur zwölf Grad. „Für Pirelli um zehn Grad zuwenig".

Um so mehr verblüfft die Pole-position für eine Außenseiter-Kombination: Teo Fabi auf Toleman-Hart ist Trainingsschnellster — eine der Sensationen, von denen der Sport, also auch die Formel 1, lebt. Sicher: Senna hat Benzinpumpendefekt, Piquet nicht die richtige Motorabstimmung, Prost einen kaputten Hauptbremszylinder — aber Fabi erwischt genau das richtige Timing und überrumpelt alle mit seiner frühen Bestzeit — 1,187 vor Johansson! Danach setzt sich Teo, ein kleiner, schüchterner Mann mit traurigen Augen, sein Kappl auf und fiebert vorn an der Boxenmauer bis ans Trainingsende, ob seine Pole-position hält — wie ein Kind unterm Christbaum.

„Bambi" oder „Dropsy", wie sie den kleinen Fabrikerben nennen, als Trainingsbester: „Wie ernst muß man Teo Fabi nehmen?" fragt die Schlagzeile von „L'Equipe". Prost und Laffite lesen amüsiert.

*Teo hat 1983 die ganze Motorsportwelt in Atem gehalten, als er in Indianapolis Trainingsbestzeit fuhr. „Dann kam er zurück in die Formel 1 und hat lang nichts gezeigt", rätselt Lauda. „Daran sieht man, wie einfach Indianapolis sein muß."*
*Der Fabi-Familie gehören Steinbrüche und Schotterwerke nahe der Schweizer Grenze, mit 100 Angestellten und Büro in Mailand. 1984 war ein schwarzes Jahr. Zuerst eröffnet Vater Fabi der Familie: „Ich hab eine Freundin, ich zieh aus." Die Rennfahrerbrüder verhalten sich verschieden: der ältere Teo neutral, der jüngere Corrado hält zur Mutter. Am Estoril-Wochenende 1984 verstirbt der Vater an Herzschlag. Das Familien-Business wird nun aufgeteilt: je ein Drittel für Teo, Corrado und ihre Schwester Cristina. Freunde sehen, wie Corrado als junger Geschäftsmann aufblüht und angeblich „so glücklich ist mit seiner Arbeit, daß er gar nimmer zurück will ... und auch Teo nicht böse wäre, hätte er 1985 kein Formel-1-Auto gefunden". Teo dementiert lächelnd: „Corrado wäre schon lieber Rennfahrer und käme immer noch gern zurück."*
*Die Bretteln schnallt der Ex-Skirennfahrer Teo Fabi an freien Wochenenden immer noch gern an: an freien Wochenenden in St. Moritz oder Bormio. „Aber auf den Skiweltcup bin ich nimmer so heiß."*
Toleman ist gut organisiert, hat genug Benetton-Geld, ist im Training immer gut, im Rennen nie: fast immer steckt der Hund in der Elektrik, ein bißl im Getriebe. Jedoch das Toleman-Chassis ist super: sicher eins der besten in der Formel 1. „Speziell in schnellen Kurven", erklärt mir Fabi, „in engen Kurven fehlt uns ein bißl Traktion." Und statt dem 6-Gang-Getriebe, das in Silverstone k.o. ging, verwendet Toleman wieder fünf Gänge — mehr braucht es am Nürburgring nicht.
Auf dem Nürburgring paßt alles: der Kurs, das Wetter, der Grip, der Motor — und auf der sehr kurzen Zielgeraden können die PS-Giganten ihre Überlegenheit nicht ausspielen. Die heimlichen Messungen verraten alles: Zwar ist Fabi vor den Boxen um 10 km/h langsamer als der Alboreto-Ferrari, durcheilt aber die schnelle Schikane um 8 km/h schneller als die Angelis im Lotus-Renault, von dem man glaubt: das bestliegende Auto.
„Dabei ist das noch unser normaler Motor", strahlt Fabi, „der Supermotor kommt erst am Samstag."

*Für sein relativ bescheidenes Budget (1,5 Millionen Pfund = etwa 40 Millionen Schilling) tut Brian Hart einen guten Job. Toleman braucht die Vierzylinder nur zu leasen — die anderen müssen voll zahlen. Sicher, Hart verbessert seine Motoren. Beispiel Spa: Beim Abbruch-GP im Juni sind die Hart-Autos auf der Geraden um 20 km/h langsamer: Brian Hart krempelt die Ärmel auf, verbessert vieles — und im September, wieder in Spa, sind die Hart-Boliden erneut 20 km/h hinter der Spitze ...*

*Rory Byrne, der Schöpfer des Super-Chassis, rechnet: „Uns fehlen immer 150 PS." Im Training (800 bis 850 PS mit 3,7 bar Ladedruck) genauso wie im Rennen (700 bis 750 PS mit 3,3 bis 3,4 bar).*

*„Und weil die Hart-Elektronik lang nicht so raffiniert ist wie bei den Motorgiganten", erklärt mir Fabi, „müssen wir im Rennen soweit runter mit dem Boost — weil wir sonst zuviel Sprit brauchen." Fabi weiß längst: „Mit einem Hart-Motor hast du keine Chance, zu gewinnen. Wenn Toleman den BMW-Motor kriegt, bleib ich, wahrscheinlich mit Berger als zweitem Mann — wenn nicht, geh ich wieder in die USA!"*

*Die „Tolemänner" sind ein liebenswürdiges, dynamisches Team, aber nicht ohne Individualisten. Alex Hawkridge, der langjährige Teammanager, ist der Mittelpunkt einer „Skandalstory" in einer englischen Sonntagszeitung, Abteilung Sex und Parties. Peter Collins, der in Wirklichkeit das Team leitet, ist via Lotus und Williams zu Toleman gekommen. Ich erinnere mich, wie er vor Jahren in Zeltweg an den Beinen unter dem Wunder-Lotus hervorgezogen wurde, als er versuchte, dessen Geheimnisse auszuspionieren — mit Fotoapparat und Notizblock. Für Agenten-Thriller wäre Collins also nicht geeignet — eher verkleidet als Peter Sellers.*

*Benetton hat schon 1985 von Toleman 51 Prozent — 1986 wird dem Sponsor das ganze Team gehören. Und die „vereinigten Farben" werden immer mehr. Vor 18 Jahren hat Giuliana Benetton für ihre drei Brüder Luciano, Gilberto und Carlo in Treviso die ersten Pullover gestrickt — heute besitzen die Geschwister sieben Fabriken und 3550 Benetton-Läden in aller Welt, davon 400 in den USA und 50 in Österreich — alle gleiche Ware, gleiche Werbung, gleiche Einrichtung.*

*Erfolgsrezept? „Nicht wir suchen den Geschmack der Leute, sondern die Leute gewöhnen sich an uns", erklärt mir Luciano Benetton, der aussieht wie Beethoven und auch auf sein Gehör achten sollte — im infernalischen Lärm der Formel 1.*

*Ted Toleman, Team-Eigner und Transport-Millionär, erfährt die Freudenbotschaft der Nürburgring-Bestzeit auf hoher See: Er versucht gerade, den Weltrekord für Atlantik-Überquerungen zwischen Amerika und Europa zu brechen, scheitert jedoch, die Bestzeit vor Augen, kurz vor der südenglischen Küste. Fast gleichzeitig mit dem „Duran Duran"-Leadsänger Simon Le Bon — gleichfalls ein prominenter Schiffbrüchiger dieses Sommers.*

Auch in der Eifel werden Samstag alle naß. Der Regen reißt sogar Fabi von der Strecke: „Ich schalt in der Kurve vor den Boxen gerade in den vierten Gang — schon wirbelt mein Auto herum und kracht gegen die Boxenmauer." Stört ihn relativ wenig — weil Toleman für ihn drei Autos in der Box hat.

Der Regen verhindert alle Angriffe auf Fabi. Vormittags ist Laffite Schnellster, nachmittags de Angelis vor Cheever. Gegen Trainingsende kriecht die Sonne hervor. Alboreto ist der einzige, der noch Slicks riskiert — für eine einzige Runde.

*Lauda, wie immer am Nürburgring sehr im Mittelpunkt, wundert sich: „Am Freitag les ich, ich bin zurückgetreten, am Samstag: Ich hab schon wieder für McLaren unterschrieben. Dabei hab ich mit keinem Menschen geredet." Wirklich, Niki? Am Nürburgring sagt Lauda seinem Chef erstmals: „Ich hör wahrscheinlich auf." 30 Minuten später, brüstet sich Ron Dennis, „hatte ich Rosberg" — der sich schon immer gewünscht hatte, „irgendwann für McLaren zu fahren: neues Team, neue Gesichter, neue Herausforderung". Rosberg nennt seinen Preis — 2,5 Millionen Dollar. Die Dennis sofort akzeptiert, sich noch wundernd, „warum Rosberg bei Williams so billig war".*

*Als ich mit Keke später übers Geld rede, sagt er gedehnt: „Ich glaub nicht, daß Ron Dennis weiß, wieviel ich bei Williams verdient hab."*

Der Sonntag ist trocken, aber kalt. Als Lauda während des Warm-ups aussteigt, ist er Sechster. „Ich hör früher auf, daß ich nachmittag länger fahren kann. Sonst bin ich früher draußen", sagt er sarkastisch. Ich geh mit ihm ganz ans Ende der Boxengeraden, damit er meinen Mechaniker-Film für Teddy Podgorskis „Jolly Joker" einkonferiert. Niki:

„Was soll ich sagen?“ Ich gib ihm ein paar Stichwörter: Arme Hunde, immer im Schatten der Stars, Nachtarbeit, verbrannte Hände ... bis er mich unterbricht: „Ich weiß schon, laß die Kamera rennen.“
Und dann sagt Lauda wörtlich:
*„Meine Damen und Herren ... heute sehen Sie einen Film über Formel-1-Mechaniker. Diese zählen, wie Sie ja wissen, zu den wichtigsten Leuten der Formel 1, weil sie das Leben oder das Ableben der Piloten in der Hand haben. Wenn mir ein Mechaniker ein Rad nicht fest genug anschraubt, bin ich tot ... An meinem diesjährigen Pech, wenn man so will, haben meine Mechaniker keine Schuld. Schlampereien, das wäre zum Beispiel ein runtergefallener Ölschlauch. Schauen Sie sich das an.“*
Noch im Nachhinein die Gänsehaut: zwei Stunden später haben die Lauda-Mechaniker wirklich vergessen, ein Radl anzuschrauben ...
Den alten Ring, vergleicht Rosberg, „hatte ich mit dem Formel-Vau lieber. Aber in der Formel 1 bevorzug ich den neuen Kurs.“ Und er prophezeit: „In der ersten Kurve gibt's am Nürburgring immer Unfälle — egal in welcher Formel.“ Es beginnt damit, daß Pole-Mann Fabi den Start verpatzt. Er steigt aufs Gas — und rührt sich nicht vom Fleck. „Schon bei 7000 U/min kommt bei mir der Drehzahlbegrenzer rein. Erst später weiß ich, was ich da tun muß: Mit Vollgas über den Rev-Limiter drüber ... und der Motor kommt.“
So aber demoliert Fabi die Kupplung, steht bei Grünlicht notgedrungen auf der Bremse und wird, wie befürchtet, von den Superstars überrollt. Der kleine Italiener fährt tapfere 30 Runden lang, dann platzt sein Hart-Turbo.
Johansson gewinnt den Startsprint bis zur ersten Kurve — dort kommt ihm ausgerechnet sein Teamkapitän Alboreto in die Quere. Es raucht, staubt und kracht. Stefan muß an die Box, das rechte Hinterrad auswechseln, weiß aber nicht, „daß es Alboreto war. Erst, als Michele nach dem Rennen zu Piccinini sagt: Das war ich — sorry, Stefan.“
Und noch zwei Stallkameraden kollidieren in der ersten Kurve: Laffite und de Cesaris. „Ich konnte dir nicht ausweichen“, sagt Andrea zu Jacques, aber Teamchef Larrousse tobt: „So ein langes Rennen, warum euch gegenseitig in der ersten Kurve aufspießen?“
Lauda zeigt mir später ein Farbfoto: „Schau, wie mich der Kerl in der ersten Kurve rausgedrängt hat.“ Welcher Kerl? Patrese.

Surer hat am Start den Motor überdreht, weshalb ein Ventil abreißt — muß man jedem Fahrer einmal zugestehen. Piquet muß, um mitzukommen, wieder einmal mit mörderischem Ladedruck fahren — laut BMW „mehr als die Polizei erlaubt. Aber das ist seine Entscheidung."
Am Nürburgring wechselt die Führung so oft wie nie 1985 — ausgenommen das WM-Finale in Adelaide. Nach Johanssons Boxenstop liegen die zwei großen Pacemaker des Sommers vorn: Senna eine halbe Runde, dann Rosberg, dann wieder Senna, bis seine Antriebswelle reißt, danach erneut Rosberg, bis zum Bremsdefekt ...
Der schnellste Mann am Nürburgring ist jedoch Lauda: auf seinem Vorstoß vom 13. auf den 5. Platz demoliert er dreimal den Rundenrekord. „Ich hab schon Alboreto und Prost vor mir, weiß, daß ich schneller fahren kann als beide, weil mein Auto so gut läuft" — aber es soll wieder einmal nicht sein.
*Zwecks Spurverbreiterung hat McLaren am Nürburgring Distanzscheiben zwischen Bremsscheibe und Felge montiert. Bei Prost fest angenietet — bei Lauda schlampig und schlecht, „so daß das Rad Luft bekommt. Und nach 30 Runden geht's los ..."*
Plötzlich, in der schnellen Schikane, bricht der McLaren aus. „Ich flieg in die Wiese, fahr sofort an die Box, weil ich glaub: Radaufhängung gebrochen oder ein Patschen." Erst nachher schaudert Niki: „Zwei Kurven später, und das Rad wär mir um die Ohren geflogen."
66 Sekunden Panik und Hektik in der McLaren-Box, danach wird Lauda wieder ins Rennen geschickt.
Die großen Pacemaker Senna und Rosberg also wieder im Pech — damit gehört das Rennen jenen beiden, die scheinbar immer ankommen: Alboreto und Prost. Als sich Michele an Rosberg vorbeipreßt, geht Alain gleich mit. Einmal dreht er sich wegen Bremsdefekts, der kleine Franzose hat jedoch nicht nur Glück: Er fängt den McLaren ab und fährt weiter.
Der führende Ferrari wirkt angeschlagen, weil vom Getriebe eine Rauchwolke aufsteigt, ist es aber nicht. Angst gehabt? frag ich Alboreto später, doch er verneint: „Ich hab den Rauch hinter mir nicht gesehen. Ich schau mein ganzes Leben nur nach vorn."
Lauda überholt Mansell und Berger und wird noch Fünfter. Ein Superrennen — „für nichts", sagt er leise. 66 Sekunden war Niki in der Box

stillgestanden, 73 Sekunden trennen ihn im Ziel vom Sieger Alboreto. „Ohne Defekt hätt ich heut gewonnen ...“

*Laudas Raddefekt bleibt mysteriös. „Bitte mich nicht fragen — nicht mehr“, sagt Ing. Mezger. Die Mechaniker fischen bei Prost und Lauda je ein Kilo Gummi aus dem Heck. „Ein Rennen mit soviel durch die Luft fliegenden Gummifetzen ... mag sein, daß sie die Kühlungs-Lufthutze der Bremsen verbogen haben, worauf das Rad losscherte.“ Blödsinn, tut Lauda diese Analyse ab, Rad nicht angeschraubt.*

Die Renault-Ehre retten Laffite als Dritter und Bellof als Achter. Der in der Eifel geborene Zakspeed hat ein unglückliches Heimspiel, und Winkelhocks letzter Grand Prix endet wie so viele: mit Motorschaden. Nach dem Nürburgring ist Alboretos WM-Chance groß — auch wenn er genau weiß: Sein Ferrari ist nicht leicht imstande, die Kombination McLaren-Prost zu schlagen. Er fiebert nachts, träumt vom WM-Titel, den er festpacken will, ist sich aber längst im klaren: auch ohne WM-Titel eine hervorragende Saison. „Ich hab mir das ganze Jahr keinen Fehler erlaubt, zumindest keinen, der gekostet hat — sowas kommt nicht jedes Jahr vor.“

Das WM-Duell Alboreto — Prost steht 46 : 41, und Alain frohlockt: „Die echten Porsche-Strecken, die mir und dem McLaren so gut liegen, kommen ja erst.“

*Die Großen gehen feiern oder testen, die Kleinen lecken ihre Wunden. Besonders die Truppe des Deutschen Manfred Winkelhock mit seinem österreichischen Freund und Konstrukteur Gustav Brunner — RAM-Hart.*

*McDonalds Truppe hat 23 Leute. „Ich bin schon limitiert“, sagt Gustav Brunner. Trotzdem schafft er Flügel und Monocoque aus Kohlefaser, ein eigenes 6-Gang-Getriebe. Seine Grundidee für den RAM-Hart: „Ein kleineres Auto mit weniger Luftwiderstand und besserer Heckflügelanströmung. Und, mit Karbonbremsen und leichter Kupplung, nur 500 kg, 40 kg unterm Limit. Im Training tun wir Sprit rein, im Rennen Bleiplatten.“ Die Vorderpartie (Nase, Cockpit) wird sogar von John Barnard gelobt: „Das Beste, was es in der Formel 1 gibt.“ Klar: Brunner kann nur im Auto etwas finden — nicht bei den Reifen, schon gar nicht beim Motor.*

*John McDonald ist längst verzweifelt: „Ich zahl pro Motor 55.000*

*Pfund an Brian Hart plus 250.000 Pfund pro Jahr an Pirelli." Die Pneus mögen die gleichen sein— die Motoren sind es nicht. „Frag Brian Hart, und er wird dir sagen: Alle Motoren sind gleich. Doch die Toleman-Motoren haben eine weiterentwickelte Elektronik: besserer Spritverbrauch und 100 PS mehr."*
*Im Sommer schlägt Brunner ein Beatrice-Offert aus: „Ich muß bis September bei RAM bleiben, dann können wir reden." Wo Brunner, dort ist auch Manfred Winkelhock. Nur sein Ex-Chef Günter Schmid grollt ihm nach: „Der erfolgloseste Fahrer der Formel-1-Geschichte: 47 Rennen und nur zwei WM-Punkte." Er könnte auch sagen: der unglücklichste. Den 300.000 D-Mark von ATS weint Winkelhock noch lang nach: „Ich will nur, was mir zusteht ... aber Schmid hat dummes Zeug erzählt." Mit Günter Schmid hat er sich nie mehr getroffen: „Kein Bedürfnis." Schmid will jetzt den Fußballklub VfL Waldhof Mannheim sponsern: „Das kostet mich eine ganze Saison weniger als ein GP . . ."*
*Aber wenige bemühen sich so wie Manfred. Berger, dessen Auftauchen Winkelhocks ATS-Karriere beendet hat, glaubt: „Es ist vielleicht nicht gut, wenn der Fahrer zuviel von der Technik versteht — weil er dann Federn, Stoßdämpfer etc. im Kreis herum ausprobiert." Dieter Stappert sieht ein anderes Problem: „Winkelhock ist zu emotionell — im Rennauto und auch als Mensch." Wer ist also schuld, daß Formel-1-Erfolge ausbleiben? Lauda sieht auch Winkelhocks Lage richtig: „Der Deutsche mag sehr gut sein — aber das läßt sich nicht so einfach feststellen. Er ist vom ATS-Desaster ins nächste Unheil gerutscht. Und jetzt vom Material her so gehandikapt, daß man sich kein Bild über ihn machen kann."*
*„Ich fühl mich wohl, gute Atmosphäre, kein Theater, jeder Wunsch wird mir erfüllt", beschwichtigt Winkelhock immer. „Ich fühl mich sicher in dem Auto. Und vom Motor bin ich überrascht."*
*Die böswillige Konkurrenz aber zählt schon nach den ersten sechs Rennen 1985 nicht weniger als 24 Motorschäden und elf kaputte Autos. Es werden noch 40 Motordefekte. Anfangs hat billiges Benzin die vielen Schäden ausgelöst, ab Imola bekam Winkelhock pro Rennen zwei Faß Spezialbenzin, Alliot verwendete Flugbenzin. Geändert hat sich nichts. „Die Tyrrells überholen uns den Berg hinauf ... unsere Motorenqualität ist miserabel."*

*Seinem französischen Partner Alliot ist Manfred anfangs eher reserviert begegnet: „Philippe macht mir menschlich einen guten Eindruck, aber als Fahrer ist er über-ehrgeizig. Wenn einer beim Testen schon in der zweiten Runde auf der Ziellinie quersteht und sich in der achten Runde dreht — dann ist er wohl zu verbissen." Und Winkelhock hat ihm gleich gesagt: „Wenn wir unnötige Motorschäden haben oder sinnlos Autos rauswerfen, kriegst du es mit mir zu tun!" Das Budget? „Wird mir nicht auf die Nase gebunden, aber ich hab ja Augen und Ohren offen: dürfte ausreichend sein, wenn wir gut kalkulieren und halbwegs aufpassen." Manfred rechnet: „Das gleiche Budget wie ATS — auf ein Auto umgelegt."*

*„Die Formel 1", hat der frühere March-Gründer und langjährige FOCA-Anwalt Max Mosley formuliert, „ist wie Krieg: Dort fragt auch keiner, was das kostet. Was du brauchst, mußt du kriegen!" Aber woher, lieber Max?*

*Jochen Neerpasch, FISA-Beauftragter für die Endurance-WM, ist bei einem Abstecher zum Formel-1-Zirkus entsetzt über die „schreckliche Moral. Die kleinen Teams gehen bei ihrem Budget davon aus, daß sie in die WM-Punkte kommen — und wenn nicht, können sie nicht zahlen. Das verstößt gegen die guten Sitten."*

*Zu Alliot fällt Lauda, als wir alle seine Gegner analysieren, nichts ein: „Ich weiß grad, wie der Bursche ausschaut, und daß seine Frau immer sehr viel raucht ..."*

*Als er in die Formel 1 kam, hat der Franzose sofort versucht, sich ständig beim Duo Prost/Laffite anzuhängen — weil man dort das meiste hört, am öftesten fotografiert wird? So hatte er bald seinen Beinamen: „Die Klette."*

*Großer Familienmensch, hetzt er 1985 von einem Formel-3000-Training zur Hochzeit seines Bruders, kommt spät zurück und wird im Rennen Sechster.*

Auch Winkelhock hat einen „Nebenjob": In der Langstrecken-WM fährt er mit Marc Surer einen Kremer-Porsche. Das Abbruchrennen von Monza — als der Sturm Bäume fällte — haben die beiden gewonnen. Die Kritik an der dortigen Spritverbrauchsformel prallt von Winkelhock ab: „Nur einer versteht das Reglement wirklich: mein Freund Norbert Haug."

Winkelhock schwärmt oft von der Marken-WM: „Sicher, die Formel 1 brauchst fürs Image — aber mein Ziel ist, Endurance-Weltmeister zu werden!" Nur Selbstschutz, glaubt Brunner, „weil Manfreds Herz für die Formel 1 schlägt" — und entsprechend leidet.

Nach Mosport, Kanada, telefonieren ihm seine Frau Martina und Brunner am Tag vorm 1000-Kilometer-Rennen zwei frohe Nachrichten: Hart verspricht für Zeltweg einen neuen Motor — den gleichen wie für Toleman. Und Neerpasch hat mit McDonald einen Kompromiß für die ausstehenden Gehälter erzwungen. „Er hat sich sehr gefreut und gesagt: Schaut also wieder alles gut aus."

Am nächsten Tag ist er tot.

Der mysteriöse Unfall, wie er sich — nach Indizien, Augenzeugenberichten, TÜV-Untersuchungen usw. — mit großer Wahrscheinlichkeit zugetragen haben muß:

Vor Start und Ziel, an einer Kante im Belag, passiert ein Felgenschlag: eine Delle im rechten Vorderrad, das langsam Luft verliert — der gefürchtete „slow puncture" („schleichende Patschen"), den der Pilot nicht merken kann. Nicht auf der Geraden. Nicht in den beiden Rechtskurven. Jedoch in der ersten Linkskurve, in der der Kremer-Porsche geradeaus fährt. Hans Heyer sieht später die Schleifspur auf der Straße. Winkelhock hat keine Chance, zu korrigieren. Da sind weder Sturzraum noch ein Schutzwall aus Gummireifen, nur eine vorsintflutliche Mauer. Frontaufprall mit 200 km/h.

Manfred hat keine Knochenbrüche, keine Spuren von den Gurten, nur eine leichte Schwellung überm Auge: die fatale Gehirnverletzung, die ihm sofort das Bewußtsein raubt.

Die ärztliche Versorgung ist optimal, die Bergung eine Katastrophe: Die Streckenposten kämpfen nur mit leeren Händen. Aber als die Kremer-Mechaniker mit dem Rettungsfahrzeug an die Box fahren, Bergungswerkzeug holen, werden sie mit 20.000 Dollar bestraft. Endlich geborgen, fällt Winkelhock — bereits im Koma — von der Tragbahre. Aber Manfred wäre, sagt Marc Surer, auch nicht zu retten gewesen, wäre das Unfallkrankenhaus fünf Meter neben der Rennstrecke gestanden.

Der „große Allroundpilot" (Niki Lauda), der „Mann für Schutt und Asche" (Gustav Brunner über den großen Kämpfer Winkelhock) stirbt

am nächsten Tag; seine Frau Martina und seine Eltern sind bei ihm. Das Fahrwerk hat, wie die Untersuchung ergibt, keinen Schaden. Die Version vom „slow puncture“ erhärtet sich, als Surer wenig später den gleichen Felgenschaden erleidet — aber mehr Glück hat. Auch Jim Clarks Todessturz in Hockenheim 1968 war lang ein Rätsel — bis Graham Hill 1969 in Watkins Glen beim ersten Rindt-Sieg wegen eines „schleichenden Patschens“ so schwer verunglückte. Die Affinität ist Colin Chapman damals sofort aufgefallen.
Wieso aber müssen Langstreckenpiloten auf Kursen fahren, die für die Formel 1 längst verboten sind? frage ich Balestre. Menschen zweiter Klasse? „In den Alpen starben dieses Monat 32 Bergsteiger, ohne daß sich jemand aufgeregt hat. Aber ein Formel-1-Toter kommt natürlich sechsspaltig auf Seite eins“, sagt er.

## ZELTWEG: DIE TAGE DES NIKI LAUDA

Die neue Nr. 9, Winkelhocks Nachfolger, heißt ab Zeltweg Kenny Acheson: ein kleiner Ire, selber noch mit Schock in den Gliedern. „Ich hatte Glück, daß ich nicht in dem Flugzeug saß, das bei Tokio abstürzte“, denn Acheson war gerade in Japan. Dort erreichte ihn McDonalds Anruf: „Komm zurück und fahr für mich.“
Mit alten Motoren, denn die neuen, von Hart versprochen, bleiben im Werkstattbus. „Die wären für den Manfred gewesen“, trauert Brunner, „für jeden anderen sind sie zu schade . . .“
Die 50 Mann vom Salzburger Streckenpostenklub, die aushelfen, tragen schwarze Armschleifen: „Winkelhock war unser Ehrenmitglied.“
Aber, wie immer in der Formel 1: Kaum werden die ersten Motoren gezündet, ist die Trauer vorbei. Rosberg bricht in der Rindt-Kurve der Heckflügel weg — wie Keke den ausbrechenden Williams wieder einfängt, ist atemberaubend. Alboreto verbraucht drei Ferrari — kein gutes Omen. Dafür fightet Lauda von Anfang an vorn mit, hält trotz löchriger Reifen, trotz rauchendem Motor sogar eine halbe Stunde lang Pole-position, von der ihn nur ein einziger herunterholt — Alain Prost. Sonst keiner.
Das alles sehen und erleben die Race-Fans live. Was niemand hört,

sind die heimlichen Zwiegespräche von Zeltweg. Die spannendsten Dialoge des Jahres — bei Williams, Brabham und vor allem McLaren. Manche dieser Storys platzen aber erst viel später. Hauptdarsteller beim Österreich-Grand-Prix ist — in jeder Hinsicht — Niki Lauda. Und auf jeder Bühne.

*Ein Anruf von Ron Dennis, mitten im Winter: „Das größte politische Problem für McLaren ist deine Nähe zu Niki. Die Sponsoren sind besorgt.“ Ich antworte ihm: „Ich gratulier dir, wenn du keine anderen Sorgen hast.“ Er macht sich welche.*

*Einmal beichtet er sein Lebensziel: „Ich möcht so berühmt und eine so starke Persönlichkeit sein wie Niki Lauda — und soviel Geld haben wie Mansour Ojjeh!“ Hier beginnen die Eifersüchteleien, die Niki in die richtige Perspektive rückt: „Ich bin dem Ronald Reagan ja auch nicht bös, wenn ihn mehr Leut kennen als mich . . .“*

*Noch eine Winter-Bombe im Lauda-Team: McLaren ist verkauft. Für etwa 12 Millionen Dollar (300 Millionen Schilling) ist Mansour Ojjeh plötzlich der neue, einzige Besitzer. Ron Dennis ist als Direktor angestellt, gründet aber gemeinsam mit Ojjeh „McLaren Research and Development“ (Entwicklung und Forschung). Ziel: „Eine eigene Teststrecke — dann sind wir so groß wie Ferrari.“ Die Verkaufsmeldung ist so raffiniert verklausuliert, daß niemand die Sensation wittert, ausgenommen ein Dennis-Sponsorfreund: „Ich gratulier dir zweifach: Erstens, weil du ein gutes Geschäft gemacht, zweitens, weil du alle auf den Arm genommen hast.“ Dennis lächelt: „Am Genfer Salon hat keiner so richtig hingehört . . . aber ich hab zehn Jahre drauf hingearbeitet.“*

*Und Barnard erklärt mir den Besitzerwechsel: „Ich hab 43 Prozent verkauft. Mir ist das Geld lieber. Aber ich muß essen — also muß ich auch weiterarbeiten.“ Aber „wie auch immer die Prozentverteilung ist: Es ändert nichts daran, wie McLaren befehligt wird“, sagt Dennis.*

*McLarens Rekordbudget: 500 Millionen Schilling. Marlboro zahlt pro Saison jetzt acht Millionen Dollar, Shell zwei, Saima und Boß je eine, Segafredo 800.000 Dollar — dazu kommen noch die FOCA-Einnahmen von 1984: Lauda und Prost haben nicht weniger als vier Millionen Dollar Preisgeld eingefahren!*

*Der Zigarettensponsor finanziert McLaren also nimmer total, sondern nur zu 60 Prozent, „kann also nimmer alles kontrollieren", sagt Dennis. „Wir könnten heute auch mit den 40 Prozent Rennen fahren — aber nicht gewinnen." Minimal-Budget wären vier Millionen Dollar; ohne Fahrer.*

*Dennis: „Niki liebt das Feilschen, und ich verhandle taktisch. Wenn er zum Beispiel drei will, sag ich eine, er sagt vier — so kommen wir auf drei." Für 1985 hatte er Lauda bereits an Renault verloren, sagt aber heute: „Das hab ich nur fünf Minuten lang befürchtet." Er sieht, hört, weiß und liest alles. Kaum war Lauda damals aus dem Renault-Generaldirektorzimmer, wußte Dennis bereits alle Details. Die undichte Stelle: vermutlich Monsieur Guiter von „elf".*

*Er ist ein guter Politiker, aber ein schlechter Diplomat — sagt McLaren-Direktor und Dennis-Freund Creighton Brown, genannt „die Empfangsdame", weil er immer wie Marzipan lächelt. Sicher hat's auch schon die Traumkarriere vom „Imperial"-Piccolo zum „Marriott"-Chef gegeben, aber in der Welt des Hotelmanagers trägt man Maßanzüge, keine Sponsorjacken.*

*In Zeltweg verhindert Ron Dennis (als einziger) mit seinem Veto, daß Brundle als 27. des Trainings ins Rennen darf — und in Spa sperrt er (wieder als einziger) das Beatrice-Team, das ursprünglich genannt hatte, vom Rennen aus. Alle wundern sich: „Wenn einer schon so hoch oben ist, dann sollte er doch über solchen Dingen stehen." Vielleicht sollte man Dennis zu Weihnachten Dale Carnegies Buch schicken: „How to win friends and influence people." Oder vielleicht hatte er nur Angst, daß sein WM-Favorit Prost beim Überrunden stolpert?*

*Der große Dirigent Arturo Toscanini soll mehr als einmal seine Musiker angebrüllt haben, wenn ein Ton nicht absolut perfekt kam: „Ich hasse Sie! Sie killen meine Träume!" Wie bei uns, nickt Konstrukteur John Barnard, „die Eindrücke des Fahrers kommen wie Musik zu mir zurück. Hängt aber davon ab, was ich zu hören erwarte — und was nicht. Ich glaub dem Windkanal immer mehr als den Piloten."*

*Der berühmte Edison hat gesagt: fünf Prozent Genie, 95 Prozent Fleiß. „Wennst in der Formel 1 überhaupt fünf Prozent zusammenkriegst", knurrt Barnard. Er selber hat seine besten Ideen, „wenn meine Frau mit mir redet. Sie beschwert sich immer: Alles muß ich dir dreimal sagen." Für March-Chef Robin Herd ist das Rennwagenbauen immer wie ein Gemälde malen — für John Barnard „wie das Drehbuchschreiben für eine Fernseh-Seifenoper wie ‚Dallas‘ oder ‚Dynasty‘. Du hast die Story (oder das Rennauto) im Kopf fertig, bevor du es überhaupt zeichnest. Dann passiert lange anscheinend nichts. Aber dann kommen die aufregendsten drei Wochen: wenn das Auto zusammengebaut wird und du rausfinden mußt, ob alles zusammenpaßt ...“ Beim MP4/2 nicht: Die Löcher für die Kühler waren falsch gedrillt. Darum der Zeitverlust.*

*„Meine größte Sorge“, hat Barnard zu Saisonbeginn gestichelt, „ist der Motor.“ Die Eifersucht auf Porsche-Motorenchef Ing. Hans Mezger ist offensichtlich — überhaupt, seit der geniale, freundliche Schwabe für seinen Weltmeistermotor mit Auszeichnungen überschüttet wird:*

*Nach dem Lauda-McLaren-Porsche-WM-Titel erhält Ing. Mezger für 1984 die Colin-Chapman-Trophäe für technische Innovationen in der Formel 1; von „L' Automobile“ den Preis für die Porsche-Beteiligung am Motor; von „Autosprint“ in Bologna den „Casco d'Oro“, den goldenen Sturzhelm (Lauda als Fahrer, Mezger als Konstrukteur) und schließlich den Porsche-Preis, offiziell für seine „Verdienste um die Entwicklung des Verbrennungsmotors“, in Wirklichkeit wohl für den WM-Titel der Auftragsproduktion TAG-Turbo, aus den Händen von Louise Piech. Sein Vorgänger war 1983 der Audi-Ingenieur Benzinger für die Entwicklung des Vierradantriebs. Große Feierstunde auf der Technischen Universität in Wien, Laudatio, Forellenquintett ... aber McLaren hat 1985 für Ing. Mezger keinen FOCA-Ausweis mehr. Wann immer er kommt, läuft er mit einer Touristen-Fleppe durch die Boxen. Aber wer das schreibt, den wirft John Barnard aus der Box.*

*Das Verhältnis McLaren — Porsche, besser: Barnard — Mezger ist so schlecht, daß man sich fragen muß: Haben auch die Deutschen etwas versäumt? Etwa in der Anfangszeit als Pufferzone zu helfen, ehe Ron Dennis das TAG-Geld fand und mit den Millionen daherkam? Oder das Projekt 1984 nicht als totalen Fremdauftrag behandelt, sondern angeboten: „Weil es so gut läuft und wir doch genug Reklame rausziehen: 20 Motorrevisionen gratis?“*

*Alle stürmen Zuffenhausen wegen des Porsche-Motors, aber im Vertrag McLaren — Porsche steht außer Exklusivität noch etwas: Porsche ist drei Jahre lang (bis inklusive 1986) strengstens verboten, einen an-*

*deren Formel-1-Motor zu bauen, der vom jetzigen V80 weniger als zehn Grad abweicht. Ein V70 oder V90 ja — aber wer will den schon? Langsam wird aus dem Porsche-Porsche mehr als ein Geisterauto.*
*Ing. Mezger in Monte Carlo: „Bei uns wird nicht mehr für alle Zeiten nein gesagt."*
*Ing. Mezger in Le Castellet: „Der reinrassige Porsche-Porsche befindet sich im Denkstadium, und das ist bei Porsche schon sehr viel."*
*Lauda freilich glaubt, daß die Familie Porsche dagegen ist: „Ihr graut, sich sowas anzutun."*
*Bei einem Glas Wein kann Ing. Mezger stundenlang vom Rennsport erzählen. Fasziniert hat ihn ein Gespräch mit Prof. Eberan-Eberhorst, dem Schöpfer des Vorkriegs-Auto-Union. Überrascht ein Blick in die Statistik: „Wieso hat Mercedes 1954/55 in zwei Saisonen nur neun Große Preise gewonnen — wir aber schon 18?"*
*Seit Frühjahr fordern Prost und Lauda „mehr Leistung, vor allem fürs Qualifikationstraining". Wassereinspritzung könnte helfen. Im Juni sind die Prüfstandstests abgeschlossen — zum Renneinsatz kommt es 1985 nie. Projektleiter Ing. Ralf Hahn: „Wenn man es halbwegs seriös machen will, soll man nicht mit Unausgegorenem kommen."*
*Wassereinspritzung — gehört festgehalten — bringt nicht ein PS mehr, „aber man kann mit mehr PS fahren, ohne etwas zu riskieren".*
*Ein Porsche-Geheimnis: Ab Zeltweg werden die Turbolader so montiert, daß die beiden Turboschnecken auf der Auspuffanlage spiegelsymmetrisch aussehen — was vorher nicht der Fall war. Zwar nur eine Kleinigkeit, „die aber jetzt zuläßt, daß jede Motorreihe die gleichen Bedingungen bekommt: gleiche Luftzufuhr, gleiche Temperaturen".*
*Der Formel-1-Krimi des Jahres ist aber die Story, wie Motoren-Zauberer Mezger von Ferrari gekapert und über die Alpen geschleust werden soll — quasi als Rummenigge und Briegel der Formel 1. Piccinini und Ferrari-Sohn Piero Lardi werden im Geheimauftrag nach Frankfurt geschickt, merken aber zu ihrem Entsetzen, daß der italienische Sensationsreporter Z. in Mailand ins gleiche Flugzeug klettert. Also raus aus dem Flieger, Blitzanruf bei Enzo Ferraris Sekretärin: „Mezger sofort stoppen . . . darf unter keinen Umständen zum Frankfurter Flugplatz kommen!"*
*Eine Story, die Mezger — im Rückspiegel gesehen — heute „ein bißl*

„Für euch alle war er wie ein Bruder . . ., und er hat immer gelacht.“
Stefan Bellof war das größte Talent, das in den letzten 20 Jahren aus Deutschland gekommen ist.

**Die deutsche Tragödie: Beim TV-Kartrennen auf dem Nürburgring waren Winkelhock (vorn) und Bellof (Dritter, zwischen Rosberg und Piquet) zum letztenmal gemeinsam auf einem Bild. Eine Woche später starb Winkelhock in Mosport, vier Wochen später Bellof in Spa. Stefan war der letzte Fahrer, der mit einem Saugmotor noch WM-Punkte geholt hatte: 4. Platz in Detroit.**

Als Lkw-Fahrer hält Gerhard Berger heute noch alle Rekorde vom Brenner herunter. „Wievielter bist du geworden?“ fragt Tochter Christina, 5, jedesmal. „Der Nikl Lauda gewinnt immer . . .“

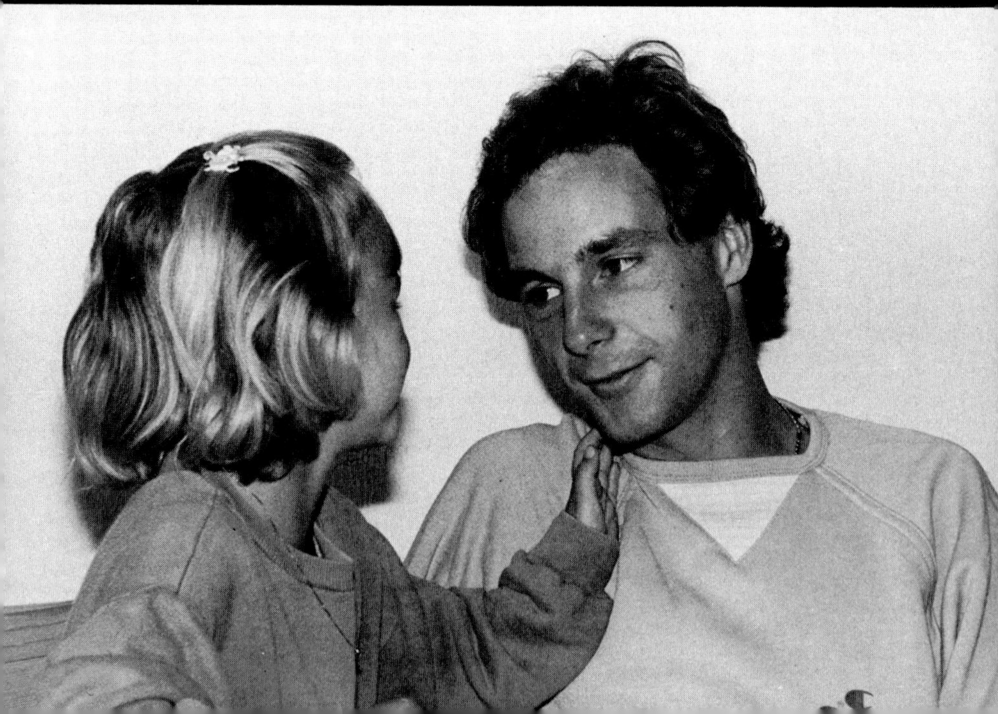

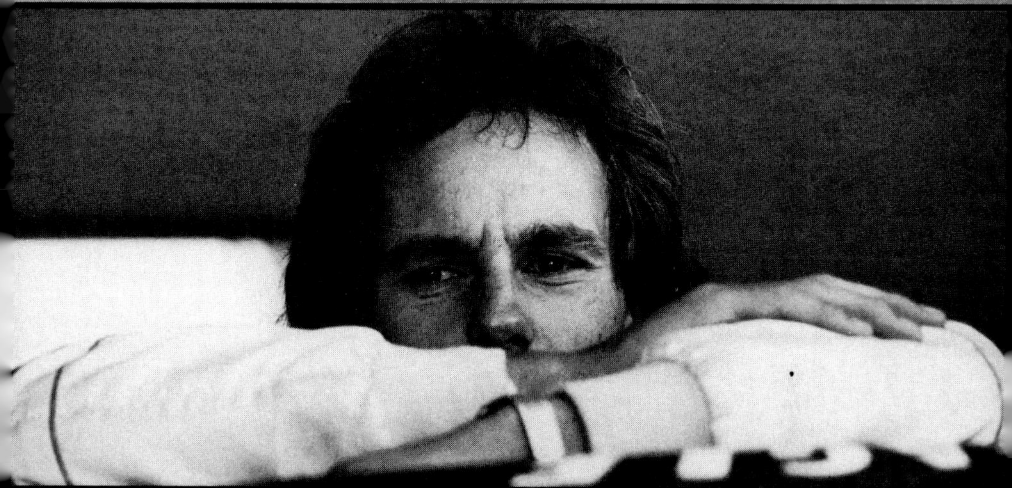

**Aufregende Zukunftsperspektiven: Gerhard Berger, der Mann nach Niki Lauda; der dritte Österreicher der Formel-1-Geschichte, der WM-Punkte erkämpfte.**

Gleich kracht's: Oben ein loses Rad in Silverstone, unten der Pulk auf dem Nürburgring: Lauda (1) ist in der ersten Kurve abgedrängt.

Flotte Damen: Oben Surers Freundin Franziska, darunter Alboreto mit Nadia, Boutsen mit Patricia. Rechts: Johansson mit Melanie.

**Elegant: Lauda, Prost, Alboreto, Johansson. In Eile: Bernie Ecclestone – auf der Jagd nach Niki Lauda? Doch Niki will nur noch fliegen, die Nr. 1 trägt jetzt Alain Prost.**

*dick aufgetragen" findet: „In Deutschland haben wir uns nicht getroffen", will Mezger weder bestätigen noch dementieren. „Viele würden sagen: no comment. Aber wenn man in der Formel 1 herumläuft, gibt es oft Anfragen, man redet drüber — aber auf der Straße wäre es weniger aufgefallen."*
*Ob Mezger wirklich nach 25 Porsche-Jahren Zuffenhausen verlassen könnte? „Wenn ein gutes Angebot käme, würde ich drüber nachdenken." Im Spaß hat er jedenfalls gesagt: „1987 feiert Lauda ein Comeback bei Ferrari, und dann komm ich mit ihm."*
*Vorher aber: die Situation des Weltmeisters im Sommer.*
*NIKI LAUDA, SUPERSTAR PRIVAT: Wenn ihm manches öffentliche Business auf die Nerven geht, hat er einen Spezialtrick: „Ich steck mir immer vorher einen 10-Dollar-Schein in die Hosentasche. Wenn mir die Arbeit zuviel wird, greif ich in die Hosentasche — und spür das Geld knistern. Dann mach ich weiter . . ."*
*Eine Illustrierte setzt Lauda in ihrer Rangliste der „schlechtestgekleideten Österreicher" auf Platz zwei, ich finde mich, von soviel Wichtigkeit überrascht, auf Platz vier, durchaus als Ehre aufzufassen: Wer kann schon behaupten, er war nur zwei Plätze hinter dem Niki . . .?*
*Oder: Business in Köln, Jagd zum Flugplatz. „Nehmens' meinen Testarossa", bietet der Geschäftspartner an. Lauda fährt los — und sieht plötzlich im Rückspiegel zwei Meter hohe Flammen. „Wir brennen!" Reaktion des Mannes am Nebensitz: „Redens' keinen Blödsinn" — aber sofort Todesangst: Der Motor brennt, die Flammen schlagen bis vor zu den Türen — und dazwischen ist der Benzintank. Lauda schafft's gerade bis zur Autobahnausfahrt, wo die Feuerwehr wartet: „Herr Lauda, bitte ein Autogramm!"*
*Niki: „Seids verrückt? Da brennt's." Jetzt erst wird gelöscht — Schaden 20.000 Mark.*
*Die Lehre daraus? Lauda sollte in Deutschland keinen Ferrari fahren, dort brennt er leicht.*
*Taxi auch nicht? Einmalig, wie er nach seinem Rücktritt 1979 in Montreal wie ein Tourist mit dem Taxi von der Strecke ins Hotel fuhr — weil sich ein Freund gerade sein Auto ausgeliehen hatte. Weltstar Niki Lauda, komplett im Kampfanzug der Formel 1, als Taxigast.*
*1985 sitzt er in einem Taxi, das an einer Zürcher Straßenkreuzung mit*

*einem anderen Taxi zusammenstößt. Niki zahlt, steigt aus — und reibt sich den schmerzenden Ellbogen.*
*Im Herbst wartet Niki ungeduldig auf den Ferrari GTO, sein neuestes Flaggschiff. Keins seiner jetzigen Autos hat er zum Normalpreis kaufen müssen — aber schließlich bekommt auch der Bhagwan von seinen Jüngern 90 Rolls Royce geschenkt. Dafür ist dem Niki keine Angestellte mit 55 Millionen Dollar abgehauen ...*
*LAUDA, DER FLIEGER: In Southampton hat er die beiden Tarom-Flieger umlackieren lassen, strahlend für die Flugzeugtaufe: die „Johann Strauß" in Wien, die „Mozart" natürlich in Salzburg. Niki lädt Marlene ein, den Flieger in Wien öffentlich zu taufen. „Ich komm", sagt seine Frau, „für 15.000 Dollar." Niki ist entsetzt: „Spinnst du? Es ist ja mein Flieger." Marlene nickt: „Ich weiß. Aber ich verlang ja auch nur das, was du für einen öffentlichen Auftritt kriegst."*
*Drei Tage lang schwankt Niki zwischen Bewunderung für Marlenes überraschenden Businessgeist und verhaltenem Zorn über Verweigerung ehelicher Beistandspflichten. Dann plustert Marlene los: „War ja alles nur ein Spaß, Niki ... natürlich komm ich gratis."*
*Die BAC 1-11 schauen aus wie die DC 9. Kein Unterschied. Daß die AUA anfangs mehr Chartergäste hat, stört Lauda nicht. „Ganz klar — ein Rennfahrer ist ja für die Leute etwas Dubioses. Also kann ich nur mit Leistung überzeugen: Pünktlichkeit, besseres Service, warmes Essen, für jeden Gast ein Glas Sekt — und die schönsten Stewardessen. Von 375 haben wir 20 ausgesucht. Mit denen kannst hundertmal (fliegen), und hast immer noch a Freud."*
*Was ihn am meisten erstaunt: Wann immer Lauda bei einer Bank zwecks Finanzierung vorspricht, liegt dort bereits eine AUA-Beurteilung der Lauda-Air.*
*Nikis Pilot „Samy", Manfred Samhaber, war einmal Unter-21-Fußballer bei VOEST Linz. Im Lear-Jet sitzt er neben Niki. Sein Lear-Jet ist Niki heilig. An Bord darf keiner rauchen oder schlafen — und wer gar schnarcht, ist ab sofort sein Todfeind. Die größte Freude macht man ihm dafür, wenn man ihm beim Flugzeugwaschen hilft.*
*Ein paar Schnappschüsse von Flügen mit Niki: Bologna — Wien in 35 Minuten, beim Landeanflugpunkt 19.30 Uhr, funkelt ein Smaragd zu uns herauf: das Hanappi-Stadion bei Flutlicht, alles nur grün und*

*weiß, als Rapid gegen Dynamo Dresden 5:0 gewinnt. Oder: in 30 Minuten von Nürnberg nach Zürich, wo Lauda, wann immer er ankommt, immer vom gleichen Mann vom Bodenpersonal begrüßt wird. Und einmal, in der Nähe von Genf, kreuzen sich die Wege der Lauda-Lear und einer BAC 1-11 der Lauda-Air. Wohin fliegts? Auf drei Tage nach Lourdes.*

*Nie kann bei der Lauda-Air passieren, was einmal der „Nigerian Air" widerfuhr. Deren Jumbo-Cockpittür kann — Schutz gegen Hijacker — nur von innen geöffnet werden. Flug Lagos — London, Autopilot eingeschaltet, plötzlich alle drei Piloten gleichzeitig aus dem Cockpit — und die Tür fällt zu, während der Jumbo London entgegenrast. Voll Panik suchten die Piloten nach einer Axt, mit der sie die Cockpittür einschlugen.*

*Nicht seine Defektserie, sondern aviatische Ereignisse signalisieren spätestens seit Juli den Lauda-Rücktritt wie Blinklichter auf der Rollbahn. Flug nach Silverstone, Niki macht in Amsterdam lange Zwischenstop, um zu verhandeln. In Amsterdam ist die „Transavia" zu Hause, die zehn 737-Charterflugzeuge in Operation hat. Von dort least Lauda eine 737, die zweite kommt von Boeing direkt.*

*Aber dieser Riesenvogel muß mit 600 Millionen Schilling finanziert werden.*

*DER CHAMPION, DER AN RÜCKTRITT DENKT: Zwei Indizien, im Rückspiegel betrachtet. Zuerst Monte Carlo, im Mai: „Wenn ich mir das so anschau", sagt mir Niki, „kann ich mir nicht vorstellen, daß ich nächstes Jahr noch in der Kluft dasteh." Nur in Monte Carlo nicht? „Nein — überall."*

*Und dann Montreal, im Juni: Ron Dennis legt Niki einen Vertrag für 1986 vor, drängt aufs Unterschreiben, damit der Sponsor nicht fragen kann: „Wieso geht Niki weg — hast du ihn so schlecht behandelt?" Bis Mitternacht sitzt Niki bei Dennis im Zimmer und bleibt ganz ruhig. „Muß ich mir alles überlegen ..."*

*Sportliche Alternativen zu McLaren? Für Lauda im Sommer noch wenige. Sicher, da ist ein Lotus-Angebot, 1986 zusammen mit dem „Wunderknaben" Senna zu fahren. Und, seit Detroit, das amtliche Beatrice-Offert. Carl Haas hat spontan vier Millionen Dollar vorgeschlagen, für Niki „ganz klar, durchaus angemessen, ich hab aber nie ernstlich weiterverhandelt: Mein Rücktritt, ein Reifungsprozeß. Ich wollte die Amis nicht pushen und dann zum Narren halten: sorry, ich hör auf.“ Denn dazu hat er sich in Zeltweg durchgerungen.*

Für Samstag, punkt 9 Uhr, trommelt Niki Lauda die Weltpresse zusammen, um seine Bombe platzen zu lassen: Meine Zukunft. Unerwartet, daß Ron Dennis dabei sein wird — ursprünglich gar nicht vorgesehen. „Aber wir tun das, um den ganzen Lärm und Blödsinn der letzten Wochen zu killen“, sagt mir Dennis, „damit wir die letzten sieben Rennen in Ruhe arbeiten können.“

Freitag abend müht sich Niki im McLaren-Hotel stundenlang mit seiner Rücktrittserklärung. „Bitte, quäl mich nicht wegen der Details — ich plag mich selber noch, alles in die richtigen Worte zu fassen.“

Und Samstag, auf dem Hubschrauberflug zum Ö-Ring: „Ich bin froh, daß ich das jetzt tu. Damit die Spekulationen endlich aufhören.“ Er hat mir immer angekündigt: „Mein zweiter Rücktrittsbeschluß wird kein emotioneller, sondern ein rationeller sein — nicht vom Gefühl, sondern aus Vernunft. Und, ich fürchte, endgültig: ein zweites Comeback gibt's nimmer.“

Blitzlichtgewitter, fast Begräbnisstimmung, ein paar heimlich zerdrückte Tränen im riesigen Zelt vor fast tausend Reportern. Kein Davonschleichen wie 1979 in Montreal. Auch nicht Jackie Stewarts große Show von 1973 („Ladies and Gentleman, ab heute bin ich kein Rennfahrer mehr“), sondern einfache, ehrliche Worte. Die Gründe, wie sie Niki darlegt: „Elf Jahre Autorennen gefahren — mein halbes Leben — Zeit, etwas anderes zu tun — ich komm drauf, daß ich mich wiederhole, was ich hasse — daß ich keine Motivation mehr find — dafür fliegt die Lauda-Air täglich Hunderte Passagiere, kriegt neue Flugzeuge dazu — darum hab ich mich entschlossen, 1986 nicht mehr zu fahren.“

Und danach? „Nichts ist endgültig im Leben — aber momentan kann ich mir's nicht vorstellen.“

Niki dankt öffentlich, vor Kameras und Mikrofonen, „dem McLaren-Team, besonders Ron Dennis und euch allen“ — aber was tut der Boß? Man kann hören, wie er Niki zweimal zuzischelt: „Vergiß John Barnard nicht.“ Und dann, als Dennis selber das Wort ergreift, ein Skandal. Kein Wort des Dankes für sieben Siege und den WM-Titel, immerhin den ersten für Dennis, kein einziges nettes Wort für das lebende Formel-1-Denkmal, den berühmtesten und nach WM-Punkten erfolgreichsten Rennfahrer aller Zeiten — dafür nach neun Defekten in neun Rennen die nächste Frechheit: „Wenn wir von Niki reden, müssen wir auch John Barnard loben: Der Konstrukteur ist genauso wichtig wie der Fahrer.“

*Wieder hat Dennis in einem wichtigen Moment das Falsche gesagt. Statt sich zu bedanken — noch versucht, sich und dem Konstrukteur einen Zipfel des Lauda-Ruhms umzuhängen. Womit er, wie mir Niki später verärgert sagt, wohl ausdrücklich wollte: Unser Auto ist so gut, daß ieder Aff damit gewinnen kann. Auch der Lauda.*

Peinliche Stille. Niki faßt sich als erster. Er raunt seinem Chef ein paar Worte zu, „die er sicher sein ganzes Leben nicht vergißt: Du bist ... und bleibst ... und wenn du noch 50mal mit dem Hubschrauber fliegst: Mir hast mit deiner Wixerei nichts getan, aber die ganze Welt lacht über dich.“

„Nobody is perfect“, zuckt Dennis die Achseln, „ich hab heut einen schlechten Tag ...“

Die italienische und englische Presse zerreißt ihn am nächsten Tag, nicht nur die „Sunday Times“: No heart, no feeling, no class, no style. Was ist Klasse? Stil unter Streß.

*Ein fürchterlicher Ausrutscher, den mir Ron Dennis ein paar Tage später so erklärt: „Schau, die Formel 1 frißt mich auf. Sogar wenn ich am Klo oder in der Badewanne sitz, denk ich ans Motor Racing. Die Mechaniker haben nach jedem Grand Prix einen freien Tag — ich hock Montag um 9 Uhr in der Fabrik. Alle zwei Wochen einen Sonntag frei — und da häng ich im Haus herum wie ein Zombie. Die Formel 1 frißt alles: Zeit, Energie, Substanz, Emotionen. Und wenn sich etwas ändert — wie in Zeltweg — hab ich keine Substanz, um zu reagieren. Ich hör Niki reden, schau in die Menge, seh John Barnards Gesicht vor mir — und mach einen Fehler. Und wenn mir sowas passiert, verdien ich den ganzen shit, den man mir gibt. Keine Beschwerde. Nur eine Erklärung.“*

Als ich Marlene Lauda in Ibiza anruf, sagt sie: „Höchste Zeit, daß Niki eine Pause macht.“ Und nicht: „... daß er Schluß macht.“ Weil sie vom Lauda-Rücktritt „ohnehin erst überzeugt ist, wenn Niki zum erstenmal, wenn ein Formel-1-Rennen im Fernsehen läuft, neben mir in Ibiza sitzt und zuschaut".

Von den Gegnern ist keiner überrascht. „Ich hab's kommen sehen — schon nach zwei, drei Rennen", sagt Mansell. Für sie alle könnte jetzt die Jagd aufs Lauda-Cockpit beginnen — hätte sich Keke nicht schon am Nürburgring mit Ron Dennis geeinigt.

Bei McLaren gefühlsmäßig im Eisschrank lebend, über den Vier-Millionen-Dollar-Scheck von Beatrice drübersteigend, zählt Lauda den Countdown seiner Karriere herunter. Was aber nicht heißt, daß er ab jetzt wie ein Frührentner fahren wird, „obwohl ich mit der Formel 1 geistig schon abgeschlossen hab, kein Interesse mehr hab für 1986, im Grund schon nimmer für 1985 — aber solang ich fahr: mit Freude. Ich geh schon in Zeltweg auf den Sieg los. Und hoff nur, daß Prost einverstanden ist . . ."

In der Box prallt Lauda mit Dennis zusammen. Aufgeheizt und motiviert geht er in die letzte Zeitenjagd, versucht, dem drohenden Wolkenbruch zuvorzukommen, aber zuerst kommt ihm Rosberg in die Quere, dann der Regenguß, der alle in die Box flüchten läßt. Prost und Rosberg am freudigsten: Alain verteidigt kampflos seine Poleposition — und Keke hat Niki aus der ersten Reihe geboxt.

Berger drückt leider auf den falschen Knopf, der den Strom abschaltet — so fällt er vom 12. auf den 16. Platz zurück, hat aber viele Tips für die Skistars, die ein Prominentenrennen fahren: Die Ex-Miß Austria Mercedes Stermitz gewinnt vor Hans Enn (im Berger-Overall) und Klaus Heidegger (mit Surer-Helm). Robert Zoller ist zweimal ausgeritten, und Weirather-Freundin Hanni Wenzel mit dem WM-Zweiten Riedlsperger kollidiert. Slalommädchen Ida Ladstätter sucht verzweifelt nach Alain Prost: „Vielleicht borgt er mir seinen Overall . . ."

Im McLaren-Hauptquartier, dem Wolfganghof bei Obdach, schleicht Niki schon um 21 Uhr todmüde ins Bett. „Mein ärgster Tag. 90 verschiedene Interviews. Noch nie hab ich soviel Fragen beantworten, soviel reden müssen."

*Wen aus dem Formel-1-Zirkus wirst du vermissen? fragt die „Sunday Times". „Am wenigsten die Team-Manager und Bosse", erwidert Niki. „Sie sind nur halb-clevere Leute und erledigen die Dinge nur halb-gut."*

*Schauen wir, wie sie sich im Transfer-Poker verhalten — wie Stein auf Stein zusammenpaßt.*
*Offiziell sagt Keke: „Für mich hat sich durch den Lauda-Rücktritt nichts geändert" — womit er wohl auch recht hat. Heißt das, du wärst in jedem Fall zu McLaren gewechselt? Ein stilles finnisches Lächeln. Dafür Prost im TV-Interview: „Ich hab meinen neuen Teamkollegen schon im Kopf, er ist schnell und gut." Schon Grand-Prix-Sieger, vielleicht schon Weltmeister? „Kann ich dir momentan nicht sagen — ich kann mich nicht erinnern ..."*
*In Zeltweg sagt Keke Rosberg zu Frank Williams: „Ich hab für dich eine gute und eine schlechte Nachricht. The good news: Ich kündige und geh zu McLaren. The bad news: Ich fahr noch bis Saisonende bei dir ..."*
*Williams ist nicht überrascht: „Ich hab's erwartet!"*
*Aber Frankie Boy reagiert sofort und verabredet sich heimlich mit Nelson Piquet, Brabhams populärstem Mann, der Ecclestone schon länger wegen einer Gehaltsaufbesserung in den Ohren liegt: von 2,8 auf 3 Millionen Dollar. Die drei Mille, die so oft durch die Boxen spuken, sind keine zufällige Traumgrenze: Sie entsprechen ziemlich genau dem Kaufpreis eines neuen Lear-Jets. Lauda fliegt eine Lear 36 long range — mit Zusatztanks für eine Stunde länger in der Luft. Piquet will, von Niki mit dem Flieger-Bazillus infiziert, auf eine Lear 35 umsteigen. Und die kostet Geld.*
*Ecclestone bremst Nelson: „Wenn du dich so wie Niki anzündest, zurückkommst, nochmals Weltmeister wirst, aufhörst, ein drittes Mal den Titel gewinnst und dann drei Millionen willst, zahl ich sie dir", sagt er, halb im Scherz. „Vorher nicht."*
*Der jährliche Gagen-Poker. Nie könnte sich Bernie vorstellen, daß Piquet von Brabham weggeht. Das können nur zwei: Nelson und Frank Williams. Als Piquet in Zeltweg für Frank unterschreibt, muß das unter totaler Geheimhaltung geschehen — am besten nachts. Also wird vereinbart: Zuerst fährt Williams sein Mietauto ins Gebüsch, dann rollt Piquet seinen Mercedes in den Wald, klettert zu Williams auf den Beifahrersitz und unterschreibt — für 3,3 Millionen Dollar — bei Mondlicht.*
*Als sie fertig sind, fragt Williams lächelnd: „Wann warst du zuletzt in*

*so einer Situation?" Piquet grinst zurück und antwortet: „Als ich 15 war — und sie war viel hübscher als du."*

*Sonntag früh sagt Piquet der Brabham-Crew, auch seinem Teamkollegen Surer: „Ich hab für Williams unterschrieben." Ecclestone reagiert sofort: Noch in Zeltweg schließt er mit Patrese einen Vertrag für 1986 — als Nachfolger Piquets.*

Dem Lauda-Rücktritt grollt sogar der Himmel. Blitzezucken, Donnergrollen noch die ganze Samstagnacht. Autos und Zelte versinken hilflos im Schlamm. Aber Sonntag früh erwacht Niki voll Sieg- und Einsatzhunger: „Ich schwör dir, heut fahr ich absolut voll: ich will und ich muß gewinnen!" Nicht aus sentimentalen Gefühlen für seinen letzten Heimat-Grand-Prix, sondern aus Stolz.

Ich treff Natascha Rindt, die 17jährige Tochter unseres unvergessenen Jochen, die ihren ersten Grand Prix erlebt. Am sympathischesten ist ihr Patrick Tambay („den kennt die Mama"), aber: „Hoffentlich gewinnt der Niki wirklich!"

Ein Schreck im Aufwärmtraining: Prost stolpert in der Schikane nach den Boxen, „weil das Gaspedal bei Vollgas steckenbleibt" — was ihm Ken Tyrrell aber nicht abkauft: „Hast du gesehen? Alboreto vor ihm, den wollte er unbedingt ausbremsen, darum der Crash. Ja, die Nerven." Woher Mr. Tyrrell das wissen will? Die Folgen jedenfalls: verzogenes McLaren-Chassis, lockeres Spiel am Kreuzgelenk, Angst, daß Fett austritt und sich die Achse festreibt.

Zeltweg ist, wie jedes Jahr, ein Schlüsselrennen für die WM: Einen Ausfall darf sich keiner leisten, weder Prost noch Alboreto.

Im Reifenkrieg taktieren Prost und Lauda verschieden: Niki viermal C, also die weichsten Reifen, Alain links B (also härter), rechts C und einen weicheren Stabilisator — dazu die Halbachse, von der keiner weiß, ob sie hält.

Niki Lauda schafft den besten Start seiner Karriere, geht — erstmals 1985! — sofort in Führung, aber hinter ihm bricht das Inferno los: Massenkarambolage, wie fast jedes Jahr in Zeltweg. Vor Berger ist plötzlich „die Straße total versperrt" — eine Runde später kommen die roten Abbruchflaggen heraus. Riesenpech für Lauda, der Prost schon um vier Sekunden davongestürmt ist.

Neuer Start: Jetzt dürfen Alboreto & Co. in ihre Ersatzautos, wechselt auch Prost das Auto, nimmt die gleichen Reifen wie Lauda (viermal C), womit Niki klar ist: „Jetzt muß ich irrsinnig aufpassen, vor allem die ersten zehn Runden. Wennst die Reifen überforderst, geht überhaupt nix mehr."

Darum läßt er Prost nach dem zweiten Start ziehen, kontrolliert aber Piquet, de Angelis, Mansell etc. sicher. Rosberg ist schon nach drei Runden draußen, Piquet überzeugt, „daß ich heute bester Nicht-McLaren werde. Aber ich krieg nicht genug Ladedruck, weshalb ich mehr und mehr am Dampfrad dreh — bis der Auspuff bricht." Alboreto kann vom 9. Startplatz weg nur ein defensives Rennen auf Ankommen fahren — „mehr ist heut unmöglich." Senna bekommt „von den vielen Vibrationen arge Krämpfe in Armen und Schultern."

Und de Cesaris baut den Überschlag des Jahres: „Mein Ligier untersteuert immer gräßlicher, bis er im 4. Gang, gut über 200 km/h, rechts in die Wiese donnert." Andrea kann sich nur im Cockpit ducken. „Die fünf Salti hab ich nicht gezählt . . ."

Lauda steht in der Schikane zweimal quer, dreht daraufhin mehr Bremskraft auf die Vorderräder und holt Prost ein. Worauf Alain an die Box geht, binnen elf Sekunden Reifen wechselt und 29 Sekunden hinter Lauda wieder herauskommt.

Ab jetzt muß Niki „soviel tun, soviel rechnen, soviel kämpfen wie noch nie, weil ich weiß: jetzt heißt es noch mehr Reifen schonen, Spritverbrauch ausrechnen: Ich bin zwei Runden im Plus!" Damit läßt sich schon etwas anfangen. Beim Überrunden kommt ihm Prost jetzt zwei bis drei Sekunden näher, er kommt wie die Feuerwehr, „aber er kommt zu schnell, ich mach mehr Dampf, hab schon wenig Grip, rutsch, muß kämpfen wie ein Irrer — aber dann, endlich, pendelt sich unser Abstand bei 16 Sekunden ein."

Lauda atmet auf: Aha, seine Reifen geben nach. Gott sei Dank. Und er weiß: jetzt kann ich locker gewinnen. Auf jedes spürbare Tempoforcing von Prost reagiert Lauda sofort — mit Erfolg. „Ich hab alles im Griff."

Nur noch 13 Runden bis zur Zielflagge, und dann der mörderische Tiefschlag: Turbolader mit einem Schlag kaputt — die Welle des rechten Turboladers abgerissen. Die Turbine, die auf dieser Welle sitzt, dreht bis zu 130.000mal pro Minute. Ein bei McLaren nur in Zeltweg, sonst nirgendwo aufgetretener Defekt, immer bei Lauda: Samstag im linken Turbolader — Sonntag im rechten.

„Prost out!" brüllt der englische Formel-1-Reporter Alan Henry, der aus meiner TV-Kabine die Strecke überblicken kann — aber dann rollt Lauda ganz langsam unter der Brücke aus.

Niki könnte schreien vor Zorn und Ungerechtigkeit: „Darf doch alles nicht wahr sein: ich fahr mir das Herz aus dem Leib und hab überhaupt nix davon — außer ein bißl geschwitzt."

Und Ecclestone-Statthalter Ernesto Huppert, der Veranstalter des Österreich-GP, starrt empört durch die Glasscheiben des Rennleiterturms: „Als Niki stillsteht, als die McLaren-Leute das Platz-1-Signal für Prost hervorholen, haben Ron Dennis und der Lauda-Chefmechaniker nur blöd gelacht! So was Unsportliches hab ich noch nie erlebt. Am liebsten wäre ich runtergestürzt. Aber wart nur, wie ihnen Keke 1986 einheizen wird!"

Lauda, traurig wie noch nie, zum erstenmal wirklich verbittert, kommt gar nicht mehr an die Box: „Ich kann diese Gesichter nimmer sehen." Am liebsten will er von McLaren weder etwas sehen noch hören. Aber am Weg zum Hubschrauberplatz muß er an den Mechanikern und Porsche-Leuten vorbei. „Die haben mir ja nix getan." Millionen TV-Fans in aller Welt trauern mit Niki genauso, wie die 100.000 auf dem Österreichring empört sind.

Prost gewinnt eine halbe Minute vor Senna und Alboreto und hat damit im WM-Duell auf 50:50 ausgeglichen. Fürs Lauda-Pech kann er natürlich nichts.

Fernsehinterview mit Alain Prost. Ich gratulier ihm und frag: ein bißl Glück gehabt?

*Alain:* „Wenn du so willst, ja . . . Niki tut mir leid, heute wäre er sicher Erster oder Zweiter geworden. Und hier, bei sich zu Hause, hätte Niki natürlich gewinnen können, gewinnen dürfen."

Ab Zandvoort nicht?

*Alain:* „Könnte sein, daß ab Zandvoort Boxenbefehle herauskommen . . ."

Zwischen Lauda und Prost: unverändertes Respektverhältnis. Aber Mr. Dennis wird Mühe haben, zerschlagenes Porzellan zu kitten. Niki pocht auf seinen Vertrag, in dem Gleichberechtigung steht, „woran sich durch meinen Rücktritt ja nichts ändert. Aber natürlich leiste ich auch Teamarbeit — wenn ich mich noch als Teammitglied fühle.“

## ZANDVOORT: DUELL DES JAHRES

Den Rücktritt beschlossen, aber für sich behalten haben erst zwei Weltmeister: 1970 Jack Brabham (der als sein eigener Teamchef ja bloß seine Frau Bette einzuweihen brauchte) und 1973 Jackie Stewart, der nur seine Frau Helen, Ken Tyrrell und Ford-Boß Walter Hayes informierte. Das Herunterzählen der Rennen, der Countdown in einem unfallreichen Jahr, muß für Jackie schrecklich gewesen sein. Für Denis Hulme, der 1973 ähnlich taktierte, genauso.

Aber den Rücktritt erklärt und dann noch weitergefahren — das hat vor Lauda noch keiner. Und gewonnen? Schon gar nicht.

Aber zuvor muß Lauda seinen hartnäckigsten und unberechenbarsten Gegner 1985 besiegen — den Defektteufel.

*Bei McLaren fühlt er sich an sich „recht nett und friedlich behandelt, aber wahrscheinlich nur, weil ich erst sowenig Punkte hab. Das ändert sich, wenn ich wieder gewinn.“*

*Ein alter Spruch: „A bad worker always blames his tools“ — aber wo soll der Champion Lauda die Schuldigen suchen? Ron Dennis ruft ihn meist Montag in Ibiza an, manchmal mitfühlend und sorry: „Tut mir leid Niki, ein Materialfehler, noch nie zuvor passiert“. 1985 könnte Lauda über McLaren singen: „Ich bin der Sisyphus, du bist mein Stein.“ So oft er die Felsen den Berg hinaufschleppt, stürzen sie ihm ab — zumeist lang vor der Zielflagge.*

*Denn Laudas letzte Rennsaison liest sich wie eine Serie von Attentaten: In Rio elektrische Störungen, in Estoril ein kaputtes Pleuel, in Imola elektrische Störungen und kein 5. Gang, in Montreal ein loser Wasserschlauch, in Detroit keine Bremsen, in Le Castellet ein gebrochenes Differential, in Silverstone ein gebrochener Bügel der Lichtmaschine, der berühmte Fünf-Schilling-Teil, auf dem Nürburgring das lockere Hinterrad, in Zeltweg die gebrochene Turbowelle ...*

*Niki: „Mein einziger Fehler war Monte Carlo. Alles andere: technische Defekte, die ich nicht beeinflussen kann.“*

*Deine Fans glauben nicht mehr an Zufälle — Sabotage?*
*Niki: „Sabotage ist Blödsinn, dummes Gerede. Ich glaub nicht dran. Aber vielleicht bin ich zu naiv. Defekte und Ausfälle sind ein Teil des Motorsports, den ich auch akzeptieren muß — nicht nur die Siege. Wer soll mir einen Turbolader ansägen? Und keiner kann ein Rad so anschrauben, daß es sich nach 30 Runden lockert."*
*Was verlangst du eigentlich von deinen Mechanikern? frag ich Ron, den Ex-Mechaniker, und er sagt mir wörtlich: „Das wichtigste ist, daß Rennmechaniker der Teampolitik folgen und diese Politik auch verstehen."*
*Ich kenn Teams, in denen dauernd beide Autos ausfallen — wie 1968 im Repco-Brabham-Team mit Brabham und Jochen Rindt. Aber ich kenn kein Team, in dem immer nur der gleiche stehenbleibt.*
*Der Unterschied ist frappierend: Prost hat 1985 das ganze Jahr nur einen technischen Defekt (Turbolader in Adelaide), Lauda das ganze Jahr nur ein Rennen ohne Defekt (Zandvoort) — wieso?*
*Niki: „Wenn das Team zu 150 Prozent für Prost arbeitet und nur mit 95 Prozent für mich, treten solche Sachen ein. Dinge, die kaputtwerden, aber das kannst nicht als bewußt gemacht hinstellen: Alles Defekte, die nicht eingebaut, sondern aufgetreten sind."*
*Prost springt oft zwischen seinem Renn- und seinem Ersatzauto hin und her — warum bleibst du immer stur bei deinem Rennauto?*
*Niki: „Weil ich nie gern das Ersatzauto fahr, sondern immer glaub: Mein Rennfahrzeug ist besser vorbereitet. Das Ersatzauto hat nur dann einen Sinn, wenn du es im Training erprobt hast."*
*Als Weltmeister weniger motiviert? „Ich schon", beteuert Niki, „aber mein Auto nicht." Warum? „Da mußt bitte Ron Dennis fragen." Und der Chef beteuert: „Kein Mensch will, daß ein Auto ausfällt — nur die österreichische Presse unterstellt mir immer Sabotage." Klar: Schuld sind die Zeitungen, wer sonst?*
*Kann man Defekte mutwillig heraufbeschwören? Theoretisch — und nur theoretisch — ja: Wenn du statt zwölf nur sechs Liter Motoröl einfüllst. Wenn du den Computer störst. Aber das gehört genauso wie die angesägte Lenkung oder Halbachse ins Kino.*
*„Ich hab immer gewarnt: so kleine Spielzeugbatterien", sagt Mezger, „aber Barnard hat sie sich eingebildet."*

*Erinnern wir uns: Nach seinem WM-Titelgewinn '84 hat Lauda allen seinen Mechanikern goldene Ebel-Uhren geschenkt. „What a stupid and wrong thing to do! Dumm und falsch", schimpfte Ron Dennis öffentlich beim ersten Meeting danach in der Fabrik — „obwohl ihn die ganze Sache gar nichts anging. Es war nur Nikis Art der Anerkennung." Der Chefmechaniker — weil für beide Piloten zuständig — bekam damals keine Uhr. Aber die Lauda-Mechaniker Harry, Dave und Joe fühlten sich fortan isoliert. „Als Team innerhalb des Teams. Wir nannten uns nur noch: Team Ebel."*

*Laudas Chefmechaniker Harry Mendel, ein rothaariger Australier, über den Mechaniker-Job: „Entweder du gewöhnst dich dran . . . oder du verschwindest aus dem Formel-1-Zirkus." Harry, schon in vielen Teams gewesen, redet nicht von der Nachtarbeit, nicht von den verbrannten Händen, nicht von den Magenbeschwerden vom unregelmäßigen Essen. „Wir bei McLaren haben eher Probleme mit dem Trinken . . ." Gegenüber früher fällt ihm die geringere Zuständigkeit auf: Früher war der Mechaniker fürs ganze Auto verantwortlich, jetzt nur noch für sein Teilgebiet." Und die Bezahlung? „Wenn Ron nicht in der Nähe ist . . . durchschnittlich."*

*Harmlose Worte, unpolitisch. Trotzdem kommt ein paar Tage später ein wichtigtuerisches Telex von McLaren International: „Wir verbieten die Ausstrahlung des Mechaniker-Films, weil nur unser kommerzieller und technischer Direktor befugt sind, im Fernsehen aufzutreten, sonst niemand." Das Fernschreiben landet im Papierkorb.*

*Kein Geheimnis ist das Geld. McLaren hat ein spezielles Prämiensystem: Pro WM-Punkt, egal ob von Prost oder Lauda herausgefahren, erhält jeder Mechaniker, egal ob Alain oder Niki, 60 Dollar Extraprämie. Machte im Triumphjahr 1984 bei 143,5 Punkten pro Mechaniker 8160 Dollar — nach damaligem Kurs je 206.640 Schilling. 1985 etwas weniger — weil Niki soviel Pech hat.*

Wird Lauda sabotiert? Wie reagiert er auf Zeltweg? Woher nimmt er die Kraft zum Weitermachen? Schmeißt er, völlig verärgert, McLaren noch vor Saisonende den Krempel hin oder fühlt er sich gar gefährdet? Fragen, die alle Formel-1-Fans diskutieren.

Ich leite die Fragen an Niki weiter: Überlegst du dir, noch vor Saisonschluß alles hinzuschmeißen?

*Niki:* „Das frag ich mich schon manchmal, besonders seit Zeltweg. Aber irgendetwas drängt mich noch stark, das Jahr fertigzufahren, ich fühl mich als korrekter Mensch, bin dem Team und Sponsor verantwortlich. Nur manchmal zweifle ich, ob das überhaupt noch gerechtfertigt ist . . . Vielleicht kämpf ich gegen Windmühlen, aber ich sag mir halt immer: Die Serie muß aufhören! Ich muß noch alles herumreißen können. Außer" — ein sarkastisches Lächeln — „die legen mich."
Geld müßte Lauda, wenn er vorzeitig aussteigt, keins zurückzahlen. Das steht sogar im Vertrag.
Das einzige, was er sich wirklich wünscht: „Endlich ein Rennen ohne Probleme. Alles weitere kann ich selber machen." In Zandvoort, auf dem extrem schwierigen Fahrerkurs am holländischen Nordseestrand, hat Niki schon zweimal gewonnen — 1977 war sein letzter Ferrari-Sieg. Nach einem Superduell mit Jacques Laffite, der zuletzt (Silverstone und Nürburgring) zweimal Dritter war, dessen Ligier-Kollege de Cesaris aber für Ärger sorgt.
*Noch bei den ersten Testfahrten in Le Castellet hat John Barnard Lauda spöttisch gefragt: „Hast du den Ligier gesehen? Nein? Ist auch gar nicht wert, daruf einzugehen: komisches Auspuffsystem, wird zu heiß, dazu die Luftwirbel."*
*So häßlich er auch aussehen mag: Der Ligier, in nur drei Monaten gebaut, ist keineswegs ein Fehlgriff. „Der JS25 ist well-born, und ein gesund geborenes Auto weiterzuentwickeln, zu verbessern, ist immer viel leichter, als eine Fehlgeburt total umzukonstruieren. Aber vielleicht wäre das Auto noch besser, hätte Ing. Tetu mehr Zeit gehabt."*
*Mit Larrousse und Tetu ist Andrea „sehr happy". Wo er, könnte er es sich aussuchen, noch lieber fahren würde, sagt er nicht: „Wäre unfair gegenüber Ligier."*
*Das Hauptproblem ist bis Mai das Geld. Mit der französischen Lotterie wurde ein Drei-Jahres-Vertrag abgeschlossen, aber dann kommt Gitanes statt Lotto aufs Auto — also müssen die Millionen umgeschichtet werden.*
*Mit Laffite kommt de Cesaris gut aus: „Er ist happy, lacht immer, das ist gut für die Teamatmosphäre." Freilich: „Er besorgt sich, was er braucht, hintenherum."*
*Laffite ist der markentreueste Grand-Prix-Pilot aller Zeiten: 108 Ren-*

*nen für Ligier, dann zwei Jahre Williams, heuer weitere 16 Starts für Ligier.*
*Mit 169 Grand-Prix-Starts wird er bald nicht nur Lauda (171), sondern auch Graham Hill (177) übertreffen: Dann war keiner so oft im Stahlgewitter eines GP wie Laffite. Und er hat vor, noch lang drinzubleiben: „Noch zehn Jahre — bis ich 52 bin. Das Autorennfahren hält mich jung." Gegner kamen und gingen, kamen zum Teil wieder (Lauda, Jones), aber Jacques war immer da. Sein Urteil über die anderen ist kritisch: „Lauda war 1985 nimmer motiviert, Prost dagegen optimal, ohne Fehler, Patrese ist der beste Italiener und Berger die große Entdeckung."*
*Viele hatten ihn schon abgeschrieben, auch der englische Formel-1-Evangelist Alan Henry in „Motoring News": „Laffite ist ein Freizeitrennfahrer geworden. Meine Großmutter schaltet schneller als er."*
*41 Jahre, der älteste aktive Formel-1-Pilot. „Daß Alter kein Problem ist", hat Lauda immer gewußt, dafür ein anderes Problem geortet: „Daß Jacques die Schuld immer woanders sucht, nur nicht bei sich selbst. Anfangs leidet er darunter, daß er langsamer ist als de Cesaris. Er arbeitet nicht genug an sich."*
*Dafür weiß Laffite alle Hochzeitsdaten und Geburtstage seiner Ligier-Mechaniker, er geht zu den Taufen und Firmungen ihrer Kinder, ist über ihre Schulzeugnisse und Krankheiten informiert — früher war er ja selber einer von ihnen: Mechaniker in einer Pariser Garage und Formel-3-Mechaniker von Jabouille. „Ich hab echt gearbeitet, natürlich nicht ab sieben Uhr früh, aber, yes, weniger lang, weniger aufreibend, aber doch gearbeitet." Heutiger Unterschied zwischen Rennfahrern und Mechanikern? „Wir arbeiten viel, viel weniger und kriegen viel, viel mehr Geld."*
*De Cesaris tritt selber immer noch auf wie ein Maturaschüler; im Aktenkoffer statt dem big business die Prüfungsfragen.*
*Er hat Manieren, ist nett, gut erzogen und nimmt zu den Rennen abwechselnd seinen Bruder oder die Freundin mit. Für Niki Lauda hat er grenzenlose Bewunderung: „A lucky man! Aber nicht im Sinn von Glücksspieler, sondern weil er sich sich selbst immer in die richtigen Umstände bringt: Ferrari, Porsche, McLaren . . ."*
*Er selber rennt immer noch seinem ersten GP-Sieg nach. „Wenn ich*

*einen gewinn, hab ich sicher Glück — aber das ist mir egal." Dreimal griff er nach dem Sieg: in Long Beach 1982 im Duell mit Lauda verschaltet, in Monaco 1982 Sprit ausgegangen; in Spa 1983 Motorschaden; und in Kyalami 1983 gegen die BMW 70 PS zuwenig ...*
*„Ich hab genug Erfahrung gewonnen, teils auf eigene, schmerzhafte Kosten, weiß, wie man ein Auto abstimmt, häng von niemandem ab und kann Entscheidungen treffen", ist er überzeugt.*
*Lauda, der von Andrea vergöttert wird, über den jungen Römer: „Hat seine Sturm- und Drangzeit überwunden, ist besser geworden, hat aber jetzt das Handikap, daß der Ligier nicht das beste Auto ist. Vom Talent her hat er mehr in sich, als er momentan zeigen kann."*
*Sein Berufsziel? Obwohl er mit der italienischen Modefirma „Reporter" einen Sponsorvertrag hat, will er am liebsten ein Boß-Geschäft aufmachen. „Außerdem hab ich schon einen Grund in Argentinien gekauft."*
*Der heimliche Ligier-Hit ist aber nicht der JS25 mit dem vielen Abtrieb, sondern der JS6, ein Kleinwagen mit 0,4 Liter und 6 PS, von dem Ligier pro Jahr 3600 Stück baut und für 30.000 Franc verkauft.*
*Guy Ligier sagt über sein Hauptziel anfangs nur: „Laffite durch die Qualifikation zu boxen." Und dann haben seine Piloten in einem einzigen Rennen (Monaco) mehr Punkte erzielt als die ganze Saison 1984! Was Guy freilich oft nicht live miterleben kann — sondern in Voiry vorm TV-Apparat. Offizieller Abwesenheitsgrund manchmal: Blinddarmoperation seines Sohnes. Wirkliche Ursache: Daß ihn sein Team heimgeschickt hat, „weil wir ohne dich ruhiger arbeiten können".*
Am hitzigsten geht es bei Ligier aber zwischen Zeltweg und Zandvoort zu, wie de Cesaris schmerzlich verspürt.
Statt daß ihm das Ligier-Team gratuliert, daß er noch lebt, wirft es de Cesaris nach Zeltweg raus. „Wir haben weder Geld noch Zeit, um dauernd nur deine kaputten Autos zu reparieren. Wir müssen weiterentwickeln. Du hast zu viele Unfälle", keift Guy Ligier. „Du arbeitest immer nur für dich allein, aber ich verlang Teamwork!"
Ligier bietet Andrea an, für weniger Geld weiterzufahren: für den Piloten glatter Vertragsbruch. So setzt Ligier in Zandvoort de Cesaris vor die Tür. „Weil die Mannschaft dringend reorganisiert werden muß", sagt er.

In den Startlöchern lauert bereits ein neuer, junger Franzose: Philippe Streiff wird de Cesaris ablösen.

*Der deutschstämmige Name ist nicht irreführend. Streiff stammt aber nicht aus dem Elsaß, sondern aus Zürich: „Von dort ist mein Urgroßvater als Heizungsindustrieller nach Grenoble ausgewandert. Er hatte spezielle Heizsysteme für Fabriken.“ Großvater und Vater folgten der Linie, und auch Philippe ist fertig studierter Heizungsingenieur.*

*500 Meter vom Streiff-Haus entfernt wohnte früher René Arnoux. „Von ihm hab ich mein erstes Rennkart gekauft“, erinnert sich Philippe schmunzelnd.*

*Mit 1,95 Meter Riesengröße wirkt er eher wie ein Halbschwergewichtsboxer als wie ein Formel-1-Pilot. „Besonders nett ist er nicht, aber gut. Und darauf kommt's an“, lobt ihn Christian Danner. „Er ist beständig und schnell, fährt sauber und echt gut. Wir haben einander oft genug das ganze Rennen beharkt, Formel 2 wie Formel 3000. Hat immer richtig Spaß gemacht.“*

*Mit dem AGS in den blauen Gitanes-Sponsorfarben ist Streiff sogar in die Geschichte eingegangen: Sieger des allerletzten Formel-2-Rennens, das es gab — im Herbst '84 in Brands Hatch, wo er im Formel 1 groß überraschen wird. Die einfachste Erklärung hat Gerard Larrousse: „Ich hab einen jungen Fahrer in ein gutes Auto gesetzt — das ist das ganze Geheimnis.“*

Zandvoort wird also Andreas Abschiedsrennen für Ligier. Er scharwenzelt auffallend oft um den McLaren-Bus — für den Fall, daß Niki nimmer mag. „Aber meinen Platz kriegt er nicht!“ schwört Niki, „weil ich das Jahr fertigfahr . . . wenn mich McLaren nicht übermäßig ärgert.“

Kaum wieder im roten Kampfanzug, ist Lauda schon wieder der Vollblut-Rennfahrer. Kalter Wind, schwarze Regenwolken an der Nordsee, aber bei McLaren kein Gewitter. Eher das Gegenteil. Dennis ersucht Niki höflich: „Könntest du für die letzten sechs Rennen aufs Ersatzauto verzichten, damit Prost im WM-Finish gegen Alboreto bessere Chancen hat?“ Laut Vertrag steht Niki jedes zweites Rennen der Reservewagen zu, „aber ich hab ihn eh net mögen. Ich helfe Prost gern. Aber wenn ich Motorschaden oder einen Unfall hab — bitte, dann krieg ich mein Auto selbstverständlich zurück.“

Und dann beherrscht Niki auch ohne Ersatzauto das erste Training; erst als er drei Runden vor Schluß aussteigt, kommt Prost nach vorn. Daß Nikis Motor schon 205 Meilen auf dem Buckel hat, Alains TAG-Rakete aber erst 94 Meilen, tut Lauda als bloßen Zufall ab. Der Topspeed ist etwa gleich: Lauda 309, Prost 311 km/h, aber Piquet hämmert mit 324, Rosberg mit 314 km/h durch den Lichtschranken.

*Für Piquet, wie alljährlich in Zandvoort, riesige Transparente vis-à-vis von den Boxen. Der Fanklub leistet ganze Arbeit. „Forget the rest, Nelson is the best", reimt sich ein Piquet-Lobspruch. Ein anderer nicht: Als Nelson Brabham verließ, sagte Frank Williams: „Schnappt ihn." Aber noch wird die Super-Kombination für 1986 offiziell dementiert. Piquet verwirrt alle: „Morgen unterschreib ich für Beatrice, was sagts ihr dann?"*

Und Piquet zeigt Bernie, was er wert ist: „Halbzeit"-Pole am Freitag, die eine echte Trainingsbestzeit wird, weil es Samstag regnet.

Beide Regentrainings werden von Ligier-Piloten beherrscht. Vormittags von de Cesaris, nachmittags von Laffite. Lauda bleibt in der Box und beobachtet, wie Mansell und Brundle (Augen zu und Vollgas) riesige Wasserfontänen aufwirbeln — Mansell ganz innen, Zentimeter neben der Boxenmauer und den privaten Topspeed-Meßanlagen.

Die berühmte englische Tapferkeit, sage ich zu Niki. Er schüttelt den Kopf: „Nein, die englische Blödheit . . ."

Kaum ist Prost auf der Piste, fährt er Superzeiten: gekonnt und diszipliniert. „Seht ihr, so geht's auch", nickt Lauda. „Aber bitte, signalisiert ihm: Platz eins. Damit er nicht sinnlos weiterteufelt und sich womöglich noch den Finger bricht — dann heißt die neue McLaren-Mannschaft Lauda — de Cesaris. Hätte wohl auch keiner erwartet . . ."

Prompt rutscht Alain einmal in der Tarzankurve in die Wiese, bringt sein Auto aber wieder unter Kontrolle — auf die Bahn zurück. Prost-Prognose: „Ich will gewinnen! Damit ich Alboreto mit den Punkten davonlauf."

*Den Samstagabend verbring ich bei Niki im „Schiphol Hilton", gleich beim Flugplatz. Um ihn: fast schon mehr Fliegermenschen als Formel-1-Leute, „aber das ist Zufall: nur, weil die Transavia hier zu Hause ist". Alles dreht sich um ihn. „L' Equipe" liiert Lauda schon mit Testprogrammen, Ferrari in Indianapolis — aber für Niki ist klar:*

*„Schluß ist Schluß." Ron Dennis hat mit ihm alles mögliche vor, Werbefeldzüge und TV-Spots, aber Niki wehrt ab: „Keine Sekunde!" Einen einzigen Sponsorvertrag führt er (vorläufig) weiter: Das Parmalat-Kappl, noch drei Jahre. „1984 hatte ich mit den Italienern einen Vertrag bis 1988 geschlossen."*
*Spät abends kommen die Ü-Wagen: Das ZDF-Sportstudio errichtet eine Extra-Außenstelle fürs Lauda-Interview, ganz nach Nikis Geschmack: „Ich brauch nur vor die Hoteltür treten — dort ist schon alles parat." Das ZDF bietet ihm auch einen Vertrag als TV-Kommentator für 1986 an — ein Job, für den zum Beispiel James Hunt bei der BBC jährlich 1,5 Millionen Schilling kassiert. Auch Jackie Stewart (ABC und ESPN), Clay Regazzoni (RAI), Jan Lammers (NOS) sind längst prominente Formel-1-Kommentatoren geworden.*
Das ist Laudas Umwelt in Zandvoort. Aber daß er immer noch Lauda, der Rennfahrer mit der Nr. 1 ist, kapieren die letzten am Sonntagvormittag.
Ich hock bei Niki im Wohnwagen. Und weil sich hier sein 25. und allerletzter Sieg zusammenbraut: die Stunden davor. „Der Prost", sagt Niki, „ist so siegessicher, daß er heut sicher nicht kommt. Ich weiß genau, was ich tu: weiche Reifen und ab Halbzeit mach ich Druck. Wenn das Wetter schön ist und das Auto hält, schwör ich dir: heut hat niemand gegen mich eine Chance!"
Und bei Regen?
„Dann hör ich auf. Wunder dich nicht, wennst plötzlich einen Dreher von mir siehst . . . Für einen zweiten oder dritten Platz werd ich mich in der Tarzankurve sicher nicht umbringen. Für mich gibt's heute nur noch eines: *Sieg — oder nix.* Alles andere zählt nimmer. Für Holland und den Rest der Welt: nochmals ein *special effort.* Wenn's nur halbwegs geht, mach dir keine Sorgen."
Und wenn Boxenbefehle rauskommen?
„Dann schau ich nicht hin. Anbremszone, schwindlig von den Bodenwellen, alles zittert — was willst da sehen?" grinst Niki vergnügt.
Dann geht er hinaus und fährt im letzten Aufwärmtraining Bestzeit. „Was hast du vor?" fragt ihn Prost. „Nur, damit ich weiß, wie ich dran bin." — „Ich möcht heut gewinnen!" sagt ihm Niki klar und deutlich, was Alain akzeptieren muß.

Was Niki vorhat: In der Tarzankurve jede Runde einen Gegner auszubremsen, und einen besonderen Reifentrick: „Wenn ich zum Boxenstop reinkomm“, verabredet Lauda extra mit seinem Renningeniuer, „dann montier mir bitte viermal C, die weichen Rennreifen, damit ich das Übersteuern wegkrieg.“ Steve Nicols nickt pflichteifrig — und wird nachher genauso empört sein wie Lauda, weil er von Ron Dennis, wie es in der Tennissprache heißt, „overruled“ wird.
Kurz vor dem Start reißt Niki — was ihm noch nie passiert ist — das Uhrenarmband. Er kann gerade noch alles aus dem Cockpit werfen.
Zunächst verpatzt Pole-man Piquet den Start. „Meine Schuld: Ich dreh den Motor so hoch, daß der Begrenzer abriegelt.“ Der Alptraum der Auffahrunfälle geht vorbei — ein Wunder, daß dem stehenden Brabham alle ausweichen können. Am knappsten Teamgefährte Surer, der zwischen Piquet und der Boxenmauer durchbalanciert.
Wie gewohnt, führt Rosberg, zuerst vor Senna und Prost, aber Lauda stößt vom zehnten Startplatz rasch nach vorn und ist ab der fünften Runde schon Vierter, direkt hinter Alain. Ab der 14. liegen praktisch drei McLaren-Piloten auf den ersten drei Plätzen: Rosberg, die Zukunft, Prost, die Gegenwart, und Lauda (für die McLaren-Strategen) schon die Vergangenheit.
„Die ganze Zeit schimmert mein Computerlicht im Cockpit. Ich denk mir bereits: Was kommt jetzt schon wieder?“ fürchtet Niki. „Wahrscheinlich nur ein Wackelkontakt.“ Erst später weiß er, daß sich in Zandvoort — schon zum viertenmal! — die Batterie leert. „Bei mir steckt der Hund im Strom.“ Aber zum Glück läuft die Lichtmaschine . . .
Nach 20 Runden ist Rosbergs Bombenfahrt zu Ende: schon wieder Motorschaden. Fast gleichzeitig kommt Lauda zum Reifenwechsel an die Box, „vielleicht ein bißl zu früh. Fünf, sechs Runden später wäre besser gewesen“. Aber das weiß Niki erst ein paar Runden später — und ebenso, daß ihm McLaren die falschen Reifen montiert hat! Nicht rundum die weichen C, sondern links hinten schon wieder einen härteren (und langsameren) B . . .
*Laut Steve „hat das Ron Dennis befohlen, weil du schon so früh in der Box warst“. Dennis klammert sich an die alte McLaren-Regel: Wer vor Ablauf der 20. Runde an die Box kommt, kriegt nochmals*

*haargenau die gleichen Reifen — eine McLaren-Interna, an der sich Prost später, im Oktober, bei seiner WM-Fahrt in Brands Hatch fast die Zähne ausbeißt.*

*„Und die 20. Runde ist genau an der Kippe: Ron will gerade den B-Reifen wegtragen und einen C-Reifen für Niki holen lassen“, entschuldigen ihn später seine Yes-Men im Team.*

Von Lauda später zur Rede gestellt, verteidigt sich Dennis: „Der härtere Reifen links hinten ist die bessere Wahl.“ Nein, die falsche, beharrt Lauda — worauf sich der Chef entschuldigt.

Aber wenigstens ist der Lauda-Stop ein schneller: zehn Sekunden. Auf Platz acht zurückgefallen, beginnt Nikis zweite Aufholjagd. Tambay klemmt die Kraftübertragung, Mansell muß reifenwechseln, Senna ebenso, Surer bricht der Auspuff: so ist Lauda in der 28. Runde schon wieder Dritter, hinter Prost und Alboreto — die aber ihre Boxenstops noch vor sich haben.

Der Ferrari in der 33., Prost in der 34. Runde — aber weil beim Teamkollegen rechts hinten die Radmutter klemmt, kommt Alain erst mit Verspätung wieder raus auf die Piste: 18,3 Sekunden hinter Lauda. Dazwischen liegt — bis zur 47. Runde — noch der Lotus von Senna.

Prost scheint zu fliegen. Pro Runde holt er eine Sekunde auf den Führenden Lauda auf . . .

*Nach hinten blickt heute niemand. Surer ist kurz sensationeller Dritter, „zum erstenmal seit Monte Carlo 1983, als mich Warwick abschoß. Aber das fällt mir nicht ein, das löst auch keine Emotionen aus . . . höchstens, wenn ich einmal in Führung lieg.“ Schon ewig träumt Surer von einem Platz auf dem Stockerl. „Ich denk schon: heute klappt's.“*

*Und dann, plötzlich, ein Loch im Auspuff: „Das merkst du zuerst daran, daß du beim Beschleunigen immer mehr Zeit verlierst. Dann hörst du es auch: ein blechernes Zischen. Und der Ladedruck baut sich langsamer auf.“*

*Schon nach 20 Runden hat das Malheur begonnen, jetzt weiß Surer längst: „Im Prinzip müßte ich aufgeben. Aber das wär gegen meine Natur. Also überleg ich: aussteigen und heimfahren — oder doch noch etwas Preisgeld verdienen?“*

Zurück zum Kampf um den Sieg: Tags darauf, auf dem Fernseh-

Schneidetisch, eine Überraschung, als ich ein McLaren-Boxensignal aus der 50. Runde erhasche. Für Lauda: „+5 Prost, —L 20“, also: fünf Sekunden Vorsprung auf Prost, noch 20 Runden. Für Prost jedoch „—5 Lauda, —L 21“ — also: fünf Sekunden Rückstand auf Lauda, aber noch 21 Runden. Soll da jemand in ein Benzindrama gehetzt werden? — damit er, von einer zusätzlichen Runde überrascht, ohne Sprit liegenbleibt?

*No story, nur ein Unfall, dementiert Dennis später. „Wir haben in Zandvoort erstmals neue Rundenprotokolle, die Ingenieure zählen von der 50. Runde hinauf — und die 50. Zeile war eingezwickt und verrutscht . . . Aber die letzten 20 Runden kriegen wir die Zahlen wieder richtig.“*

Nach 59 Runden, elf Runden vor Schluß, hat Prost den führenden Lauda eingeholt. Niki tut der frühe Boxenstop jetzt leid — und er ärgert sich maßlos wegen des Übersteuerns. Aber er wehrt sich, zieht alle Register. „Ich fahr und ich kämpf so, als würde ich 1986 noch weitermachen — aber klar hab ich noch gewisse Reserven.“ Die Niki zumindest im letzten Renndrittel über Bord wirft. Da fightet er aggressiv wie der Jüngste im Rennzirkus.

*Das Duell in den Dünen ist kein Stallkrieg, weil nie Boxenbefehle herauskommen — anders als früher bei Williams und Ferrari. Aber trotzdem: Der härteste Zweikampf zweier Teamgefährten seit Carlos Reutemanns „verbotenem Sieg“ über Alan Jones (1981 in Rio) und seit Didier Pironis unpopulärem Sieg über Gilles Villeneuve 1982 in Imola: Sowohl der Williams- als auch der Ferrari-Stallkrieg hatten böse Folgen: Villeneuve war 13 Tage später tot, Opfer der Stallrivalität, und Reutemann fühlte sich im WM-Titelkampf von Williams im Stich gelassen, vereinsamt.*

Das Duell 1985, Lauda gegen Prost: ohne Gnade, aber mit gleichen Waffen. „Ich verstell den Ladedruck das ganze Rennen nicht“, gibt mir Niki später zu, „Prost auch nicht.“ Und der Spritvorrat? „Normal kontrollier ich alle zehn Runden, aber gegen Ende schau ich nimmer, weil ich so auf Prost aufpassen muß.“ Am Ende bleiben den beiden McLaren noch Benzin für zwei bzw. eineinhalb Runden übrig . . .

Prost im Lauda-Rückspiegel wird immer größer, immer bedrohlicher. An einen Stallbefehl hat Lauda „nicht einmal gedacht. Ich schau gar

nicht zur Box hin." Je überlegt, den Teamrivalen vorbeizulassen? „Keinen Augenblick . . . notfalls blockier ich ihn bis ins Ziel."
Prost redet später von einem „sehr harten Zweikampf. Wir sind beide super gefahren." Spätere Beifügung: „Was Niki in der letzten Runde mit mir macht, ist gefährlich." Aber Niki hat sich längst geschworen: „Heute kommt Prost an mir nicht vorbei!"
Endlich kommt die Zielflagge heraus. Nach 298 Kilometer trennt die beiden eine Wagenlänge auf dem Zielstrich — 0,232 Sekunden. „Das kann", bestätigen beide, „keine Taktik gewesen sein."
Endlich allem Pech und der Defektserie davongefahren. Als ich Niki ein paar Minuten nach der Siegerehrung treffe, ist er abgekämpft, hat aber noch das Feuer des unglaublichen McLaren-Stallduells in den Augen: „Es war irrsinnig schwierig, aber ich bin auch wahnsinnig glücklich. Nie hätte ich Prost heute vorbeigelassen. Er hätte mich schon umbringen müssen, um zu gewinnen!"
Der Dialog bei der Siegerehrung ist verbürgt: Prost: „Warum hast mich nicht gewinnen lassen?" Lauda: „Ich hilf dir schon, aber erst am Ende des Jahres."
Franzosen-Reporter kommen später mit der Dolchstoßlegende: „Drei WM-Punkte mehr wären für Alain heute sehr wichtig gewesen." Im November ja, sagt Niki, aber wir haben ja erst August. Und, an die italienischen Reporter adressiert: „Ich fahr für mich, nicht für ihn."
Von Prost kommt kein Vorwurf: „Für mich nur gut, daß Niki noch so motiviert ist, weil er Alboreto noch viele Punkte wegnehmen kann." Und Prost sagt mir noch etwas ins Mikro: „Zandvoort war sicher nicht Laudas letzter Sieg — er wird heuer nochmals gewinnen."
Womit sich Alain leider irrt: Zandvoort bleibt Nikis 25. und letzter Sieg, soviel wie der „fliegende Schotte" gewonnen hat. Aber Jimmy ist tödlich verunglückt, gerade, als Lauda mit dem Mühllacken-Bergrennen 1968 seine Weltkarriere begonnen hat.
In Zeltweg zurückgetreten und geführt. In Zandvoort gewonnen. Tut dir der Rücktritt nicht schon ein bißl leid? „Nein, weil Siegen mit Zurücktreten nichts zu tun hat. Im Moment bin ich mir absolut sicher."
Der Rückflug des Siegers nach Ibiza ist eine Via triumphalis: Alle gratulieren über Funk. „Und langsam weiß ich: Es muß mein bestes Rennen seit Estoril gewesen sein."

Über allen schlagen in Zandvoort die Wogen des McLaren-Stallduells zusammen, auch über Alboreto, der richtig sagt: „Dieser vierte Platz nützt mir nur, wenn ab Monza die neue Vorder- und Hinterradaufhängung funktioniert, sonst ist diese WM endgültig beim Teufel."

*

Schon mehr als 50 Große Preise ohne tödliche Unfälle, aber am Rand der Langstrecken-WM mahnen drei Kreuze — alles deutsche Piloten: Rolf Stommelen 1983 in Riverside, Winkelhock in Mosport, und dann, drei Wochen später, Stefan Bellof in Spa.

*Ursprünglich soll Berger statt Bellof das Brun-Auto fahren, aber Boutsen beharrt auf Stefan als Teamkollegen, und Japan-Sponsoren kaufen das dritte Auto.*

*Die Langstrecken-Bomber sind kaum langsamer als Formel-1-Autos, werden von genug Formel-1-Spitzenleuten pilotiert, kaum weniger hitzig — aber die Chassis sind nicht aus Kohlefaser, sondern aus Aluminium, das sich beim Aufprall ineinander verformt.*

*Am gescheitesten, sagt Berger, in solche Autos überhaupt nicht einzusteigen.*

Schon am Freitag verunglückt Jonathan Palmer schwer: Knöchelbruch, Gehirnerschütterung. Der Renn-Doktor selbst in Not. Die Warnung merkt keiner. Formel-1-Piloten überleben oft 300-km/h-Stürze ohne Kratzer. Langstreckenpiloten sterben bei 200.

Spa hat eine der schwierigsten, meistgefürchteten Kurven der Welt. Die Links-Rechts-Kombination in der Senke von „Eau Rouge". Ein Auto allein: oft Probleme. Zwei Autos nebeneinander: unmöglich. „Da kann keiner überholen."

*Hier hatte Bellof 1983 mit dem Formel 2 einen fürchterlichen Crash im Regen überlebt. Genauso unbeeindruckt wie auf dem Nürburgring nach dem Doppelsalto mit dem 956 am Pflanzgarten. Er nahm den Helm ab und gab Autogramme. Die Menge applaudierte.*

Bellof begegnet Ickx nie zufällig. Monte Carlo 1984: Hätte Rennleiter Jacky Ickx den Regen-Grand-Prix ein paar Runden später abgebrochen, der Drittplacierte, aber stürmisch aufholende Bellof hätte gewonnen. Und jetzt in der Langstrecken-WM, über die Ickx einmal zu Stewart sagt: „Mit 41 Jahren fährst du nimmer mit dem Gasfuß, nur noch mit Hirn . . ."

In Spa, nach dem Boxenstop, nicht. Bellof holt Ickx ein, aber der Belgier wehrt sich. Sechs, sieben Runden klebt Stefan am Heck von Ickx. Die Haarnadel von La Source, die abschüssige Zielgerade, rechterhand die alten, gemauerten Boxen, linkerhand das Denkmal für „Freddy Charlier, der für den Autorennsport sein Leben gelassen hat“, und dann die gefürchtete Senke von Radillon, in der schon einmal Porsche-Stallrivalen — Siffert und Rodriguez — karamboliert haben.
Damals ohne Folgen. Diesmal tödlich. Der Ickx-Porsche tobt sich nach ein paar wilden Drehern aus. Der Bellof-Porsche prallt voll gegen die Mauer, die nicht durch Gummireifen geschützt ist. Weil die Langstrecken-WM keinen Lauda hat, der sich ums Überleben kümmert.
Ickx, der immer Fatalist war, kommt mit Genickschmerzen davon. Bellof ist sofort tot.
*„Warum sagt jeder obergescheit: Der Bellof hätte nie überholen dürfen?“ empört sich Berger. „Wer weiß, was im Auto los war? Ob das Getriebe geklemmt hat oder sonstwas.“ Dagegen Surer: „Warum sucht man für Bellof unbedingt eine Entschuldigung? Auch er ist nicht unfehlbar.“*
*Aber vielleicht wollte Stefan gar nicht überholen? Links hinten, nach der Tür, hatte das Ickx-Auto Reifenspuren von Bellof — das heißt, Stefan war gar nicht in der Position zum Überholen.*
*Angelika sieht Panik und Chaos von der Box aus. Der Rennleiter ruft Ken Tyrrell an. Die Engländer können soviel besser ausdrücken, was der Sport mit Bellof verloren hat: So sorry he's gone. But so glad that he was here.*
Ums Heldendenkmal des Friedhofs von Gießen liegen 60 Kränze, und ständig werden neue herangeschleppt. Ich habe, sagt Vater Bellof, als ich kondoliere, meinen Sohn verloren. Aber für euch war er wie ein Bruder.
Das fröhlichste Lachen der Formel 1 ist verstummt. Deutscher Motorsport, ab jetzt in Moll.
*„Die Unfallserie“, sagt mir Lauda, „zeigt wieder nur, wie gefährlich der Motorsport ist und welches Glück wir in der Formel 1 haben, daß schon so lang nichts passiert ist. Die Autos sind zwar sicherer, gefahren wird, glaub ich, auch ein bißl vorsichtiger — aber wenn's kracht, dann kracht's überall. Jeder, der die Augen offenhält, weiß, wie gefährlich*

*unser Job ist — darum ist es falsch, von einem Rennunfall überrascht zu sein."*

Und eine andere Angst, die plötzlich umgeht: Was wird aus der relativ sicheren Formel 1, wenn Lauda zurücktritt? „Wir wissen, was wir ihm verdanken und denken mit Schrecken dran, was ab 1986 passieren kann: Dann wird's mit der Sicherheit abrupt schlechter", fürchten viele eine neue Unfallserie. So sind die Gedanken, als der Formel-1-Zirkus nach Monza kommt.

*Vor genau 15 Jahren starb Jochen Rindt ... und erst heute weiß man wirklich, warum. Es steht im geheimgehaltenen Untersuchungsrapport: wegen eines Kratzers auf der rechten vorderen Bremswelle! Damals waren Crash-Tests nur in der Flugzeugindustrie üblich. Lotus gab die Halbwellen nach jenem Rennen zum Polieren außer Haus. Und einer Firma passierte der Kratzer — kaum ärger, als hätte ein Vogel mit dem Schnabel reingepickt, aber tödlich für Jochen — an dieser Stelle begann der Bruch.*

*Rindt fuhr im Monza-Freitagtraining zum erstenmal ohne Heckflügel, war auf seiner ersten schnellen Runde, der Lotus 72 schlingerte, die Halbwelle brach, wegen der Wasserdrainage rutschte der Lotus unter den Leitplanken halb durch, bis zum Pfosten mit dem Lautsprecher — und wurde dort auseinandergerissen. Jochen rutschte unten durch, und die Gurten verletzten seine Halsschlagader.*

*Le-Mans-Rekordhalter Helmut Marko philosophiert heute: „Wenn du jung bist, glaubst du, es ist Pech, wenn dir etwas zustößt. Später weißt du: Es ist Glück, wenn dir nichts passiert."*

*Laudas Monza-Erinnerungen: außer WM-Triumph 1975 und Sieg 1976 auch eine Schrecksekunde 1973: „Da brach am BRM beim Anbremsen der Parabolica links die Felge — und ich konnte überhaupt nichts mehr tun."*

*Anno 1985 brauchen in Monza andere ihre Schutzengel: Mansell, wie so oft, und Berger.*

## MONZA: PROST — ALBORETO 9:0

Voran geht dem Monza-Wochenende die große Rennfahrerparty in Monte Carlo. „Du weißt ja“, sagt Alboreto geheimnisvoll zum TAG-Boß Mansour Ojjeh: „Ferrari fährt in Monza mit drei Autos.“ Ojjeh ist entsetzt: „Italien, Monza und Ferrari, als Verschwörung ein Skandal. Wer sind die drei?“

Alboreto grinst: „Ich, Johansson ... und Niki Lauda.“

Der Rest ist Gelächter, und später amüsiert sich auch Niki königlich: „Kann ohne weiteres passieren.“

In Micheles wöchentlicher Donnerstag-Fernsehshow „Die rote 27“ wird der umgemodelte Ferrari präsentiert: neue Radaufhängungen, neue Aerodynamik-Hilfen. Eine stumpfe Waffe gegen Prost.

Der eine schwebt im Autodrom gottähnlich vom Himmel: Prost wird täglich vom Luxushotel „Villa d’Este“ am Comosee mittels Hubschrauber in den königlichen Park eingeflogen. Der andere fährt per Zweirad in die „Hölle von Monza“: Alboreto narrt die 200.000 Fans täglich als Mopedfahrer mit falschem Overall und falschem Helm, bis ihm sein Untersatz gestohlen wird.

In Italiens klassischem Renntempel werden seit Jahrzehnten siegreiche Ferrari-Fahrer vergöttert, sieglose Ferrari-Autos aber gesteinigt.

*Die kleinen Italiener-Teams stehen natürlich völlig im Schatten von Ferrari und sogar Alfa Romeo: Minardi und Osella.*

*Martini kommt aus Ravenna. „Mein Vorbild“, erzählt er mir, „war immer Jochen Rindt.“ Pierluigi ist ein kleiner, lieber Kerl, über den auch Lauda sagt: „Ich hab ihn ganz gern. Er ist immer nett und macht beim Überrunden immer Platz“ — nur zu Saisonmitte passieren Pierluigi ein paar Fehler: Er übersieht Tambay in Montreal, Lauda und Berger in Le Castellet. Martini hat bei Minardi einen Zwei-Jahres-Vertrag, aber immer häufiger schleicht Nannini, der Bruder der Rocksängerin in der Box herum. „Ich versteh nicht, daß solche Leute Formel 1 fahren“, wird de Angelis in Italien in den Mund gelegt — was Berger ärgert: „Trivellato hat mir gesagt: Martini war bei mir in der Formel 3 ein guter Mann, Patrese ebenso, aber de Angelis eher mittelmäßig: Hat gar nicht so hervorgestochen.“*

*Wenn Pressekonferenz ist, sitzt Martini immer da wie bei einer Ge-*

*burtstagsfeier: ein bißl aufgeregt, und ganz am Ende des Tisches, weit von den Stars Lauda, Prost usw. Sein Englisch ist noch nicht optimal, darum übersetzt de Angelis oft für ihn, kameradschaftlich und freundlich.*

*Der 50jährige Cuoghi und der 23jährige Martini: Was läßt den „Weltmeister der Formel-1-Mechaniker" weitermachen? „Die Leute und die Atmosphäre, ganz sicher nicht das Geld. Wenn ich so denk, werd ich besser Eisverkäufer. Denn reich ist noch keiner von uns geworden."*

*Im kleinen, kompakten Minardi-Team fühlt sich Cuoghi wohl: „Das ist keine so sterile Fabrik wie die großen Rennteams." Weitermachen will er, „wenn mir der liebe Gott noch 20 Jahre schenkt", bis er 70 ist.*

*Ing. Chiti, der Motorenbauer, will mit seinen früheren Alfa-Fahrern nichts mehr zu tun haben. Als Cheever in Monza freundlich grüßt: „Buon giorno, Ingeneere", pfaucht ihn Chiti an: „Schleich dich! Ihr habt bei Alfa über meine Motoren immer nur geschimpft."*

*Seit das 220-Liter-Limit eingeführt wurde, gibt es Benzintricks aller Arten und Preisklassen. Was darf man verraten, was muß ein Geheimnis bleiben? Die Geheimfächer-Zwischenwände mit Ventilfedern, mit denen Team A experimentierte? Oder die Ballonkugeln im Tank, die sich bei manchen Teams aufbliesen?*

*Ich glaube auch zu wissen, wegen welch waghalsigem Experiment Ghinzanis Osella 1984 in Kyalami im Warm-up explodiert ist: Eine geheimnisvolle Flüssigkeit, bei Minusgraden in den Tankballon geschmuggelt, wird bei Plusgraden zum Gas, dehnt sich enorm aus — und reduziert dadurch den Tankinhalt auf 220 Liter. In Kyalami wurde das Gas zu schnell zu heiß und zu viel — der Überdruck löste das Feuer aus.*

*Ghinzani als Osella-Fahrer: schwer zu beurteilen, „weil keiner halbwegs abschätzen kann, wie gut oder wie schlecht die Osella-Alfa-Kombination ist" (Lauda). Ghinzani bei Toleman: Vom Chassis begeistert, „aber vergiß nicht, wo er herkommt", lächelt Fabi.*

*Statt Ghinzani fährt in der zweiten Saisonhälfte der Holländer Huub Rothengatter den Osella. Der holländische Businessman und Ex-Porsche-Rennfahrer Ben Pon treibt die Sponsorgelder auf — angeblich 50.000 Dollar pro Rennen.*

*Ben Pon hat außer einem guten Herz wohl auch gute Beziehungen: zu*

*Großindustriellen und Freunden in den USA. Warum die Geldgeber nicht am Auto werben? „Die brauchen das nicht."*
*Seit fünf Jahren arbeitet Rothengatter an seiner Rennfinanzierung. „Für 1986 hab ich schon einen multinationalen Sponsor . . . aber alles hängt von Osella ab."*
*Minimalbudget für ein Auto? Für Rothengatter „zweieinhalb Millionen Dollar, darunter ist es sinnlos".*
*Wenn er immer frisch gewaschen aussieht, ist das kein Wunder: Vater Rothengatter (bereits pensioniert) hat in der chemischen Industrie gearbeitet und jahrelang Badezusätze wie „Badedas" nach Laren bei Hilversum importiert.*
Interessanter ist in Monza der Schlachtruf: „Die Amis sind da!" Denn das Beatrice-Team feiert seine Weltpremiere. Mit dem Lola-Hart und einem Exweltmeister im Cockpit: Alan Jones.
*„Mir ein Rätsel, warum Beatrice soviel Vorschußlorbeeren kriegt. Was hat das Team so Spezielles? Geld kann's nicht sein — sonst wäre Renault ewig Weltmeister", grübelt Ron Dennis. Die Rivalität ist gewaltig. Zwei Beatrice-Leute warten sehnsüchtig drauf, Dennis eins auszuwischen: Teddy Mayer, den Ron bei McLaren rausgebissen hat, und Charlie Crichton-Stuart, den Ron (glaubt er) aus den Herzen der Ojjeh-Familie verdrängt hat. „Ich schenk dir 1000 Pfund, wenn du einen in der Boxenstraße findest, der dir sagt: Ron Dennis ist ein lieber Kerl . . ."*
*Wann immer die Konkurrenzteams neidisch von Rekordbudgets reden, sagen die Beatrice-Leute lässig: „Über Geld reden nur diejenigen, die keins haben. Wir haben genug, durchaus unserem Programm angepaßt."*
*Zuerst wollte Beatrice ja den TAG-Motor, nicht den Ford: „Wir hören immer, das TAG-Projekt wäre eine kommerzielle Operation, aber wenn du nach dem Motor fragst, kriegst nur zur Antwort: unverkäuflich."*
*Beatrice und Carl Haas locken also mit 4-Millionen-Dollar-Angeboten, was den Ford-Motorsportgeneral Mike Kranefuss entsetzt: „Das Schlimmste an der Formel 1 ist, daß sie überhaupt keine Grenzen mehr kennt! In einem Jahr kostet ein Zweimannteam sieben bis acht Millionen Dollar, in drei Jahren kostet ein Spitzenmann fünf Millionen, ein mittlerer Pilot drei Millionen — wenn sich das einer leisten kann, dann Carl Haas. Aber die anderen können schon heute nicht überleben. Und*

*glaubst du wirklich, der Unterschied zwischen Piquet und Berger ist vier Millionen Dollar?"*

*Stilgerecht marschiert Beatrice in die Grand-Prix-Arena ein. Als Teambesitzer Carl Haas in Mailand-Linate ankommt und die Menschenschlange vor dem Leihwagenschalter sieht, reagiert er zigarrepaffend: „Pfeif drauf, nimm ich halt eine Limousine mit Chauffeur ..." In der „Villa d'Este" sind 25 Zimmer reserviert, über den Monza-Boxen Platz für 200 Ehrengäste.*

*Teddy Mayer freut sich, als er wieder Rennluft schnuppert. „Das erste Jahr Pause ging noch", lächelt Sally Mayer heute, „aber dann hat er echt unter Entzugserscheinungen gelitten." Und warum die Weltpremiere ausgerechnet in Monza? „Weil das mein 50. Geburtstag ist!" Was Männer sich zum halben Jahrhundert so alles schenken: ein erstaunlich hausbackenes Auto, 25 kg übergewichtig. „Nichts Raffiniertes und nichts Geniales dahinter, etwa wie ein Kart vor einigen Jahren", sagt mir FISA-Ingenieur Mosson enttäuscht.*

*Auch Jones sieht ein bißchen outdated aus, und out of place: Overall und Helm ohne Sponsoraufkleber — wie ein Rennfahrerschüler auf Wochenkurs. „Wir hatten dafür noch keine Zeit, aber das kommt schon."*

*„Alle fragen mich dasselbe: Warum hast du aufgehört? Warum wieder angefangen? Und wieviel Kilo wiegst du?" Samt Helm 89 kg, „nur um drei Kilo mehr als 1981, aber die schwitz ich in einem Grand Prix runter". Gestoppt hat er, wie erinnerlich, „weil mir die Ground effect-Autos jeden Spaß am Formel-1-Fahren raubten und weil ich wieder eine Zeitlang in Australien leben wollte".*

*„Dir müssen ja wirklich die Augen übergehen", sagt de Cesaris zu Jones. „Hast die Formel 1 bei 500 PS verlassen und kommst bei über 1000 PS zurück,"*

*Jones nickt onkelhaft: „Du weißt ja, was die Leute behaupten: Ich brauch immer einen Materialvorteil ..."*

*Und was sagt deine Frau Beverly zum Comeback? frag ich Alan.*

*„Da hab ich nicht viel Erkundigungen eingeholt ... wie 1983, da sagte ich ihr: Ich fahr mit unserem Buben Christian auf ein paar Tage nach Melbourne. Dabei flog ich nach Long Beach — und fuhr den Grand Prix."*

*Die Jones-Familie lebt jetzt in Surfers Paradise. Die riesige Farm ist verkauft: „Zuviel Arbeit, um ein bißl was rauszukriegen." Um so mehr blüht das Autobusiness: Jones verkauft in Queensland Ferrari, Honda und Alfa — aber natürlich nicht selbst. „Meinem Geschäftsführer hat ich zehn Prozent der Aktien verkauft, damit er sich noch mehr bemüht: Ist ja schließlich auch sein Profit." Bauernschlau war Jones schon immer. Teddy Mayer gibt Alan größere Comeback-Chancen als Lauda 1982: „Denn Niki hatte sich ja 1979 in Montreal heimlich davongeschlichen — Jones aber hat 1981 mit einem Sieg in Las Vegas triumphierend aufgehört." Damals schenkte er seinem langjährigen Mechaniker Wayne „für alles, was du für mich getan hast, Motorwechsel, verbrannte Hände, Siege, WM-Titel und Nachtarbeit", mit großer Geste 100 Dollar ... Was mich nicht überraschte, weil ich auch schon miterlebte, wie Jones seine Mechaniker-Crew nach einem Grand-Prix-Sieg auf dem Flugplatz zum Galadinner einlud: Achtmal Hamburger, mit Senf und Ketchup. Bei Williams hat Jones vor Halbzeit nie irgendwelche Boxensignale wollen, „weil du verrückt wirst vor lauter Haß und Ärger, wenn du in der Anfangsphase mit vollen Tanks wie ein Berserker kämpfen mußt, deine ganze Substanz hergibst und dann lesen mußt: noch 80 Runden." Bei Beatrice kommt er nie auch nur annähernd zur halben Distanz. Als ich ihn frag: Dein Ziel ist vermutlich, das Rennen auszufahren? grinst er: „Nein — es überhaupt zu starten." Ein Reporter will einen Interviewtermin. Wann ist Start? fragt Jones. 14.40 Uhr. Gut, dann komm um 14.45 Uhr in die Box.*

*Der Monza-Anfang ist chaotisch: Freitag ein festgeriebenes Kreuzgelenk, Samstag vier Motorschäden, sieben insgesamt, im Rennen fischen die Mechaniker schon nach einer Runde Zeitungspapierfetzen aus dem Kühler. Ron Dennis würde sagen: Kommt davon, wenn man zuviel Publicity hat.*

*Carl Haas, zigarrepaffend: „Wäre mein Rennauto ein Pferd — ich würde es glatt erschießen."*

*„Aber wenn wir Probleme im Team haben", sagt Charlie, „Jones ist sicher keins davon. Du wirst noch sehen: Er fährt so gut wie eh und je."*

Im ersten Monza-Training ist Jones zehn Sekunden langsamer als Senna. Der Glückspilz des Tages: Nigel Mansell hat in der Curva Grande bei 320 km/h Reifendefekt links hinten. Nach ein paar wilden

Drehern tobt sich der Williams-Honda aus, ohne anzuschlagen. Da ist nicht die eiskalte Todesnähe der Reifenexplosion von Le Castellet — trotzdem grübelt Mansell: „Irgendwann wird einer von uns draufgehen, weil die Autos, gemessen an der heutigen Motorenleistung, unterbereift sind."
Die Freitag-Überraschung: Berger als Achter, vier Plätze vor Lauda. Der Tiroler ist auf seiner Lieblingsstrecke extrem motiviert: „Zuerst häng ich im Windschatten von Prost, vergiß fast aufs Bremsen, zaubere das Auto gerade noch durch die erste Schikane, überhol den McLaren — in der dritten Schikane muß ich an Streiff außen vorbei, schieß zu schnell auf die Parabolica zu, hab zwei Räder auf der Wiese... das alles ist meine schnellste Runde!"
Lauda wird durch eine leere Batterie, eine festgeriebene Hinterachse, einen schwachen Motor und zwei, die im Weg stehen, gebremst. Das erste Trainingsduell gewinnt Ferrari: 6. Alboreto, 7. Prost. Für Lauda „der Beweis, daß wir noch schwache Motoren haben".
Samstag will Niki angreifen, rutscht aber noch weiter ab: auf Rang 16. „Am besten, ich sag gar nix mehr: Motorprobleme, Motoraussetzer." Und als Niki ums Ersatzauto bittet, entscheidet Dennis: „Erst, wenn Prost fertig ist." Zehn Minuten vor Trainingsende gibt Mr. McLaren endlich das Kommando zum Umbauen. „Los, steig ein", befiehlt er dann, aber Lauda zeigt auf die Uhr: „In einer halben Minute Trainingsschluß." Oft wird verlängert, sagt Dennis kurz. Bitter enttäuscht, geht Niki vom Auto weg.
Rosbergs Bremspedal klappt in der Parabolica durch, blitzschnell schaltet der Finne Sechste-Dritte, jagt den Motor auf „vielleicht 20.000 Touren", aber er rettet sich und fragt später, während er sich umzieht: „Frank, hast du keine Kontrolle über Nelson? Brems ihn ein."
Prost ist fassungslos, „als mich Mansell ausgangs der zweiten Lesmo überholt und mir auf- und davonfährt. Keine Chance, ihm zu folgen. Der Honda muß ein Supermotor sein!" Aber kein Williams-Pilot, sondern Ayrton Senna fährt Pole-position im Stil eines Rallycross-Piloten: in der Lesmo-Kurve schon neben der Strecke, in der Wiese, „aber ich bleib voll am Gas".
Genau dort fährt Berger um Zentimeter am Alptraum eines Villeneuve-Aufprallunfalls vorbei. „Wo ist der Rothengatter?" brüllt er nachher in

der Box, „ich könnte ihn umbringen!“ Der Holländer kriecht wegen schleifender Kupplung im Schrittempo durch die zweite Lesmo, als Berger voll im 5. Gang heranbraust. „Ich weiß, daß er mich im Rückspiegel gesehen hat, verlaß mich drauf, daß er Platz macht — aber dann seh ich plötzlich nur noch den Heckflügel und, riesengroß, die Hinterreifen.“ Eine Notbremsung rettet Gerhard um Zentimeter.

„Ich bin schon ganz rechts. Soll ich vielleicht noch über den Bordstein und meinen Unterboden aufreißen?“ verteidigt sich Rothengatter.

Ein anderer Geburtstag: Elio de Angelis fährt in Monza seinen hundertsten Grand Prix. Ein neuer Mann im gefährlichsten Hunderterklub der Welt. Lotus-Geschenk erwartet er sowieso keins. „100 Große Preise? Nur die Summe von Erfahrungen so vieler Rennen“, sagt Elio.

Prost steht auf dem 5., Alboreto auf dem 7. Startplatz. „Wenn mein Auto hält“, sagt Prost selbstbewußt, „bleib ich vor dem Ferrari.“ Dagegen orakelt Michele bereits: „Ich brauch sehr viel Glück.“

Nach dem Sonntag-Aufwärmtraining ist Alboreto noch deprimierter: McLaren allen voran, Prost vor Lauda. Wärst du Alain, versuche ich Niki im McLaren-Transporter auszuhorchen, welche WM-Taktik würdest du einschlagen? Lauda braucht nicht nachzudenken: „Wäre ich Prost, würde ich mich nach Alboreto richten, vorm Ferrari bleiben — ruhig jeden anderen gewinnen lassen. Außer, es wird ein leichtes Rennen. Dann muß Prost auf den Sieg losgehen.“

*Und du selbst? „Eine behutsame erste Runde, vorsichtig durch die drei Schikanen, bis sich alles eingefädelt hat — dann Blinker raus, von der Kriechspur in die Überholspur.“ So plaudert Niki, völlig locker, bis Mechaniker Joe More mit einer leeren Champagnerflasche hereinturnt: „Bitte, unterschreib aufs Etikett, das ist eine besondere Bottle: Dein Sieger-Champagner von Zandvoort.“ Niki, grinsend: „Hoffentlich kommt heute ein neuer dazu“ — aber es bleibt wirklich der letzte.*

Prost orientiert sich tatsächlich an Alboreto, zunächst bei der Reifenwahl: links zweimal hart (wegen der Rechtskurven), rechts zweimal weich — genau wie der Ferrari. Alain will sich einen Boxenstop ersparen: „Mir passiert nimmer der Fehler von Zandvoort, wo mir der zu lange Reifenwechsel den Sieg gekostet hat.“

*In der McLaren-Box, zum erstenmal seit dem WM-Finale von 1984: Marlene Lauda, sonst immer nur bei echten Schicksalsrennen mit dabei:*

*Comeback in Monza 1976, Regendrama von Fuji 1976, Titelentscheidung in Estoril 1984 — aber aufgeregt wie noch nie. „Ich zittere und hab Herzklopfen schon am Start."*

Der Start ist auch wild: Berger wird nach einer Superaktion abgeschossen, der Beatrice-Lola überholt bis zur ersten Schikane zehn Autos, darunter Lauda, der sich völlig verblüfft den Hals verrenkt: „Jones?" Das Gedränge ist atemberaubend: Senna fährt in der Lesmo quer über die Randsteine und kollidiert um ein Haar mit Rosberg.

Der Finne führt zum sechstenmal hintereinander, bekommt bald Plus-Signale auf Prost, aber von hinten kommt Lauda nach vorn: nach acht Runden Sechster, nach 16 Runden bereits Dritter.

Ing. Ralf Hahn verfolgt das Rennen auf dem TV-Monitor in der Box. „Oft über die Kerben gerattert", mahnt er Prost später lächelnd. Alain nickt: „Stimmt, aber das mußt du tun, weil du sonst pro Runde eine halbe Sekunde langsamer bist." Lauda bleibt von den Kerben weg, schont sein Auto. Und ausgerechnet ihm bricht in der 26. Runde — neue Variante — der linke Frontspoiler aus Karbonfiber weg.

„Ich hab nirgendwo angeschlagen, bin mit niemandem zusammengestoßen, nirgendwo über die Kerben gerattert — der Frontspoiler ist ganz von allein runtergefallen." Warum? „Da mußt du Ron Dennis fragen ... Ich bin jedenfalls der beste Testpilot, den es jemals gegeben hat: kein Wochenende, an dem bei mir nicht ein neuer Defekt auftreten würde." In Monza — nach dem Boxenstop — noch Vibrationen, so stark, „daß die ganze Straße tanzt. Ich kann überhaupt nichts mehr sehen und hab Angst, daß etwas bricht. Weiterzufahren wäre sinnlos." Lauda bleibt noch gut 20 Sekunden im Auto sitzen. „Steig aus! Steig doch endlich aus!" ruft ihm Marlene zu.

*Noch in der Nacht läßt Ing. Hahn in Monza den Motor laufen: „Da sind Vibrationen drauf — wahrscheinlich ist das die Ursache." Mysteriös, wie vieles. „Enttäuscht", fragt Lauda im McLaren-Wohnbus zurück, sein Erdbeer-Yoghurt löffelnd. „Ich bin's ja schon gewöhnt." 14 Tage nach Zandvoort hat ihn die rauhe Wirklichkeit eingeholt.*

Nach 28 Runden wechselt der führende Rosberg Reifen. Damit geht die Führung an Prost über. Alain weiß: „Es ist eins meiner besten Rennen." Und sicher eins seiner gescheitesten. Daß ihn Rosberg zwölf Runden später wieder überholt, stört Alain nicht: „Klar — daß Keke mit frischen Reifen schneller sein muß, ist ja normal.“ Keke ist, wie er selbst spürt, „super unterwegs“. Und dann geht es ihm, wie so oft, auch nicht besser als Lauda: Fehlzündungen, Überhitzung. „Ich kann's selbst nicht glauben.“

Nach 45 Runden, sechs Runden vor Schluß, ist Rosberg schon wieder mit Motorschaden draußen — und zum zweitenmal erbt Prost Platz 1: fast wider Willen.

„Ich rechne heute nur mit einem zweiten Platz, fahr auch nur auf sechs Punkte, nicht neun. Ich bin bereit, Rosberg vorn zu lassen und notfalls sogar Piquet vorbeizuwinken“, gesteht mir Prost später.

Piquet fährt wirklich ein starkes Rennen, mit dem üblichen Funkenregenspektakel, weil die Brabham durchschlagen — aber seit dem 400-Kilometer-Test von Brands Hatch mit neuer Stahllegierung bricht kein Auspuff mehr. Auch nicht bei Surer, der Senna das Duell des Tages um den dritten Platz liefert und seinen ersten Platz am „Stockerl“ um 0,3 Sekunden verpaßt.

Alboreto, nur auf Platz fünf liegend, hat kurz vor Schluß Motorschaden.

Prost kassiert 51 Sekunden vor Piquet, ganz überlegen, die Zielflagge: sein bereits 21. Grand-Prix-Sieg, „vielleicht nicht der beste, aber auf alle Fälle der wichtigste“.

Für den Super-Golfer Prost ist Monza gleichsam ein *„Bogey“:* Auf Platz zwei ist er gefahren — Erster ist er geworden. *One under par.* „Mein Sieg war Glück“, gesteht mir Prost, als ich gratuliere, „aber Glück brauchst du, wenn du Weltmeister werden willst. Und 1985, das weiß ich seit heute endgültig, ist mein großes Jahr!“ Im totalen Monza-Chaos läuft mir ein völlig deprimierter Alboreto über den Weg: „Der Ferrari ist leider nimmer konkurrenzfähig. Es wird wahnsinnig schwer sein, diese WM noch zu retten ... fast unmöglich.“

„Prost — Alboreto 9:0!“ heißt Montag früh die Schlagzeile des „Il Giorno“. Und die rosafarbene „Gazetta dello Sport“ kann nur ausrufen: „Prost triumphiert — ciao, Ferrari!“ Jeder weiß, jeder spürt, daß diese Weltmeisterschaft gelaufen ist.

Die große Monza-Sensation ereignet sich aber hinter den Kulissen: Ein tolles Brabham-Angebot für Niki Lauda. Sensationell nicht nur des Geldes wegen — vor allem von der Technik her.

*Die Brabham-Situation: Bernie Ecclestone ist unters Trommelfeuer seiner Millionensponsoren Olivetti und Pirelli geraten. „Wir zahlen dir zwölf Millionen Dollar für drei Jahre. Dafür garantierst du uns einen Weltmeister im Team. Und wen bietest du uns an? Patrese ...“*
*Angeblich versucht Bernie, die BMW-Motoren zu Lotus umzudirigieren und dafür im Gegengeschäft Senna freizukriegen. Angeblich bietet er Frank Williams eine Million Dollar, „wenn du den Piquet-Vertrag zerreißt“ — alles gescheitert.*
*Und darum die Idee, gleich den Größten einzukaufen: Niki Lauda. Bernie macht das sehr geschickt, weil er weiß: Die einzige Möglichkeit, Niki zum Comeback zu überreden, führt über ein neues Auto und die technische Herausforderung. Raffiniert wird Gordon Murray auf Niki lasgelassen, schwärmt ihm im schwarzen Brabham-Wohnmobil, dem „Kreml-Auto“, eineinhalb Stunden lang von seinem neuen Auto vor. Schon im April hat Murray angefangen, am sensationellen Brabham für 1986 zu arbeiten. Alle Beteiligten werden zu allerstrengstem Stillschweigen verpflichtet. Geflüstert wird zunächst von einem extrem flachen BMW-Motor, aber Paul Rosche tut alle Spekulation auf bayrisch ab: „A Schmarrn.“ Angeblich bringt der neue Vierzylinder auf dem Prüfstand haargenau die gleichen Werte: PS, Drehzahl und Hitzeentwicklung.*
*„Stimmt, der Motor ist modifiziert“, grinst Gordon Murray. „Wir nehmen andere Zündkerzen ...“*
*Als Marc Surer zufällig den neuen Brabham-BMW sieht, weil er im Werk die falsche Tür aufmacht, ist das Monocoque noch aus Holz, sonst aber bereits alles (inklusive Motor) original 1986. „Wenn mich Brabham für 1986 nicht mehr nimmt, kann ich das gut verwenden!“ Im Oktober folgen die ersten geheimen Windkanaltests. Die Fachwelt zittert vor Spannung.*
*„Sei ehrlich“, sagt mir Murray, „heute schaut doch ein Formel-1-Auto wie das andere aus. Das ist fad. Und ich mag die Rennerei nimmer, wenn sie langweilig wird.“ Jackie Oliver vom BMW-Konkurrenzteam Arrows weiß längst, „daß Murray alle drei, vier Jahre einen Genieblitz hat. Und Bernie Ecclestone auch die politische Macht, neue Ideen durchzuboxen.“*
*Inzwischen betet Murray, „daß die FISA nicht zum viertenmal wegen*

*mir das Reglement ändert — wie beim Staubsauger-Brabham 1978, wie bei der Chassis-Hydraulik, wie bei den programmierten Boxenstops.“ Nur wenige Murray-Erfindungen waren Rohrkrepierer: Wie die Oberflächenkühlung, Digital-Cockpitanzeigen und Preßluftwagenheber für Boxenstops 1979. Dazwischen hatten Ecclestone/Murray den Brabham im Military-Look ausgeheckt, um die Konkurrenz bezüglich Linienführung total irrezuleiten.*

*Der neue Brabham ist monatelang das bestgehütete Geheimnis der Formel 1: Der Fahrer sitzt nicht mehr vor, sondern liegt neben dem gekippt eingebauten Motor — wie seinerzeit Jim Clark in einer Badewanne, aber die Knie sind höher und das Lenkrad abgeflacht: fast wie ein Steuerknüppel im Flugzeug oder (ganz früher) die Lenkung beim Bob. So gelingt ein phantastisch flacher Rennwagen mit perfekter Anströmung des Heckflügels, der aber auch ein seitlich versetztes Weißmann-Getriebe nötig macht. Der zweite Brabham-Trick: Differential-Sensoren sollen ein Durchdrehen der Hinterräder verhindern. Ein nicht nur im Regen unschlagbares Auto?*

Lauda ist vom Konzept begeistert: „Für mich eine perfekte Konstellation, nur das Timing ist falsch: ein, zwei Jahre zu früh“, flüstert mir Niki in Monza, als er mir das geheime Sensationsangebot als erstem anvertraut. „Hätte ich schon im August vom neuen Brabham gewußt, wäre ich vielleicht gar nicht zurückgetreten!“ Und er gibt zu: „Mich hat's wieder gejuckt. Eine Nacht war ich fast schon wieder Brabham-Pilot.“

Bernies Mühlen mahlen langsam, aber sicher. Tief in den Herbst hinein kriegt Niki den neuen Brabham immer mehr ins Blut. Das Paket Brabham-BMW-Pirelli-Olivetti wird immer konkreter. Ende September fliegt Niki zu Olivetti-Chef de Benedetti zum Abendessen, „weil sich das so gehört: Wenn dir jemand sieben Millionen Dollar anbietet, darfst du nicht sofort sagen: ein, danke. Dann mußt zumindest mit ihm reden.“

Sieben Millionen Dollar. Niki findet die Summe „bereits pervers. Kein Mensch auf der Welt ist soviel Geld wert.“ Und der Formel-1-Zirkus sagt: Kein Mensch auf der Welt kann soviel Geld zurückweisen. Niki schon. Aber inzwischen ist einiges passiert.

## SPA: WIEDER REGEN, WIEDER SENNA

Fünf Große Preise binnen sechs Wochen: Die Menschen- und Materialzerreißprobe geht in Spa weiter. Großer Preis von Belgien, zweiter Versuch, zwei Wochen nach Bellofs Tod. Blumen und Transparente in der Senke von „Eau Rouge". Und, natürlich, gepolsterte Leitplanken. Die Autos der verunglückten Deutschen bleiben leer: Tyrrell nennt ebenso wie Ram nur ein Auto. Tyrrell, weil er keinen Bellof-Ersatz weiß und nicht jeden akzeptieren will, Ram, weil man für Acheson keinen Motor mehr hat. Dafür feiert ein neuer Deutscher seine Formel-1-Premiere: Christian Danner.

*„Mein Rennidol war immer Carlos Reutemann. Aber es würde mich auch unheimlich freuen, am Start neben Laffite zu stehen", strahlt der Münchner mit dem Flinserl im linken Ohr.*

*Sein Vater ist Unfallforscher für die Allianz-Versicherung, sein Sponsor jedoch heißt Aggrippina — also die Konkurrenz. Fast wie beim jungen Niki Lauda 1971, als der Großvater bei der „Ersten" im Vorstand saß, aber mit dem Daumen nach unten zeigte — worauf Niki zur „Raika" gehen mußte. „Mein Vater hat inzwischen schon etwas übrig für seinen Sohn. Beruflich weniger. Da hatte ich Widerstände." Vater Danner — auch im Dachverband der deutschen Versicherungen, also für die Autoindustrie ein wichtiger Mann — hat sicher nicht viel Druck auf BMW ausgeübt, oder?*

*Danner ist in jenem Karrierestadium, in dem er viel fahren muß — vergleichbar mit Rosberg 1978. Aus seinem Herbstprogramm: Formel 1 in Brands Hatch, Formel 3000 in Curacao, Tourenwagen-EM in Jarama, Formel 3 in Macao, Gruppe C in Malaysia ...*

*Von den Flugplatz-Hetzjagden nach jedem Rennen hält er trotzdem nichts. „Besser, du gehst mit deinem Team noch gemütlich abendessen. Dann kannst schon mal zugeben: Sorry — aber ich hab wirklich ein bißl den Motor überdreht. Und dein Mechaniker sagt vielleicht: ... und ich dir einen falschen Gang eingebaut, tut mir leid."*

*In Monza hatte sich Danner noch wichtige Turbo-Tips von Marc Surer geholt. Wie fährst du auf nasser Bahn? Surer: „Schau, daß du 10.000 U/min beibehältst: auf nasser Bahn das wichtigste."*

*Danner merkt in Spa „fahrerisch keinen großen Unterschied zur For-*

*mel 3000, außer natürlich von der Leistung und von der Qualifikationsprozedur. Mit dem Formel 3000 sind die Kurven handlicher: Die fährst mit Gas durch. Aber richtig gut in der Formel 3000", sinniert Danner seinen Titelgewinn, „sind nur Thackwell und Streiff. Die anderen müssen noch üben und lernen." Die Zakspeed-Truppe auch.*
*In diesem Team ist alles neu: Auto, Motor, nach dem englischen Doktor jetzt auch Danner. Zakspeed macht einen besseren Eindruck als viele dachten, löst seine Aufgabe besser als von vielen zugetraut. „Aber ihre wichtige Saison", weiß Lauda über die Zakspeed-Leute, „wird erst 1986."*
*Was Erich Zakowski langsam dämmert: „Daß ich im schwierigsten Jahr überhaupt angefangen hab. Von 1983 auf 84 ist die Leistung überall explosionsartig gestiegen — und ich hab den Stand von 1983. Damals wären wir mit Auto, Turbo und Motor gar nicht schlecht dagestanden."*
*Was Zakowski negativ auffällt? „Daß in der Formel 1 jeder nur für sich kämpft. Keiner hilft dem anderen." Um so größer die Genugtuung über sein größtes Erfolgserlebnis 1985 — das nicht mehr übertroffen wird: „In Monte Carlo qualifiziert und ins Ziel gekommen."*
*Überhaupt, Zakspeed kommt das ganze Jahr mit sechs Motoren aus, hat „keinen einzigen richtigen Motorschaden, kein einziges Loch im Motor". Zakowski lernt immer, und er lernt schnell: „Unsere Schwachstelle ist das Gewicht: 570 bis 575 Kilogramm. Und die Motor-Elektronik, die so lang gefehlt hat: Die mechanische Pumpe ist ein Handikap." Zakowski redet von 3,8 bar Ladedruck im Qualifying = 800 PS. Und vom geänderten Ölsystem fürs Getriebe, „weil bis zum Spätsommer beim Absaugen immer zuviel Luft reinkommt. Das Öl schäumt: Darum die Lagerschäden."*
*Zukunftshoffnung: „Sobald wir die Elektronik haben, wie sie Bosch für den Alfa-Vierzylinder macht, sind auch wir ganz modern und auf dem letzten Stand — und dann mindestens so gut wie Hart!"*
*Ein neuer Heckflügel bringt 10 km/h mehr auf der Geraden. „Andere haben jahrelange Erfahrung — wir müssen uns halt Schritt für Schritt nach vorn tasten." Manchmal jedoch sprunghaft: Der Zakspeed ist in Spa viel zu kurz übersetzt. „Wir haben die Fortschritte unterschätzt, die wir das ganze Jahr erzielten", sagt ein Strahlemann des Teams.*

*Danner bekommt die Spesen, „aber keinen Anteil vom Preisgeld. Das wär auch schlecht für ihn." In Spa freut ihn die neuentdeckte Kameradie: „Johansson hat mir auf der Strecke als erster zugewunken: Welcome in der Formel 1", erzählt mir Danner.*

Ein anderer underdog, Alliot, verblüfft mit der 9. Zeit. Bissiger Kommentar der Engländer: „Da muß ihm das Gaspedal steckengeblieben sein." Was einem anderen wirklich passiert — Niki Lauda.

„Ich merk schon nach einer Runde: Die Feder des Gaspedals fühlt sich komisch weich an. Das sag ich auch den Mechanikern."

*Niki sagt, das Gas hängt, gibt McLaren-Mechaniker Harry an Porsche-Mechaniker Gerhard weiter. Der grinst: „Wenigstens gibt er Vollgas." Die checken, finden aber nichts. Ing. Ralf Hahn: „Die Drosselklappe ist in Ordnung."*

Lauda dreht noch sechs Runden — 2:04,695, Platz drei, dann das Boxensignal: „Reinkommen zum Nachtanken"; mit einwärts gerichtetem Pfeil. Es ist 11.30 Uhr, und Niki hat doppeltes Glück: erstens bereits in der Auslaufrunde — zweitens in einer relativ langsamen Kurve, Stavelot. Immerhin noch: 3. Gang, 200 km/h.

„Plötzlich bleibt das Gaspedal in Vollgasstellung stecken. Ich schieß über die Kerben, steig auf — und da ist nichts, absolut nichts, das du tun kannst. Weder Zündung ausschalten, noch Hände vom Lenkrad — nichts. Du fliegst und krachst fünf Meter später gegen die Leitplanken."

Im 80-Grad-Winkel, einen Meter, nachdem der Reifen-Schutzwall aufhört.

Niki ist nachdenklich: „Wenn ich dort voll fahr: 260 km/h." Und das linke Vorderrad? „Hängt nur noch am Bremsschlauch ..." schildert mir Niki im Wohnwagen, bis auch andere Reporter kommen und Dennis nach fünf Minuten alle rausschmeißt: „Ihr seid nicht sehr konstruktiv — raus mit euch!"

Das erste Röntgen ergibt: kein Bruch. Dungl-Tochter Andrea behandelt die Schwellung mit Eis, dann fliegt Niki zur Untersuchung nach Wien. Als wir abends telefonieren, sagt er: „Sehne eingerissen — ärger als 1982 in Hockenheim. Gipsschiene. An einen Start nicht zu denken. Wer war Schnellster?"

Fast Gerhard Berger. Kaum ist Niki weg, leuchtet der Tiroler ganz oben auf dem Monitor auf. Kurzfristig sogar Pole-position — obwohl es ihm auf einer Bodenwelle die Airbox zerreißt. Nur von Prost überholt. Und erst im Finish von Piquet, Johansson, Mansell.

„Ich hab mir gedacht: Der Niki ist heimgeflogen, wer weiß, wann er wiederkommt — also muß ich für ihn einspringen." Was viele übersehen: Für den Tiroler ist fast jede Formel-1-Strecke fremd. Kennt er jedoch einen Kurs wie Imola, Monza oder Spa, geigt er plötzlich ganz vorn auf.

In Spa hat Gerhard mit Surer und Ravaglia den 24-Stunden-Klassiker gewonnen. „Stimmt's, Marc, das hättest dir auch nicht gedacht, daß wir einmal im gleichen Team fahren?" Bedenken wegen der Todessenke von Eau Rouge hat Berger keine: „Ich mag Strecken mit Kurven, in denen nicht jeder am Gas bleibt."

Mansell erlebt einen neuerlichen Schreck: Kaum hat er die 320-km/h-Reifenexplosion von Le Castellet und Monza verkraftet, bricht ihm im Freitagtraining auf voller Fahrt eine Lenkradspeiche. Grad, daß er das Lenkrad nicht lose in der Hand hat. Nigel korrigiert mit soviel Vehemenz, daß er sich alle Muskeln und Sehnen verreißt ... Er ist und bleibt der Märtyrer der Formel 1.

Am Abend will Dennis, daß Niki trotz Bandage nochmals nach Spa fliegt: Wegen der Versicherung, die zahlen muß, wenn der Superstar ein Rennen ausläßt.

Nicht faul, versucht der McLaren-Chef sofort, Watson ins Lauda-Auto zu setzen — weil der Ire sowieso in Stuttgart ist, seinen Porsche-Oldtimer restaurieren. „Watties" Nachnennung scheitert am Ferrari-Veto: die Retourkutsche.

*Nach Nürburgring 1983, Zandvoort 1979 (Pro-Car), Hockenheim 1982 hat Lauda zum viertenmal das rechte Handgelenk verletzt. Verwundbar wie Siegfrieds linke Schulter?*

Oder wie Bergers Airbox. Samstag greift der Tiroler sogar nach der Pole-position, aber wieder zerfetzt es den Luftansaugtrichter. „Wir sind die Deppen vom Dienst", ärgert sich Arrows-Sponsor Fritz Reust, „Brabham hat alles, sogar die Airbox fürs Qualifying, wir kriegen nichts!"

So wütend wie Samstag abend hat den Gerhard Berger noch keiner gesehen: Zuerst hockt er still und wortlos im Hotelzimmer, dann feuert er einen Sessel gegen die Wand, das Telefon hinterdrein — um ein

Haar hätte er auch den Fernseher aus dem Fenster geschmissen. Unfein, vielleicht. Aber eine gute Reaktion.

Im „Posthouse Hotel" von Lüttich kommt Prost händeklatschend, als würde er sich selbst applaudieren, zum Abendessen mit Paolo: Spaghetti carbonara, um Ferrari weiter zu verhexen. Seine Pole-position feiert Alain mit einem Schluck Rotwein. Jemand sagt: Die offenen Strecken mit viel frischer Luft mag er besonders gern — wie Zeltweg.

Der Sonntag beginnt mit Regen und einem Unfall: Ron Dennis (weil er Niki Lauda spielen will?) schmeißt sein Leihauto auf der Fahrt zur Strecke in den Straßengraben, läßt Freundin Liza und John Barnard im strömenden Regen autostoppen und kriecht erst aus dem halb umgekippten Auto, als Hilfe naht — Gerhard Berger liest das McLaren-Trio auf.

Trostlos trommelt der Regen auf die Mobilhomes und Zeltdächer. Nur Senna hockt vergnügt im JPS-Bus und bejubelt alte Kart-Videofilme: Ayrton selbst in Aktion — im Regen von Nivelles. „Kart-Rennen auf nasser Bahn hatte ich immer besonders gern. Da lernst Fahrzeugkontrolle."

Aufwärmtraining im Regen. „Ich Trottel", sagt Berger, „hab den Surer im 24-Stunden-Rennen zwei Stunden im Regen fahren lassen. Jetzt kennt er jede Lacke — und i nix."

Und dann tut sich vor dem Tandem Berger-Danner plötzlich eine Gischtwand auf: das Pironi-Syndrom von Hockenheim. Zufällig rückt das blaue Gespenst im Nebel (Streiff) im richtigen Moment nach links, so daß Berger und Danner um Zentimeter vorbeikommen. Die Dreher sind kaum zu zählen. „Aber alles Pirelli-Autos", zählt Ongaro, „ich hab keine Pfützen gesehen: alles bretteleben."

Trotzdem, die Geister von Spa 1966 stehen wieder auf: als das halbe Feld in Burneville bei 300 km/h, von einem Wolkenbruch überrascht, von der Strecke gerissen wurde. Oder droht eine Wetterlotterie?

Das Warm-up kommandieren die Lotus, Senna vor de Angelis, aber dann verblüfft Mansell alle: eine Sekunde schneller als Senna. Alboreto hat Einspritzungsdefekt und muß in den Ersatz-Ferrari.

Bei Williams-Honda gelten ab Spa neue Befehle: *Boost down.* Honda dreht den Ladedruck zurück, und Williams gehorcht. „Was immer ihr sagt: wie folgen."

Kurz vor dem Start hört der Regen auf. Panik und Hektik brechen aus. Lotus stimmt für Senna nur die Aerodynamik für Regen ab, sonst tut man, als käme Sonnenschein.
Und was, wenn die Piste abtrocknet? Rosberg sucht Berger: „Bleib bei mir, solang es regnet. Wenn ich an die Box fahr Reifenwechseln, fahr mir einfach nach.“
*Während Prost das Feld in die Aufwärmrunde führt, steckt der Zakspeed im 2. Gang. Ab drei Viertel der Runde winkt Danner heftig Martini und Rothengatter nach vorn, aber die trauen sich nicht zu überholen — Disqualifikationsgefahr. In der Box springt Danner blitzschnell ins Ersatzauto, was kaum einer merkt, und jagt mit einer Runde Rückstand los, gerade als die Spitze naht.*
Senna ist sofort in Führung gestochen, gefolgt von Prost und Piquet, der den McLaren in der La-Source-Haarnadel austricksen will — aber der Brabham gerät auf den Randstein, wird zurückgeschleudert und dreht sich durchs ganze Feld. Prost kann um Zentimeter vorbeijonglieren, rechts und links von Piquet schießt je ein Ferrari vorbei. Geistesgegenwärtig hat Piquet die Kupplung getreten, die Schnauze zeigt nach vorn, also kann er weiterfahren. Glück gehabt, Nelson!
Langsam trocknet die Straße auf. Rosberg läßt als erster auf Slicks umstecken: schon in der dritten Runde, aber Berger muß warten, bis ihn die Box hereinholt: zuerst muß Boutsen abgefertigt werden. Längst fliegen Gerhard die Gummifetzen um die Ohren. Mit den zerbröselnden Regenreifen muß er bis zur neunten Runde draußen bleiben, mindestens drei Runden zu lang — was ihn seine ersten WM-Punkte kostet. Wie Rees auch zugibt.
Wo warst denn so lang? fragt Rosberg später. Ich durfte nicht, erwidert Berger. Teamorder — kennst dich aus?
Die Ferrari haben einen katastrophalen Tag, in der Box und auf der Strecke. In der vierten Runde bleibt Alboreto draußen stehen: Kupplung k.o. Dann plumpst Johanssons Auto beim Reifenwechsel vom Wagenheber: Laurel und Hardy in der Formel 1. Wütend stürmt Stefan zurück ins Rennen, kommt aber nur eine Kurve weit: Dort blockiert die Kraftübertragung, und der Ferrari tobt sich in einem Dreher aus. An der Spitze: Senna vor Mansell und Prost. Nach der achten Runde kommen alle drei fast gleichzeitig reifenwechseln, wodurch die Führung

für eine Runde an de Angelis übergeht — bis auch er seine Slicks abholt. Wird der belgische Grand Prix in den Boxen gewonnen? Ja und nein. Nach 15,5 Sekunden ist Senna abgefertigt, gerade zurück im Rennen, als auch Prost losfährt.

Für ein paar Sekunden führt Mansell, aber dann fährt ihm Senna in drei Runden zehn Sekunden davon!

Das Lotus-Geheimnis: Senna hat schon eingefahrene, abgeschrubbte Slicks — für Mansell hat Williams nichts dergleichen vorbereitet. Darum dreht sich Nigel auch in La Source, „aber dann dreh ich etwas Bremskraft nach vorn". Senna also sicher vor Mansell, Rosberg Dritter, knapp vor Prost — und gerade als Alain attackieren will, kommt der nächste Regenschauer. Komisch, aber typisch für Spa: Regen in den Boxen, Sonnenschein in den Abwärtspassagen von Le Combe.

„Behutsam und vorsichtig im Regen ... erst nachher wieder Vollgas", ist Alains Taktik. 24. Runde, knapp nach Halbzeit: Piste immer noch naß, aber die trockene Ideallinie schimmert wieder durch.

Wie in Estoril geht Senna übers Wasser. Wie in Estoril fasziniert sein Samba im Regen. „Die gleiche Supershow", applaudiert Warr. „Jetzt wissen alle noch besser, was von ihm zu halten ist."

Sennas Vorsprung: bis zu 30 Sekunden — aber dann die große Angst. „Auf der Geraden setzt der Motor aus. Drei Runden später wieder. Und nach fünf Runden erneut. Es wird immer schlimmer, und der Motor läuft immer unsauberer, als wäre der Auspuff gebrochen."

Aber Sennas Vorsprung ist beruhigend. Hinter ihm tobt das Williams-Stallduell, Rosbergs Schnauze in Mansells Getriebekasten, und Prost, sicherer Vierter, hat beim Überrunden von Martini und Streiff fünf bis sieben Sekunden verloren.

Plötzlich ein Knall: Rosbergs linker vorderer Lufteinlaßtrichter für die Bremsen fliegt weg, und bevor die Bremsen überhitzen können, biegt Rosberg ab in die Box. Mansell sucht im Rückspiegel solang den verlorengegangenen Keke, bis er die Kurve von le Combe übersieht, beide Vorderräder blockiert und wie ein Rallycrosser über die Wiese pflügt.

Prost hat unheimliche Reserven: „Ich seh ganz weit zurück Rosberg aus der Box kommen, fürchte: mit frischen Reifen holt er mich ein — also geb ich ein paar Runden fest Gas." Alains schnellste Runde ist um zwei Sekunden unter Sennas schnellster ...

Ayrton gewinnt 18 Sekunden vor Mansell, der von der Zielflagge erlöst wird: „Die letzten zehn Runden krieg ich keine Luft, kann nimmer atmen, die Rippen der gezerrten Brustmuskeln schmerzen fürchterlich — und im Ziel bin ich bewußtlos.“ Die Williams-Mechaniker müssen ihn aus dem Cockpit zerren. 2. Platz: Noch nie war Mansell so weit oben.

Und noch nie Senna so schnell weg. Hastig umgezogen, ein paar keuchende Worte in die Mikros — fort ist er.

Prost sehe ich abends auf dem Flugplatz Zaventem. Teilnahmsvoll, fast mitleidend, setzt er sich zu Piccinini und Tommaini, die auf ihren Canossa-Heimflug warten. Alle spüren: Prost ist bereits Weltmeister. „Aber ob er's ein bißl früher oder etwas später wird, hängt davon ab, ob in Kyalami gefahren wird“, sagt mir Lauda, der in Ibiza die übliche spanische TV-Show durchlitten hat: Start, dann Mickymausfilme, kurze Rennszenen, wieder Mickymaus, dann die Zielflagge.

16 Punkte Vorsprung vor Brands Hatch! Sicher, Prost hat 1983 auch schon 14 Punkte Vorsprung verjuxt. „Aber damals hatte ich nicht das schnellste und beste Auto. Jetzt schon.“

In Brands Hatch hat Prost, der erstklassige Tennisspieler, jetzt halbe Golfprofi, den ersten Matchball: ein fünfter Platz genügt zum Titel.

Ferrari kann außer hektischen Fließbandtests in Fiorano nichts mehr tun. Und Alboreto redet schon vom nächsten Jahr.

Am Freitag nach Spa „empfängt Ingenieur Ferrari“, so die Maranello-Diktion, „seine beiden Piloten und bestätigt ihnen die weitere Zusammenarbeit“. Für Alboreto normal, für Johansson erfreulich: „Zum erstenmal muß ich über den Winter nicht fürs nächste Jahr zittern.“

Aber die Prost-Anrufe in Ibiza oder Wien haben aufgehört: Keine einzige Nachfrage, wie es Nikis Verletzung geht.

## BRANDS HATCH: MATCHBALL FÜR PROST

Dafür will Ron Dennis von Lauda so rasch wie möglich wissen, wann er wieder gesund ist, „weil wir John Watson testen wollen“. Niki bedauert: „Ich hab noch Gips, überdehnte Sehnen, die schmerzen — bei Handgelenksverletzungen weißt du nie, wie lang sie dauern.“

Weil aber Watson bei ersten Vergleichstests in Donington fünf Sekunden hinter Prost zurückbleibt, kommt bald ein gefühlvoller Dennis-Anruf durch: „Werd schneller gesund, Niki... weil Watson zu langsam ist."
Und darum flüstert mir Niki: „Wenn mir diese Hand in Brands Hatch nur den geringsten Schmerz bereitet, fahr ich nicht — erst wieder in Kyalami und Adelaide! Ich hab im Leben oft genug Klimmzüge gemacht, aber jetzt frag ich: wozu — und für wen?"
Er kriegt sowieso ärztliches Startverbot, das er mit gemischten Gefühlen quittiert: „Erstens bin ich traurig, weil Brands Hatch meine Lieblingsstrecke ist" — auf der er seine besten Rennen gefahren ist und dreimal gewonnen hat. „Zweitens froh, weil es saugefährlich ist." Als Zuschauer kommt Lauda natürlich nicht nach Brands: „Ich leg mich lieber in Ibiza in die Sonne, als dem Prost und dem Watson zuzuschauen..."
Bis zuletzt versucht Dennis, einen Besseren als Watson zu finden — Derek Warwick, zum Beispiel. Jean Sage würde ihn auch herborgen, aber Toth legt sich quer. „Ihr verpatzt mir meine große Chance!" kocht Warwick vor Zorn.
McLaren hat für sein Team ein 80 Kilometer entferntes altes Schloß gemietet. Der TAG-Hubschrauber knattert mehrmals täglich.
Prost-Freunde erzählen mir: Alain schläft schon wieder schlecht. „Er ist aufgeregt wie ein kleiner Bub." Doch Alboreto läßt ausrichten: „Prost kann ganz beruhigt schlafen, ich hab keine Chance mehr — höchstens 1:100. Alain wartet schon vier Jahre lang auf diesen Tag, jetzt ist seine Zeit da." Und deine? frage ich Michele. „Nächstes Jahr, in der Formel 1 ist es immer nächstes Jahr..." Der Ferrari ist modifiziert, jetzt besser, „aber nicht gut genug, um mit McLaren in Competition zu treten", fürchtet Alboreto.
Brands Hatch ist keine Power-, sondern eine extreme Fahrer- und Chassisstrecke. Darum erklärt Piquet die kleineren Turbolader: „Bei den großen Lagern zieht mehr Ladeluft durch — aber beim kleineren ist sofort die Leistung da." Alles ein bißl verwirrend für den Formel-1-Heimkehrer.
Watson ist laut Nikis Renningenieur Steve Nicol „ein bißl rostig und unsicher", außerdem übergewichtig: Unterm Sturzhelm quellen Ham-

sterbacken, und beim Aussteigen schaut er stets, ob er beobachtet wird — weil er mit den Füßen hängenbleibt.
Der letzte britische GP-Sieger (Long Beach ’83) ist seit Kyalami ’83 nicht mehr im Formel 1 gesessen — also kommt „Wattie“ aus einer veralteten in eine total neue Welt? „Nicht die vielen Mehr-PS beeindrukken mich, sondern der fast verschwundene Turbo-Delay und das viel bessere Ansprechverhalten.“ Zwei stürmische Jahre Turboentwicklung ziehen an Watson quasi als Blitzkrieg vorbei. „Aber mein Hauptproblem sind die Qualifikationsreifen.“
Brands Hatch präsentiert aber nicht nur einen „Oldie“, sondern auch einen Youngster: Einen Italiener auf Tyrrell.
*Ivano Capelli (22), war 1984 in der Formel 3 sowohl Monte-Carlo-Sieger (vor Berger) als auch Europameister, stieg dann in die Formel 3000 auf, wurde Überraschungssieger in Zeltweg und Dritter in Donington. Ein unscheinbarer Bursch aus Mailand, der zusammen mit seinem Vater TV-Werbespots produziert — für Parmalat, Alfa usw. „Ich bin der Regisseur.“ Sein Formel-1-Debüt inszeniert Capelli als Schocker: Mit vollen Tanks, auf kalten Reifen, fliegt er schon in seiner ersten Runde aus der Clark-Kurve, „aber kaputt ist nichts“. Im Rennen crasht er nach einem Schaltfehler.*
Wie sehr ihnen die mörderische Berg- und Talbahn zusetzt, sagen nur wenige. Gerhard Berger gibt zu: „Zweimal wird mir vom Magen richtig schlecht.“
Trotzdem kann Berger im Freitagtraining gleich Watson schlagen, obwohl sein Arrows auf der Geraden zick-zack läuft. „Zuerst glaubte ich: der Wind. Dabei ist das Auto echt unfahrbar.“ Regenschauer, Unfälle und Sensationsrunden von Ayrton Senna prägen das Training. De Angelis setzt in Dingle-Dell, wo 1984 Johnny Cecotto so schwer gestürzt ist, nur ein Rad ins Nasse — und schon fliegt er ab. Der Unterschied: Cecotto kann heute noch nicht richtig gehen — de Angelis aber sitzt eine Stunde später im reparierten Auto. Auch Fabi und Rothengatter crashen.
Senna schlägt Piquet um 1,2 Sekunden und wird Samstag früh sogar mit 28 km/h mehr Topspeed gestoppt als der nächste.
Eine Frage des Ladedrucks? Nein, dementiert Ducarouge, „nur die fantastische Balance des Autos: unglaublich schnell. Aber hätte Senna

noch schneller fahren müssen, hätte er auch das getan. 80 Prozent ist Senna, nur 20 Prozent ist der Lotus!“ Welcher andere Konstrukteur würde das je zugeben?
Das Abschlußtraining bringt ein faszinierendes Brasilianer-Duell, live mitzuerleben auf dem riesigen Bildschirm hinter der Box. Piquet fährt unter donnerndem Applaus 1:07,482, Senna kontert mit 1:07,169. „Du Supermann!“ reißt ihn Peter Warr vor Freude aus dem Lotus. Ayrton wehrt ab: „Meine erste Runde wäre noch viel schneller gewesen, aber da kamen mir Prost und Patrese in die Quere. In der zweiten Runde mußte ich mich echt plagen.“
Die Trainingssensation ist Philippe Streiff als Fünfter, und Prost gewinnt sein Duell mit Alboreto: Alain auf dem sechsten, Michele nur auf dem 15. Startplatz.
Watson, der Mann von gestern, mißtraut bis zuletzt dem Bordcomputer („Wer weiß, ob er den Benzinstand richtig anzeigt?“), Surer der Medizin: Er hat ganz böse Magenschmerzen, will sich aber, wie in Spa, von Dungl-Tochter Andrea nicht helfen lassen. Mansell braucht Bandagen, eine Injektion und Schmerztabletten, um überhaupt starten zu können. „Und noch etwas, aber das darf ich nicht verraten.“
Ein paar Worte mit Prost. Er ist relaxed, zuversichtlich, fast fröhlich. „Glaub mir: ich will heute gar nicht gewinnen!“ verrät er mir über seine Taktik. „Und ich kann meinen Titel heute auch gar nicht verlieren — wozu also nervös sein? Freilich: ich wäre sehr, sehr happy, könnte ich schon heute Weltmeister sein. Aber um Platz eins fighte ich heute nicht.“
Alain geht auf Nummer sicher: links zweimal B-Reifen (also hart), rechts zweimal C (also weich). „Keine gute Entscheidung“ — aber das weiß er erst viel später.
Die Lotus- und Brabham-Mechaniker wärmen ihre Reifen mit Heizdecken auf. Für Piquet mehr als für Senna: weil die Pirelli immer länger brauchen, bis sie ideale Betriebstemperatur haben. Dafür steht Piquet außen, auf der besseren Linie, weil die Straße sanfter ansteigt — aber sein Vorteil bleibt ungenützt.
Prost startet in sein wichtigstes Rennen „besser als die letzten zwei-, dreimal — aber vor mir kommt Rosberg schlecht weg“. Pissed off, wie er sagt, muß Alain links auf die Wiese ausweichen — und dort beschleunigt es sich schlecht. Nur 14. nach der ersten Runde!

Jones macht seinen berühmten Raketenstart: Wie in Monza Lauda, überholt er jetzt am Start Prost. „Außen vor der Druids-Haarnadel — als ob er zwei Gänge höher fährt als wir alle“, staunt Berger.
Beinahe kracht es schon 200 Meter nach dem Start, in der gefürchteten „Paddock Hill Bend“: Wheel-banging zwischen Senna und Mansell, beobachtet von Rosberg: „Ich geh jetzt auf einen Monat zurück in die Formel 3, daß ich wieder lern, andere mit den Rädern zu berühren ... vielleicht ist Senna schon zu lang in der Formel 1.“ Mansell rutscht ins Gras, wird bergauf zur Druids-Haarnadel von Rosberg überholt — und Keke wirft sich jetzt auf den Lotus.
Senna vor Rosberg: Das Spitzenduell wird immer hitziger. Keke fühlt sich vom Lotus sieben Runden lang gesperrt. „Nicht gesperrt“, mault Senna später, „ich fahr nur eine andere Linie als du.“ Womit er bei Rosberg auf Granit beißt: „Du blockierst mich! Aber wenn du glaubst, daß in der Formel 1 so gefahren werden muß — bitte.“
Keke weiter: „Ich find drei Stellen, an denen ich Senna überholen kann — aber er blockiert mir zwei davon. Bleibt nur die Surtees-Linkskurve hinter den Boxen.“ Zweimal probiert Rosberg — zweimal schmeißt ihm Senna die Tür zu. Dritter Versuch, neunte Runde: Kraftvolle Attacke von Keke, aber Ayrton schneidet rüber, und der Finne muß voll auf die Bremsen — so daß er quersteht — Piquet kann nicht mehr ausweichen, prallt gegen Rosberg, Mansell balanciert gerade noch innen durch, fast wieder im Gras.
Schon wieder verstricken sich also die Schicksale dreier Williams-Piloten: von Rosberg, der geht, Piquet, der kommt, und Mansell, der bleibt. Piquet ist mit demolierter Frontpartie sofort draußen, Rosberg rumpelt mit Reifenschaden eine dreiviertel Runde bis zur Box, verliert beim Reifenwechsel fast eine Runde und biegt als 23. und Letzter wieder auf die Strecke, als gerade das Kampfduo Senna-Mansell herandonnert. Heute ganz artiger Teamkollege, schmuggelt sich Keke zwischen Senna und Mansell, „dem ich ein bißl hilf“: indem er Nigel unterstützt und den Lotus abzwickt.
*„Thank you, Keke“, wird sich Mansell später für die brüderliche Hilfe bedanken. „Sehr hilfreich von dir, daß du Platz machtest, als Senna und ich daherkommen; einer rechts, einer links.“ Nur Senna wird leicht indigniert sein und Rosberg zur Rede stellen: „Als ich führte, mit Man-*

*sell hinter mir, hast du mich da absichtlich gesperrt?" Jawohl! sagt Rosberg gradheraus, „und ich werde es immer wieder tun, weil du mich sieben Runden lang gesperrt hast!" Als sie richtig zu streiten anfangen, fragt Prost vergnügt: „Braucht ihr einen Ringrichter?"*

*Seit Rosberg Piquet weggeräumt hat, ist es für Peter Warr „sowieso das Rennen von Mansell" — auch wenn Nigel in der Surtees-Kurve unter gelber Flagge überholt hat! Angeblich bittet nachher Hazel Chapman den neuen Lotus-Chef mit Tränen in den Augen, gegen Mansell nicht zu protestieren — gegen eigene Interessen. Peter Warr: „Wir haben 25 Jahre lang nie protestiert und werden jetzt nicht damit anfangen." Aber die Borniertheit macht ihn wütend.*

*„Ich will mit den Sportkommissären reden — sind alle beim Mittagessen. Ich will ihnen das Videoband vorführen — sie beharren auf einen anderen Kamerawinkel. Das sagen die gleichen, die Senna 1984 disqualifiziert haben. In Zandvoort kriegt Senna 5000 Dollar Strafe aufgebrummt, weil er verantwortungsbewußt, um niemanden zu gefährden, sein brennendes Auto direkt zum Löschen ins Fahrerlager gelenkt hat — in Brands Hatch bringt Alboreto eine rollende Bombe an die Box, die jederzeit explodieren kann — und was sagen die Herren Sportkommissäre? Was für ein Spektakel, good show!"*

Das passiert in der zwölften Runde. Prost sieht die brennende Ferrari-Bombe nicht, nur das Boxensignal: *Alboreto out.* Wie immer Alboretos Titelchancen standen: sie haben sich in Rauch und Flammen aufgelöst: kapitaler Turboschaden. Alboreto schnallt sich los, stemmt sich im Sitz hoch, bereit zum Rausspringen. Prost, in diesem Moment zwei Plätze vor Alboreto, reagiert mitleidlos und logisch: „Ich lieg ja 16 Punkte vorn. Und sogar wenn ich heute keine Zähler mach, bleibt Alboreto hinter mir, kann ich heute den Titel nicht verlieren — und Alboreto ihn nicht gewinnen. Was ich denk, ist also ganz einfach."

Seit der neunten Runde führt jedenfalls Mansell, Rosberg ist jetzt 20. und bläst zu seiner sensationellsten Aufholjagd des Jahres. „Normal fährst du an einem Weekend sechs bis sieben wirklich harte Runden — aber ich fahr 70. Jede Runde eine Qualifikationsrunde!" Keke hängt allein in der Steilwand, klettert Platz um Platz hoch ... „Noch nie hab ich so lang so hart fahren müssen", sagt er nachher. „Schau meinen Bizeps an: nichts mehr da. Alle Kraft ausgeströmt."

Prost hat ein anderes Problem: „Spätestens nach zehn Runden dämmert mir: die falschen Reifen erwischt! Links zweimal hart, rechts zweimal weich. Balance nicht optimal." Wie immer, gilt bei McLaren die Boxenregel: Wer vor Ablauf der 20. Runde reinkommt, bekommt nochmals die gleichen Reifen aufgezogen — was Alain heute auf keinen Fall riskieren will. Also muß er weiterstrampeln.

38. Runde, bereits Halbzeit, und Prost ist immer noch Achter hinter Mansell, den weit vorgekommenen Außenseitern Surer und Laffite, Senna, de Angelis, Johansson und Brundle, fast wie Lauda beim WM-Finale '84 in Estoril, der rundenlang gegen Johansson wie gegen eine Wand angerannt ist. Jetzt beschließt Alain den Boxenstop (dreimal C, nur noch links hinten B), steht aber 19 Sekunden still, weil rechts vorn der Radverschluß klemmt.

„Sehr schlecht für mich ... weil ich jetzt um jeden Preis zurückfighten muß. Aber das Gute dran: Ich kann endlich total auf den WM-Titel vergessen und mich jetzt voll aufs Gasgeben konzentrieren." Prost ist Achter, gewinnt einen Platz kampflos (Brundle out), zertrümmert dreimal den Rundenrekord, überholt zunächst aber nur Laffite.

Prost fährt an diesem 6. Oktober eigentlich zwei Rennen: Das erste ein taktisches Rennen (bis zum Boxenstop), das zweite mit Vollgas. Aber 25 Runden vor Schluß fehlen ihm noch 30 Sekunden auf den 5. Platz. „Ich weiß, aber ich hol ja auf Johansson und de Angelis pro Runde zwei Sekunden auf." 50. Runde: Der McLaren fliegt jetzt: Prost nur noch 14 Sekunden hinter dem Ferrari, nur noch neun hinter dem Lotus. Dann geht Johanssons Elektrik ein, de Angelis fällt zurück.

*„Alle sagen immer: Du drehst zu spät am Dampfrad. Jetzt dreh ich einmal früher den Ladedruck hoch" — und was passiert Surer, dem Zweitplacierten? Ein kapitaler Turbodefekt. „Aber für meinen Teamplatz ist ein zweiter Platz mit Feuerwerk viel wichtiger als eine Fahrt auf Ankommen." Surers Gesicht wetterleuchtet zwischen Faszination und Enttäuschung. Zum Schweizer Fernsehen kann er heute nicht: „Entschuldigt, aber ich bin zu müde und total kaputt."*

Zehn Runden vor Schluß geht der stürmisch attackierende Rosberg auch an Prost vorbei. Neue Reihung: 1. Mansell, 2. Senna, 3. Rosberg, 4. Prost — gut genug für den WM-Titel.

Williams signalisiert Mansell nur ganz selten die Zahl der fehlenden

Runden: +50, +40, +10, +4 ist alles, „damit er sich nicht zu sehr aufregt und noch das Auto rausschmeißt". Der Funkverkehr ist dürftig: nur Spritverbrauch, sonst nichts. Auf den Tribünen genau wie in der Williams-Box: atemlose Spannung. Die Mechaniker trauen sich heute schon gar nicht, Mansell die Runden herunterzuzählen. Aber Nigel merkt ja „die Reaktionen der Zuschauer und der Flaggenwarte: Sie zeigen mir in jeder Kurve mit den Fingern, wieviele Runden noch".

Dann ist er erlöst: Der Märtyrer hat seinen ersten Grand Prix gewonnen — und Prost seinen ersten WM-Titel.

In der gleichen Sekunde, in der Prost in Brands Hatch die Ziellinie überquert, wird in Paris Yannick Noah im Daviscup geschlagen. Aber ob so oder so — Alain ist Montag die einzige, alleinige Seite 1 in *tout la France.*

Total abgekämpft, völlig erschöpft, fast apathisch, torkelt Nigel Mansell die Treppen zur Siegerehrung hoch: „Ihr habt diesen Sieg gewollt", sagt er über Lautsprecher der tobenden Menge zu seinen Füßen, „und ich hab ihn euch gegeben."

Watson verliert das Duell um Platz sechs knapp gegen Boutsen, der trotzdem behauptet: „Watson fährt ja wie ein Taxichauffeur." Der Ire ist traurig über den verlorenen WM-Punkt, „den ich für die Statistik so gern gewonnen hätte". Einmal sitzt ein anderer im Lauda-Auto, und schon kommt es durch — warum, Niki? „Wenn ich so langsam fahr wie der Watson, wird auch nix kaputt."

Überrascht pumpen die Mechaniker aus dem Watson-Auto noch 30 Liter Sprit: ausreichend für elf Runden! „Das Auto war für Niki präpariert", flüstern die Porsche-Leute. „Er hätte heute klar gewonnen — sogar nach der 195-Liter-Formel ... dafür wird er in Kyalami gewinnen." Aber heute feiern andere.

„Der schönste Tag meines Lebens. Ich kann's immer noch nicht glauben", sagt mir Mansell ins Radiomikrofon. „Das Rennen war wahnsinnig hart und schwer, vor allem am Anfang. Aber jetzt müssen die Leute endlich aufhören, nach mir zu treten, mich zu kritisieren. Und grüß alle meine Freunde und Fans in Österreich ..."

*Mansell outstages Prost,* knallen die Schlagzeilen am nächsten Tag. Aber nur die englischen. Und Senna sagt: „Heute sind alle happy. Nigel hat gewonnen, ich bin Zweiter, Prost Weltmeister — und Keke

ist ein fantastisches Rennen gefahren.“ Aber sein Gesicht drückt anderes aus als seine Sprache.
Nach dem Rennen fliegt Piquet direkt nach Oxford, um sich bei Williams einen Sitz anpassen zu lassen, de Angelis nach Weybridge, um bei Brabham vorbeizuschauen
Tags darauf sitzt Williams schon um 7.30 Uhr wieder in der Fabrik. Patrick Head um 8.15 Uhr. Und Mittwoch bereits wieder in Snetterton. Keiner hat Atempause. Schon gar nicht der neue Weltmeister.
Zum erstenmal seit Brabham 1966/67 — erst Jack himself, dann sein „Leutnant“ Denis Hulme — hat ein Team zwei WM-Titel hintereinander gewonnen. „Niki ’84, Alain ’85 ... und vielleicht Keke ’86“, sagt mir Mansour Ojjeh, mit dem ich im totalen Prost-Rummel zusammenlauf. Alain kann’s nicht hören, wie McLaren auf den Hattrick losgehen will.
*Prosts erste Woche als Weltmeister ist höllisch. Mit Sponsor-Dame Agnes Carlier reitet der Champion du Monde im Lear-Jet wie auf einem fliegenden Teppich durch Europa: Montag Paris, Dienstag London, Mittwoch Zürich und Genf, Donnerstag Frankreich und Belgien, Freitag England, abends Mailand, Samstag Rom ... ich bin sicher: Prost freut sich, als er nach Kyalami abhauen darf.*

## KYALAMI: SCHON WIEDER NIGEL MANSELL

McLaren hat schon vor Wochen hören lassen: „Wenn Prost in Brands Hatch bereits Weltmeister ist, gehen wir nicht nach Kyalami.“ Und Ferrari sich sofort angeschlossen: „... wir auch nicht.“ Aber beide haben längst widerrufen. Und so falsch es Prost findet, in Südafrika zu starten — er bleibt der faire Sportprofi: „Ich will nicht für mich entscheiden. Ich bin Profi, hab für 16 Rennen unterschrieben. Wenn ich Weltmeister geworden bin, dann dank McLaren. Wenn McLaren mich also bittet, nach Kyalami zu gehen, weil sie auch den Konstrukteurtitel gewinnen wollen, gibt es für mich kein Überlegen — I go.“
*Klar: Formel 1 über alles. „Wir sind“, rekapituliert Ecclestone, „ja auch in England gefahren — trotz der IRA. Und in Imola — trotz der Roten Brigaden.“ Und typisch, daß deswegen auch Balestre trompetet:*

*„Wir müssen fahren!"*

*Rennsport und Politik ... Ich erinnere mich, wie mir Juan Manuel Fangio einmal erzählt hat: „1957, während des Sportwagenpreises von Kuba in Havanna, haben mich Castros Rebellen glatt gekidnappt und übers Wochenende eingesperrt. Sonst waren sie sehr freundlich zu mir. Ich durfte mir im Fernsehen sogar anschauen, wie Stirling Moss gewann."*

Lauda hat „wegen Kidnapping eigentlich keine Bedenken". Die Gefahr kann er nicht beurteilen. „Aber es ist total pervers und deppert, der Fight Schwarze — Weiße so total beschissen. Überall in der Welt können sie miteinander leben — nur in Südafrika nicht." Und Niki erzählt mir einen symbolhaften Traum: „Mir hat vom Feuer geträumt ... alle Autos in der Kyalami-Box brannten aus! Kein Kyalami, kein Adelaide. Man müßte wirklich einen Neger dingen ..."

In Kyalami möchte Lauda „nochmals fest angasen", Australien ist ihm noch gleichgültig.

Das Feld ist schon arg gelichtet: Renault und Ligier fehlen, weil der französische Sportminister Alain Calmat, der berühmte frühere Eiskunstläufer, den Start verboten hat. Und das RAM-Team fehlt, weil es pleite ist ...

Alan Jones wird wegen eines „politischen Virus" zwischen Training und Rennen heimfliegen. Und die Zigarettenautos von McLaren und Arrows fahren mit überklebter Werbung.

*„Bei euch ist es sogar wenn eure beiden Autos ausfallen noch lustiger als bei denen drüben, wenn sie einen Doppelsieg landen." Originelle Aussage der blonden Liza, Ron Dennis' Verlobter, zum Barclay-Arrows-Sponsor Fritz Reust. Mit „euch" meint sie Arrows, und mit „denen drüben" tatsächlich McLaren ... Arrows ist ein sympathisches, kompaktes, gut organisiertes Mittelfeldteam. Mit BMW-Motoren müßte es möglich sein, das beste Mittelfeldteam zu werden — hinter den Giganten McLaren, Ferrari, Lotus, Williams und Brabham.*

*16 Motoren sind bezahlt, dazu kommen noch die Ingenieurs- und Servicekosten. Die Rechnung zahlt Barclay, ein US-Tabakkonzern aus Louisville, Kentucky. Von dort kommt nicht nur Cassius Clay und das „Kentucky Derby", sondern auch Valvoline, das 1983 für zwei Alan-Jones-Rennen auf Arrows 100.000 Dollar bezahlt hat. Jones —*

*damals die letzte Chance von Arrows, vernünftige Sponsorgelder zu kriegen, wie sich Jackie Oliver überhaupt gern an Comeback-Stars klammert — siehe sein Interesse an Lauda und Reutemann.*
*Barclay hat klein begonnen: persönlicher Sponsor von Surer bei vier Rennen 1983, „Flashman"-Umtrunk in Monte Carlo, Sambaparty in Rio. Bei Arrows blieben die Zigaretten-Geldgeber hängen: wegen Boutsen (belgischer Markt) und wegen BMW (gemeinsame Entwicklung eines Rennsimulators mit 4-Gang-Getriebe). Und jetzt freut sich Barclay, „weil wir Marlboro die meisten Raucher wegnehmen".*
*Soweit der Sponsor, schauen wir uns Bergers Bosse an: Jackie Oliver, Alan Rees, Dave Wass.*
*Einmal fahr ich mit Oliver und Berger im Auto vom BMW-Werk zum Münchner Flugplatz. Was macht eigentlich dein früherer Boß, „Shadow"-Gründer Don Nichols? „Versucht gerade, mir meine amerikanischen Sponsoren zu stehlen, damit er nach Indy gehen kann." Und, lässig zu Berger: „Wenn du über Unfälle etwas wissen willst, frag mich: Darin bin ich Spezialist, weiß alles."*
*Ich erinnere mich: Rouen 1968, Oliver kam kreidebleich an die Box zurück, sein Lotus in Stücke gerissen. „Ich weiß heute noch nicht, was passiert ist." Oder Madrid-Jarama, seine berühmte Feuerkarambolage mit Jacky Ickx: „Mir ist wegen 50 Grad Hitze der Feuerlöscher explodiert", gibt Oliver jetzt preis. „Darum hab ich nichts gesehen." Oder Brands Hatch 1968: Mit dem Lotus in seinem ersten englischen GP in Führung, wofür ihm später Graham Hill in Mexiko die „Newcomer of the year"-Trophäe der Rennfahrervereinigung GPDA überreichte. Oliver wurde rot: „Thank you — was soll ich sonst sagen?"*
*Seinen letzten GP fuhr er 1976 in Anderstorp, aushilfsweise für Shadow. „Ich war Achter, Niki Neunter, was ihn so entsetzte, daß er aufgab."*
*Olivers Ex-Frau Lynn lebt heute mit einem englischen Popstar zusammen, Jackie selber hat ein zweitesmal geheiratet: Lulu, die Tochter eines Landarztes aus Südengland, früher eine berühmte Ballettänzerin, jetzt noch Chefin einer Mädchentanztruppe — wenn sie nicht gerade die Stoppuhr drückt.*
*Die Frau von Alan Rees, die rothaarige Debbie, war früher Olivers*

*Freundin. Vielleicht ist darum bei Arrows immer so freundliche Familienatmosphäre. Debbie ist sehr reich, hat gepflegten Lebensstil und von ihrem Vater viel geerbt.*
*Dave Wass, der Konstrukteur, ist ein ruhiger, cooler Typ, den noch nie jemand wütend gesehen hat, wogegen Rees, wenn er gereizt wird, zum reinen Giftzwerg werden kann. Wass hat den Ruf, daß er Spitzenautos gut nachbaut; von seinem Vorgänger, Tony Southgate, haben sich die Spuren verloren. Sein letztes Lebenszeichen: 1984 bei Osella.*
*Seit Juli gibt es die BMW-Absichtserklärung, Arrows auch 1986 auszurüsten — verbunden mit Auflagen: anderer Konstrukteur, mehr BMW-Farben am Auto usw. Oliver ist nicht beunruhigt: „Das normale Spiel. Du verkaufst ja nicht Leib und Seele auf einmal — oder?“*
*Aber abgesehen von den Motoren. „Die Formel 1 ist Selbstmord! Am gescheitesten wäre, zurück in die Formel 3000 zu gehen. Allein ein Satz Karbonfiberbremsen kostet 6500 Dollar . . . und hält nur für ein Rennen.“*
*Gerhard Berger seufzt: „Jetzt kapier ich, warum nicht alle Teams Karbonfiberbremsen haben . . .“*
*25 WM-Punkte hat Oliver für 1985 versprochen — es werden etwas weniger. Was BMW immer von seinem zweiten Team verlangt hat: Die Rennen zu beenden, einzuspringen, wenn die schnelleren Brabhams ausfallen. „Das haben wir getan: unseren Job erledigt. Schnell genug sind wir nicht — also können wir nur auf totale Haltbarkeit losgehen.“ Immerhin: „Wir haben heuer von allen Teams die meisten Zielankünfte.“ Wenn Arrows „bei uns eine ähnliche Rolle spielen soll wie Lotus für Renault“, ist das von BMW viel verlangt.*
*Daß die Arrows anständigen Topspeed haben, dafür sorgt der Schweizer Motoren-Tuner und PS-Zauberer Heini Mader, ein spezieller Berger-Fan: „Das Büble wird gut“, heißt das auf Schwyzerdütsch.*
*Bös und eifersüchtig wird Oliver immer nur, wenn vom „Superchassis Toleman“ die Rede ist. Und: „Wie schnell wäre der Toleman erst mit einem BMW-Motor“ — was sich lang abzeichnet und im November fix wird.*
*Am Nürburgring sitzt Oliver stundenlang mit BMW-Chef von Kuenheim zusammen: „Geben Sie mir einen Motor, so klein, daß er in eine Schuhschachtel paßt, so stark, daß er im Rennen 1000 PS leistet, und*

*ich garantier Ihnen: Ich hab das beste Chassis im Business!" Alle, die zuhören, lachen. Also muß das Ziel sein: Dieser Idealvorstellung so nah wie möglich zu kommen. Und Haltbarkeit und Speed, das ist der Trick. „Aber der ist schwer realisierbar."*

*Für Oliver ist der BMW-Motor ohnehin nur der drittstärkste nach Honda und Porsche. „Wenn Ford eintritt: der viertstärkste." Interessant, wie alt die heutigen Motoren in ihrer Grundkonzeption schon sind: Renault elf, BMW sieben, Porsche fünf Jahre . . . Gehen wir weiter ins Cockpit:*

*„BMW holt sich seine Fahrer scheinbar immer aus Österreich", sagt BMW-Pressechef Dirk Straßl, auf Höttinger, Quester, Berger etc. anspielend. „Und wenn wir keinen Österreicher mehr finden, dann wenigstens einen Deutschen, der Markus Östreicher heißt." Berger bleibt noch lang bei BMW-Power.*

*Nach Jochen Rindt und Niki Lauda ist Gerhard Berger der dritte Österreicher, der WM-Punkte macht. „Die Rindt-Siege hab ich alle begeistert mitgekriegt . . . aber von Lauda eigentlich nix, weil ich erst 1980/81 wieder Grand Prix geschaut hab — aber da ist der Niki ja nicht gefahren."*

*Bergers Träume gingen auch gar nicht Richtung Rennfahrer: „Eher Mechaniker und Fernfahrer. Ich halt heute noch alle Lkw-Rekorde vom Brenner herunter. Nur: Bei den anderen hat man nachher die italienischen Marmorplatten behutsam mit dem Kran ausgeladen — bei mir nur noch mit der Schaufel zusammengekehrt."*

*Damals fuhr er für die Transportfirma seines Vaters, dem er aber bald sagte: „Du, ich mag nicht hinter dir her, ich will eine eigene Firma!" So kaufte Vater Berger ein pleitegegangenes Konkurrenzunternehmen, das er dem Junior mit 30 Leuten und fünf Lkw übergab. Heute kommandiert Berger in seiner „Europatrans" 30 Lkw und 60 Angestellte, „aber mein Büro ist das kleinste. Ich arbeit auch am wenigsten."*

*An der Wand: italienische Fotos aus der Formel-3-Zeit, ein Lorbeerkranz, ein Siegerfoto: „Mein allererstes: mit dem Alfa 1981 in Zeltweg."*

*Vater Berger, den es früher „selber sehr oft gejuckt hatte", der aber statt einer Rennfahrer- eine Geschäftsmann-Karriere aufbauen mußte,*

*tat alles, um dem Junior die ersten Rennflausen auszutreiben. Er nahm Gerhard im Motorsegler mit nach oben in seine Himmelsarena und fragte: „Na, ist das nicht das Schönste, was es auf der Welt gibt?" Aber der Bub saß nur kopfschüttelnd und trotzig da.*
*Bei seinen immensen Rennverpflichtungen beginnen auch für Berger bald die Hubschrauberflüge, Hetzjagden und Privatflüge zum Flugplatz: „Jetzt bin auch ich schon so weit, daß ich fast sag: Ich bin lieber dahoam."*
*In Kundl angekommen, überfällt ihn seine süße Töchter Christina (6) immer gleich mit der Frage: „Wievielter bist du geworden?" Um auf die Antwort mit Nasenrümpfen zu reagieren: „Der Niki gewinnt aber immer ..."*
*Als Gerhard seiner Tochter 1983 in Monza versprach: „Mit dem Formel 3 kannst mit mir von der Box ins Fahrerlager fahren, aber nicht auf die Strecke" — da war sie monatelang bös. Eine angehende Rennfahrerin? Oder eher ins Mädchengymnasium? „Wenn sie meine Tochter ist, geht sie sicher nie ins Gymnasium ..."*
*Zu behaupten, er wäre nur in der Formel 1, weil er sich mit den Superstars und BMW-Bossen auf Skihütten trifft, war schon immer eine Frechheit. Den Tiroler Formel-1-Lausbub mögen einfach alle gern. „Und darum geben mir andere Fahrer jetzt noch Tips, wenn ich am Start schon neben oder gar vor ihnen steh."*
*Er macht sich beliebt, aber keineswegs gezielt, sondern weil er Herz hat. Als er mit dem Engländer Jeff Hutchinson in Rio ein Rennfahrer-Reporterrennen bestreitet, schenkt er ihm den Preis für den 3. Platz — zwei Wochen Ferien in Mexiko. „Fahr mit deiner Freundin." Und als in Estoril ein Schweizer Reporter unter Fischvergiftung stöhnt, reißt Berger den Fitmacher Willi Dungl mitten in der Nacht aus dem Schlaf: „Bitte komm schnell ... der Benoit stirbt."*
*„Das Schöne an der Formel 1", grinst Gerhard, „sind die feinen Hotels. Denn in der Formel 3 bist am Abend in den Schlafsack gekrochen ..."*
*An seinen allerersten Formel-1-Tag (Zeltweg 1984) kann er sich noch glasklar erinnern: „Unter meinem Auto die Füß' meines Mechanikers Bucher-Franz, der mir einen neuen Kühler einbauen will, obwohl es ihm Schmid verboten hat — und in der anderen Ecke springt Winkelhock dem Schmid an die Gurgel. Wenn das die Formel 1 ist, na servas."*

*Sarkastisch sagt er heute: „Mein Unfall war genau getimt — eine Woche nach Saisonschluß. Und eine Woche vor Saisonbeginn war ich wieder fit." Aber mit welchen Opfern: Beim Tourenwagen-EM-Lauf in Mugello bittet Gerhard seine Mechaniker extra: „Die Servolenkung ausbauen, damit ich mehr Kraft brauch!" Als Roberto Ravaglia übernimmt, sagt er: „Unfahrbar — die Lenkung ist ja kaputt."*
*Sein anderes Problem, das keiner kennt: Meist schwillt ihm nach wenigen Runden der rechte Fuß so an, daß er weder richtig bremsen noch Vollgas geben kann — oft turnt er mit dem linken Fuß unter die Lenksäule, um zu bremsen. Erst Willi Dungl ortet den Grund des Übels: falscher Sitz!*
*Ab Sommer hat er neue Rennschuhe, dicke Sohlen und ein leichteres Gaspedal — mit einer Feder, die das Gaspedal mitzieht, wenn die Rückzugsfeder bricht.*
*Berger weiß genau: „Momentan ist Arrows für mich das ideale Team: Nicht so groß, daß ich unter Druck steh — und nicht so klein, daß wir unter schlechtem Material leiden würden."*
*Und er wundert sich auch schon, „wie brutal die Fans sein können. Kaum bin ich im Training dreimal vorm Niki, sagen die Leute: der Lauda wird langsam, soll er doch aufhören. Unfaßbar."*
*Kaum hat 1985 Niki die ersten Mißerfolge, Gerhard aber die ersten Erfolge, „wendet sich der Bertl W. von mir ab und fährt mit dem Berger zu den Niagarafällen", erzählt Niki mit feinem Humor. Später, in Le Castellet, fragt Berger den Weltmeister: „Bist du heut schneller als ich? Weil ich den Bertl nirgendwo mehr seh ..."*
*Nur zweimal übersieht er jemanden wirklich, leider immer den gleichen. Estoril 1984: „Ich seh im Training plötzlich hinter mir Rauch aufgehen — Rosberg mit vier blockierten Rädern neben der Strecke, wegen mir seine Qualifikationsrunde verpatzt. Ich bin hin und hab mich entschuldigt. Estoril 1985: gleiche Kurve, Rückspiegel, ein Auto quer — wieder der Rosberg."*
*Dem Tiroler ist zum Davonlaufen, trotzdem geht er in die Williams-Box: „Entschuldig, Keke, normal passiert mir sowas nicht . . ." Bis beide lachten.*
*Bergers erste volle Formel-1-Saison: ein Abenteuer von Rio bis Adelaide. In Brands Hatch wird ihm schlecht. Im Löwenpark von Johan-*

*nesburg streckt er, natürlich, seine Hand durchs offene Fenster. In Nordamerika kriegt er beim Stau, vor allem im Tunnel, „alle möglichen Zustände. Zu Hause in Wörgl werd ich schon nervös, wenn die einzige Ampel auf rot geschaltet ist und drei, vier Autos vor mir stehen."*

*Auch als Weltreisender und Motorsportzigeuner bleibt er bodenständig — wie Skikönigin Annemarie Moser-Pröll („wennst im Ausland eine Stadt gesehen hast, kennst sie alle"). Stau und Autobahntunnels machen ihm Beklemmungen, beim Liftfahren in den nordamerikanischen Wolkenkratzerhotels wird ihm schwindlig. Bootfahren? „Wenn's ganz wild zugeht, mir recht. Aber nur Wellen, da wird mir schlecht."*

*Aber er kommt 1985 einen weiten Weg voran. „Wennst in Monte Carlo mit 280 km/h den Berg raufgedonnert bist, hast vor nix mehr Angst. In Le Castellet glaubst bei 320 km/h auf der Mistral-Geraden, du fährst mit einem Moped. Der Niki sieht bei diesem Tempo wahrscheinlich jeden Hasen." Gerhard bald auch: „Ich versteh immer besser, warum das Auto dies oder jenes macht."*

*„Ich mag Stadtkurse ganz gern — obwohl sie gefährlich sind." Und: „Ich liebe Rennautos wie früher den Lotus! Superschnell, aber du weißt: auch ein Risiko. Denn langsam und Risiko ist schlecht." Aber: „Nach Monte Carlo darfst von unsicher nirgendwo mehr reden . . ."*

*Den Regen liebt er. Da fährt er phänomenal. „Im Tourenwagenrennen von Spa bin ich in fünf Runden vom 25. auf den 2. Platz vorgestoßen, hab allen pro Runde fünf Sekunden abgenommen — und dem Senna im Formel-3-Rennen von Silverstone genausoviel." Senna, dem Regenkünstler.*

*In England feiern sie ihn bereits: „1984 war Senna die Entdeckung des Jahres — 1985 du!" Ein Vergleich drängt sich auf. Beide, Ayrton und Gerhard, sind etwa gleich alt — 25. Aber Senna fährt seit seinem fünften Lebensjahr permanent Autorennen — Berger kam mit knapp 50 Starts in die Formel 1. Trotzdem wirkt Berger auf eine gewisse Art reifer.*

*Lauda bestätigt: „Nach Senna die größte Entdeckung. Frisch, unverbraucht, tut und probiert, ist schnell und hat alle Anlagen. Er muß nur noch das richtige Maß zwischen Einsatz und Erfolg finden, weil er für Unfälle ein bißl anfällig ist." Daß bißl Unernst des Tiroler Formel-1-*

*Lauda bestätigt ihm: „Nach Senna die größte Entdeckung!"*

*Lausbuben stört niemanden: „Der Ernst kommt in der Formel 1 ganz allein, früh genug . . ."*
*Jedenfalls: „Das größte Talent, das Österreich seit vielen Jahren hervorgebracht hat." Sowas darf nicht brachliegen. „Ich zerbrich mir schon den Kopf, wo du 1986 fahren wirst", überrascht Niki den Gerhard zur Saisonmitte. „Ich hilf dir."*
*Bei einem Abendessen in Brands Hatch garantiert ihm auch BMW-Sportchef Flohr: „Ich und BMW stehen hinter dir. Du mußt dir für 1986 keine Sorgen machen." Berger hofft insgesamt auf ein Brabham-Cockpit, aber Flohr redet nicht weiter und Gerhard hat Manieren genug, nicht weiterzufragen.*
*Bei den Teamchefs hat er viel Kredit. Teddy Mayer imponiert, „wie sich Gerhard entwickelt. Anfangs dachte ich: Auch nur irgendeiner. Und jetzt ist er genauso schnell wie Boutsen, ein echter Maßstab. Wie sieht sein Arrows-Vertrag aus?" fragt mich Teddy einmal im Auto. In England lädt er Berger in sein Haus zum Abendessen ein.*
*Gerhard hat „keine Angst, daß ich für 1986 kein Team find. Aber ich will rauf! Und viel mehr fürcht ich mich, daß ich nächstes Jahr nicht im richtigen Auto sitz."*
*Er hat seine Fans überall. Vor allem auch bei Pirelli. Umberto Grano, der den Tiroler in der Tourenwagen-EM betreut, ist begeistert — was sich bei Toleman alles sehr positiv auswirken muß.*
*Seit März fährt Berger jedes Wochenende ein Rennen: Formel 1, Tourenwagen, Gruppe C, „aber durch meine geringe Rennerfahrung schadet's nicht".*
*Die Vollgasbranche weiß, was los ist — weil sie unter anderem Berger direkt mit Boutsen vergleichen kann. Beispiel Brands Hatch: Mit Boutsens steifem (besserem) Chassis ist Berger um 0,2 schneller als der Belgier — mit seinem weichen (schlechteren) Chassis sogar um 1,5. „Und das weiche Chassis verwindet sich."*
*Bei Arrows wiederholt sich 1985 die March-Situation von 1972. Damals warnte das Greenhorn Niki Lauda von Anfang an: „Der 72EX ist eine Fehlkonstruktion!" Aber alle glaubten Ronnie Peterson, der immer nur lobte: gut und super, weil er das mieseste Auto so schnell wie möglich um den Kurs wuchtete. Das Arrows-Problem: Das Chassis verwindet sich. „Das ist, als ob du zwei Autos fahren mußt: eins vorn,*

*eins hinten." Berger sagt es seit Rio. Boutsen, der Dave Wass nicht wehtun will, erst ab Le Castellet ...*

*Boutsen ist schon länger im Geschäft als Berger, müßte also schon etwas weiter sein, längst beweisen, daß er besser ist", steht aber für Lauda „mit Berger auf einer Stufe. Unauffällig, unscheinbar, aber schnell und gut. Und macht vor allem nichts kaputt."*

*Die Cooperation Boutsen — Berger ist optimal geblieben. „Jetzt kann jeder von uns einen wichtigen Teil testen — und wir sparen Zeit", sagt der Belgier.*

*Seine Frau Patricia: „Thierry hatte immer nette Teamkollegen: Bellof, Danner, Baldi, Corrado Fabi . . . bis auf einen Franzosen. Bei dem mußten wir immer auf die Brieftasche aufpassen."*

*Gelernt hat er Kfz-Ingenieur: „Ich kann mit den Mechanikern über alles reden und bin auch in der Fabrik beim Bau der Rennautos dabei."*

*Ein Bruder von ihm ist Computerspezialist geworden — seine Schwester lebt als Aussteigerin auf dem Land. Thierry und seine heutige Frau Patricia sind Nachbarskinder, zusammen aufgewachsen, „aber es funkte erst, als wir 17 waren".*

*Seit Spätherbst 1984 sind die beiden verheiratet. Die Hochzeitsreise führte auf die Malediven (von vier Tagen waren zwei verregnet) und über Singapur nach Australien zum Gruppe-C-Rennen. Nicht sehr romantisch, aber praktisch.*

*Jacky Ickx hat ihm viel geholfen: „Als ich noch Formel 3 fuhr, mußte ich auf zehn Monate zum Militär. Jacky war großartig: Er organisierte meine Sponsorgelder, mein Rennprogramm, und ich kam immer direkt aus der Kaserne zu den Rennen."*

*Ein gemütliches Abendessen im „Flashman" von Monte Carlo. Thierry erzählt mir, warum er sich im März 1984 im Fürstentum angesiedelt hat: „Erstens wegen der Ruhe, weil zu Hause den ganzen Tag das Telefon läutet und ich nie relaxen kann. Zweitens wegen der Steuer. Die belgischen Finanzbehörden haben mir nie geglaubt, daß ich ohne Geld Rennen fahr, ja sogar noch Schulden machen mußte. Sie waren plötzlich im Morgengrauen da, haben mein Haus auf den Kopf gestellt, jede Schublade umgedreht — und mir dann Vorschreibungen gemacht. Ich mußte Kredite aufnehmen, um Steuerschulden zu bezahlen . . . damals schwor ich mir: Bei erstbester Gelegenheit bin ich weg!"*

*Und so leben Thierry und Patricia Boutsen jetzt unten am Heliport von Monte Carlo, ruhig und friedvoll, gar nicht isoliert: „Nizza ist nicht weit, und zweimal täglich geht eine Maschine nach London.“*
*Für Gerhard Berger ist Boutsen von Anfang an „a wahnsinnig netter Teufel. Aber auch a wahnsinnig schneller Teufel“, von dem man lernen kann.*
*Seine Turbo-Taktik ist einfach: „Ich ändere im Rennen alle zehn Runden den Ladedruck. Anfangs, wenn der Turbo noch kalt ist, dreh ich ihn zurück — später, wenn er heiß wird, wieder hoch.“ Seine Erfahrung aus den Langstreckenrennen hilft ihm „überhaupt nichts: Das sind ganz verschiedene Rennen.“*
Ich fliege mit Niki von Ibiza nach Nürnberg (Flieger reparieren), von Nürnberg nach Zürich, von Zürich nach Johannesburg.
Der letzte Flug nach Kyalami? Gesprächsfetzen aus der Ersten Klasse. Lauda bittet Kapitän Schaaf: „Laß den Piquet ins Cockpit, der freut sich“, und Williams konstatiert: „Schau Alboreto an, der macht sich jetzt schon Sorgen. Dabei sind wir nicht einmal noch dort.“
Aus Angst vor Rassenunruhen flüchten viele Teams aus der „Kyalami Ranch“ und ziehen ins „Sandton“-Hotel. Ron Dennis storniert als erster — und auch Niki muß gehorchen, „weil es ja schon genügt, wenn dir jemand in die Suppe spuckt“. Die Angst ist unbegründet und Lauda, wieder einmal, beispielgebend: Über die Veranstalter lädt er den schwarzen Erzbischof von Johannesburg, Nobelpreisträger Desmond Tutu, zum Grand Prix ein. „Ich führ ihn durch die Boxen, zeig ihm die Fahrer, erklär ihm die Autos . . . wenn er will. Es wäre faszinierend, mit ihm zu reden.“
*Prost versäumt beinahe seinen ersten Einsatz als Weltmeister. „Ich sitz gemütlich im Flughafenrestaurant von Genf, da rollt mit das Flugzeug davon: Das Reisebüro hat mir eine falsche Abflugzeit ins Ticket geschieben. Nie mehr Reisebüro“, ärgert sich Alain, der Selfmademan. Zwar wird draußen auf der Rollbahn der Swissair-Jumbo noch über Funk gestoppt, aber das Bodenpersonal ist schon schlafen gegangen, die Gangway weggerollt — und der kleine Prost kann ja nicht aufspringen. Auch ein Basketballer hätte zurückbleiben müssen.*
*Alain hat — weil momentan gerade beim Übersiedeln — „nicht einmal ein Zuhause“, schläft in Genf, um tags darauf den Flieger Genf — Lon-*

*don zu nehmen, aber der hat Verspätung. „Und bevor ich ein zweitesmal das Flugzeug nach Südafrika versäum, charter ich einen Privatjet."*
Während Alains Odyssee drischt Niki in Kyalami schon lockere Sprüche: „Ich darf ja nicht WM-Dritter werden, weil die ersten drei zur Preisverteilung nach Paris müssen — Nichterscheinen kostet fünftausend Dollar Strafe."
Ron Dennis fragt ihn: „Bist du fit genug? Weil auch Derek Warwick hier ist — da Renault ja nicht fährt." Lauda hätte zum Wiedersehen herzlichere Worte erwartet: „Ich bin vollfit, ich kann fahren — aber bitte, wenn du lieber Warwick willst, nimm ihn. Deine Entscheidung." McLaren steuert schon wieder auf Kollisionskurs.
Am ersten Trainingstag ist Lauda bereits um 8 Uhr früh auf der Strecke — voll motiviert und kampfhungrig. Keine Frage für ihn, wem der Ersatzwagen zusteht — auf den er ja (Prost zuliebe) den ganzen Sommer über verzichtet hat. Aber Dennis sträubt sich: „Du bist fünf Wochen lang nicht gefahren, wie weiß ich, ob du noch fahren kannst?"
Lauda: „Da mach dir keine Sorgen, außerdem steht mir das Ersatzauto zu."
Dennis: „Ich hab entschieden: Für dich sind zwei Autos zuviel, du kriegst das Ersatzauto erst morgen."
Jetzt hat Lauda genug: „Paß auf: Wenn ich es nicht heute krieg, brauch ich es überhaupt nimmer — aber dann red ich mit dir nie wieder ein Wort. Wette doch mit mir: Ich komm mit beiden Autos zurecht."
Gut eine Minute streckt Niki seinem Chef die Hand hin — Dennis weigert sich einzuschlagen. Dann berät er sich mit seinen Yes-Men und besinnt sich: „Nimm das Ersatzauto. Aber nur, damit du nicht wieder eine Ausrede hast, wenn du zu langsam bist."
Um halb neun stolpert Prost auf dem Jan-Smuts-Airport aus dem Flugzeug, nimmt den Hubschrauber nach Kyalami, trinkt einen Frühstückskaffee und stürzt sich ins Training. „Da sieht man wieder: Weltmeister zu sein, kann einen Fahrer nur langsamer machen", grinst Niki am Nachmittag vergnügt: Fünf Wochen lang nicht im Rennwagen gesessen — und dann gleich den Weltmeister geschlagen: 8. Lauda, 11. Prost.
Abendessen mit Lauda und Berger im neuen Stammbeisel des Formel-1-Zirkus: „The new Fiddler" in Rivonia. „Ich bin heute total happy!" strahlt Niki bei Gemüseplatte und gegrilltem Fisch. „Heut freu ich mich

über alles in der Formel 1." Den Trainingssieg über Prost. Den gewonnenen Krieg gegen Dennis. Sowas freut ihn doppelt, aber sensibel, wie Niki in Wirklichkeit ist, spürt er noch etwas anderes, das ihn verwirrt: „Das Virus Formel 1 ist durch die fünfwöchige Pause in mir nicht kleiner, sondern irrsinnig größer geworden." Noch immer brennt also das innere Feuer: „Ich schwör dir: Wenn mir jetzt, in dieser Minute, jemand einen Vertrag hinlegt und die Umstände stimmen — dann unterschreib ich sofort, auf der Stelle. Aber wenn jemand im falschen Moment kommt, sogar wenn er 100 Millionen Dollar anbietet, sag ich nein."
Ein leiser Seufzer: „Ich hoff nur, daß ich charakterstark genug bin, um bei meinem Rücktrittsentschluß zu bleiben ... und Bernies Verlockungen zu widerstehen."
Ecclestone kommt zufällig eine Stunde später vorbei, nimmt zwei Tisch weiter Platz, huscht nur einmal kurz vorbei: „Wir reden morgen, Niki." Dann redet Bernie vor sehr, sehr vielen Italienern, projiziert alles aufs Geld. „Wir sind so gut wie einig ... ich mach Lauda zum bestverdienenden Rennfahrer aller Zeiten."
Der revolutionäre Brabham geht Niki nicht mehr aus dem Kopf. Er redet mit BMW, mit Pirelli, und merkt, „daß sich rund um mich vieles aufbaut, daß irrsinnige Fäden geknüpft werden. Und ich häng mittendrin." Darum müsse er sich als erstes „von meinem Rücktritt freispielen, um mir dann ganz objektiv das neue Projekt anzuschauen: eine wahnsinnige technische Herausforderung".
Aus vielen vertraulichen Gesprächen mit Niki höre ich seine Bedenken heraus: die Angst, unglaubwürdig zu werden, „obwohl ich erwachsen und flexibel genug bin, Dinge so zu entscheiden, wie sie mir gefallen und wie ich sie will".
Lauda ist gedanklich schon bei morgen, der McLaren-Bordcomputer aber noch bei gestern: „Er glaubt: immer noch in Brands Hatch", sagt Dennis, ruft im Porsche-Versuchszentrum Weißach an, läßt über Nacht ein neues Computerprogramm ausarbeiten und nach Kyalami telefonieren. Lauda und Prost merken keinen Unterschied: „Wir verlieren 50 bis 80 PS — uns fehlen auf die Williams-Honda und Brabham-BMW auf der Geraden 20 bis 25 km/h. Mit so einem Handikap solltest normal gar keine Autorennen fahren."
Als Lauda auch im Abschlußtraining vor Prost bleibt, sieht Ron Den-

nis drein, als hätte er in einen ganzen Zitronenbaum gebissen. Auch die anderen machen Gesichter wie Sauerteig.

Draußen auf der Strecke probiert Gerhard Berger vier Starts mit 10.000 U/min, „aber wegen der dünnen Höhenluft komm ich kein einzigesmal weg ..."

Das Traininsfinale ist atemberaubend. Ein mörderischer Dreikampf Rosberg — Piquet — Mansell, den Nigel gewinnt: Genau wie Senna in der Lesmo-Kurve von Monza, ist Mansell zwei Kurven vor dem Ziel „schon neben der Strecke, aber ich preß den Fuß runter, bleib voll am Gas". Im Rechtsknick vor der Zielflagge staubt es nochmals, fast wäre der Williams gegen die Mauer geflogen — aber Nigel hat Pole-position. Seine zweite nach Dallas 1984. Der Unterschied? „Mein früheres Team hat an mich nicht geglaubt — mein jetziges schon."

Rosberg ist noch draußen, als Piquet zum letztenmal gegen die Mansell-Zeit anrennt. Nigel hofft auf eine Blockade. „I love you, Keke!" brüllt er grinsend von der Boxenmauer. Hätte er zu Saisonanfang nicht einmal gedacht.

*„Beide Superkerle, beide superschnell, dabei zwei völlig verschiedene Charaktere", wiederholt Frank Williams, wenn er seine beiden Recken vergleicht. „Aber einer der beiden ist viel billiger." Und Ecclestone, auf die von Millionen-Sponsoren befohlenen Top-Piloten angesprochen, hat einmal gefeixt: „Was ist schon ein Top-Pilot? Nigel Mansell war vor einem Monat auch noch keiner — jetzt ist er der Superstar."*

*Mit jedem Stoß Glückwunschtelegramme, den der Postbote ins Mansell-Refugium auf der Insel Man heranschleppte, ist das Selbstvertrauen des „jungen Graham Hill" seit seinem Brands-Hatch-Jungfernsieg weiter gewachsen. „Der erste Sieg", erzählt er mir in Kyalami, „ist wie deine erste Liebesromanze. Du bist aufgeregt, hast Angst, daß du etwas falsch machst — später geht alles so leicht und problemlos. Mit dem Gewinnen hoffentlich genauso."*

*Schon bei Lotus hatte sich Mansell als potentieller Siegfahrer gefühlt, „aber erst seit ich bei Williams bin, wußte ich: Heuer gewinn ich noch meine ersten Rennen." Bis Brands Hatch waren sie „immer nur um eine Häuserecke von mir entfernt".*

*Auch Lauda hat gespürt, daß 1985 für Mansell ein entscheidendes Jahr wird. Niki zu Saisonbeginn: „Er ist schnell, ohne Frage, aber ich finde:*

*er wird etwas überschätzt. Viele Vorschußlorbeeren, obwohl er noch keinen Grand Prix gewonnen hat. Aus dummen Fehlern (Startkarambolage Detroit 1984) hat er gelernt. Das wichtigste für ihn ist jetzt, zu beweisen, wie gut er wirklich ist.“*

*Der große Preis fürs Durchhalten: Nigel Mansell, der Märtyrer der Formel 1, hatte immer schon das Prinzip: NEVER GIVE UP.*

*„Ich hab Briefe mit offenen Rechnungen und Erlagscheinen genauso bündelweise öffnen müssen, wie ich jetzt Glückwunschtelegramme aufreiß ... Ich hab 300 Bettelbriefe an mögliche Sponsoren adressiert, aber kaum einer hat mir zurückgeschrieben ... Ich war Fensterputzer, hab mein Haus verkauft, um Formel 3 fahren zu können, hab mir einen Halswirbel und den Rücken gebrochen, sollte sechs Monate flach auf dem Rücken liegen, bin aber aus dem Spital geflüchtet.“ Wie oft hat Mansell das schon erzählt, nur: Wie lang hat ihm keiner zugehört?*

*„Ich trag zum Beispiel immer noch die Halsmanschette wie nach meinem wildesten Formel-3-Sturz. Nur ist das — bevor ich Große Preise gewann — keinem aufgefallen“, sagt er mir.*

*Sein Kreuz hat er oft ganz allein hinaufgeschleppt. Einmal, in einer belgischen Grand-Prix-Woche, starb seine Mutter, an der er abgöttisch hing. Mansell fuhr nach Zolder, kämpfte noch verbissener als sonst und wurde Dritter: „Die ganzen Pokale hab ich Mummy aufs Grab gelegt.“*

*Aber er verlor nicht nur seine Mutter, sondern auch seinen großen Lehrmeister — Colin Chapman. Als „Mr. Lotus“ gestorben war, „hat mich sein Team nimmer wollen“. Oft und oft wollte man ihn gegen Warwick austauschen — und dann kam Williams. Bis Brands Hatch eine Alptraumsaison: Kollision in Rio — Handgelenksverletzung (und bewußtlos) in Detroit, 320-km/h-Reifenunfälle in Le Castellet und Monza, das gebrochene Lenkrad von Spa ...*

*Seither kämpft und siegt Mansell mit gebrochenen Rippen und gezerrten Brustmuskeln. „Die Ärzte sagen: fünf Wochen Rennpause — aber wann?“ Rosberg, total verspannt und von der Air-condition im Flugzeug verkühlt, hat ähnliche Probleme, sich aber von einem Arzt in Frankfurt „den ganzen Rücken gesundspritzen lassen“.*

*Keke korrigiert in Kyalami auch die Wundermär vom Wundermotor: „Piquet ist auf der Geraden um 15 km/h schneller als wir, also sollte man nicht sehr laut vom stärksten Motor reden.“*

Dafür bei McLaren ein böses Omen: Im Aufwärmtraining platzen alle drei Turbolader. Darauf nehmen die Porsche-Ingenieure den Ladedruck — normal 3,6 bar im Qualifikationstraining, 3,5 im Rennen — zurück. Mansell nützt seine Pole-position, führt die ersten sieben Runden, dann läßt er auf der langen, abschüssigen Zielgeraden Rosberg vorbei. „Mein Glück: Gerade ist Ghinzanis Motor explodiert. Keke kommt dadurch in der Crowthorne-Kurve als erster auf Öl."
Rosberg sieht keinerlei Ölflaggen: „Ich muß das Bremspedal pumpen, hab blockierende Hinterräder und soll noch gleichzeitig nach vorn gucken — aber wie? Und wenn ich auf einmal verschwind, wissen alle, was los ist." Auch de Angelis und Berger, die gleichfalls in Crowthorne ausrutschen, aber alle weiterteufeln.
Irgendwie findet Rosberg nach seinem wüsten Dreher zurück auf die Piste und zaubert sich durchs ganze Feld. Aber der Finne könnte sich auffressen vor Zorn: „In vier Williams-Jahren bin ich ganze zweimal rausgeflogen: in Brands Hatch und jetzt in Kyalami ..."
*Woran Mansell freilich schuldlos ist. In Konkurrenzteams ist es anders: Bei Lotus fliegen — weil Senna bei 320 km/h auf der Geraden mit Hilfe eines überrundeten Autos de Angelis gefährlich austrickst — nachher sogar um ein Haar die Fäuste.*
Die Österreicher fahren bravourös. Lauda stößt, wie gewohnt, bald nach vorn. Und Berger, bis zum Ausrutscher auf Öl schon auf Platz 6 und dem Trio Boutsen-Brundle-Johansson glatt davongefahren, fängt „erst jetzt richtig an zu kämpfen".
Ein genau getimter Reifenwechsel in der 32. Runde bringt Lauda sogar auf Platz 2, nur noch Mansell vor sich, weil fast gleichzeitig auch Prost frische Pneus abholt. „Ich glaub sogar: ich hätte gewonnen." Aber fünf Runden später explodiert Nikis Turbolader, durch Hitze und dünne Höhenluft überlastet, in tausend Fetzen.
*Doch diesmal treffe ich einen ganz anderen Lauda: noch aufgedreht, überhaupt nicht enttäuscht. „Nein, für mich heute kein Frust, sondern lustig, weil ich mühelos mithalten konnte." Der Virus frißt. „Ich bin besser denn je gefahren, fühl mich im Rennauto wohl, hab weder Aggressionen noch Aversionen gegen die Formel 1." Und so basteln schon sehr viele Experten am „Rücktritt vom Rücktritt".*
Ohne Lauda bleibt Mansell an der Spitze und hat — obwohl von Prost

unter Feuer genommen — sogar Zeit für einen internen Williams-Plausch am Funkgerät. Etwa nach dem Reifenwechsel: „Frank, sag den Jungs: Ich danke und gratuliere allen für den schnellen Boxenstop.“
Zehn Runden später, als er schon Prost im Genick spürt: „Frank, mach dir bloß keine Sorgen. Ich fahr nur ein wenig reifenschonend.“ Und als der Weltmeister zurückfällt: „Endlich hab ich ihn abgeschüttelt, den französischen Frosch ...“
Prost geht der Motor fest. Darum rettet er sich gerade noch als Dritter ins Ziel — hinter dem entfesselt gefahrenen Rosberg. Mansell ist schon ein routinierter Sieger. Und Berger fährt Boutsen (nach zweitem Reifenwechsel) und Brundle davon, fightet mit Johansson, obwohl er böse Reifenprobleme hat, oft quersteht, im 300-km/h-Linksknick wegen der Vibrationen keine Straße mehr sieht, sondern „nur noch zielen kann“ — und obwohl ihm die letzten 20 Runden der Fuß einschläft. „Aber ich beiß die Zähne zusammen. Diese WM-Punkte darf mir keiner mehr wegnehmen!“ Und dann ist „der ganze irrsinnige Druck plötzlich weg: wie wenn du ein Überdruckventil aufgemacht hast“.
Die BMW-Mechaniker taufen Gerhard für seinen 5. Platz mit soviel Bier, daß sich Berger noch in der Box die Haare waschen muß, „sonst verstink ich das ganze Flugzeug“. Oktoberfest in Afrika.
„Sorry für Alain“, kondoliert Frank Williams beim McLaren-Boß, aber Ron Dennis schnaubt nur: „Deine Motoren haben zuviel Leistung.“ Williams ist verblüfft, Dennis redet weiter vom Antreiben der Porsche-Ingenieure, um noch mehr Leistung herauszuholen. Worauf es sich Frank nicht verkneifen kann, zu sagen: „Du mußt für deine Motoren bezahlen — ich krieg sie umsonst.“
Inzwischen freilich ist Niki Lauda mit Vollgas in seine dritte Karriere gestartet: als Filmstar.

*Zu Hause in Ibiza sind „Jeremiah Johnson“ (mit Robert Redford) und „Dirty Harry“ (mit Clint Eastwood) seine Video-Lieblingsfilme — schon Dutzende Male gesehen: harte Einzelgängertypen. Jetzt spielt er selbst die Hauptrolle in einem 2-Stunden-Film über 100 Jahre Automobilgeschichte — und hat dabei Hollywoodstar Robert Wagner ausgebremst. Dieser war ursprünglich engagiert, aber Starregisseur Michael Pfleghar, schon auf dem USA-Flug, hatte plötzlich die Idee: „Ein Automobilfilm — warum nicht gleich Niki Lauda?“*

*Pfleghar rief aus den USA seinen Freund Günter Netzer an, der sich übers ZDF an mich wandte mit der Bitte um Laudas Telefonnummer — so kamen die beiden zusammen. Einziges Problem für Niki: „In meinem Terminkalender drei freie Wochen für die Dreharbeiten zu finden.“ Niki fand sie: eine Woche Paris, eine Woche Nizza, eine Woche Tucson (Arizona). „Eine Riesenhetz, alles super“, freut sich Filmstar Lauda schon am ersten Tag. Pfleghar hat ihm extra für den Film ein zweisitziges Glasauto bauen lassen: eine Riesenglaskiste mit Computer und Wankelmotor, alles aus Glas — sogar das Lenkrad. Eine Mischung aus Oldtimer, Science fiction und James Bond: Mit dieser „rollenden Zeitmaschine“ chauffiert Lauda einen 16jährigen amerikanischen Jungschauspieler (im Film sein Sohn) durch die „endlose Geschichte“. Einmal mitten durchs erste Autorennen aller Zeiten, mit Oldtimern, „die du nicht einmal im Museum findest“ — ein andermal verfolgt von Kampfflugzeugen aus den Weltkriegen ... Niki heißt Sam, der Bub Eric.*
*Tollkühne Hubschrauber-Manöver, die Red Arrows, Explosionen, ein Höllenspektakel. Und mitten aus diesem Szenarium ruft Niki am 23. Oktober Ecclestone in London an: „Bernie, es bleibt beim Rücktritt. Ich fahr 1986 nicht für dich.“ No problem, sagt Bernie und legt auf. Mir verrät er später: „Ich hätte Niki zum reichsten Rennfahrer aller Zeiten gemacht ... jetzt hab ich viel Geld für die anderen. Weil meine Sponsoren das Budget verdoppelt haben.“*

## ADELAIDE: SERVUS, NIKI!

Lauda will stilvoll abtreten: Flug zum letzten Rennen im eigenen Lear-Jet, zusammen mit Piquet. Die Route ist längst ausgearbeitet, aber dann beschließt Nelson: „Ich mach mit Emmanuela Ferien am Indischen Ozean und flieg direkt nach Australien.“ Nelson kommt, wie die meisten, von Ferien auf Mauritius: Senna freilich grippig und mit böser Ohrenentzündung von einem Wasserski-Sturz. Rosberg und Berger aus Singapur — von einer turbulenten Nacht im berühmten „Mandarin“-Hotel. Dem Keke das Zimmer ausgeräumt — wer darf das schon ungestraft?
Prost kommt von einer mörderischen, endlosen Sponsor-Verbeugungs-

tournee, darunter sogar einer rund halben Million Schilling teuren Audienz beim Papst, dem er ein Modellauto schenkt. Alain ist aber nicht erleuchtet, sondern total ausgebrannt. Als ihn Willi Dungl auf dem Flugplatz von Singapur trifft, erschrickt er: blaß, Ringe unter den Augen, aber keine Grippe, sondern eher unterkühlt — Kreislaufprobleme. „Wir müssen in Adelaide sofort anfangen", befiehlt Dungl ein Fitneßprogramm. Prost jedoch geht zwei Tage Golfspielen. Im Freitagtraining dreht er sich prompt fünfmal, und direkt vor den Boxen rutscht er in die Leitplanken ...

Aber mit Piquet und Rosberg drehen sich noch zwei Weltmeister, Rothengatter und Capelli verstümmeln ihre Autos.

*Niki Lauda — wohin man blickt. Ganzseitige Farbinserate in australischen Zeitungen: „Der einzige Mann in Adelaide, der populärer als Lauda ist." Darunter grüßt der Weihnachtsmann. Woanders handflächengroße Schlagzeilen auf den Titelseiten: „Niki Lauda: Warum ich das 7-Millionen-Dollar-Angebot ablehnte."*

*Im Zoo von Adelaide wird — große Show — ein Seelöwenbaby spontan auf den Namen „Niki Lauda" getauft. Es hat sogar dezenten Vorbiß. Für den großen Rennfahrerball ist Smoking vorgeschrieben. „Ich hab weder einen, noch trag ich einen", sagt Niki, aber Dennis hat längst alles organisiert, inklusive Mascherl und Manschettenknöpfe. „Die gib ich dir zurück", sagt Niki, „sonst schickst mir wieder eine Rechnung ..." Diesmal nicht, sagt Ron.*

*Lauda ist schon einmal in Australien gestartet: Formel Atlantic, 1984. „Ein miserables Training, mit Motoraussetzern und einem Dreher, nur 20. Startplatz, aber im Rennen richtig Gas gegeben — und dann mit Rosberg kollidiert." Niki und Keke starteten auch im Tourenwagenlauf. Siegesprämie: ein Honda-Auto. Und weil der Veranstalter so besonders nett ist, beschließen sie: „Einer von uns beiden gewinnt — und schenkt ihm das Auto." Ich gewinn! trompetet Rosberg sofort. Also schießt Niki dessen australischen Gegner ab, und alle sind happy: Rosberg über seinen Sieg, der Organisator über sein Auto ...*

Adelaide, die etwas verstaubte, unschuldige Stadt mit den vielen Kirchen, hat sich total verwandelt. Alle staunen, auch die eingeflogene Prominenz von Ex-Beatle George Harrison bis Motorrad-Idol Barry Sheene, der vergnüglich grinst: „Ich hielt Adelaide immer für eine fette, alte Lady. Und war seh ich? A young, speedy girl ..." Keke Rosberg wird später loben: „Ihr habt den besten Job der Welt getan!" Ein höfliches Kompliment? fragen die Australier. Nein, dementiert Keke: „Wir zählen zu den rüdesten Burschen auf der Welt. Wir sagen immer sofort, wenn uns etwas nicht paßt."

Auch Lauda ist begeistert: „Absolute Spitzenklasse, daran kann sich die ganze Welt ein Beispiel nehmen. Eine Superstrecke. Und irrsinnig anstrengend — also genau der richtige Kurs, um aufzuhören. Ja net anstrengen ..."

Tim Schenken, der frühere australische Formel-1-Pilot, chauffiert mich um den Kurs: eine 320-km/h-Gegengerade, Bordsteine vor den Betonmauern. Nicht nur der beste Stadtkurs der Welt, sondern für Derek Ongaro „auch ein Vorbild für alle permanenten Rennstrecken". Aber mörderisch. Fahrer mit 6-Gang-Getriebe (Brabham, Williams, Arrows usw.) schalten pro Runde 46mal, in einem 82-Runden-Rennen also total 3372mal, wenn sie kein Runterschalten auslassen, alle zwei Sekunden — ärger als Monte Carlo! Und 3772mal der Kupplungsdruck von 5 kg: macht 18.860 kg in zwei Stunden. Wer fragt noch: Ist Motorsport Körpersport?

*Sir Jack Brabham (im Pulverdampf der Autorennen fast taub geworden) hat mich längst vorgewarnt: „Alle Hotelzimmer, ja sogar Zelte verkauft. Bring deinen Schlafsack mit." Und er hat, natürlich, auch die Strecke durch den Park, eine Galopprennbahn und über breite Boulevards eingeweiht: „Ich halt hier immer noch den Rundenrekord. Ende Oktober hab ich hier vier Runden mit meinem Repco-Brabham-Weltmeisterauto von 1966 gedreht, anschließend vier Runden mit einem Ferrari — bis mich die Polizei stoppte."*

Das Training beginnt mit einer 1000-Dollar-Wette. Domingos wettet mit Alboreto, daß Berger nach einer Viertelstunde der Schnellste ist. 14 Minuten später ist er es wirklich ... Am Ende demoliert Senna alle um eine Sekunde. Ayrton lernt fremde Kurse unheimlich schnell und knallt eine Bestzeit nach der anderen hin, „obwohl meine Nase und mein Ohr nie synchron funktionieren. Schau her: Niederdruck da, Überdruck dort. Oder umgekehrt."

Lauda ist 16., „aber ich bin gar nicht auf Zeit gefahren, wollte nur die richtigen Gänge und passenden Reifen rausfinden".

Tags darauf sagt Niki leise, als er zur Strecke kommt: „Mein letzter Freitag — mein letzter Freitag im Overall." Dennis schnauzt ihn an: „Los, steig ein, oder glaubst, du bist auf Ferien?" Wie so oft 1985, ächzt Niki: „Heut geht überhaupt nix, das Auto liegt nicht." Weil er mit seinem relativ runden Fahrstil die Reifen nicht so warm kriegt wie Prost. Um so heißer ist Berger: Weil Boutsen Motorschaden hat, reißt Arrows dem Tiroler das Auto unterm Hintern weg. Er kriegt es erst für die letzten vier Runden. Danach kann die Alternative nur lauten: auf zu Toleman!

An der Spitze ein Tausendstelsekundendrama: Superkämpfer Rosberg ringt Senna um 0,001 = 4,58 cm nieder. Nachher fällt Keke im Williams-Wohnmobil schwer atmend in die Polster: „Ich bin kaputt, müde, ausgebrannt von der langen Saison, will nur blauen Himmel, aber nichts mehr vom Rennfahren wissen."

*Ich treff Lauda in der Holzbude hinter der McLaren-Box. Dazwischen eine Art Schanigarten, jetzt verlassen, weil die vielen Wichtigtuer des McLaren-Teams längst Koalabären streicheln oder Kängurubs nachhopsen. Niki studiert Flugpläne und Hotelprospekte von „Disneyworld", wohin er mit den Kindern zu Weihnachten fliegt, und die Farbskala des BMW-Allrad: „Diamantenschwarz mit grünen oder braunen Fenstern?"*

*Früher hätte er noch Rundenprotokolle, Topspeed-Messungen oder Getriebeübersetzungen studiert. Jetzt nimmer.*

*Er zählt den Countdown herunter: Noch drei Tage, noch zwei Tage. Der letzte Samstag.*

Typisch, was im Abschlußtraining zwischen Senna und Mansell passiert. Der Lotus in seiner fliegenden Runde, der Williams im Weg — und dort bleibt er auch bockig. Absichtlich? „Natürlich sah ich Senna kommen", sagt Mansell, „und könnte die nächste Kurve ganz außen fahren, damit er innen freie Bahn hat. Aber ich mag ihn nicht. Und ich bin nur verpflichtet, in der nächsten Kurve Platz zu machen." Na bravo.

Dann jedoch preßt Senna sich und den Lotus nochmals wie eine Zitrone aus: Seine siebente Pole-position 1985, vielleicht die schwierigste, „aber ich schwör dir: leicht war keine!" Mansell ist Zweiter, Berger erkämpft den besten Startplatz seiner Karriere: 4. Reihe, 7. Rang. Und Lauda fällt auf den 16. Platz zurück. „Der hilft mir beim Zurücktreten — keine gute Ausgangsposition für ein Straßenrennen.“

*Mansell, vorgestern noch mit dem Stigma des ewigen Verlierers behaftet, will jetzt gar nimmer aufhören zu siegen: „Ich will der erste Engländer sein, der drei Große Preise hintereinander gewinnt!“ Was kein Moss, Hill, Surtees oder Hunt geschafft hat, will Nigel erzwingen. Und damit alle den großen Triumph miterleben können, hat er beide Kinder mitgebracht, die mit neuneinhalb Stunden Zeitumstellung überhaupt nicht zurechtkommen: „Sie spielen jeden Abend die ganze Nacht bis in der Früh ...“*

*Böse Zungen spotten: Er wird schon runterkommen von Wolke neun. „Dabei schwebe ich nur auf Wolke sechs“, grinst Nigel. „Wenn ich wieder gewinn: auf Wolke sieben.“*

*Mansells Renntaktik: „Ich bin widerstandsfähiger als Senna!“ Der Brasilianer fürchtet bereits „das schwerste, härteste Rennen des Jahres. Sonntag abend werden wir alle völlig k.o. sein.“ Auf der amtlichen Pressekonferenz, im Rennfahrer-Englisch: „We are all fucked by Sunday night.“*

*Behalt das für dich, ruft ihm Mansell fröhlich zu, meine Frau ist da.*

*Eigentlich hättest auch du die letzten drei Grand Prix gewinnen können, sage ich zu Rosberg. „Gewinnen müssen!“ korrigiert er mich, voll Siegeshunger. „Adelaide muß ich gewinnen. Damit sie mich bei Williams ein bißl länger in Erinnerung behalten.“*

*Das Rennen der vielen Abschiede: Rosberg letztmals auf Williams, Piquet letztmals auf Brabham, de Angelis letztmals auf Lotus, und Renault und Lauda überhaupt zum letztenmal.*

Wie wünscht du dir, soll dein letzter Grand Prix verlaufen?

Niki: „So kurz wie möglich ...“

Und wenn dir im Startgewühl nicht gleich jemand über die Radaufhängung fährt?

Niki: „Dann will ich ein mieses, schlechtes, schwitzendes Rennen am besten ohne Resultat — so etwa an 15. Stelle ausfallen.“

Ewig hast du den Defektteufel verflucht, jetzt brauchst du ihn?

Niki: „Ich hoff ehrlich, daß er mich erwischt, weil ich dann nichts zu bereuen brauch. Aber so muß ich das ja wohl sehen: Sonst wär ich wahnsinnig, daß ich aufhör.“

Und wie ein Superchampion abtreten magst du nicht?
Niki: „Wichtig ist nicht, wie ich meine Karriere abschließ, wichtig ist nur noch, daß ich sie abschließ, egal wie. Ich muß mich also bemühen, völlig emotionslos dahinzuraspeln."
Der Virus Formel 1 in dir ist also noch lang nicht tot...
Niki: „Der muß verkleinert werden, mit aller Gewalt! Sonst fahr ich ja wieder — und das darf ich ja nicht. Ich darf mich nicht aufbauen fürs Rennen, muß mich stetig abbauen — damit ja nichts mehr hochkommen kann. Auf keinen Fall darf das gleiche passieren wie in Kyalami: daß ich wieder totale Freud am Rennfahren krieg."
Und wenn's ganz verrückt zugeht und du plötzlich führst?"
Niki: „Dann bleib im am besten sofort stehen. Denn sonst werd ich wieder so verrückt aufs Rennfahren, daß ich wieder nicht weiß, was ich tun soll — weil ja soviel Talent nicht den Bach runterschwimmen kann."
Und davor, vor der Freude am Rennfahren, hast du Angst?
„Ja", sagt mir Niki ehrlich, „ein Sieg wär für mich das Schlimmste."
*Laudas Abschiedsrennen, und alle wollen ihm die berühmten Klamotten vom Körper reißen. „Ich komm mir vor wie bei einer Leichenfledderei: jeder will ein Stück Souvenir von mir. Als ob ich gar nimmer am Leben wär." Zeitnehmer-Chef, Zigaretten-Maxl: alle jagen Overall, Sturzhelm usw. Aber Niki entscheidet: „Aus, ich gib nix her, nimm alles mit nach Haus, weil ich's vielleicht wieder einmal brauch." Ein listiges Grinsen: „Vielleicht für die Kinder."*
*Mit Lauda geht sein langjähriger Brabham- und McLaren-Mechaniker Joe More, einer vom „Team Ebel": „Ohne Niki hab ich in diesem Business nichts mehr verloren. Ich mach jetzt eine Garage in Chessington auf."*
Ron Dennis lädt zur Abschiedsparty ins Adelaide Hilton den ganzen Formel-1-Zirkus ein, weil er das für sein Ego braucht. „Aber Niki kriegt sein Geschenk nur, wenn er kommt." Der hat am meisten Angst vor einer sentimentalen Abschiedsfeier. Nur keine Regung zeigen, alles unterdrücken. Außerdem muß er gleich nach dem Rennen nach Nizza, Film weiterdrehen. „Zum Beschenken hätte Ron die ganze Woche Zeit gehabt. Wenn ich zurücktritt, will ich mich nicht beweihräuchern lassen — deswegen hab ich ja aufgehört."
Laudas letzter Tag als Rennfahrer: The long good-bye mit unglaub-

lichem Höhepunkt. Mit seinen berühmten schnoddrigen Sätzen überspielt er alle Wehmut: „Stimmt doch, Willi: Das letztemal massierst mich ... das letztemal fahren wir miteinander auf eine Rennstrecke ... das letztemal in die Box."

Es ist ein Tag, wie man ihn nicht vergißt.

Um 8.30 Uhr geht Niki die fast leere Boxenstraße durch, redet mit jedem ein paar Worte. Man sieht: 13 Formel-1-Jahre hängen an einem Menschen. Aber was man noch nie sah: Lauda gibt den jungen Piloten Tips fürs Rennen.

Niki zu Senna: „Ich sag dir, wie du gewinnen kannst: Du bist schnell genug, laß dich am Anfang auf nichts ein, denk immer dran: 82 Runden." Nach dem Rennen wird sich Senna ohrfeigen können: Hätte er nur auf Lauda gehört.

Niki zu Berger: „Mach heut keine Blödheiten, laß dir Zeit — weil zum Schluß nimmer viele fahren werden." Stimmt auch haargenau.

Meister Lauda gibt den Jungen seinen Segen. Der Supermann, der der Formel 1 jahrelang seinen Stempel aufgedrückt, aber auch viel von ihr zurückgekriegt hat, kann nicht still und lautlos verschwinden. Die McLaren-Crew versteckt ihm das Gepäck, damit er dableiben muß. Ralf, Gerhard und Lothar von Porsche sind Traditionalisten und bauen ihm seinen Weltmeistermotor Nr. 32 von Estoril ein: „Damit gewinnst heute!"

9.20 Uhr: Prost erscheint. „Ah, der Monsieur Weltmeister", grinst ihn Niki brüderlich an. An der Wand des Bretterverhaus: Zeichnungen, Lauda-Fotos. Vis-à-vis auf der Tribüne Lauda-Transparente: „Niki, *we will miss you forever.*"

10 Uhr: Aufwärmtraining mit vollen Tanks, achter Platz. Danach präpariert er seinen Helm fürs Rennen und verpackt ihn, wie immer, in ein Stück blau-weißen Flanell von daheim: Mathias' Polsterüberzug. Neue Wunschvorstellung fürs Rennen: „Auf Platz drei vorarbeiten — dann Motorschaden." Und wenn du wirklich führst? „Dann kann ich mir's immer noch überlegen ... Ich glaub, ich werde heut doch noch einmal fest raspeln." Das Rennfahrerblut wallt schon wieder.

11.45 Uhr: Ich begleite Niki zur Fahrerbesprechung. Dort entreißt er Ken Tyrrell einen Zettel: die Liste mit den Höchstgeschwindigkeiten. „Aha, Niki: leerer Tank. Viel Topspeed", höhnt Tyrrell. Niki trotzig:

„Hab ich beim Abschiedsrennen nicht nötig, einen Trick wie Jones anzuwenden." Gerade beim Abschiedsrennen, spottet Tyrrell.
*Welches Tempo einschlagen? rätseln alle. Berger kalkuliert 1:27,5-Runden. Zu langsam, glaubt Oliver. Laffite geht sogar auf 1:30: „Heut mußt fahren wie beim 24-Stunden-Rennen von Le Mans — nur dann machst Punkte." Letzter Dialog Oliver-Berger: „Wennst in der ersten Schikane rausfliegst, kannst gleich deine Koffer packen und abhauen." Gerhard grinst: „Ich hab mein Flugticket schon eingesteckt . . ."*
14 Uhr = 4.30 Uhr MEZ. Start in Adelaide, den Jones völlig verpatzt. Vorn Mansell und Senna.
Dritte Kurve: Senna boxt Mansell raus, statt zurückzuschlagen, läßt Mansell Platz und wird vom Brasilianer endgültig ins Out befördert. Nigel tobt und ruft sofort die Kummernummer: den Williams-Boxenfunk. „Hallo, Frank, hast du gesehen, was dieser verdammte Idiot mit mir gemacht hat?" Noch tags darauf, als wir das Drama analysieren, ist Mansell voll geladen: „Senna mag gut sein, er mag schnell sein, aber er ist kein guter Fahrer! Gerade jetzt, wo ich zweimal gewonnen hab, seh ich, wie leicht es ist, wenn man nur sein Hirn benützt."
Aber Senna ist noch nicht erwachsen. *He is not a man, he's a boy*, sagt Mansell.
Tambay fährt den Kamera-Renault, und er liefert die bis jetzt packendsten Live-Bilder aus dem Cockpit. „Leider wird meine Optik bald verdreckt, wie immer, wenn ich hinter einem BMW herfahren muß — soviel Dreck, Benzin und Öl spritzt von Surer weg. Schon nach fünf Runden muß ich mein Visier wegwerfen . . ."
Die Spitzengruppe heißt Rosberg-Senna-Alboreto-Prost-Berger. Sensationell, wie der Tiroler das Tempo der Superstars mithält — genau so frech wie Niki 1973 in Monte Carlo mit dem brustschwachen BRM. Respektlos überholt Berger Prost, greift Alboreto an, „aber plötzlich sind meine Hinterreifen kaputt". Dreimal muß der Tiroler wechseln.
Lauda ist die ersten Runden aufs Rennen „eher pfeifdrauf. Aber dann denk ich mir: Gib noch einmal Vollgas und schau, was passiert." Sensationelles: In der sechsten Runde überholt Niki die zwei Alfa von Patrese und Cheever, in der zehnten Johansson, in der zwölften Warwick, gleichzeitig müssen Alboreto und Berger Reifen wechseln, dann kommen Boutsen und Piquet dran.

Laudas 171. und letzter Grand Prix ist das Spiegelbild vieler Rennen: Noch einmal verpackt er alle Erfahrungen aus dem Stahlgewitter von 13 Formel-1-Jahren in einen Grand Prix, mit Intelligenz, Herz, aber auch viel Hirn: „Ich achte vor allem auf meine Reifen. Als ich seh, daß alle ihre Reifen ruinieren, wie die Gummibrösel wegfliegen, dreh ich den Ladedruck sofort zurück, um meine Hinterreifen zu schonen."

So jagt Lauda ab der 19. Runde das Quartett Rosberg-Senna-Surer-Prost, ehe sich die Ereignisse überschlagen: Prost Turboschaden — sein erster Defekt im ganzen Jahr; Surer nach Reifendefekt ausgerutscht, Motor abgestorben; Rosberg dreimal zum Reifenwechsel an der Box: „Eigentlich sind alle drei Boxenstops unnötig, aber ich will immer frische Pneus, für den Fall, daß jemand aus dem Hinterhalt attackiert." Einmal wird Keke, als er schon für die Box verlangsamt, von Senna von hinten voll gerammt. Senna fährt überhaupt sein wildestes Rennen: Erst mit beiden Williams kollidiert, einmal über Stock und Stein, neben der Piste. Was wie die Amokfahrt eines Betrunkenen aussieht, hat seine Gründe: Löcher in den Reifen, faustgroße Brandblasen am Fuß, Bremsdefekte.

Darauf hat Lauda nur gewartet: Er richtet sich Senna kurz her und überholt ihn in der 56. Runde — Lauda führt! „Senna hat seine Reifen völlig ruiniert", fällt Niki auf, „und Rosberg, glaub ich, kann ich halten."

Zu Hause in Wien ruft Mutter Lauda alle 20 Minuten in der Wiener Fernsehzentrale an — am anderen Ohr hat sie Marlene in Ibiza. Dann werden die Intervalle immer kürzer. Und jetzt erlebt Mutter Lauda alles live mit: Niki führt!

*In diesem Moment fragt Piquet boshaft grinsend seinen Chef Ecclestone: „Mußt du für Niki statt 5,5 jetzt 6 Millionen Dollar zahlen?"*

Nikis Gefühl auf Platz 1? „Ich find wieder Freude am Rennfahren — aber die wird mir durch Bremsprobleme gleich wieder genommen." Nur zwei Teams haben Carbon- statt Stahlbremsen, eins davon ist McLaren: die falsche Lösung. Niki muß „seit zehn Runden irrsinnig aufpassen, um den Wagen in der Hand zu halten" — und plötzlich lassen ihn die Bremsen ganz im Stich. Am Ende der Geraden, bei Tempo 300, absolut keine Bremsen mehr. „Ich kann den McLaren nur noch gegen die Mauer abbremsen."

*In der Brabham-Box grinst jetzt Ecclestone: „Nur noch 1,5 Millionen Dollar", sagt er zu Piquet.*

Brutales Ende der Supershow. Lauda-Abschiedsvorstellung, zum Lachen und zum Heulen. 15.25 Uhr: Die Weltkarriere ist zu Ende, der Applaus der 200.000 begleitet Niki zur Box zurück wie ein Blumenregen. Helmut Qualtinger hätte gesagt: Ein unheimlich starker Abgang.

Als Senna Motorschaden hat, steht der Sieger fest: Keke Rosberg.

Aber die letzten Runden, gibt Rosberg zu, „hab ich vor Schmerzen geschrien!" Aufgerissene Handfläche vom dauernden Schalten, faustgroße, offene Blasen am Fuß von jedem 80-kg-Tritt auf die Stahlbremsen — so oft er kann erspart sich Keke jetzt einen Gangwechsel.

Hinter ihm: der sensationelle Stallkrieg bei Ligier. Streiff holt Laffite ein. Klassische Situation: Der junge Pilot, der nach vorn drängt, und der ältere, der sich wehrt. „Als Philippe das erstemal frech seine Wagenschnauze neben mich schiebt, denk ich mir noch: Der Kerl will sich amüsieren ..." Aber die zwei Überholversuche sind ernst. Zweimal reißt Laffite erbost die Faust hoch: „Spinnst du?" Beim drittenmal kracht es bös, reißt Streiff fast sein linkes Vorderrad ab. Es peppelt wie ein Basketball, auf und ab, als sich Streiff ins Ziel schleppt — und viel Zeit hat, sich eine Ausrede einfallen zu lassen:

„Ich hab die Boxensignale mißverstanden und geglaubt, Laffite liegt eine Runde zurück ... und Angst gehabt, weil Capelli von hinten stürmisch näherkam." Wie denn — mit fast einer Runde Rückstand? Streiff muß laufen, um zur Siegerehrung zurechtzukommen. Das Ligier-Gewitter ist kurz — Laffite kann nie lang bös sein: „Philippe ist jung, war schon müde ..." Und später, allein im Auto: „Merk dir eins, dummer Bub: Keiner ist schneller als der alte Laffite!"

Streiffs Aufbegehren, ärgert sich Larrousse, „hat seine Chance, 1986 bei Ligier zu bleiben, arg reduziert." Was er nicht weiß: Philippe hat längst für Tyrrell unterschrieben, mit der Klausel: ungültig, falls er bei Ligier unterkommt.

Sensationsmann Capelli, Vierter auf Tyrrell, muß für vier Stunden in Spitalspflege: totaler Zusammenbruch, Hitzekollaps, mit letzter Kraft an die Box gekommen, wo ihn Fahrerkollegen und Mechaniker aus dem Cockpit zerren müssen. Aber alle reden von Lauda.

Prost findet es „jammerschade, daß Niki sein letztes Rennen nicht gewinnen konnte: Hätte ich ihm von Herzen gegönnt." Ron Dennis gratuliert: „Good race" und bedankt sich sogar.
Ich treff Niki auf der Steiltreppe hinter den Fernsehkabinen. „Was war los mit dir: Im Cockpit eingeschlafen?" blödelt James Hunt. Nikis Abbauprozeß ist schon wieder in vollem Gang. Sachlich, emotionslos analysiert er sein letztes Rennen, als ich ihn zum Hubschrauber begleite — ich laß das Tonband mitlaufen. Ist Ecclestone wieder mit dem Riesenscheck in deine Box gestürmt? „Nein, aber ein komischer Zufall, daß Bernie mit mir im selben Flieger nach London sitzt, und genauso Ing. Rosche. Da sitzen gleich alle richtigen Leut' beisammen . . ."
Aber bevor er seine Meinung ändern könnte, bevor ihn das Superrennen von Adelaide in alle Träume verfolgen könnte, geht Niki bald auf Tauchstation.
Abgetreten wie ein Superchampion, auf Platz 1, unbesiegt von allen Gegnern, aus seiner Siegesfahrt nur gerissen vom Defektteufel — den er sich ja heimlich gewünscht hat.
Tut dir irgendetwas leid?
„Ich bereue nichts, keine Minute meiner Rennkarriere. Ich war frei, zu kommen, wann ich will — und frei, zu gehen, wann ich will. Und vergiß nicht: ich bin ja nicht beleidigt vom Rennsport ausgestiegen, sondern freiwillig."

*

Lotus beschließt das turbulente Rennjahr mit einer Kaviarparty im Hilton. Weltmeister Prost trinkt, lacht und tanzt. Tambay ist entsetzt, wie stillos die Renault-Truppe auseinanderflattert: „Keine Abschiedsfeier, keine Rede, nichts." Der neue Generaldirektor schert sich nicht um die Formel 1, entschuldigt Jean Sage, „und ich hab nicht soviel Geld, alle einzuladen. Vielleicht machen wir was in Paris."
Dafür feiert Rosberg schon fleißig mit den McLaren-Leuten. Frank Williams geht schon um 21 Uhr schlafen, „weil ich zu müd bin, um mich von Keke zu verabschieden. Ich hätte ihm sonst gern mit einem Glas in der Hand good-bye gesagt." Vier gemeinsame Formel-1-Jahre. Fünf Siege, ein WM-Titel. Und dann nicht einmal Zeit für einen Abschiedstrunk.

## DIE FORMEL 1 OHNE LAUDA

171 Starts, drei WM-Titel, 25 Grand-Prix-Siege, 20mal Zweiter, neunmal Dritter, siebenmal Vierter, siebenmal Fünfter, fünfmal Sechster, 1616 Runden oder 7175 Führungskilometer — aber jetzt erlischt das Elmsfeuer der Formel 1, nach dem sich jahrelang alles orientiert hat. Nur einer hat mehr Rennen gefahren: Graham Hill. Nur einer mehr Siege: Jackie Stewart. Und nur einer war öfter Weltmeister: Juan Manuel Fangio.

*Blick zurück ohne Zorn? Niki schüttelt jede Sentimentalität ab: „Mir total unbegreiflich, wie sich jemand hinsetzen und sagen kann: War das schön vor drei Jahren. Was hast davon? Aus der Vergangenheit kannst nur Erfahrung schöpfen und lernen — sonst nichts, die kommt nie wieder. Ich schau ja längst wieder nach vorn, hab alles so organisiert, daß ich voll beschäftigt bin, gar keine Zeit zum Nachdenken find — und hab Marlene einen Riesenposter von mir geschenkt . . .“*

Die Gegendroge zur Formel 1: Lauda deckt sich ein mit Arbeit: Film, Umschulung auf die 737 in Luton, einen Monat lang, „und die ersten zwei Wochen komm ich bestimmt nie aus dem Hörsaal raus“. Dann, wie lang versprochen, zu Weihnachten der Familienausflug mit Marlene, den Buben Lucas und Mathias, mit Renate und deren Kindern nach „Disneyworld“ in Florida — nicht weit von Orlando befindet sich ja das Weltraumraketenzentrum Cap Kennedy. Kann kein Zufall sein. Ab Dezember fliegt die von der „Transavia“ geleaste 737, ab Juli die von Boeing gekaufte Maschine.

„Schwierig“, gesteht mir Niki, „wird es für mich erst ab Jänner . . .“

Als Toscanini seinerzeit Puccinis letzte Oper, „Turandot“, dirigiert hatte, legte er danach den Taktstock weg und erklärte die Oper für geschlossen.

Die Formel 1 ohne Renault, ohne Alfa Romeo, ohne McDonald und vor allem: ohne Niki Lauda?

Das neue McLaren-Duo Prost-Rosberg hat Zeit, sich aneinander zu gewöhnen. Die Stationen des mörderischen Werbefeldzuges: Kuwait, Jeddah, Budapest, Stockholm . . . Anfang Dezember folgen bereits die ersten Tests in Rio. *Intercontinental testing*, heißt das im Dennis-Englisch. Am 13. Dezember ehrt die FISA, am 16. Dezember die FFSA

ihren ersten französischen Weltmeister, der in Brands Hatch triumphierend gesagt hat: „Für die Franzosen mag ich der erste Weltmeister sein — aber für mich bin ich der Champion der ganzen Welt!"
Aber auch Prost weint Lauda bereits eine leise Träne nach: „Ich konnte Nikis Abstimmung immer direkt auf mein Auto übertragen. Auch mit dem Ersatzauto gab es keine Probleme. Mit Keke wird es schwieriger — weil wir verschiedenen Fahrstil haben." Und John Barnard baut für 1986 gar kein neues Auto — er will nur modifizieren.
McLaren träumt vom Hattrick dreier WM-Titel hintereinander, den noch kein Team geschafft hat. Aber Lauda weiß einen ganz anderen Favoriten für 1986: „Piquet auf Williams-Honda!"
Für Paul Rosche ist Piquets Weggang „ganz schlimm" aus dreierlei Gründen: „Erstens, weil er mit seinem Wissen zur Konkurrenz überläuft, zweitens, weil er technisch so begabt, so feinfühlig ist, daß er uns bei der Turboentwicklung sehr geholfen hat — um so mehr wird er uns abgehen. Drittens, weil der menschliche Aspekt mitspielt. Wir haben uns sehr gut verstanden. Ich bin ehrlich traurig."
Ohne Piquet scheint die Brabham-BMW-Zukunft ungewiß. „Wie gut de Angelis als Testfahrer ist, weiß ich nicht", sagt Rosche vorsichtig. „Und Patrese ist a Wilder. Schnell, aber wild."
Toleman bekommt BMW-Motoren. Fabi bleibt. Und für einen kommenden Supermann ist längst die Rutsche gelegt. Ing. Paul Rosche: „Stimmt, wir haben die Möglichkeit, da wen reinzubringen. Hohe Politik."
Senna träumt von seinem Hausgenossen Gugelmin als Lotus-Teamkollegen, aber „John Player" bremst ab: Zwei Brasilianer sind zuviel. „Hätte Senna den Charakter von Gerhard Berger, wäre er dem WM-Titel schon viel näher", sagt Alboreto. Michele selbst hat drei Superangebote, zu wechseln, bleibt aber bei Ferrari, „weil sich da einiges ändert, und an der Umstrukturierung will ich gern teilhaben".
Sollte sich der 87jährige Enzo Ferrari nimmer um seine Rennautos kümmern können, sind auch die Tage Piccininis gezählt. Schon jetzt ist der große alte Mann der Ferrari-Ehrenpräsident, Fiats zweiter Mann Vittorio Ghidella aber Ferraris geschäftsführender Präsident. Und er will Niki Lauda für die Zukunft Ferraris gewinnen— als Ferrari-Rennleiter, irgendwann.

Andere hätten nach Nikis Rücktritt aufgejubelt: „Super, jetzt bin ich die Nr. 1 von Österreich!" Gerhard Berger nicht: „Ich muß nicht im Mittelpunkt stehen. Mir wär sogar lieber gewesen, der Niki wäre noch ein Jahr gefahren — damit ich mich länger auf mein Erbe vorbereiten kann."

„Erst 1986", sagt mir Keke Rosberg, „werden wir spüren, wie sehr uns Niki wirklich fehlt: als Gegner und als Freund."

Wie Lauda immer sagt: Ich leb heute und denk an morgen. Wir manchmal auch an gestern. Danke, Niki.

# Statistik

AUTOMOBILWELTMEISTER

1950: Dr. Giuseppe Nino Farina (Italien) auf Alfa Romeo
1951: Juan Manuel Fangio (Argentinien) auf Alfa Romeo
1952: Alberto Ascari (Italien) auf Ferrari
1953: Alberto Ascari (Italien) auf Ferrari
1954: Juan Manuel Fangio (Argentinien) auf Maserati und Mercedes
1955: Juan Manuel Fangio (Argentinien) auf Mercedes
1956: Juan Manuel Fangio (Argentinien) auf Ferrari
1957: Juan Manuel Fangio (Argentinien) auf Maserati
1958: Mike Hawthorn (England) auf Ferrari
1959: Jack Brabham (Australien) auf Cooper-Climax
1960: Jack Brabham (Australien) auf Cooper-Climax
1961: Phil Hill (USA) auf Ferrari
1962: Graham Hill (England) auf BRM
1963: Jim Clark (Schottland) auf Lotus-Climax
1964: John Surtees (England) auf Ferrari
1965: Jim Clark (Schottland) auf Lotus-Climax
1966: Jack Brabham (Australien) auf Brabham-Repco
1967: Denis Hulme (Neuseeland) auf Brabham-Repco
1968: Graham Hill (England) auf Lotus-Ford
1969: Jackie Stewart (Schottland) auf Matra-Ford
1970: Jochen Rindt (Österreich) auf Lotus-Ford
1971: Jackie Stewart (Schottland) auf Tyrrell-Ford
1972: Emerson Fittipaldi (Brasilien) auf Lotus-Ford
1973: Jackie Stewart (Schottland) auf Tyrrell-Ford
1974: Emerson Fittipaldi (Brasilien) auf McLaren-Ford
1975: Niki Lauda (Österreich) auf Ferrari
1976: James Hunt (England) auf McLaren-Ford
1977: Niki Lauda (Österreich) auf Ferrari
1978: Mario Andretti (USA) auf Lotus-Ford
1979: Jody Scheckter (Südafrika) auf Ferrari
1980: Alan Jones (Australien) auf Williams-Ford
1981: Nelson Piquet (Brasilien) auf Brabham-Ford
1982: Keke Rosberg (Finnland) auf Williams-Ford
1983: Nelson Piquet (Brasilien) auf Brabham-BMW-Turbo
1984: Niki Lauda (Österreich) auf McLaren-Porsche-Turbo
1985: Alain Prost (Frankreich) auf McLaren-Porsche-Turbo

# FAHRERWELTMEISTERSCHAFT 1985

| | Brasilien | Portugal | San Marino | Monaco | Kanada | USA | Frankreich | England | Deutschland | Österreich | Holland | Italien | Belgien | Europa (Brands Hatch) | Südafrika | Australien | |
|---|---|---|---|---|---|---|---|---|---|---|---|---|---|---|---|---|---|
| 1. Alain Prost<br>F, McLaren-Porsche | 9 | — | — | 9 | 4 | — | 4 | 9 | 6 | 9 | 6 | 9 | 4 | 3 | 4 | — | 73 |
| 2. Michele Alboreto<br>ITA, Ferrari | 6 | 6 | — | 6 | 9 | 4 | — | 6 | 9 | 4 | 3 | — | — | — | — | — | 53 |
| 3. Keke Rosberg<br>FIN, Williams-Honda | — | — | — | — | 3 | 6 | 9 | — | — | — | — | — | 3 | 4 | 6 | 9 | 40 |
| 4. Ayrton Senna<br>BRAS, Lotus-Renault | — | 9 | — | — | — | — | — | — | — | 6 | 4 | 4 | 9 | 6 | — | — | 38 |
| 5. Elio de Angelis<br>ITA, Lotus-Renault | 4 | 3 | 9 | 4 | 2 | 2 | 2 | — | — | 2 | 2 | 1 | — | 2 | — | — | 33 |
| 6. Nigel Mansell<br>GB, Williams-Honda | — | 2 | 2 | — | 1 | — | — | — | 1 | — | 1 | — | 6 | 9 | 9 | — | 31 |
| 7. Stefan Johansson<br>SWE, Ferrari | — | — | 1 | — | 6 | 6 | 3 | — | — | 3 | — | 2 | — | — | 3 | 2 | 26 |
| 8. Nelson Piquet<br>BRAS, Brabham-BMW | — | — | — | — | — | 1 | 9 | 3 | — | — | — | 6 | 2 | — | — | — | 21 |
| 9. Jacques Laffite<br>F, Ligier-Renault | 1 | — | — | 1 | — | — | — | 4 | 4 | — | — | — | — | — | — | 6 | 16 |
| 10. Niki Lauda<br>A, McLaren-Porsche | — | — | 3 | — | — | — | — | — | 2 | — | 9 | — | — | — | — | — | 14 |
| 11. Thierry Boutsen<br>BEL, Arrows-BMW | — | — | 6 | — | — | — | — | — | 3 | — | — | — | — | 1 | 1 | — | 11 |
| Patrick Tambay<br>F, Renault | 2 | 4 | 4 | — | — | — | 1 | — | — | — | — | — | — | — | — | — | 11 |
| 13. Marc Surer<br>CH, Brabham-BMW | — | — | — | — | — | — | — | 1 | — | 1 | — | 3 | — | — | — | — | 5 |
| Derek Warwick<br>GB, Renault | — | — | — | 2 | — | — | — | 2 | — | — | — | — | 1 | — | — | — | 5 |
| 15. Stefan Bellof<br>BRD, Tyrrell | — | 1 | — | — | — | 3 | — | — | — | — | — | — | — | — | — | — | 4 |
| Philippe Streiff<br>F, Ligier-Renault | — | — | — | — | — | — | — | — | — | — | — | — | — | — | — | 4 | 4 |
| 17. René Arnoux<br>F, Ferrari | 3 | — | — | — | — | — | — | — | — | — | — | — | — | — | — | — | 3 |
| Andrea de Cesaris<br>ITA, Ligier-Renault | — | — | — | 3 | — | — | — | — | — | — | — | — | — | — | — | — | 3 |
| Gerhard Berger<br>A, Arrows-BMW | — | — | — | — | — | — | — | — | — | — | — | — | — | — | 2 | 1 | 3 |
| Ivano Capelli<br>ITA, Tyrrell-Renault | — | — | — | — | — | — | — | — | — | — | — | — | — | — | — | 3 | 3 |

Prost: total 76, mit Streichresultat (4. Platz in Brands Hatch) 73 Punkte.

# PLACIERUNGEN ALLER 36 FAHRER 1985

| | Brasilien | Portugal | San Marino | Monaco | Kanada | USA | Frankreich | England | Deutschland | Österreich | Holland | Italien | Belgien | Europa (Brands Hatch) | Südafrika | Australien |
|---|---|---|---|---|---|---|---|---|---|---|---|---|---|---|---|---|
| Prost | ① | ○ | ▲ | ① | ③ | ○ | ③ | ① | ② | ① | ② | ① | ③ | ④ | ③ | ○ |
| Alboreto | ② | ② | ○ | ② | ① | ③ | ○ | ② | ① | ③ | ④ | ⓭ | ○ | ○ | ○ | ○ |
| Rosberg | ○ | ○ | ○ | ⑧ | ④ | ① | ② | ○ | ⓬ | ○ | ○ | ○ | ④ | ③ | ② | ① |
| Senna | ○ | ① | ❼ | ○ | ⑯ | ○ | ○ | ❿ | ○ | ② | ③ | ③ | ① | ② | ○ | ○ |
| de Angelis | ③ | ④ | ① | ③ | ⑤ | ⑤ | ⑤ | + | ○ | ⑤ | ⑤ | ⑥ | ○ | ⑤ | ○ | ▲ |
| Mansell | ○ | ⑤ | ⑤ | ⑦ | ⑥ | ○ | □ | ○ | ⑥ | ○ | ⑥ | ⓫ | ② | ① | ① | ○ |
| Johansson | ⑦ | ⑧ | ❻ | ○ | ② | ② | ④ | ○ | ⑨ | ④ | ○ | ⑤ | ○ | ○ | ④ | ⑤ |
| Piquet | ○ | ○ | ❽ | ○ | ○ | ⑥ | ① | ④ | ○ | ○ | ⑧ | ② | ⑤ | ○ | ○ | ○ |
| Laffite | ⑥ | ○ | ○ | ⑥ | ⑧ | ⓬ | ○ | ③ | ③ | ○ | ○ | ○ | ○ | ○ | — | ② |
| Lauda | ○ | ○ | ④ | ○ | ○ | ○ | ○ | ○ | ⑤ | ○ | ① | ○ | □ | — | ○ | ○ |
| Boutsen | ⑪ | ○ | ② | ⑨ | ⑨ | ⑦ | ⑨ | ○ | ④ | ⑧ | ○ | ⑨ | ❿ | ⑥ | ⑥ | ○ |
| Tambay | ⑤ | ③ | ③ | ○ | ⑦ | ○ | ⑥ | ○ | ○ | ❿ | ○ | ⑦ | ○ | ⑫ | — | ○ |
| Surer | — | — | — | — | ⑮ | ⑧ | ⑧ | ⑥ | ○ | ⑥ | ⑩ | ④ | ⑧ | ○ | ○ | ○ |
| Warwick | ⑩ | ⑦ | ⑩ | ⑤ | ○ | ○ | ⑦ | ⑤ | ○ | ○ | ○ | ○ | ⑥ | ○ | — | ○ |
| Bellof | — | ⑥ | ○ | ● | ⑪ | ④ | ⑬ | ⑪ | ⑧ | ❼ | ○ | — | — | — | — | — |
| Streiff | — | — | — | — | — | — | — | — | — | — | — | ⑩ | ⑨ | ⑧ | ○ | ③ |
| Arnoux | ④ | — | — | — | — | — | — | — | — | — | — | — | — | — | — | — |
| de Cesaris | ○ | ○ | ○ | ④ | ⑭ | ⑩ | ○ | ○ | ○ | ○ | ○ | — | — | — | — | — |
| Berger | ○ | ○ | ○ | ○ | ⑬ | ⑪ | ○ | ⑧ | ⑦ | ○ | ⑨ | ○ | ⑦ | ⑩ | ⑤ | ⑥ |
| Capelli | — | — | — | — | — | — | — | — | — | — | — | — | — | ○ | — | ④ |
| Brundle | ⑧ | ○ | ⑨ | ⑩ | ⑫ | ○ | ○ | ⑦ | ⑩ | ● | ⑦ | ⑧ | ⑬ | ○ | ⑦ | + |
| Watson | — | — | — | — | — | — | — | — | — | — | — | — | — | ⑦ | — | — |
| Rothengatter | — | — | — | — | — | — | — | — | ○ | ⑨ | + | ○ | + | ● | ○ | ⑦ |
| Martini | ○ | ○ | ○ | ● | ○ | ○ | ○ | ○ | ⓫ | ○ | ○ | ○ | ⑫ | ○ | ○ | ⑧ |
| Patrese | ○ | ○ | ○ | ○ | ⑩ | ○ | ⑪ | ⑨ | ○ | ○ | ○ | ○ | ○ | ⑨ | ○ | ○ |
| Cheever | ○ | ○ | ○ | ○ | ⑰ | ⑨ | ⑩ | ○ | ○ | ○ | ○ | ○ | ○ | ⑪ | ○ | ○ |
| Ghinzani | ⑫ | ⑨ | + | ● | ○ | ○ | ⓯ | ○ | — | ○ | ○ | ○ | ○ | ○ | ○ | ○ |
| Alliot | ⑨ | ○ | ○ | ● | ○ | ○ | ○ | ○ | ○ | ○ | ○ | ○ | ○ | ○ | — | — |
| Palmer | — | ○ | ⇄ | ⑪ | — | — | ○ | ○ | ○ | ○ | ○ | — | — | — | — | — |
| Winkelhock | ⑬ | + | ○ | ● | ○ | ○ | ⑫ | ○ | ○ | — | — | — | — | — | — | — |
| Teo Fabi | — | — | — | ○ | ○ | ○ | ⓮ | ○ | ○ | ○ | ○ | ⑫ | ○ | ○ | ○ | ○ |
| Hesnault | ○ | ○ | ○ | ● | — | — | — | — | ○ | — | — | — | — | — | — | — |
| Jones | — | — | — | — | — | — | — | — | — | — | — | ○ | — | ○ | ⇄ | ○ |
| Baldi | ○ | ○ | ○ | — | — | — | — | — | — | — | — | — | — | — | — | — |
| Acheson | — | — | — | — | — | — | — | — | — | ○ | ● | ○ | — | — | — | — |
| Danner | — | — | — | — | — | — | — | — | — | — | — | — | ○ | ○ | — | — |

Erklärung: Zahl ① = Resultat; ○ = ausgefallen, gestürzt, aufgegeben; ❶ = bei Rennschluß nicht mehr im Rennen, aber gewertet; ● = nicht qualifiziert; ▲ = disqualifiziert (Prost wegen Untergewichts nach seinem Sieg in Imola, de Angelis wegen Überholens in der Aufwärmrunde in Adelaide); □ = wegen Trainingsunfalls (Mansell in Le Castellet, Lauda in Spa) nicht am Start; ⇄ = vom Rennen zurückgetreten (Palmer in Imola, Jones in Kyalami); + = nicht klassiert, — = nicht gestartet.

Bemerkungen: Johansson in Rio auf Tyrrell, ab Estoril statt Arnoux auf Ferrari; Hesnault bis Monte Carlo auf Brabham, auf dem Nürburgring auf Renault (Kamerawagen); Surer ab Montreal statt Hesnault auf Brabham; Ghinzani bis Silverstone auf Osella, ab Zeltweg auf Toleman; Streiff ab Monza statt de Cesaris auf Ligier, in Kyalami auf Tyrrell; Acheson ab Zeltweg statt Winkelhock auf RAM; Danner ab Spa statt Palmer auf Zakspeed; Watson in Brands Hatch Ersatz für Lauda.

## Lauf 1 — Großer Preis von Brasilien — Rio-Jacarepagua, 7. April 1985

| Erstes Training (inoffiziell) | | Zweites Training (offiziell) | | Drittes Training (inoffiziell) | | Viertes Training (offiziell) | |
|---|---|---|---|---|---|---|---|
| 1. Alboreto | 1:30,039 | 1. de Angelis | 1:28,081 | 1. Piquet | 1:31,060 | 1. Alboreto | 1:27,768 |
| 2. Senna | 1:30,623 | 2. Senna | 1:28,705 | 2. Rosberg | 1:32,135 | 2. Rosberg | 1:27,864 |
| 3. Prost | 1:30,652 | 3. Alboreto | 1:28,899 | 3. Winkelhock | 1:33,205 | 3. Senna | 1:28,389 |
| 4. de Angelis | 1:30,855 | 4. Prost | 1:30,253 | 4. Senna | 1:33,682 | 4. Mansell | 1:28,848 |
| 5. Lauda | 1:31,693 | 5. Tambay | 1:30,254 | 5. de Angelis | 1:33,750 | 5. Prost | 1:29,117 |
| 6. Piquet | 1:31,914 | 6. Lauda | 1:30,716 | 6. Alboreto | 1:34,078 | 6. Arnoux | 1:29,612 |
| 7. Boutsen | 1:33,087 | 7. Arnoux | 1:30,813 | 7. de Cesaris | 1:34,922 | 7. Piquet | 1:29,855 |
| 8. Mansell | 1:33,150 | 8. Mansell | 1:31,211 | 8. Prost | 1:35,171 | 8. Lauda | 1:29,984 |
| 9. Tambay | 1:33,868 | 9. Piquet | 1:31,364 | 9. Lauda | 1:35,520 | 9. Warwick | 1:30,100 |
| 10. Arnoux | 1:34,337 | 10. Warwick | 1:31,533 | 10. Tambay | 1:36,342 | 10. Tambay | 1:30,516 |
| 11. Patrese | 1:35,239 | 11. Patrese | 1:32,107 | 11. Laffite | 1:36,396 | 11. Boutsen | 1:30,953 |
| 12. Cheever | 1:35,308 | 12. Rosberg | 1:32,135 | 12. Boutsen | 1:36,644 | 12. de Cesaris | 1:31,411 |
| 13. Warwick | 1:36,439 | 13. Boutsen | 1:32,207 | 14. Mansell | 1:37,158 | 13. Patrese | 1:31,790 |
| 14. Winkelhock | 1:36,984 | 14. Cheever | 1:33,094 | 13. Warwick | 1:37,038 | 14. Laffite | 1:32,021 |
| 15. Brundle | 1:37,035 | 15. de Cesaris | 1:33,718 | 15. Ghinzani | 1:37,444 | 15. Winkelhock | 1:32,560 |
| 16. Johansson | 1:37,296 | 16. Hesnault | 1:34,742 | 16. Hesnault | 1:37,573 | 16. Hesnault | 1:32,904 |
| 17. Berger | 1:37,520 | 17. Berger | 1:34,919 | 17. Cheever | 1:38,548 | 17. Cheever | 1:33,091 |
| 18. Rosberg | 1:37,703 | 18. Alliot | 1:35,726 | 18. Arnoux | 1:38,756 | 18. Berger | 1:34,773 |
| 19. Hesnault | 1:38,466 | 19. Brundle | 1:36,225 | 19. Baldi | 1:39,234 | 19. Brundle | 1:36,152 |
| 20. de Cesaris | 1:38,508 | 20. Winkelhock | 1:36,239 | 20. Berger | 1:39,801 | 20. Ghinzani | 1:36,743 |
| 21. Laffite | 1:38,548 | 21. Johansson | 1:37,799 | 21. Patrese | 1:39,804 | 21. Johansson | 1:37,293 |
| 22. Ghinzani | 1:39,993 | 22. Laffite | 1:37,803 | 22. Alliot | 1:41,239 | 22. Alliot | 1:37,409 |
| 23. Alliot | 1:40,563 | 23. Ghinzani | 1:38,272 | 23. Brundle | 1:41,896 | 23. de Angelis | 20:00,480 |
| 24. Martini | 1:42,529 | 24. Baldi | 1:41,330 | 24. Martini | 1:42,699 | | |
| 25. Baldi | 1:44,205 | 25. Martini | 1:44,046 | 25. Johansson | 1:43,329 | | |

Startaufstellung:

Michele Alboreto
Ferrari 156/85-079
1:27,768

Keke Rosberg
Williams-Honda
FW10-01, 1:27,864

Elio de Angelis
Lotus-Renault 97T-3
1:28,081

Ayrton Senna
Lotus-Renault 97T-2
1:28,389

Nigel Mansell
Williams-Honda
FW10-02, 1:28,848

Alain Prost
McLaren-Porsche
MP4/2B-2, 1:29,117

René Arnoux
Ferrari 156/85-080
1:29,612

Nelson Piquet
Brabham-BMW BT54-3
1:29,855

Niki Lauda
McLaren-Porsche
MP4/2B-1, 1:29,984

Derek Warwick
Renault RE60-3
1:30,100

Patrick Tambay
Renault RE60-2
1:30,254

Thierry Boutsen
Arrows-BMW A8-1
1:30,953

Andrea de Cesaris
Ligier-Renault JS25-01
1:31,411

Riccardo Patrese
Alfa Romeo 185T-02
1:31,790

Jacques Laffite
Ligier-Renault JS25-02
1:32,021

Manfred Winkelhock
RAM-Hart 03-02
1:32,560

Francois Hesnault
Brabham-BMW BT54-1
1:32,904

Eddie Cheever
Alfa Romeo 185T-01
1:33,091

Gerhard Berger
Arrows-BMW A8-3
1:34,773

Philippe Alliot
RAM-Hart 03-01
1:35,726

Martin Brundle
Tyrrell-Ford 012-6
1:36,152

Piercarlo Ghinzani
Osella-Alfa FA1F/85-01
1:36,743

Stefan Johansson
Tyrrell-Ford 012-7
1:37,293

Mauro Baldi
Spirit-Hart 101/2
1:41,330

Pierluigi Martini
Minardi-Ford M185/001
1:44,046

Sonntag-Aufwärmtraining: 1. Prost 1:36,581, 2. Alboreto 1:36,838, 3. Lauda 1,36,850, 4. de Angelis 1:37,236, 5. Rosberg 1:37,12, 6. Arnoux 1:38,062, 7. Piquet 1:38,166, 8. Senna 1:38,194, 9. de Cesaris 1:38,605, 10. Mansell 1:38,839.

Wetter am Renntag: sehr heiß, 35 Grad — 70.000 Zuschauer.

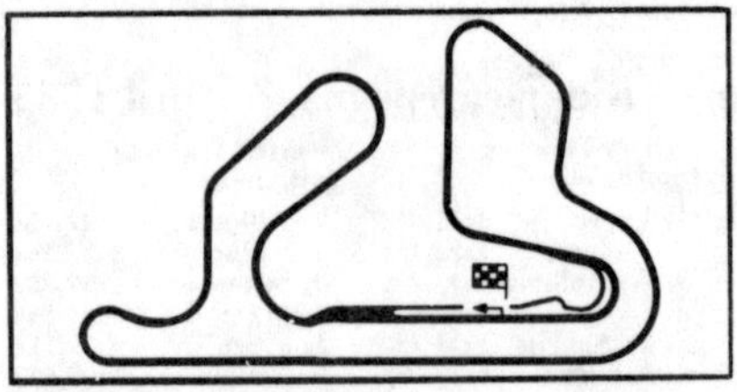

Rekorde: Distanz: Prost (Renault RE30B) 181,1 km/h (1982); Runde: Prost (McLaren-TAG5 1:34,409 = 187,686 km/h (1984); Training: de Angelis (Lotus-Renault 95T) 1:28,392 = 204,9 km/h (1984).

Boxenstops:

| | | |
|---|---|---|
| Baldi: | 4. u. 6. Runde: | Motoraussetzer; Platz 20 |
| Brundle: | 15. Runde: | Reifenwechsel; Platz 18 |
| Warwick: | 16. Runde: | Zündkerzenwechsel nach verpatztem Start; Platz 14 |
| Laffite: | 20. Runde: | Reifenwechsel, neue Frontpartie nach Kollision mit Patrese; Platz 9 |
| Cheever: | 20. Runde: | Reifenwechsel nach Kollision mit Hesnault; Platz 10 |
| Martini: | 23., 24. Runde: | Motor, Elektrik; Platz 19 |
| Lauda: | 24. Runde: | Motronic-Bordcomputer ausgewechselt, dauerte 5 Runden = 11,8 Minuten; Platz 4 |
| de Angelis: | 25. Runde: | Reifenwechsel; Platz 4 |
| Boutsen: | 25. Runde: | Reifenwechsel; Platz 9 |
| Lauda: | 28. Runde: | Bordcomputer überprüft, Zündbox gewechselt; Platz 17 |
| Tambay: | 27. Runde: | Reifenwechsel; Platz 7 |
| Arnoux: | 27. Runde: | Reifenwechsel nach Kollision mit de Cesaris, Reifenschaden links hinten, fuhr fast 1 Runde auf der Felge; Platz 4—12 |
| Prost: | 29. Runde: | Reifenwechsel; Platz 1 |
| Alboreto: | 29. Runde: | Reifenwechsel; Platz 2 |
| Berger: | 29. Runde: | Reifenwechsel; Radverschluß links hinten klemmte; Platz 8—16 |
| Senna: | 30. Runde: | Reifenwechsel; Platz 2 |
| Lauda: | 30., 31. Runde: | Elektronik; Platz 18 |
| Johansson: | 33. Runde: | Reifenwechsel, Vorderpneus kaputt; Platz 9—12 |
| Cheever: | 42. Runde: | Reifenwechsel; Platz 15 |

Ausfälle:

| | | |
|---|---|---|
| Piquet: | 2. Runde: | in der Kurve geradeaus, von der Strecke abgekommen, vielleicht auf Öl gedreht; Platz 7 |
| Baldi: | 8. Runde: | Turboschaden; Platz 24 |
| Mansell: | 9. Runde: | Auspuff abgebrochen nach Kollision mit Alboreto in der 1. Kurve; Platz 23 |
| Hesnault: | 10. Runde: | Kollision mit Cheever; Platz 13 |
| Rosberg: | 11. Runde: | Turboschaden; Platz 1—6 |
| Patrese: | 21. Runde: | Reifenschaden links hinten nach Kollision mit Laffite; Platz 16 |
| de Cesaris: | 27. Runde: | Kollision mit Arnoux, der abrupt bremste; Platz 5 |
| Lauda: | 28. Runde: | Elektronik; Platz 3 |
| Martini: | 42. Runde: | Motorschaden; Platz 17 |
| Cheever: | 43. Runde: | Kurzschluß; Platz 11 |
| Senna: | 49. Runde: | Elektronik; Platz 3 |
| Berger: | 52. Runde: | Radaufhängungsbruch links hinten, vor den Boxen; Platz 11 |

Distanz: 61 Runden à 5,031 km = 306,891 km.

Stand nach 1 Runde: 1. Rosberg, 2. Alboreto, 3. Prost, 4. Senna, 5. de Angelis, 6. Arnoux, 7. Piquet, 8. Lauda, 9. Patrese, 10. de Cesaris.

Stand nach 10 Runden: 1. Alboreto (50,41 km in 16:37,782 = 181,518 km/h), 2. Prost —0,533, 3. Senna —4,701, 4. de Angelis —6,762, 5. Lauda —7,591, 6. Rosberg —10,573, 7. Arnoux —11,620, 8. de Cesaris —20,104, 9. Patrese —36,358, 10. Tambay —36,858.

Stand nach 30 Runden: 1. Prost 50:13,005, 2. Senna —8,411, 3. Alboreto —25,054, 4. de Angelis —56,768, 5. Alliot —1 Runde, 6. Tambay, 7. Boutsen, 8. Laffite, 9. Berger, 10. Johansson.

Stand nach 50 Runden: 1. Prost 1.22:54,533, 2. Alboreto —24,123, 3. de Angelis —1 Runde, 4. Senna —2 Runden, 5. Tambay, 6. Arnoux, 7. Laffite 8. Alliot, 9. Brundle, 10. Johansson.

Ergebnis:

| | | |
|---|---|---|
| 1. Alain Prost (Frankreich), McLaren-TAG-Porsche | 1.41:26,115 | = 181,527 km/h |
| 2. Michele Alboreto (Italien), Ferrari | 1.41:29,374 | 3,259 zurück |
| 3. Elio de Angelis (Italien), Lotus-Renault | 1.42:16,464 | 1 Runde zurück |
| 4. René Arnoux (Frankreich), Ferrari | 1.41:50,647 | 2 Runden zurück |
| 5. Patrick Tambay (Frankreich), Renault | 1.42:15,509 | 2 Runden zurück |
| 6. Jacques Laffite (Frankreich), Ligier-Renault | 1.42:40,029 | 2 Runden zurück |
| 7. Stefan Johansson (Schweden), Tyrrell-Ford | 1.41:46,965 | 3 Runden zurück |
| 8. Martin Brundle (England), Tyrrell-Ford | 1.40:21,711 | 3 Runden zurück |
| 9. Philippe Alliot (Frankreich), Ram-Hart | 1.40:30,711 | 3 Runden zurück |
| 10. Derek Warwick (England), Renault | 1.41:54,024 | 4 Runden zurück |
| 11. Thierry Boutsen (Belgien), Arrows-BMW | 1.41:55,308 | 4 Runden zurück |
| 12. Piercarlo Ghinzani (Italien), Osella-Alfa Romeo | 1.41:56,206 | 4 Runden zurück |
| 13. Manfred Winkelhock (Deutschland), Ram-Hart | 1.41:58,527 | 4 Runden zurück |

Schnellste Runde: Prost (McLaren-TAG-Porsche) 1:36,702 = 187,292 km/h (34. Runde).

Schnellste Runde jedes Fahrers im Rennen: Prost 1:36,702 (34.); Alboreto 1:36,925 (37.); Lauda 1:38,098 (16.); Arnoux 1:38,349 (39.); Senna 1:38,440 (32.); Rosberg 1:38,678 (2.); de Angelis 1:39,080 (31.); Warwick 1:39,715 (32.); Mansell 1:39,996 (2.); de Cesaris 1:40,008 (7.); Tambay 1:40,459 (49.); Piquet 1:40,558 (2.); Laffite 1:40,572 (24.); Hesnault 1:41,151 (5.); Boutsen 1:41,809 (30.); Patrese 1:41,812 (2.); Cheever 1:41,855 (24.); Johansson 1:41,926 (36.); Ghinzani 1:42,234 (43.); Berger 1:42,588 (39.); Brundle 1:42,606 (17.); Alliot 1:43,115 (23.); Winkelhock 1:44,236 (8.); Martini 1:45,662 (27.); Baldi 1:47,046 (2.).

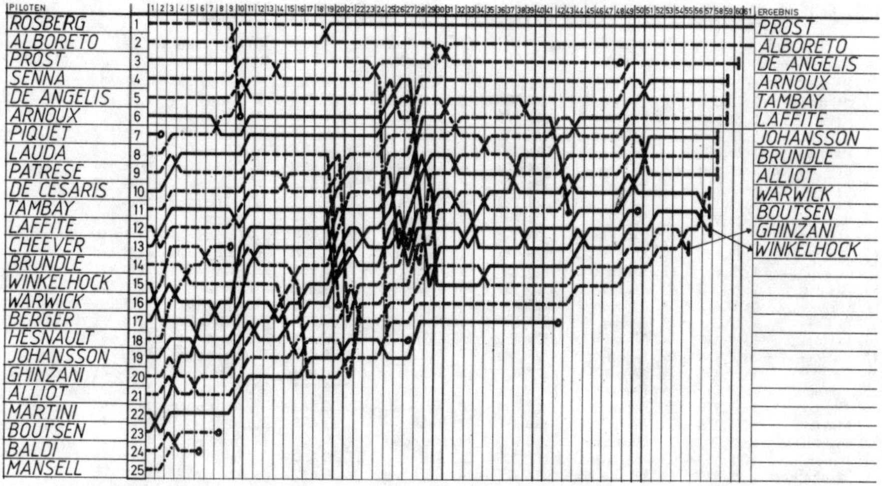


Rundentabelle 1

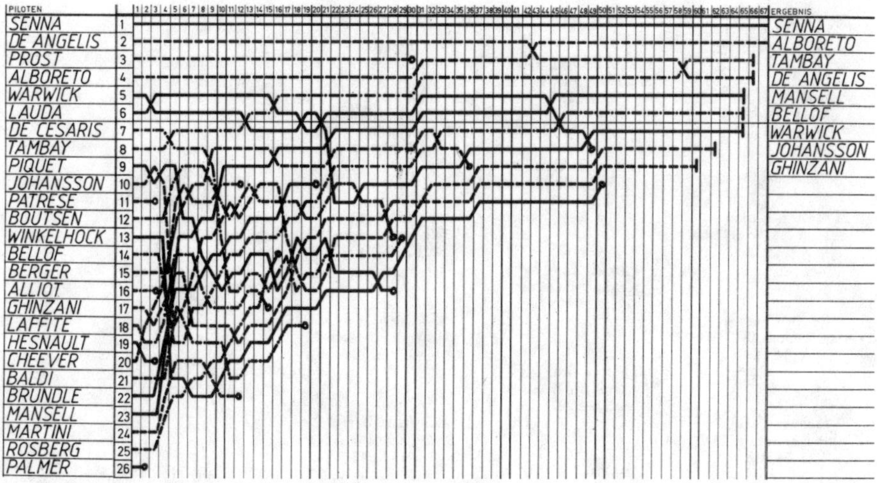


Rundentabelle 2

# Lauf 2 — Großer Preis von Portugal — Estoril, 21. April 1985

| Erstes Training (inoffiziell) | | Zweites Training (offiziell) | | Drittes Training (inoffiziell) | | Viertes Training (offiziell) | |
|---|---|---|---|---|---|---|---|
| 1. Senna | 1:21,656 | 1. Senna | 1:21,708 | 1. Prost | 1:24,680 | 1. Senna | 1:21,007 |
| 2. de Angelis | 1:22,022 | 2. de Angelis | 1:22,306 | 2. de Angelis | 1:24,795 | 2. Prost | 1:21,420 |
| 3. Prost | 1:22,602 | 3. Lauda | 1:23,670 | 3. Johansson | 1:25,601 | 3. Rosberg | 1:21,904 |
| 4. Cheever | 1:23,134 | 4. Alboreto | 1:23,831 | 4. Alboreto | 1:25,774 | 4. de Angelis | 1:22,159 |
| 5. Patrese | 1:24,060 | 5. Prost | 1:23,887 | 5. Lauda | 1:26,651 | 5. Alboreto | 1:22,577 |
| 6. de Cesaris | 1:24,390 | 6. Patrese | 1:24,519 | 6. Rosberg | 1:27,175 | 6. Warwick | 1:23,084 |
| 7. Piquet | 1:24,511 | 7. Warwick | 1:24,538 | 7. Senna | 1:27,337 | 7. Lauda | 1:23,288 |
| 8. Lauda | 1:24,922 | 8. de Cesaris | 1:24,723 | 8. de Cesaris | 1:27,502 | 8. de Cesaris | 1:23,302 |
| 9. Rosberg | 1:24,936 | 9. Boutsen | 1:24,747 | 9. Palmer | 1:27,517 | 9. Mansell | 1:23,594 |
| 10. Mansell | 1:25,128 | 10. Cheever | 1:24,880 | 10. Cheever | 1:27,567 | 10. Piquet | 1:23,618 |
| 11. Warwick | 1:25,153 | 11. Laffite | 1:24,943 | 11. Patrese | 1:27,680 | 11. Johansson | 1:23,652 |
| 12. Laffite | 1:25,237 | 12. Johansson | 1:25,136 | 12. Piquet | 1:28,004 | 12. Tambay | 1:24,111 |
| 13. Alboreto | 1:25,240 | 13. Piquet | 1:25,580 | 13. Boutsen | 1:28,032 | 13. Patrese | 1:24,230 |
| 14. Johansson | 1:26,511 | 14. Tambay | 1:25,718 | 14. Mansell | 1:28,116 | 14. Cheever | 1:24,563 |
| 15. Bellof | 1:27,056 | 15. Berger | 1:26,154 | 15. Warwick | 1:28,373 | 15. Winkelhock | 1:24,721 |
| 16. Hesnault | 1:27,230 | 16. Mansell | 1:26,459 | 16. Laffite | 1:28,394 | 16. Berger | 1:24,842 |
| 17. Palmer | 1:27,324 | 17. Bellof | 1:27,284 | 17. Bellof | 1:28,863 | 17. Hesnault | 1:25,717 |
| 18. Baldi | 1:27,551 | 18. Alliot | 1:27,430 | 18. Tambay | 1:28,885 | 18. Laffite | 1:26,181 |
| 19. Boutsen | 1:27,632 | 19. Palmer | 1:28,166 | 19. Berger | 1:28,893 | 19. Alliot | 1:26,187 |
| 20. Tambay | 1:27,979 | 20. Brundle | 1:28,694 | 20. Winkelhock | 1:28,934 | 20. Boutsen | 1:26,695 |
| 21. Martini | 1:28,236 | 21. Baldi | 1:30,231 | 21. Baldi | 1:29,693 | 21. Bellof | 1:27,474 |
| 22. Brundle | 1:28,292 | 22. Ghinzani | 1:30,855 | 22. Brundle | 1:29,802 | 22. Brundle | 1:27,602 |
| 23. Berger | 1:28,593 | 23. Martini | 1:31,205 | 23. Alliot | 1:30,190 | 23. Baldi | 1:28,473 |
| 24. Winkelhock | 1:28,770 | 24. Winkelhock | 1:34,876 | 24. Ghinzani | 1:30,622 | 24. Martini | 1:28,596 |
| 25. Ghinzani | 1:28,884 | 25. Hesnault | 14:46,042 | 25. Hesnault | 1:31,459 | | |
| 26. Alliot | 1:30,692 | 26. Rosberg | 15:59,178 | 26. Martini | 1:33,192 | | |

Ghinzanis Zeit im Samstag-Abschlußtraining wegen Reglementwidrigkeit gestrichen (Heckflügel zu hoch).

Startaufstellung:

Alain Prost
McLaren-Porsche
MP4/2B-2, 1:21,420

Ayrton Senna
Lotus-Renault 97T-2
1:21,007

Elio de Angelis
Lotus-Renault 97T-3
1:22,159

Keke Rosberg
Williams-Honda
FW10-01, 1:21,904

Derek Warwick
Renault RE60-3
1:23,084

Michele Alboreto
Ferrari 156/85-079
1:22,577

Andrea de Cesaris
Ligier-Renault JS25-01
1:23,302

Niki Lauda
McLaren-Porsche
MP4/2B-1, 1:23,288

Nelson Piquet
Brabham-BMW BT54-4
1:23,618

Nigel Mansell
Williams-Honda
FW 10-02, 1:23,594

Patrick Tambay
Renault RE60-4
1:24,111

Stefan Johansson
Ferrari 156/85-080
1:23,652

Eddie Cheever
Alfa Romeo 185T-03
1:24,563

Riccardo Patrese
Alfa Romeo 185T-02
1:24,230

Thierry Boutsen
Arrows-BMW A8-4
1:24,747

Manfred Winkelhock
RAM-Hart 03-02
1:24,721

Jacques Laffite
Ligier-Renault JS25-02
1:24,943

Gerhard Berger
Arrows-BMW A8-3
1:24,842

Philippe Alliot
RAM-Hart 03-01
1:26,187

Francois Hesnault
Brabham-BMW BT54-2
1:25,717

Martin Brundle
Tyrrell-Ford 012-6
1:27,602

Stefan Bellof
Tyrrell-Ford 012-7
1:27,284

Mauro Baldi
Spirit-Hart 101/2
1:28,473

Jonathan Palmer
Zakspeed ZAK841-01
1:28,166

Piercarlo Ghinzani
Osella-Alfa FA1F84-03
1:30,855

Pierluigi Martini
Minardi-Ford M185/001
1:28,596

Sonntag-Aufwärmtraining: 1. Prost 1:24,680, 2. de Angelis 1:24,796, 3. Johansson 1:25,601, 4. Alboreto 1:25,774, 5. Lauda 1:26,651, 6. Rosberg 1:27,175, 7. Senna 1:27,337, 8. de Cesaris 1:27,502, 9. Palmer 1:27,517, 10. Cheever 1:27,567.

Wetter am Renntag: Regen im Training und im Rennen — 20.000 Zuschauer.

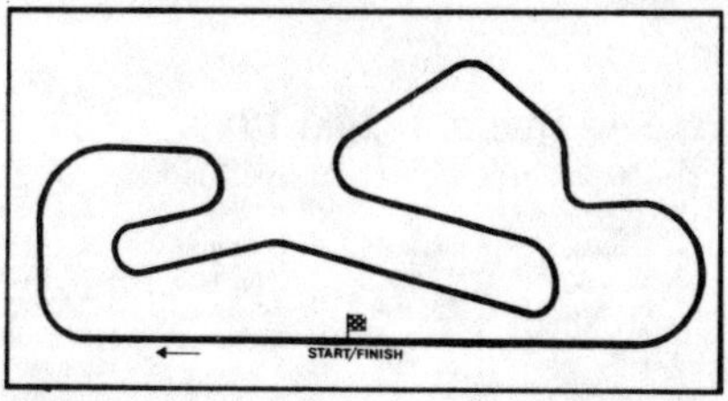


Rekorde: Distanz: Prost (McLaren-TAG MP4/2) 180,540 km/h; Runde: Lauda (McLaren-TAG MP4/2) 1:22,996 = 188,683 km/h (1984); Training: Prost (McLaren-TAG MP4/2) 1:21,774 (1984).

Boxenstops:

| | | |
|---|---|---|
| Rosberg: | 3. Runde: | Reifenwechsel rechts hinten nach Startkollision mit Palmer; Platz 24 |
| Winkelhock: | 5. Runde: | Reifenwechsel nach Kollision mit Bellof; Platz 25 |
| Martini: | 9. 10. Runde: | Motorprobleme; Platz 20—21 |
| Baldi: | 12. Runde: | Reifenwechsel; Platz 19 |
| Ghinzani: | 12. Runde: | Reifenwechsel; Platz 18 |
| Baldi: | 14. Runde: | Reifenwechsel; Platz 20 |
| Piquet: | 16. Runde: | Reifenwechsel; Platz 14 |
| Johansson: | 18. Runde: | linksseitiger Spoiler nach Kollision mit Winkelhock; Platz 13—16 |
| Warwick: | 21. Runde: | Rad beschädigt; Platz 6 |
| Piquet: | 22. Runde: | Reifenwechsel; Platz 13 |
| Winkelh.: | 22., 24. Runde: | Reifenwechsel; Platz 16 |
| Piquet: | 24. Runde: | Reifenwechsel; Platz 15 |
| de Cesaris: | 26. Runde: | zweimal Reifenwechsel, beide Sätze zu kalt; Platz 14 |
| Piquet: | 27. Runde: | Reifenwechsel; Platz 15 |

Ausfälle:

| | | |
|---|---|---|
| Palmer: | 2. Runde: | Radaufhängung rechts vorn nach Startkollision mit Rosberg; Platz 26 |
| Hesnault: | 4. Runde: | Dreher; Platz 20 |
| Alliot: | 4. Runde: | Dreher in die Leitplanken, rechts vorn; Platz 16 |
| Patrese: | 5. Runde: | Kollision mit Johansson; Platz 11 |
| Martini: | 13. Runde: | Wasser im Motor; Platz 22 |
| Berger: | 13. Runde: | Motor ausgesetzt, Dreher in der Zielkurve; Platz 10 |
| Laffite: | 16. Runde: | aufgegeben, Wagen unfahrbar; Platz 17 |
| Rosberg: | 17. Runde: | Motor ausgesetzt, Dreher, gegen die Barriere, Wagen stark beschädigt; Platz 14 |
| Baldi: | 20. Runde: | Unfall, Auto blockierte Fahrbahn; Platz 18 |
| Brundle: | 21. Runde: | Schaltgestänge gebrochen; Platz 10 |
| Piquet: | 29. Runde: | nach vier Reifenwechseln aufgegeben, Auto unfahrbar; Platz 16 |
| Boutsen: | 29. Runde: | Wasser im Motor; Platz 13 |
| de Cesaris: | 30. Runde: | Auto unfahrbar, an die Box geholt; Platz 13 |
| Prost: | 31. Runde: | Unfall, Aquaplaning, gegen die Leitplanken; Platz 2 |
| Cheever: | 37. Runde: | Motor; Platz 9 |
| Lauda: | 49. Runde: | Motor/Kolben; Platz 7—8 |

Distanz: 67 Runden à 4,350 km = 291,450 km.

Stand nach 1 Runde: 1. Senna, 2. de Angelis, 3. Prost, 4. Alboreto, 5. Warwick, 6. Lauda, 7. de Cesaris, 8. Tambay, 9. Piquet, 10. Johansson.

Stand nach 10 Runden: 1. Senna (43,5 km in 17:39,890 = 147,751 km/h), 2. de Angelis —12,899, 3. Prost —13,099, 4. Alboreto —14,724, 5. Lauda —30,919, 6. Warwick —35,619, 7. Tambay —39,495, 8. Cheever —1:08,539, 9. Mansell —1:12,258, 10. Berger —1:16,149.

Stand nach 20 Runden: 1. Senna (87,0 km in 35:14,167 = 148,143 km/h), 2. de Angelis —30,602, 3. Prost —31,370, 4. Alboreto —36,769, 5. Tambay —1:00,291, 6. Warwick —1:16,566, 7. Lauda —1:20,765, 8. Mansell —1:46,069, 9. Cheever —1 Runde, 10. Brundle.

Stand nach 30 Runden: 1. Senna (130,5 km in 53:20,101 = 146,807 km/h), 2. de Angelis —37,309, 3. Prost —38,106, 4. Alboreto —42,929, 5. Tambay —1:21,910, 6. Lauda —1 Runde, 7. Mansell, 8. Cheever, 9. Bellof, 10. Warwick.

Stand nach 40 Runden: 1. Senna (174,0 km in 1.11:37,015 = 145,775 km/h), 2. de Angelis —52,178, 3. Alboreto —54,178, 4. Tambay —1:29,570, 5. Lauda —1 Runde, 6. Mansell, 7. Bellof, 8. Warwick —2 Runden, 9. Cheever —4 Runden, 10. Johansson.

Stand nach 60 Runden: 1. Senna (261,0 km in 1.47:29,431 = 145,687 km/h), 2. Alboreto —1:17,203, 3. de Angelis —1 Runde, 4. Tambay, 5. Mansell —2 Runden, 6. Bellof, 7. Warwick, 8. Johansson —4 Runden, 9. Ghinzani —6 Runden.

Ergebnis:

| | | |
|---|---|---|
| 1. Ayrton Senna (Brasilien), Lotus-Renault | 2.00:28,006 | = 145,160 km/h |
| 2. Michele Alboreto (Italien), Ferrari | 2.01:30,984 | 1:02,978 zurück |
| 3. Patrick Tambay (Frankreich), Renault | 2.00:34,362 | 1 Runde zurück |
| 4. Elio de Angelis (Italien), Lotus-Renault | 2.01:01,264 | 1 Runde zurück |
| 5. Nigel Mansell (England), Williams-Honda | 2.00:28,327 | 2 Runden zurück |
| 6. Stefan Bellof (Deutschland), Tyrrell-Ford | 2.00:32,122 | 2 Runden zurück |
| 7. Derek Warwick (England), Renault | 2.00:35,888 | 2 Runden zurück |
| 8. Stefan Johansson (Schweden), Ferrari | 2.00:33,683 | 5 Runden zurück |
| 9. Piercarlo Ghinzani (Italien), Osella-Alfa | 2.02:25,258 | 6 Runden zurück |

Schnellste Runde: Senna (Lotus-Renault) 1:44,121 = 150,401 km/h (15. Runde).

Schnellste Runde jedes Fahrers im Rennen: Senna 1:44,121 (15.); Alboreto 1:44,864 (5.); Prost 1:44,901 (8.); de Angelis 1:45,212 (13.); Rosberg 1:45,717 (14.); Warwick 1:45,985 (63.); Tambay 1:46,290 (13.); Johansson 1:46,297 (11.); Lauda 1:46,633 (4.); Mansell 1:46,697 (62.); Cheever 1:47,908 (14.); Brundle 1:48,395 (14.); Berger 1:48,561 (11.); Boutsen 1:49,518 (39.); de Cesaris 1:49,658 (38.); Winkelhock 1:50,480 (17.); Laffite 1:50,491 (5.); Alliot 1:50,643 (3.); Piquet 1:51,619 (5.); Patrese 1:51,658 (3.); Ghinzani 1:51,747 (3.); Hesnault 1:53,975 (3.); Baldi 1:54,588 (3.); Martini 1:56,040 (3.), Palmer 2:55,894 (1.).

## Lauf 3 — Großer Preis von San Marino — Imola, 5. Mai 1985

| Erstes Training (inoffiziell) | | Zweites Training (offiziell) | | Drittes Training (inoffiziell) | | Viertes Training (offiziell) | |
|---|---|---|---|---|---|---|---|
| 1. Johansson | 1:29,639 | 1. Senna | 1:27,589 | 1. Lauda | 1:28,908 | 1. Senna | 1:27,327 |
| 2. Rosberg | 1:29,807 | 2. Alboreto | 1:27,871 | 2. Senna | 1:28,920 | 2. Rosberg | 1:27,354 |
| 3. de Angelis | 1:30,133 | 3. Rosberg | 1:28,347 | 3. de Angelis | 1:29,254 | 3. de Angelis | 1:27,852 |
| 4. Senna | 1:30,169 | 4. Prost | 1:28,604 | 4. Piquet | 1:29,344 | 4. Boutsen | 1:27,918 |
| 5. Prost | 1:30,333 | 5. Berger | 1:28,697 | 5. Mansell | 1:29,733 | 5. Prost | 1:28,099 |
| 6. Lauda | 1:30,491 | 6. Boutsen | 1:28,829 | 6. Tambay | 1:30,413 | 6. Mansell | 1:28,202 |
| 7. Cheever | 1:30,744 | 7. Lauda | 1:29,413 | 7. Cheever | 1:30,615 | 7. Lauda | 1:28,399 |
| 8. Tambay | 1:30,765 | 8. Piquet | 1:29,427 | 8. Patrese | 1:31,368 | 8. Piquet | 1:28,489 |
| 9. Alboreto | 1:31,081 | 9. Mansell | 1:29,756 | 9. Berger | 1:31,477 | 9. Tambay | 1:29,102 |
| 10. Mansell | 1:31,117 | 10. Tambay | 1:30,201 | 10. Alboreto | 1:31,857 | 10. Cheever | 1:29,259 |
| 11. Warwick | 1:31,349 | 11. Johansson | 1:30,240 | 11. Prost | 1:32,047 | 11. de Cesaris | 1:29,406 |
| 12. Boutsen | 1:31,471 | 12. de Angelis | 1:30,325 | 12. de Cesaris | 1:32,049 | 12. Warwick | 1:29,466 |
| 13. de Cesaris | 1:31,771 | 13. de Cesaris | 1:30,339 | 13. Johansson | 1:32,313 | 13. Berger | 1:29,654 |
| 14. Laffite | 1:32,028 | 14. Warwick | 1:30,440 | 14. Palmer | 1:32,517 | 14. Johansson | 1:29,806 |
| 15. Piquet | 1:32,126 | 15. Cheever | 1:30,605 | 15. Laffite | 1:32,881 | 15. Alboreto | 1:30,637 |
| 16. Berger | 1:32,288 | 16. Patrese | 1:31,388 | 16. Boutsen | 1:34,555 | 16. Laffite | 1:30,982 |
| 17. Patrese | 1:32,954 | 17. Laffite | 1:31,625 | 17. Warwick | 1:34,892 | 17. Palmer | 1:31,028 |
| 18. Hesnault | 1:33,041 | 18. Martini | 1:32,770 | 18. Bellof | 1:35,120 | 18. Patrese | 1:31,108 |
| 19. Martini | 1:34,413 | 19. Hesnault | 1:33,142 | 19. Ghinzani | 1:36,677 | 19. Hesnault | 1:33,160 |
| 20. Winkelhock | 1:34,903 | 20. Alliot | 1:34,201 | 20. Martini | 1:36,713 | 20. Ghinzani | 1:34,209 |
| 21. Brundle | 1:36,095 | 21. Winkelhock | 1:34,936 | 21. Baldi | 1:36,741 | 21. Winkelhock | 1:34,579 |
| 22. Bellof | 1:36,147 | 22. Ghinzani | 1:34,974 | 22. Alliot | 1:37,279 | 22. Bellof | 1:35,653 |
| 23. Palmer | 1:36,566 | 23. Bellof | 1:35,774 | 23. Brundle | 1:38,209 | 23. Brundle | 1:36,661 |
| 24. Ghinzani | 1:36,813 | 24. Brundle | 1:36,397 | 24. Winkelhock | 1:39,031 | 24. Baldi | 1:38,235 |
| 25. Baldi | 1:47,776 | 25. Baldi | 1:36,922 | 25. Rosberg | 2:46,957 | 25. Martini | 1:48,391 |
| 26. Alliot | 3:19,449 | 26. Palmer | 2:30,990 | | | 26. Alliot | 2:05,041 |

Startaufstellung:

Ayrton Senna
Lotus-Renault 97T-2
1:27,327

Keke Rosberg
Williams-Honda
FW10-03, 1:27,354

Elio de Angelis
Lotus-Renault 97T-3
1:27,852

Michele Alboreto
Ferrari 156/85-81
1:27,871

Thierry Boutsen
Arrows-BMW A8-4
1:27,918

Alain Prost
McLaren-Porsche
MP4/2B-2, 1:28,099

Nigel Mansell
Williams-Honda
FW10-02, 1:28,202

Niki Lauda
McLaren-Porsche
MP4/2B-1, 1:28,399

Nelson Piquet
Brabham-BMW BT54-4
1:28,489

Gerhard Berger
Arrows-BMW A8-3
1:28,697

Patrick Tambay
Renault RE60-4
1:29,102

Eddie Cheever
Alfa Romeo 185T-03
1:29,259

Andrea de Cesaris
Ligier-Renault JS25-01
1:29,406

Derek Warwick
Renault RE60-3
1:29,466

Stefan Johansson
Ferrari 156/85-78
1:29,806

Jacques Laffite
Ligier-Renault JS25-02
1:30,982

Jonathan Palmer*
Zakspeed ZAK841-01
1:31,028

Riccardo Patrese
Alfa Romeo 185T-02
1:31,108

Pierluigi Martini
Minardi-Motori M185/003
1:32,770

Francois Hesnault
Brabham-BMW BT54-1
1:33,142

Philippe Alliot
RAM-Hart 03-01
1:34,201

Piercarlo Ghinzani
Osella-Alfa FA1F-02
1:34,209

Manfred Winkelhock
RAM-Hart 03-03
1:34,579

Stefan Bellof
Tyrrell-Ford 012-7
1:35,653

Martin Brundle
Tyrrell-Ford 012-6
1:36,397

Mauro Baldi
Spirit-Hart 101/2
1:36,922

* nicht gestartet

Sonntag-Aufwärmtraining: 1. Prost 1:50,018, 2. Piquet 1:50,590, 3. de Cesaris 1:50,865, 4. Johansson 1:51,499, 5. Mansell 1:51,956, 6. Lauda 1:52,393.

Wetter am Renntag: bedeckt, regnerisch, kühl — Mehr als 100.000 Zuschauer.

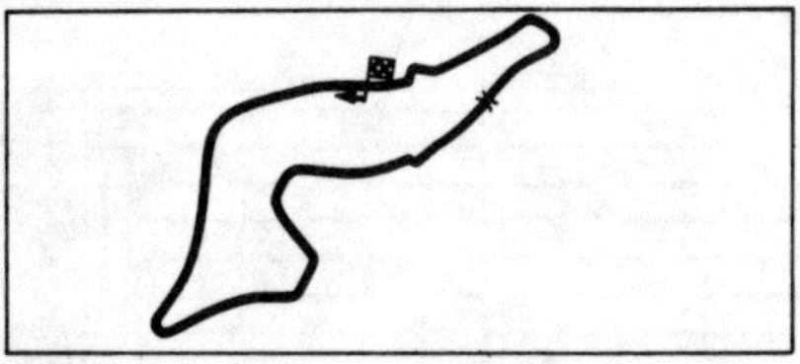

Rekorde: Distanz: Pironi (Ferrari 126C2) 187,7 km/h (1982); Runde: Piquet (Brabham-BMW BT53) 1:33,275 = 194,521 km/h (1984); Training: Piquet (Brabham-BMW BT53) 1:28,517 (1984).

Boxenstops:

| | | |
|---|---|---|
| Brundle: | 6. Runde: | Reifenwechsel; Platz 19 |
| Baldi: | 19. Runde: | Motor; Platz 21 |
| Piquet: | 11. Runde: | Reifenwechsel; Platz 6 |
| Alliot: | 12. Runde: | Öltank leck; Platz 16 |
| Ghinzani: | 13. Runde: | Getriebe; Platz 16 |
| Alboreto: | 24. Runde: | Zündbox; Platz 2—12 |
| Alboreto: | 28. Runde: | Batterie; Platz 14 |
| Warwick: | 35. Runde: | Reifenwechsel, Motorkontrolle; Platz 10 |
| Brundle: | 47. Runde: | zweiter Reifenwechsel; Platz 10 |

Ausfälle:

| | | |
|---|---|---|
| Palmer: | | am Start Fehlzündungen, vom Start zurückgezogen |
| Patrese: | 5. Runde: | Turbo; Platz 14 |
| Berger: | 5. Runde: | Elektrik, in einem Zylinder keine Kompression; Platz 10 |
| Bellof: | 6. Runde: | Motor/Ventilfederbruch; Platz 23 |
| Hesnault: | 6. Runde: | Dreher wegen Motoraussetzern; Platz 20 |
| Baldi: | 10. Runde: | Motor; Platz 21 |
| de Cesaris: | 12. Runde: | Unfall wegen überhitzter Bremsen; Platz 12 |
| Martini: | 15. Runde: | Turbo/defektes Überdruckventil; Platz 17 |
| Laffite: | 23. Runde: | brennender Heckflügel; Platz 13 |
| Rosberg: | 24. Runde: | Leistungsabfall im Motor, Turbosystem undicht, auch Probleme mit Aufhängung und Bremsen; Platz 7 |
| Alliot: | 25. Runde: | Motor/Leck im Öltank; Platz 15 |
| Winkelhock: | 28. Runde: | Motor; Platz 12 |
| Alboreto: | 30. Runde: | Lichtmaschine; Platz 13 |
| Ghinzani: | 47. Runde: | Getriebe; Platz 13 |
| Cheever: | 51. Runde: | Motor; Platz 10 |
| Senna: | 58. Runde: | kein Benzin mehr; Platz 1—3 |
| Johansson: | 58. Runde: | kein Benzin mehr; Platz 1 |

Distanz: 60 Runden à 5,04 km = 302,40 km.

Stand nach 1 Runde: 1. Senna, 2. de Angelis, 3. Alboreto, 4. Prost, 5. Rosberg, 6. Mansell, 7. Lauda, 8. Cheever, 9. Boutsen, 10. Piquet.

Stand nach 10 Runden: 1. Senna (50,4 km in 15:49,512 = 191,087 km/h), 2. de Angelis —1,327, 3. Alboreto —1,900, 4. Prost —2,191, 5. Lauda —7,923, 6. Piquet —12,383, 7. Rosberg —18,851, 8. Mansell —24,008, 9. Cheever —24,245, 10. Boutsen —24,683.

Stand nach 20 Runden: 1. Senna (100,8 km in 31:25,102 = 192,498 km/h), 2. Alboreto —0,904, 3. Prost —2,011, 4. Lauda —6,661, 5. de Angelis —12,817, 6. Johansson —31,183, 7. Rosberg —33,711, 8. Mansell —48,732, 9. Boutsen —49,384, 10. Cheever —50,205.

Stand nach 30 Runden: 1. Senna (151,2 km in 46:56,787 = 193,241 km/h), 2. Prost —0,348, 3. Lauda —12,035, 4. de Angelis —17,069, 5. Johansson —27,903, 6. Piquet —58,115, 7. Mansell —1:14,304, 8. Boutsen —1:14,929, 9. Cheever —1:15,754, 10. Tambay —1:26,736.

Stand nach 40 Runden: 1. Senna (201,6 km in 1.02:26,390 = 193,722 km/h), 2. Prost —3,124, 3. de Angelis —15,976, 4. Johansson —16,999, 5. Lauda —28,970, 6. Piquet —1:20,821, 7. Boutsen —1:32,439, 8. Mansell —1 Runde, 9. Cheever, 10. Tambay.

Stand nach 50 Runden: 1. Senna (252 km in 1.17:56,131 = 194,006 km/h), 2. Prost —7,648, 3. Johansson —13,641, 4. de Angelis —15,478, 5. Lauda —1:18,557, 6. Piquet —1 Runde, 7. Boutsen, 8. Mansell, 9. Tambay, 10. Cheever.

Ergebnis:

| | | |
|---|---|---|
| 1. Elio de Angelis (Italien), Lotus-Renault | 1.34:35,955 | = 191,798 km/h |
| 2. Thierry Boutsen (Belgien), Arrows-BMW | 1.34:51,890 | 1 Runde zurück |
| 3. Patrick Tambay (Frankreich), Renault | 1.34:54,967 | 1 Runde zurück |
| 4. Niki Lauda (Österreich), McLaren-Porsche | 1.35:05,399 | 1 Runde zurück |
| 5. Nigell Mansell (England), Williams-Honda | 1.34:20,912 | 2 Runden zurück |
| 6. Stefan Johansson (Schweden), Ferrari | 1.28:51,307 | 3 Runden zurück |
| 7. Ayrton Senna (Brasilien), Lotus-Renault | 1.29:14,566 | 3 Runden zurück |
| 8. Nelson Piquet (Brasilien), Brabham-BMW | 1.30:35,363 | 3 Runden zurück |
| 9. Martin Brundle (England), Tyrrell-Ford | 1.34:29,229 | 4 Runden zurück |
| 10. Derek Warwick (England), Renault | 1.35:09,739 | 4 Runden zurück |

Prost als Sieger (1.33:57,118 = 38,937 Sekunden vor de Angelis im Ziel) wegen Untergewichts disqualifiziert. Johansson, Senna, Piquet bei Schluß nicht mehr im Rennen, aber klassiert.

Schnellste Runde: Alboreto (Ferrari) 1:30,961 = 199,470 km/h (29. Runde).

Schnellste Runde jedes Fahrers im Rennen: Alboreto 1:30,961 (29.); Johansson 1:31,017 (56.); de Angelis 1:31,411 (55.); Piquet 1:31,424 (50.); Senna 1:31,549 (57.); Prost 1:31,925 (26.); Lauda 1:32,198 (25.); Boutsen 1:33,448 (47.); Tambay 1:33,514 (55.); Warwick 1:33,702 (45.); Mansell 1:33,891 (33.); Rosberg 1:34,084 (20.); Cheever 1:34,128 (34.); Alliot 1:35,013 (20.); Laffite 1:35,245 (20.); de Cesaris 1:35,856 (8.); Berger 1:36,239 (3.); Patrese 1:36,422 (3.); Winkelhock 1:36,708 (8.); Ghinzani 1:36,858 (26.); Brundle 1:37,887 (51.); Martini 1:38,203 (14.); Bellof 1:38,437 (3.); Hesnault 1:38,906 (3.); Baldi 1:39,686 (4.).

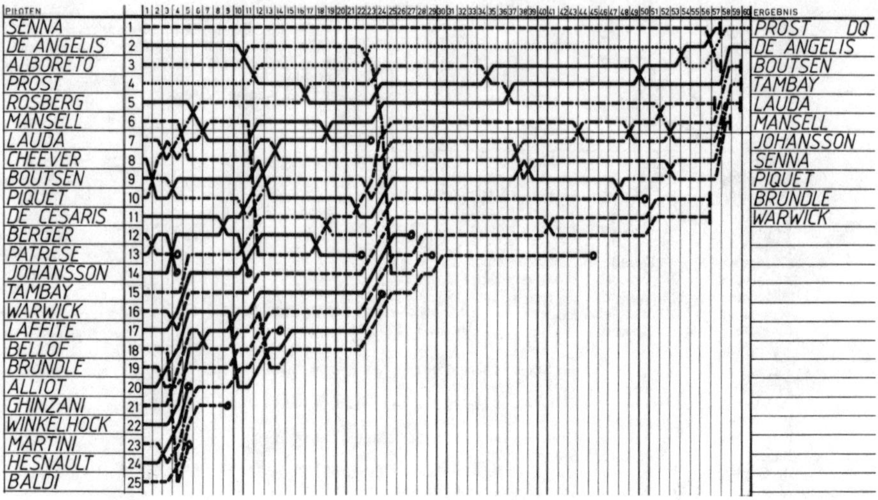


Rundentabelle 3

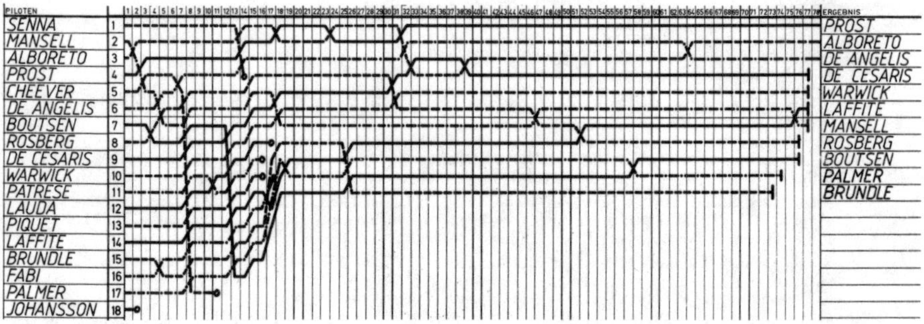


Rundentabelle 4

# Lauf 4 — Großer Preis von Monte Carlo — Monaco, 19. Mai 1985

| Erstes Training (inoffiziell) | | Zweites Training (offiziell) | | Drittes Training (inoffiziell) | | Viertes Training (offiziell) | |
|---|---|---|---|---|---|---|---|
| 1. Alboreto | 1:22,706 | 1. Senna | 1:21,630 | 1. Alboreto | 1:20,205 | 1. Senna | 1:20,450 |
| 2. Prost | 1:23,420 | 2. Patrese | 1:22,145 | 2. Mansell | 1:21,796 | 2. Mansell | 1:20,536 |
| 3. Cheever | 1:23,604 | 3. Prost | 1:22,270 | 3. de Angelis | 1:21,809 | 3. Alboreto | 1:20,563 |
| 4. Rosberg | 1:23,681 | 4. Alboreto | 1:22,630 | 4. Rosberg | 1:21,904 | 4. Cheever | 1:20,729 |
| 5. de Angelis | 1:23,779 | 5. Mansell | 1:22,650 | 5. Senna | 1:22,132 | 5. Prost | 1:20,885 |
| 6. Lauda | 1:23,748 | 6. Cheever | 1:22,755 | 6. Prost | 1:22,241 | 6. Boutsen | 1:21,302 |
| 7. Patrese | 1:23,841 | 7. Lauda | 1:22,897 | 7. Lauda | 1:22,349 | 7. Rosberg | 1:21,320 |
| 8. Senna | 1:23,846 | 8. de Cesaris | 1:22,992 | 8. Warwick | 1:22,868 | 8. de Cesaris | 1:21,347 |
| 9. Warwick | 1:24,218 | 9. Rosberg | 1:23,099 | 9. Johansson | 1:22,879 | 9. de Angelis | 1:21,465 |
| 10. Mansell | 1:24,448 | 10. Johansson | 1:23,163 | 10. de Cesaris | 1:22,911 | 10. Warwick | 1:21,531 |
| 11. Piquet | 1:24,551 | 11. de Angelis | 1:23,319 | 11. Winkelhock | 1:23,023 | 11. Berger | 1:21,665 |
| 12. de Cesaris | 1:24,598 | 12. Warwick | 1:23,524 | 12. Boutsen | 1:23,035 | 12. Patrese | 1:21,813 |
| 13. Tambay | 1:24,862 | 13. Piquet | 1:23,540 | 13. Cheever | 1:23,097 | 13. Piquet | 1:21.817 |
| 14. Johansson | 1:25,240 | 14. Berger | 1:24,293 | 14. Tambay | 1:23,170 | 14. Lauda | 1:21,907 |
| 15. Boutsen | 1:25,357 | 15. Tambay | 1:24,473 | 15. Berger | 1:23,732 | 15. Johansson | 1:22,635 |
| 16. Laffite | 1:25,616 | 16. Boutsen | 1:24,510 | 16. Piquet | 1:23,831 | 16. Laffite | 1:22,880 |
| 17. Berger | 1:25,820 | 17. Winkelhock | 1:26,182 | 17. Brundle | 1:23,939 | 17. Tambay | 1:22,912 |
| 18. Bellof | 1:25,951 | 18. Bellof | 1:26,214 | 18. Palmer | 1:23,987 | 18. Brundle | 1:23,827 |
| 19. Brundle | 1:26,436 | 19. Ghinzani | 1:26,230 | 19. Bellof | 1:24,122 | 19. Palmer | 1:23,840 |
| 20. Ghinzani | 1:26,836 | 20. Fabi | 1:26,243 | 20. Fabi | 1:24,150 | 20. Fabi | 1:23,965 |
| 21. Palmer | 1:27,165 | 21. Brundle | 1:26,499 | 21. Alliot | 1:24,659 | 21. Ghinzani | 1:24,071 |
| 22. Fabi | 1:27,753 | 22. Laffite | 1:26,681 | 22. Ghinzani | 1:25,359 | 22. Bellof | 1:24,236 |
| 23. Hesnault | 1:29,011 | 23. Hesnault | 1:27,505 | 23. Patrese | 1:25,391 | 23. Alliot | 1:24,763 |
| 24. Martini | 1:29,764 | 24. Alliot | 1:28,026 | 24. Laffite | 1:25,518 | 24. Winkelhock | 1:24,764 |
| 25. Alliot | 1:30,316 | 25. Palmer | 1:41,564 | 25. Hesnault | 1:25,529 | 25. Hesnault | 1:25,068 |
| 26. Winkelhock | 1:32,077 | 26. Martini | 6:41,037 | 26. Martini | 1:30,573 | | |

Startaufstellung:

Nigel Mansell<br>Williams-Honda<br>FW10,02, 1:20,536

Ayrton Senna<br>Lotus-Renault 97T-2<br>1:20,450

Eddie Cheever<br>Alfa Romeo 185T/3<br>1:20,729

Michele Alboreto<br>Ferrari 156/85-02<br>1:20,563

Thierry Boutsen<br>Arrows-BMW A8/4<br>1:21,302

Alain Prost<br>McLaren-Porsche<br>MP4/2-2, 1:20,885

Andrea de Cesaris<br>Ligier-Renault JS25/04<br>1:21,347

Keke Rosberg<br>Williams-Honda<br>FW10-03, 1:21,320

Derek Warwick<br>Renault RE60-03<br>1:21,531

Elio de Angelis<br>Lotus-Renault 97T-1<br>1:21,465

Riccardo Patrese<br>Alfa Romeo 185T/2<br>1:21,813

Gerhard Berger<br>Arrows-BMW A8/3<br>1:21,665

Niki Lauda<br>McLaren-Porsche<br>MP4/3-1, 1:21,907

Nelson Piquet<br>Brabham-BMW BT54-4<br>1:21,817

Jacques Laffite<br>Ligier-Renault JS25/01<br>1:22,880

Stefan Johansson<br>Ferrari 156/85-079<br>1:22,635

Martin Brundle<br>Tyrrell-Ford 012-6<br>1:23,827

Patrick Tambay<br>Renault RE60-02<br>1:22,912

Teo Fabi<br>Toleman-Hart TG185-03<br>1:23,965

Jonathan Palmer<br>Zakspeed ZAK841-01<br>1:23,840

Nicht qualifiziert: Piercarlo Ghinzani (Osella-Alfa FA1G), 1:24,071; Stefan Bellof (Tyrrell-Ford 012), 1:24,236; Philippe Alliot (RAM-Hart 03), 1:24,763; Manfred Winkelhock (RAM-Hart 03), 1:24,764; Francois Hesnault (Brabham-BMW BT54), 1:25,068; Pierluigi Martini (Minardi-Motori M185), 6:41,037.

Sonntag-Aufwärmtraining: 1. Prost 1:23,737, 2. Alboreto 1:24,070, 3. Warwick 1:24,232, 4. Mansell 1:24,405, 5. Tambay 1:25,040, 6. de Angelis 1:25,056, 7. Senna 1:25,195, 8. Lauda 1:25,346, 9. Boutsen 1:25,361, 10. Rosberg 1:25,551.

Wetter am Renntag: bedeckt und kühl — 150.000 Zuschauer.

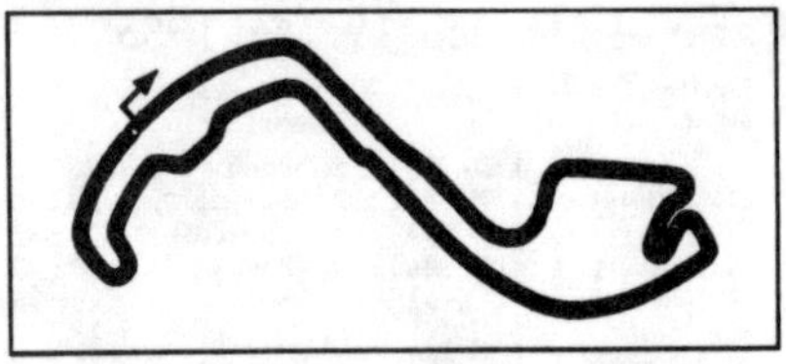

Rekorde: Distanz: Patrese (Brabham-Ford BT49D) 132,3 km/h (1982); Runde: Patrese (Arrows-Ford A3/5) 1:26,058 = 138,548 km/h (1980); Training: Prost (McLaren-TAG MP4/2) 1:22,661 (1984).

Boxenstops:

| | | |
|---|---|---|
| Johansson: | 1. Runde: | Überprüfung der Hinterradaufhängung nach Startkollision; Platz 18 |
| Cheever: | 8. Runde: | Elektrik; Platz 4 |
| Boutsen: | 13. Runde: | Reifenwechsel; Platz 6—15 |
| Brundle: | 26. Runde: | Bremsen überprüft; Platz 8 |
| Alboreto: | 32. Runde: | Reifenwechsel; Platz 3 |
| Boutsen: | 37. Runde: | Reifenwechsel; Platz 9 |
| Rosberg: | 51. Runde: | Reifenwechsel; Platz 7 |

Ausfälle:

| | | |
|---|---|---|
| Berger: | am Start: | schlecht weggekommen, von Johansson schräg von hinten gerammt |
| Tambay: | am Start: | Kollision mit querstehendem Berger |
| Johansson: | 2. Runde: | Stoßdämpfer-Anlenkpunkt gebrochen; Platz 18 |
| Cheever: | 11. Runde: | Lichtmaschine; Platz 17 |
| Senna: | 14. Runde: | Motoraussetzer; Platz 1 |
| Patrese: | 16. Runde: | Kollision mit Piquet; Platz 9 |
| Piquet: | 16. Runde: | Kollision mit Patrese; Platz 10 |
| Fabi: | 16. Runde: | Turbolader; Platz 12 |
| Lauda: | 17. Runde: | auf Öl von Piquet/Patrese ausgerutscht, Motor abgestorben; Platz 8 |

Distanz: 78 Runden à 3,312 km = 258,336 km.

Stand nach 1 Runde: 1. Senna, 2. Mansell, 3. Alboreto, 4. Prost, 5. Cheever, 6. de Angelis, 7. Boutsen, 8. Rosberg, 9. de Cesaris, 10. Warwick.

Stand nach 10 Runden: 1. Senna (33,12 km in 14:23,956 = 138,007 km/h), 2. Alboreto —1,905, 3. Prost —8,108, 4. de Angelis —16,574; 5. Rosberg —22,941, 6. Mansell —27,466, 7. Boutsen —31,105, 8. de Cesaris —31,435, 9. Warwick —31,847, 10. Patrese —35,739.

Stand nach 20 Runden: 1. Prost (66,24 km in 29:00,038 = 137,045 km/h), 2. Alboreto —0,395, 3. de Angelis —7,951, 4. Rosberg —26,336, 5. de Cesaris —28,306, 6. Warwick —29,484, 7. Mansell —37,320, 8. Brundle —1:05,485, 9. Boutsen —1:08,305, 10. Laffite —1 Runde.

Stand nach 30 Runden: 1. Alboreto (99,36 km in 43:19,836 = 137,584 km/h), 2. Prost —1,138, 3. de Angelis —10,377, 4. Rosberg —37,827, 5. de Cesaris —37,827, 6. Warwick —38,770, 7. Mansell —50,677, 8. Boutsen —1 Runde, 9. Laffite, 10. Palmer.

Stand nach 40 Runden: 1. Prost (132,48 km in 57:31,966 = 138,161 km/h), 2. de Angelis —18,611, 3. Alboreto —42,636, 4. de Cesaris —46,008, 5. Warwick —50,352, 6. Rosberg —59,010, 7. Mansell —1:10,307, 8. Laffite —1 Runde, 9. Boutsen, 10. Palmer —2 Runden.

Stand nach 60 Runden: 1. Prost (198,72 km in 1.25:48,745 = 138,944 km/h), 2. de Angelis —25,255, 3. Alboreto —26,178, 4. de Cesaris —57,845, 5. Warwick —1:11,794, 6. Mansell —1 Runde, 7. Laffite, 8. Rosberg, 9. Boutsen —2 Runden, 10. Palmer —3 Runden.

Stand nach 70 Runden: 1. Prost (231,84 km in 1.40:02,441 = 139,047 km/h), 2. Alboreto —25,488, 3. de Angelis —45,938, 4. de Cesaris —1:14,393, 5. Warwick —1 Runde, 6. Mansell, 7. Laffite, 8. Rosberg, 9. Boutsen —2 Runden, 10. Palmer —4 Runden.

Ergebnis:

| | | |
|---|---|---|
| 1. Alain Prost (Frankreich), McLaren-Porsche | 1.51:58,034 | = 138,434 km/h |
| 2. Michele Alboreto (Italien), Ferrari | 1.52:05,575 | 7,541 zurück |
| 3. Elio de Angelis (Italien), Lotus-Renault | 1.53:25,205 | 1:27,171 zurück |
| 4. Andrea de Cesaris (Italien), Ligier-Renault | 1.52:01,642 | 1 Runde zurück |
| 5. Derek Warwick (England), Renault | 1.52:36,128 | 1 Runde zurück |
| 6. Jacques Laffite (Frankreich), Ligier-Renault | 1.52:57,175 | 1 Runde zurück |
| 7. Nigel Mansell (England), Williams-Honda | 1.52:57,733 | 1 Runde zurück |
| 8. Keke Rosberg (Finnland), Williams-Honda | 1.52:01,857 | 2 Runden zurück |
| 9. Thierry Boutsen (Belgien), Arrows-BMW | 1.53:27,633 | 2 Runden zurück |
| 10. Martin Brundle (England), Tyrrell-Ford | 1.52:28,969 | 4 Runden zurück |
| 11. Jonathan Palmer (England), Zakspeed | 1.52:40,828 | 4 Runden zurück |

Schnellste Runde: Alboreto (Ferrari) 1:22,637 = 144,284 km/h (60. Runde).

Schnellste Runde jedes Fahrers im Rennen: Alboreto 1:22,637 (60.); Prost 1:23,898 (66.); de Angelis 1:24,434 (47.); de Cesaris 1:24,554 (58.); Rosberg 1:24,617 (62.); Laffite 1:24,788 (51.); Mansell 1:24,789 (51.); Senna 1:24,803 (10.); Warwick 1:25,305 (42.); Boutsen 1:25,631 (43.); Lauda 1:25,842 (16.); Brundle 1:26,131 (57.); Cheever 1:26,548 (10.); Palmer 1:26,653 (57.); Fabi 1:26,717 (9.); Piquet 1:27,124 (5.); Patrese 1:27,723 (6.); Johansson 2:31,095 (1.).

## Großer Preis von Belgien — Spa, 2. Juni 1985 — annulliert

| Erstes Training (inoffiziell) | | Zweites Training (offiziell) | |
|---|---|---|---|
| 1. Alboreto | 1:56,777 | 1. Alboreto | 1:56,046 |
| 2. Senna | 1:57,426 | 2. de Angelis | 1:56,277 |
| 3. de Angelis | 1:57,497 | 3. Senna | 1:56,473 |
| 4. Lauda | 1:57,684 | 4. Tambay | 1:56,586 |
| 5. Rosberg | 1:57,696 | 5. Johansson | 1:57,506 |
| 6. Prost | 1:58,102 | 6. Rosberg | 1:57,705 |
| 7. Tambay | 1:58,199 | 7. Piquet | 1:58,122 |
| 8. Boutsen | 1:58,889 | 8. de Cesaris | 1:58,302 |
| 9. Johansson | 1:59,076 | 9. Berger | 1:58,343 |
| 10. Piquet | 1:59,914 | 10. Lauda | 1:58,374 |
| 11. Laffite | 2:00,222 | 11. Mansell | 1:58,658 |
| 12. Warwick | 2:00,507 | 12. Boutsen | 1:58,874 |
| 13. de Cesaris | 2:00,672 | 13. Warwick | 1:59,129 |
| 14. Cheever | 2:00,828 | 14. Fabi | 2:00,592 |
| 15. Berger | 2:00,965 | 15. Laffite | 2:00,729 |
| 16. Fabi | 2:00,997 | 16. Cheever | 2:00,782 |
| 17. Patrese | 2:01,025 | 17. Patrese | 2:01,396 |
| 18. Mansell | 2:02,262 | 18. Surer | 2:01,555 |
| 19. Winkelhock | 2:02,895 | 19. Palmer | 2:04,990 |
| 20. Palmer | 2:04,960 | 20. Bellof | 2:05,070 |
| 21. Bellof | 2:05,292 | 21. Ghinzani | 2:05,088 |
| 22. Brundle | 2:06,241 | 22. Brundle | 2:05,782 |
| 23. Surer | 2:06,557 | 23. Winkelhock | 2:06,771 |
| 24. Ghinzani | 2:07,428 | 24. Martini | 2:12,279 |
| 25. Martini | 2:11,515 | 25. Prost | 46:23,780 |
| 26. Alliot | 2:16,198 | | |

# Lauf 5 — Großer Preis von Kanada — Montreal, 16. Juni 1985

| Erstes Training (inoffiziell) | | Zweites Training (offiziell) | | Drittes Training (inoffiziell) | | Viertes Training (offiziell) | |
|---|---|---|---|---|---|---|---|
| 1. Prost | 1:27,159 | 1. Alboreto | 1:25,127 | 1. Senna | 1:25,862 | 1. de Angelis | 1:24,567 |
| 2. Alboreto | 1:27,169 | 2. Senna | 1:25,399 | 2. de Angelis | 1:26,412 | 2. Senna | 1:24,816 |
| 3. Senna | 1:27,769 | 3. Prost | 1:25,977 | 3. Prost | 1:26,860 | 3. Johansson | 1:25,170 |
| 4. de Angelis | 1:28,231 | 4. Rosberg | 1:25,255 | 4. Warwick | 1:27,046 | 4. Prost | 1:25,557 |
| 5. Warwick | 1:28,791 | 5. Warwick | 1:26,801 | 5. Cheever | 1:27,070 | 5. Warwick | 1:25,622 |
| 6. Rosberg | 1:29,413 | 6. de Angelis | 1:25,895 | 6. Patrese | 1:27,773 | 6. Alboreto | 1:25,832 |
| 7. Tambay | 1:29,488 | 7. Tambay | 1:26,959 | 7. Alboreto | 1:27,925 | 7. Boutsen | 1:25,846 |
| 8. Cheever | 1:30,093 | 8. Piquet | 1:27,004 | 8. Johansson | 1:28,211 | 8. Rosberg | 1:26,097 |
| 9. Piquet | 1:30,211 | 9. Cheever | 1:27,638 | 9. Tambay | 1:28,236 | 9. Piquet | 1:26,301 |
| 10. Alliot | 1:30,583 | 10. Johansson | 1:27,870 | 10. Winkelhock | 1:28,371 | 10. Tambay | 1:26,340 |
| 11. Boutsen | 1:30,646 | 11. Patrese | 1:28,081 | 11. Boutsen | 1:28,378 | 11. Cheever | 1:26,354 |
| 12. Lauda | 1:30,686 | 12. Lauda | 1:28,126 | 12. Rosberg | 1:28,476 | 12. Berger | 1:26,743 |
| 13. Fabi | 1:31,208 | 13. Boutsen | 1:28,241 | 13. Lauda | 1:28,549 | 13. Patrese | 1:26,995 |
| 14. Mansell | 1:31,568 | 14. Mansell | 1:28,367 | 14. Mansell | 1:29,069 | 14. Winkelhock | 1:27,266 |
| 15. Berger | 1:31,599 | 15. de Cesaris | 1:28,746 | 15. Piquet | 1:29,964 | 15. de Cesaris | 1:27,403 |
| 16. de Cesaris | 1:31,709 | 16. Alliot | 1:29,501 | 16. de Cesaris | 1:30,038 | 16. Mansell | 1:27,728 |
| 17. Patrese | 1:31,825 | 17. Laffite | 1:29,730 | 17. Berger | 1:30,259 | 17. Lauda | 1:28,130 |
| 18. Johansson | 1:32,021 | 18. Fabi | 1:29,910 | 18. Ghinzani | 1:31,165 | 18. Fabi | 1:28,625 |
| 19. Laffite | 1:32,251 | 19. Surer | 1:30,206 | 19. Fabi | 1:31,252 | 19. Laffite | 1:28,750 |
| 20. Brundle | 1:33,029 | 20. Berger | 1:30,826 | 20. Surer | 1:31,414 | 20. Surer | 1:29,473 |
| 21. Bellof | 1:33,516 | 21. Winkelhock | 1:31,147 | 21. Alliot | 1:31,560 | 21. Ghinzani | 1:31,576 |
| 22. Ghinzani | 1:34,190 | 22. Ghinzani | 1:32,299 | 22. Laffite | 1:31,686 | 22. Bellof | 1:31,733 |
| 23. Surer | 1:34,515 | 23. Bellof | 1:32,586 | 23. Bellof | 1:33,450 | 23. Brundle | 1:31,923 |
| 24. Martini | 1:34,814 | 24. Brundle | 1:32,760 | 24. Brundle | 1:33,874 | 24. Alliot | 1:36,960 |
| 25. Winkelhock | 1:35,773 | 25. Martini | 1:34,985 | 25. Martini | 1:51,985 | 25. Martini | 1:47,148 |

Startaufstellung:

Ayrton Senna
Lotus-Renault 95T-2
1:24,816

Elio de Angelis
Lotus-Renault 97T-3
1:24,567

Stefan Johansson
Ferrari 156/85-082
1:25,170

Michele Alboreto
Ferrari 156/85-081
1:25,127

Derek Warwick
Renault RE60-3
1:25,622

Alain Prost
McLaren-Porsche
MP4/2B-3, 1:25,557

Keke Rosberg
Williams-Honda
FW10-04, 1:26,097

Thierry Boutsen
Arrows-BMW A8-2
1:25,846

Patrick Tambay
Renault RE60-5
1:26,340

Nelson Piquet
Brabham-BMW BT54-6
1:26,301

Gerhard Berger
Arrows-BMW A8-3
1:26,743

Eddie Cheever
Alfa Romeo 185T-03
1:26,354

Manfred Winkelhock
RAM-Hart 03-02
1:27,266

Riccardo Patrese
Alfa Romeo 185T-02
1:26,995

Nigel Mansell
Williams-Honda
FW10-02, 1:27,728

Andrea de Cesaris
Ligier-Renault JS25-04
1:27,403

Teo Fabi
Toleman-Hart TG185-04
1:28,625

Niki Lauda
McLaren-Porsche
MP4/2-2, 1:28,126

Marc Surer
Brabham-BMW BT54-3
1:29,473

Jacques Laffite
Ligier-Renault JS25-01
1:28,750

Piercarlo Ghinzani
Osella-Alfa FA1G-01
1:31,576

Philippe Alliot
RAM-Hart 03-01
1:29,501

Martin Brundle
Tyrrell-Ford 012-6
1:31,923

Stefan Bellof
Tyrrell-Ford 012-5
1:31,733

Pierluigi Martini
Minardi-Motori M185/002
1:34,985

Sonntagmorgen-Aufwärmtraining: 1. Lauda 1:29,727, 2. Prost 1:29,730, 3. Johansson 1:30,171, 4. Tambay 1:30,435, 5. de Angelis 1:30,449, 6. Alboreto 1:30,507, 7. Senna 1:30,530, 8. Mansell 1:30,997, 9. Rosberg 1:31,203, 10. Cheever 1:31,487.

Wetter am Renntag: kühl, bedeckt, Gefahr von Regen — 120.000 Zuschauer.

Alliot und Fabi mit Ersatzautos, Fabi erst nach 4. Runde aus den Boxen gestartet.

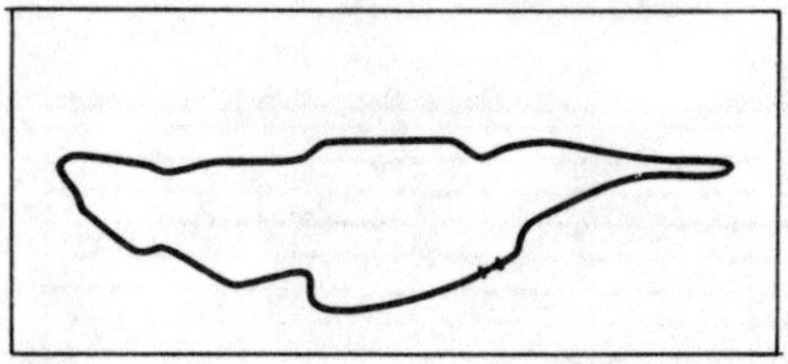

Rekorde: Distanz: Jones (Williams-Ford FW07B) 177,030 km/h (1980); Runde: Pironi (Ferrari 126C2) 1:28,323 = 179,649 km/h (1982); Training: Piquet (Brabham-BMW BT53) 1:25,442 (1984).

Boxenstops:

| | | |
|---|---|---|
| Fabi: | 5. Runde: | Turbolader gewechselt (dauerte 54 Minuten); Platz 24 |
| Senna: | 6. Runde: | Spange zwischen Turbolader und Auspuff gebrochen, Turbolader binnen 5 Runden gewechselt, mehr Ladedruck eingestellt; Platz 2—22 |
| de Cesaris: | 6. Runde: | neue Frontpartie nach Kollision mit Winkelhock; Platz 14—21 |
| Rosberg: | 8. Runde: | Elektronik, Ladedruck kontrolliert; Platz 6—16 |
| Alliot: | 17. Runde: | Turbo überprüft, Heckverkleidung locker; Platz 18—21 |
| Rosberg: | 22. Runde: | Reifenwechsel nach Dreher in der Zielkurve (von Warwick abgedrängt), dauerte 9,2 Sekunden; Platz 12—14 |
| Martini: | 22. Runde: | Zündbox ausgetauscht, Reifenwechsel; Platz 20 |
| Cheever: | 58. Runde: | Zündbox gewechselt, ein Computer gestört, Startschwierigkeiten; Platz 8—17 |

Ausfälle:

| | | |
|---|---|---|
| Piquet: | 1. Runde: | Getriebeschaden in 3. Kurve; Platz 9 |
| Winkelhock: | 6. Runde: | Kollision mit de Cesaris, Spurstange und Aufhängung verbogen; Platz 15 |
| Warwick: | 26. Runde: | Unfall, gegen die Mauer, beide linksseiten Räder beschädigt; Platz 11 |
| Alliot: | 29. Runde: | Unfall in 3. Kurve, Totalschaden; Platz 19 |
| Ghinzani: | 36. Runde: | Motorschaden; Platz 18 |
| Lauda: | 38. Runde: | Loch im Unterboden, ein Aufhängungsbolzen des Ladeluftkühlers gebrochen, undichtes Verbindungsstück, Kühlwasser verloren, Motor überhitzt, 1500 U/min Drehzahlverlust; Platz 8 |
| Fabi: | 42. Runde: | zwei Runden nach Wiederaufnahme des Rennens Benzinleck; außerhalb der Wertung |
| Martini: | 68. Runde: | Motor/Elektrik, Wackelkontakt; Platz 18 |

Distanz: 70 Runden à 4,41 km = 308,70 km.

Stand nach 1 Runde: 1. de Angelis, 2. Senna, 3. Alboreto, 4. Tambay, 5. Johansson, 6. Warwick, 7. Prost, 8. Rosberg, 9. Cheever, 10. Mansell.

Stand nach 10 Runden: 1. de Angelis 15:14,999, 2. Alboreto —3,907, 3. Johansson —8,894, 4. Tambay —12,314, 5. Prost —13,429, 6. Cheever —22,066, 7. Mansell —23,904, 8. Boutsen —27,259, P. Patrese —30,650, 10. Warwick —31,702.

Stand nach 20 Runden: 1. Alboreto 30:24,993, 2. de Angelis —1,868, 3. Johansson —6,690, 4. Tambay —9,391, 5. Prost —12,427, 6. Cheever —29,147, 7. Mansell —29,467, 8. Lauda —44,451, 9. Boutsen —44,692, 10. Patrese —46,474.

Stand nach 30 Runden: 1. Alboreto 45:32,000, 2. de Angelis —1,214, 3. Johansson —8,454, 4. Tambay —11,146, 5. Prost —17,070, 6. Mansell —36,767, 7. Cheever —38,037, 8. Lauda —48,688, 9. Boutsen —1:02,531, 10. Patrese —1:03,890.

Stand nach 40 Runden: 1. Alboreto 1.00:30,997, 2. de Angelis —4,496, 3. Johansson —10,854, 4. Tambay —20,813, 5. Prost —27,321, 6. Mansell —57,881, 7. Cheever —1:09,399, 8. Rosberg —1:22,052, 9. Boutsen —1 Runde, 10. Patrese.

Stand nach 60 Runden: 1. Alboreto 1.30:48,045, 2. Johansson —2,111, 3. de Angelis —16,247, 4. Prost —16,989, 5. Rosberg —47,972, 6. Mansell —1:07,377, 7. Tambay —1:14,366, 8. Laffite —1 Runde, 9. de Cesaris, 10. Boutsen.

Ergebnis:

| | | |
|---|---|---|
| 1. Michele Alboreto (Italien), Ferrari | 1.46:01,813 | = 184,686 km/h |
| 2. Stefan Johansson (Schweden), Ferrari | 1.46:03,770 | 1,957 zurück |
| 3. Alain Prost (Frankreich), McLaren-Porsche | 1.46:06,154 | 4,341 zurück |
| 4. Keke Rosberg (Finnland), Williams-Honda | 1.46:29,634 | 27,821 zurück |
| 5. Elio de Angelis (Italien), Lotus-Renault | 1.46:45,162 | 43,349 zurück |
| 6. Nigel Mansell (England), Williams-Honda | 1.47:19,691 | 1:17,878 zurück |
| 7. Patrick Tambay (Frankreich), Renault | 1.47:05,721 | 1 Runde zurück |
| 8. Jacques Laffite (Frankreich), Ligier-Renault | 1.47:55,582 | 1 Runde zurück |
| 9. Thierry Boutsen (Belgien), Arrows-BMW | 1.46:09,907 | 2 Runden zurück |
| 10. Riccardo Patrese (Italien), Alfa Romeo | 1.47:10,773 | 2 Runden zurück |
| 11. Stefan Bellof (Deutschland), Tyrrell-Ford | 1.47:12,250 | 2 Runden zurück |
| 12. Martin Brundle (England), Tyrrell-Ford | 1.47:26,165 | 2 Runden zurück |
| 13. Gerhard Berger (Österreich), Arrows-BMW | 1.46:04,536 | 3 Runden zurück |
| 14. Andrea de Cesaris (Italien), Ligier-Renault | 1.46:21,810 | 3 Runden zurück |
| 15. Marc Surer (Schweiz), Brabham-BMW | 1.47:15,720 | 3 Runden zurück |
| 16. Ayrton Senna (Brasilien), Lotus-Renault | 1.46:25,274 | 5 Runden zurück |
| 17. Eddie Cheever (USA), Alfa Romeo | 1.46:36,310 | 6 Runden zurück |

Laffite wegen Frühstarts 1 Strafminute (ansonsten 7. Platz).

Schnellste Runde: Senna (Lotus-Renault) 1:27,445 = 181,554 km/h (45. Runde).

Schnellste Runde jedes Fahrers im Rennen: Senna 1:27,445 (45.); Rosberg 1:27,611 (51.); Cheever 1:28,481 (64.); Alboreto 1:28,637 (28.); Johansson 1:28,651 (44.); Prost 1:28,755 (64.); Tambay 1:28,863 (46.); de Angelis 1:29,156 (3.); Mansell 1:29,331 (50.); de Cesaris 1:30,070 (45.); Laffite 1:30,324 (54.); Lauda 1:30,433 (29.); Warwick 1:31,367 (22.); Boutsen 1:31,688 (6.); Berger 1:31,735 (15.); Patrese 1:31,978 (24.); Surer 1:32,286 (40.); Alliot 1:32,325 (25.); Brundle 1:32,485 (55.); Bellof 1:33,085 (56.); Winkelhock 1:33,690 (4.); Ghinzani 1:35,136 (5.); Fabi 1:35,539 (2.); Martini 1:36,757 (7.).

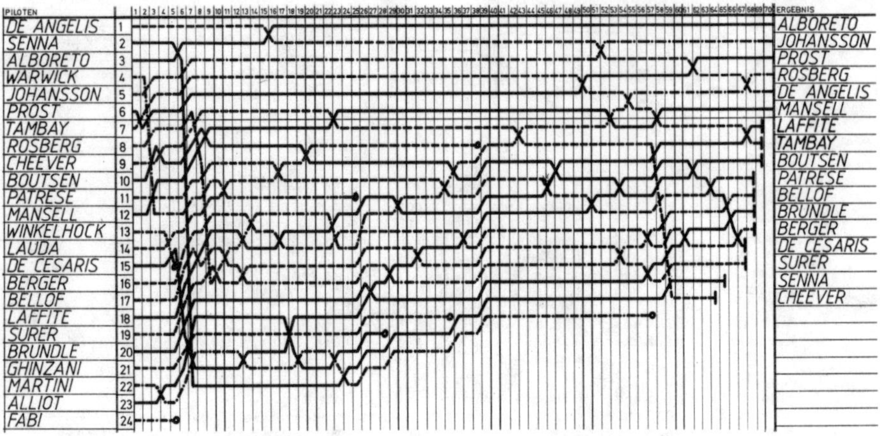


Rundentabelle 5

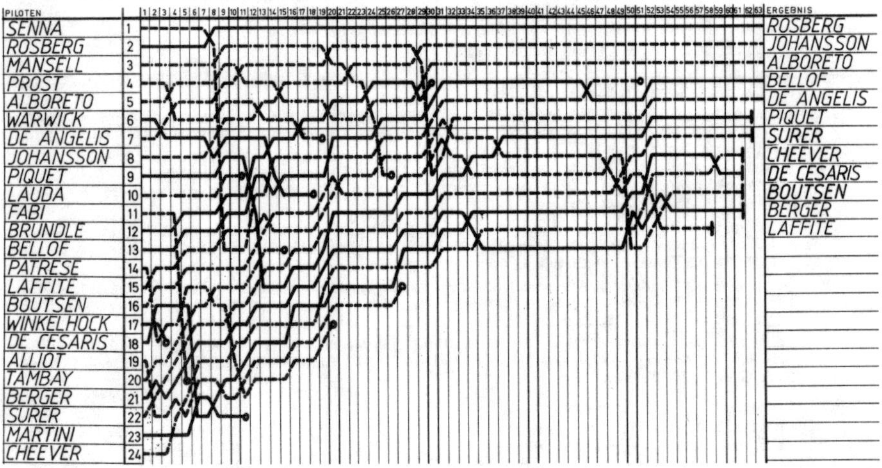


Rundentabelle 6

# Lauf 6 — Großer Preis der USA — Detroit, 23. Juni 1985

| Erstes Training (inoffiziell) | | Zweites Training (offiziell) | | Drittes Training (inoffiziell) | | Viertes Training (offiziell) | |
|---|---|---|---|---|---|---|---|
| 1. Senna | 1:44,383 | 1. Senna | 1:42,051 | 1. Cheever | 2:11,318 | 1. Berger | 2:05,307 |
| 2. Rosberg | 1:44,899 | 2. Mansell | 1:43,249 | 2. Berger | 2:13,027 | 2. Cheever | 2,05,540 |
| 3. Alboreto | 1:45,508 | 3. Alboreto | 1:43,748 | 3. de Cesaris | 2:14,033 | 3. Ghinzani | 2:11,904 |
| 4. de Angelis | 1:45,563 | 4. Prost | 1:44,088 | 4. Surer | 2:14,115 | 4. de Cesaris | 2:12,268 |
| 5. Boutsen | 1:46,565 | 5. Rosberg | 1:44,156 | 5. Boutsen | 2:15,750 | 5. Alliot | 2:24,814 |
| 6. Cheever | 1:46,687 | 6. Warwick | 1:44,163 | 6. Laffite | 2:16,190 | | |
| 7. Warwick | 1:46,789 | 7. Cheever | 1:44,231 | 7. Martini | 2:16,721 | | |
| 8. Piquet | 1:46,917 | 8. de Angelis | 1:44,769 | 8. Patrese | 2:18,518 | | |
| 9. Johansson | 1:47,043 | 9. Johansson | 1:44,921 | 9. Winkelhock | 2:32,530 | | |
| 10. Patrese | 1:47,078 | 10. Piquet | 1:45,194 | 10. de Angelis | 2:41,526 | | |
| 11. Prost | 1:47,521 | 11. Surer | 1:45,979 | 11. Mansell | 2:48,576 | | |
| 12. Mansell | 1:47,549 | 12. Lauda | 1:46,266 | 12. Brundle | 8:22,255 | | |
| 13. Tambay | 1:47,583 | 13. Fabi | 1:46,546 | | | | |
| 14. Berger | 1:48,154 | 14. Patrese | 1:46,592 | | | | |
| 15. Brundle | 1:48,391 | 15. Tambay | 1:47,028 | | | | |
| 16. Surer | 1:49,005 | 16. Laffite | 1:47,267 | | | | |
| 17. Winkelhock | 1:49,256 | 17. de Cesaris | 1:47,393 | | | | |
| 18. Bellof | 1:49,651 | 18. Brundle | 1:47,563 | | | | |
| 19. Ghinzani | 1:50,530 | 19. Bellof | 1:47,911 | | | | |
| 20. Fabi | 1:50,500 | 20. Winkelhock | 1:47,926 | | | | |
| 21. de Cesaris | 1:50,987 | 21. Boutsen | 1:48,023 | | | | |
| 22. Laffite | 1:51,119 | 22. Ghinzani | 1:48,546 | | | | |
| 23. Alliot | 1:53,717 | 23. Alliot | 1:50,455 | | | | |
| 24. Lauda | 1:53,933 | 24. Martini | 3:04,446 | | | | |
| 25. Martini | 2:06,944 | 25. Berger | 25:47,340 | | | | |

Startaufstellung:

Ayrton Senna
Lotus-Renault 97T-2
1:42,051

Nigel Mansell
Williams-Honda
FW10-02, 1:43,249

Michele Alboreto
Ferrari 156/85-081
1:43,748

Alain Prost
McLaren-Porsche
MP4/2B-3, 1:44,088

Keke Rosberg
Williams-Honda FW10-04
1:44,156

Derek Warwick
Renault RE60-3
1:44,163

Eddie Cheever
Alfa Romeo 185T-03
1:44,231

Elio de Angelis
Lotus-Renault 97T-3
1:44,769

Stefan Johansson
Ferrari 156/85-082
1:44,921

Nelson Piquet
Brabham-BMW BT54-6
1:45,194

Marc Surer
Brabham-BMW BT54-3
1:45,979

Niki Lauda
McLaren-Porsche
MP4/2B-2, 1:46,266

Teo Fabi
Toleman-Hart TG185-03
1:46,546

Riccardo Patrese
Alfa Romeo 185T-02
1:46,592

Patrick Tambay
Renault RE60-4
1:47,028

Jacques Laffite
Ligier-Renault JS25-01
1:47,267

Andrea de Cesaris
Ligier-Renault JS25-04
1:47,393

Martin Brundle
Tyrrell-Ford 012-6
1:47,563

Stefan Bellof
Tyrrell-Ford 012-5
1:47,911

Manfred Winkelhock
RAM-Hart 03-02
1:47,926

Thierry Boutsen
Arrows-BMW A8-1
1:48,023

Piercarlo Ghinzani
Osella-Alfa FA1G-02
1:48,546

Philippe Alliot
RAM-Hart 03-01
1:50,455

Gerhard Berger
Arrows-BMW A8-3
2:05,307

Pierluigi Martini
Minardi-Motori
M185/001, 3:04,446

Sonntag-Aufwärmtraining: 1. Senna 1:44,877, 2. Mansell 1:45,213, 3. Prost 1:46,148, 4. Warwick 1:46,411, 5. Johansson 1:46,453, 6. de Angelis 1:46,889, 7. Alboreto 1:47,178, 8. Surer 1:47,238, 9. Cheever 1:47,251, 10. Boutsen 1:47,589.

Wetter am Renntag: Heiß und sonnig nach heißem Freitag und verregnetem Samstag — 80.000 Zuschauer.

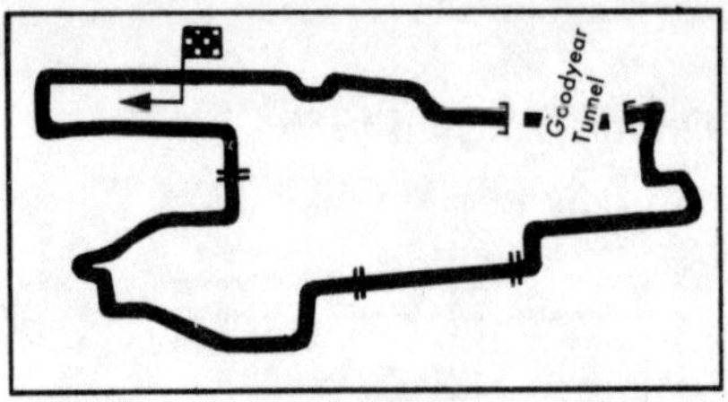


Rekorde: Distanz: (Brabham-BMW BT53) 131,449 km/h (1984); Runde: Warwick (Renault RE50) 1:46,221 = 135,5 km/h (1984); Training: Piquet (Brabham-BMW BT53) 1:40,980 = 143,434 km/h (1984).

Boxenstops:

| | | |
|---|---|---|
| Cheever: | 1. Runde: | Reifenwechsel; Platz 7 |
| Senna: | 8. Runde: | Reifenwechsel; Platz 2—14 |
| Piquet: | 13. Runde: | Reifenwechsel; Platz 8—15 |
| de Cesaris: | 19. Runde: | Reifenwechsel; Platz 16 |
| Patrese: | 20. Runde: | Elektrik; Platz 16 |
| Alliot: | 25. Runde: | Reifenwechsel; Platz 16 |
| Mansell: | 25. Runde: | Reifenwechsel nach zwei Drehern; Platz 8 |
| Cheever: | 26. Runde: | Reifenwechsel; Platz 15 |
| Senna: | 26. Runde: | Reifenwechsel; Platz 7 |
| de Angelis: | 29. Runde: | Reifenwechsel und neuer Frontspoiler nach Kollision mit Berger; Platz 2—9 |
| Berger: | 34. Runde: | Reifenwechsel; Platz 11 |
| Laffite: | 49. Runde: | Reifenwechsel und Getriebeprobleme; Platz 8 |

Ausfälle:

| | | |
|---|---|---|
| Ghinzani: | 1. Runde: | Unfall |
| Winkelhock: | 4. Runde: | Motor/Turbo, kein Ladedruck, nicht regulierbar, nur auf Wunsch seines Teamchefs McDonald überhaupt gestartet; Platz 19 |
| Fabi: | 5. Runde: | Kraftübertragung/Kupplung; Platz 11 |
| Lauda: | 11. Runde: | ab der 2. Runde keine Bremsen mehr; Platz 9 |
| Martini: | 12. Runde: | Turboschaden/Motoraussetzer; Platz 18 |
| Tambay: | 16. Runde: | Unfall, weil Belag aufbrach; Platz 13 |
| Warwick: | 19. Runde: | Kraftübertragung; Platz 10 |
| Prost: | 20. Runde: | Unfall, weil Belag aufbrach; Platz 7 |
| Patrese: | 24. Runde: | Elektrik; Platz 17 |
| Mansell: | 27. Runde: | Unfall, weil Asphalt aufbrach, Handverletzung; Platz 9 |
| Alliot: | 31. Runde: | Kollision mit Brundle vor der Unterführung; Platz 15 |
| Brundle: | 31. Runde: | Kollision mit Alliot; Platz 4 |
| Laffite: | 49. Runde: | Reifen- und Getriebeschaden; Platz 8 |
| Senna: | 52. Runde: | Unfall, weil der Belag aufbrach; Platz 4 |
| Laffite: | 59. Runde: | Sprit ausgegangen; Platz 11 |

Distanz: 63 Runden à 4,023 km = 253,449 km.

Stand nach 1 Runde: 1. Senna, 2. Rosberg, 3. Mansell, 4. Prost, 5. Alboreto, 6. Warwick, 7. de Angelis, 8. Johansson, 9. Piquet, 10. Lauda.

Stand nach 10 Runden: 1. Rosberg (18:10,952), 2. Mansell —10,504, 3. Alboreto —17,182, 4. de Angelis —17,607, 5. Prost —24,018, 6. Johansson —24,708, 7. Warwick —28,621, 8. Piquet —30,058, 9. Lauda —31,274, 10. Brundle —31,927.

Stand nach 20 Runden: 1. Rosberg (30:20,055), 2. de Angelis —25,163, 3. Mansell —36,279, 4. Johansson —36,886, 5. Brundle —43,487, 6. Alboreto —44,252, 7. Bellof —54,393, 8. Senna —55,913, 9. Boutsen —1:08,488, 10. Laffite —1:08,683.

Stand nach 30 Runden: 1. Rosberg (54:46,890), 2. Johansson —38,649, 3. Alboreto —46,855, 4. Brundle —47,465, 5. Bellof —52,748, 6. Senna —1:27,201, 7. Laffite —1:37,573, 8. Boutsen —1:38,556, 9. de Angelis —1:40,608, 10. Piquet —1:40,990.

Stand nach 40 Runden: 1. Rosberg (1.13:03,143), 2. Johansson —36,091, 3. Alboreto —48,715, 4. Bellof —59,444, 5. Senna —1:22,922, 6. de Angelis —1:35,180, 7. Piquet —1 Runde, 8. Laffite, 9. Boutsen, 10. Surer.

Stand nach 50 Runden: 1. Rosberg (1.31:50,499), 2. Johansson —1,968, 3. Alboreto —11,897, 4. Senna —15,362, 5. Bellof —37,326, 6. de Angelis —1:00,629, 7. Piquet —1:45,680, 8. Boutsen —1 Runde, 9. Surer, 10. Laffite.

Ergebnis:

| | | |
|---|---|---|
| 1. Keke Rosberg (Finnland), Williams-Honda | 1.55:39,851 | = 130,7 km/h |
| 2. Stefan Johansson (Schweden), Ferrari | 1.56:37,400 | 57,548 zurück |
| 3. Michele Alboreto (Italien), Ferrari | 1.56:43,021 | 1:03,170 zurück |
| 4. Stefan Bellof (Deutschland), Tyrrell-Ford | 1.56:46,076 | 1:06,225 zurück |
| 5. Elio de Angelis (Italien), Lotus-Renault | 1.57:06,817 | 1:26,966 zurück |
| 6. Nelson Piquet (Brasilien), Brabham-BMW | | 1 Runde zurück |
| 7. Thierry Boutsen (Belgien), Arrows-BMW | | 1 Runde zurück |
| 8. Marc Surer (Schweiz), Brabham-BMW | | 1 Runde zurück |
| 9. Eddie Cheever (USA), Alfa Romeo | | 2 Runden zurück |
| 10. Andrea de Cesaris (Frankreich), Ligier-Renault | | 2 Runden zurück |
| 11. Gerhard Berger (Österreich), Arrows-BMW | | 3 Runden zurück |
| 12. Jacques Laffite (Frankreich), Ligier-Renault | | 5 Runden zurück |

Schnellste Runde: Senna (Lotus-Renault) 1:45,612 = 137,144 km/h.

Schnellste Runde jedes Fahrers im Rennen: Senna 1:45,612 (51.); Rosberg 1:47,311 (58.); Alboreto 1:47,518 (43.); de Angelis 1:47,572 (43.); Johansson 1:47,797 (56.); Cheever 1:47,916 (33.); Piquet 1:48,045 (40.); Mansell 1:48,241 (6.); Bellof 1:48,681 (12.); Laffite 1:48,702 (6.); Prost 1:49,001 (8.); Brundle 1:49,073 (15.); Warwick 1:49,485 (4.); Lauda 1:49,489 (6.); de Cesaris 1:49,603 (57.); Tambay 1:49,931 (6.); Surer 1:49,998 (5.); Patrese 1:50,729 (6.); Berger 1:50,576 (21.); Fabi 1:51,211 (3.); Alliot 1:53,752 (6.); Martini 1:55,446 (7.); Winkelhock 1:55,649 (2.).

## Lauf 7 — Großer Preis von Frankreich — Le Castellet, 7. Juli 1985

| Erstes Training (inoffiziell) | | Zweites Training (offiziell) | | Drittes Training (inoffiziell) | | Viertes Training (offiziell) | |
|---|---|---|---|---|---|---|---|
| 1. Senna | 1:35,243 | 1. Senna | 1:32,835 | 1. Alboreto | 1:33,882 | 1. Rosberg | 1:32,462 |
| 2. Rosberg | 1:35,341 | 2. Rosberg | 1:33,484 | 2. Prost | 1:36,050 | 3. Prost | 1:33,335 |
| 3. Mansell | 1:35,738 | 3. Prost | 1:33,547 | 3. Piquet | 1:36,256 | 2. Alboreto | 1:33,267 |
| 4. Prost | 1:36,121 | 4. Lauda | 1:33,860 | 4. Senna | 1:36,584 | 4. Senna | 1:33,677 |
| 5. Lauda | 1:36,128 | 5. Piquet | 1:33,981 | 5. Lauda | 1:37,171 | 5. Piquet | 1:33,812 |
| 6. Tambay | 1:36,225 | 6. de Angelis | 1:34,022 | 6. de Cesaris | 1:37,218 | 6. Lauda | 1:34,166 |
| 7. de Angelis | 1:36,603 | 7. Mansell | 1:34,191 | 7. Tambay | 1:38,381 | 7. de Angelis | 1:34,227 |
| 8. Piquet | 1:36,634 | 8. Berger | 1:34,674 | 8. Fabi | 1:38,567 | 8. Warwick | 1:35,190 |
| 9. Warwick | 1:36,747 | 9. Tambay | 1:34,680 | 9. de Angelis | 1:39,034 | 9. Boutsen | 1:35,488 |
| 10. Berger | 1:37,440 | 10. Warwick | 1:34,976 | 10. Laffite | 1:39,112 | 10. de Cesaris | 1:35,571 |
| 11. Surer | 1:37,465 | 11. Alboreto | 1:35,421 | 11. Johansson | 1:39,266 | 11. Surer | 1:35,640 |
| 12. Johansson | 1:38,092 | 12. Surer | 1:35,572 | 12. Warwick | 1:39,508 | 12. Laffite | 1:36,133 |
| 13. Boutsen | 1:38,633 | 13. Boutsen | 1:36,051 | 13. Surer | 1:39,565 | 13. Johansson | 1:36,140 |
| 14. Alboreto | 1:38,809 | 14. Patrese | 1:36,729 | 14. Mansell | 1:40,340 | 14. Tambay | 1:36,339 |
| 15. Fabi | 1:38,861 | 15. Cheever | 1:36,931 | 15. Rosberg | 1:40,920 | 15. Berger | 1:37,455 |
| 16. Patrese | 1:39,296 | 16. Fabi | 1:37,142 | 16. Brundle | 1:41,126 | 16. Fabi | 1:37,657 |
| 17. Cheever | 1:39,341 | 17. de Cesaris | 1:37,335 | 17. Patrese | 1:41,158 | 17. Cheever | 1:38,489 |
| 18. Laffite | 1:39,411 | 18. Johansson | 1:37,546 | 18. Boutsen | 1:42,627 | 18. Patrese | 1:38,745 |
| 19. de Cesaris | 1:40,233 | 19. Winkelhock | 1:37,654 | 19. Berger | 1:42,978 | 19. Brundle | 1:40,015 |
| 20. Brundle | 1:40,769 | 20. Laffite | 1:38,173 | 20. Alliot | 1:43,706 | 20. Palmer | 1:40,289 |
| 21. Winkelhock | 1:41,252 | 21. Brundle | 1:40,486 | 21. Palmer | 1:44,056 | 21. Ghinzani | 1:42,968 |
| 22. Alliot | 1:41,736 | 22. Palmer | 1:40,498 | 22. Ghinzani | 1:44,802 | 22. Alliot | 1:44,221 |
| 23. Ghinzani | 1:44,583 | 23. Alliot | 1:41,647 | 23. Winkelhock | 1:44,879 | 23. Martini | 1:44,350 |
| 24. Palmer | 1:45,557 | 24. Ghinzani | 1:42,136 | 24. Cheever | 1:44,926 | 24. Bellof | 1:45,478 |
| 25. Bellof | 1:45,587 | 25. Bellof | 1:44,404 | 25. Martini | 1:45,944 | 25. Winkelhock | 1:45,628 |
| 26. Martini | 1:48,451 | 26. Martini | 1:47,523 | 26. Bellof | 1:47,173 | | |

Mansell (Williams-Honda) wegen schweren Unfalls im Samstagfrüh-Training nicht am Start, 1:34,191 hätten den 8. Startplatz bedeutet.

Startaufstellung:

Keke Rosberg
Williams-Honda
FW10-03, 1:32,462

Ayrton Senna
Lotus-Renault 97T-4
1:32,835

Michele Alboreto
Ferrari 156/85-079
1:33,267

Alain Prost
McLaren-Porsche
MP4/2B-5, 1:33,335

Nelson Piquet
Brabham-BMW BT54-5
1:33,812

Niki Lauda
McLaren-Porsche
MP4/2B-1, 1:33,860

Elio de Angelis
Lotus-Renault 97T-3
1:34,022

Gerhard Berger
Arrows-BMW A8-3
1:34,674

Patrick Tambay
Renault RE60B-6
1:34,680

Derek Warwick
Renault RE60-3
1:34,976

Thierry Boutsen
Arrows-BMW A8-4
1:35,488

Andrea de Cesaris
Ligier-Renault JS25-04
1:35,571

Marc Surer
Brabham-BMW BT54-3
1:35,572

Jacques Laffite
Ligier-Renault JS25-05
1:36,133

Stefan Johansson
Ferrari 156/85-081
1:36,140

Riccardo Patrese
Alfa Romeo 185T-02
1:36,729

Eddie Cheever
Alfa Romeo 185T-03
1:36,931

Teo Fabi
Toleman-Hart TG185-04
1:37,142

Manfred Winkelhock
RAM-Hart 03-03
1:37,654

Martin Brundle
Tyrrell-Renault 014-1
1:40,015

Jonathan Palmer
Zakowski ZAK81/02
1:40,289

Philippe Alliot
RAM-Hart 03-02
1:41,647

Piercarlo Ghinzani
Osella-Alfa FA1G-02
1:42,136

Pierluigi Martini
Minardi-Motori M185/002
1:44,350

Stefan Bellof
Tyrrell-Ford 012-5
1:44,404

Nigel Mansell (Williams-Honda FW10), 1:34,191, nach Trainingsunfall nicht am Start.
Sonntag-Aufwärmtraining: 1. Prost 1:39,129, 2. Lauda 1:39,251, 3. Piquet 1:39,718, 4. de Angelis 1:39,896, 5. Laffite 1:40,092, 6. de Cesaris 1:40,476, 7. Alboreto 1:40,547, 8. Senna 1:41,020, 9. Rosberg 1:41,218, 10. Berger 1:41,409.

Wetter am Renntag: heiß, sonnig in Training und Rennen — 60.000 Zuschauer.

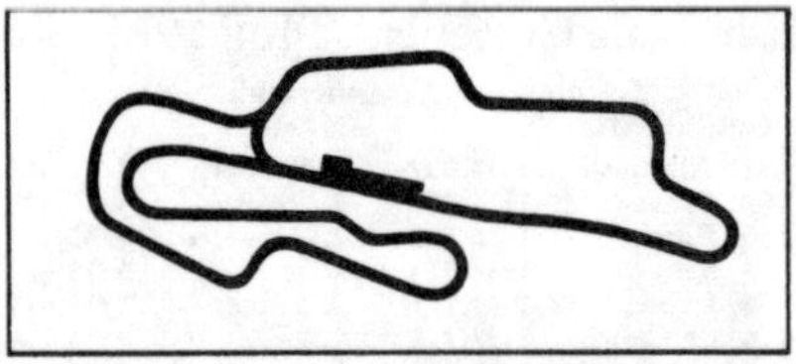

Rekorde: Distanz: Jones (Williams-Ford FW07) 204,018 km/h (1980); Runde: Patrese (Brabham-BMW BT50) 1:40,075 = 209,003 km/h (1982); Training: Arnoux (Renault RE30B) 1:34,406 = 221,553 km/h (1982).

Boxenstops:

| | | |
|---|---|---|
| Senna: | 10. Runde: | Getriebe (steckte im 3. Gang); Platz 3—12—20 |
| Patrese: | 16. Runde: | Reifenwechsel; Platz 15—16 |
| Warwick: | 17. Runde: | Reifenwechsel; Platz 8—11 |
| Cheever: | 27. Runde: | Reifenwechsel; Platz 14—15 |
| Bellof: | 30. Runde: | Reifenwechsel und Batterietausch; Platz 16 |
| Fabi: | 31. Runde: | Reifenwechsel; Platz 12 |
| Ghinzani: | 35. Runde: | Probleme mit der Kupplung; Platz 14—15 |
| Rosberg: | 41. Runde: | Reifenwechsel binnen 8,5 Sekunden; Platz 3 |
| Boutsen: | 42. Runde: | Reifenwechsel; Platz 9—10 |
| Surer: | 43. Runde: | Reifenwechsel; Platz 5—8 |

Ausfälle:

| | | |
|---|---|---|
| Laffite: | 3. Runde: | Turboschaden; Platz 14 |
| Alboreto: | 5. Runde: | Motorschaden; Platz 4 |
| de Cesaris: | 5. Runde: | Getriebeschaden; Platz 8 |
| Palmer: | 7. Runde: | Motorschaden; Platz 18 |
| Alliot: | 9. Runde: | kein Benzindruck; Platz 21 |
| Berger: | 21. Runde: | von Martini von der Strecke gedrängt; Platz 10 |
| Martini: | 21. Runde: | Kollision mit Berger beim Überrunden; Platz 20 |
| Senna: | 27. Runde: | Unfall (Motor im 3. Gang blockiert, Öl auf die Hinterräder); Platz 15 |
| Lauda: | 31. Runde: | Getriebedefekt, Differential, kein Gang einzulegen; Platz 3 |
| Brundle: | 33. Runde: | Getriebeschaden; Platz 10 |
| Fabi: | 50. Runde: | kein Benzindruck; Platz 10 |
| Ghinzani: | 50. Runde: | kein Öldruck; Platz 15 |

Distanz: 53 Runden à 5,81 km = 307930 km.

Stand nach 1 Runde: 1. Rosberg, 2. Senna, 3. Piquet, 4. Alboreto, 5. de Angelis, 6. Lauda, 7. Prost, 8. de Cesaris, 9. Berger, 10. Warwick.

Stand nach 10 Runden: 1. Rosberg (17:13,538), 2. Piquet —0,292, 3. Lauda —5,448, 4. de Angelis —7,662, 5. Prost —8,084, 6. Warwick —18,568, 7. Tambay —20,318, 8. Boutsen —21,144, 9. Berger —23,882, 10. Surer —24,144.

Stand nach 20 Runden: 1. Piquet (34:26,419), 2. Rosberg —9,533, 3. Lauda —10,022, 4. Prost —10,632, 5. de Angelis —17,382, 6. Surer —33,156, 7. Tambay —37,690, 8. Boutsen —39,528, 9. Johansson —43,950, 10. Berger —45,739.

Stand nach 30 Runden: 1. Piquet (51:42,284), 2. Rosberg —16,780, 3. Lauda —17,402, 4. Prost —17,622, 5. de Angelis —32,568, 6. Surer —41,538, 7. Tambay —50,669, 8. Johansson —56,179, 9. Boutsen —1:08,550, 10. Warwick —1:10,213.

Stand nach 40 Runden: 1. Piquet (1.09:09,765), 2. Prost —17,461, 3. Rosberg —25,999, 4. de Angelis —37,713, 5. Surer —49,301, 6. Johansson —51,988, 7. Tambay —56,194, 8. Warwick —1:13,248, 9. Boutsen —1:21,128, 10. Fabi —1 Runde.

Ergebnis:

| | | |
|---|---|---|
| 1. Nelson Piquet (Brasilien), Brabham-BMW | 1.31:46,266 | = 201,323 km/h |
| 2. Keke Rosberg (Finnland), Williams-Honda | 1.31:52,926 | 6,660 zurück |
| 3. Alain Prost (Frankreich), McLaren-Porsche | 1.31:55,551 | 9,285 zurück |
| 4. Stefan Johansson (Schweden), Ferrari | 1.32:39,757 | 53,491 zurück |
| 5. Elio de Angelis (Italien), Lotus-Renault | 1.32:39,956 | 53,690 zurück |
| 6. Patrick Tambay (Frankreich), Renault | 1.33:01,433 | 1:15,167 zurück |
| 7. Derek Warwick (England), Renault | 1.33:30,478 | 1:44,212 zurück |
| 8. Marc Surer (Schweiz), Brabham-BMW | 1.32:15,100 | 1 Runde zurück |
| 9. Thierry Boutsen (Belgien), Arrows-BMW | 1.32:27,431 | 1 Runde zurück |
| 10. Eddie Cheever (USA), Alfa Romeo | 1.33:28,180 | 1 Runde zurück |
| 11. Riccardo Patrese (Italien), Alfa Romeo | 1.33:33,894 | 1 Runde zurück |
| 12. Manfred Winkelhock (Deutschland), Ram-Hart | 1.32:00,030 | 3 Runden zurück |
| 13. Stefan Bellof (Deutschland), Tyrrell-Ford | 1.32:31,739 | 3 Runden zurück |
| 14. Teo Fabi (Italien), Toleman-Hart | 1.26:54,196 | 4 Runden zurück |
| 15. Piercarlo Ghinzani (Italien), Osello-Alfa Romeo | 1.32:07,650 | 4 Runden zurück |

Fabi und Ghinzani bei Schluß nicht mehr im Rennen, aber klassiert.

Schnellste Runde: Rosberg (Williams-Honda) 1:39,914 = 209,34 km/h.

Schnellste Runde jedes Fahrers im Rennen: Rosberg 1:39,914 (46.); Piquet 1:41,528 (2.); Senna 1:41,552 (2.); de Cesaris 1:41,843 (3.); Surer 1:41,934 (44.); Alboreto 1:41,985 (3.); Prost 1:41,991 (2.); Lauda 1:42,037 (3.); de Angelis 1:42,046 (3.); Boutsen 1:42,226 (46.); Fabi 1:42,310 (48.); Warwick 1:43,279 (4.); Johansson 1:43,411 (48.); Berger 1:43,717 (4.); Tambay 1:43,869 (5.); Laffite 1:44,273 (2.); Cheever 1:45,399 (31.); Brundle 1:45,456 (5.); Winkelhock 1:45,491 (5.); Patrese 1:45,509 (2.); Palmer 1:45,696 (6.); Alliot 1:46,899 (2.); Bellof 1:47,553 (33.); Ghinzani 1:48,306 (4.); Martini 1:48,720 (3.).

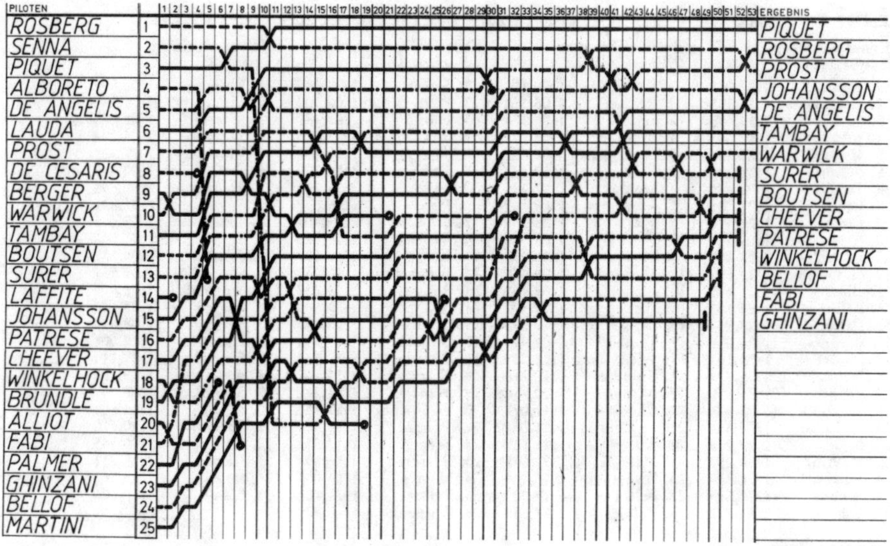


Rundentabelle 7

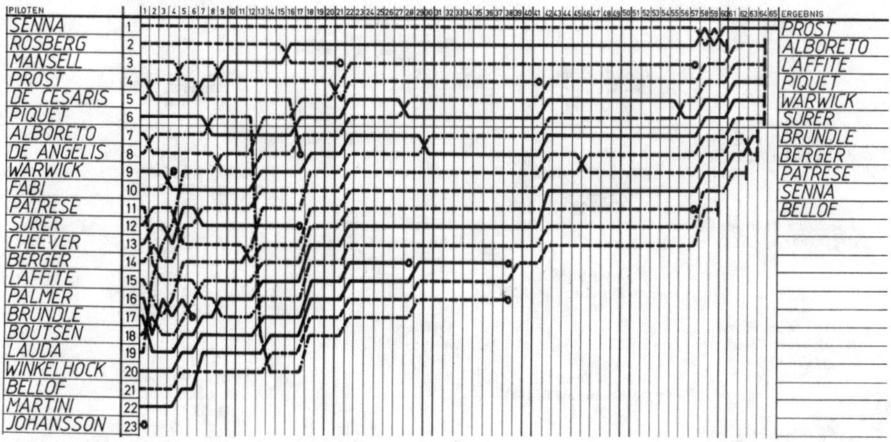


Rundentabelle 8

# Lauf 8 — Großer Preis von England — Silverstone, 21. Juli 1985

| Erstes Training (inoffiziell) | | Zweites Training (offiziell) | | Drittes Training (inoffiziell) | | Viertes Training (offiziell) | |
|---|---|---|---|---|---|---|---|
| 1. Rosberg | 1:17,055 | 1. Rosberg | 1:06,107 | 1. Senna | 1:08,042 | 1. Rosberg | 1:05,591 |
| 2. de Angelis | 1:17,735 | 2. Prost | 1:06,308 | 2. Prost | 1:08,303 | 2. Piquet | 1:06,249 |
| 3. Surer | 1:18,995 | 3. Senna | 1:06,324 | 3. Fabi | 1:08,452 | 3. Mansell | 1:06,675 |
| 4. Johansson | 1:19,043 | 4. Alboreto | 1:06,793 | 4. de Cesaris | 1:09,404 | 4. Senna | 1:06,794 |
| 5. Mansell | 1:20,191 | 5. de Angelis | 1:07,581 | 5. de Angelis | 1:09,648 | 5. Alboreto | 1:07,427 |
| 6. Boutsen | 1:20,236 | 6. Fabi | 1:07,678 | 6. Tambay | 1:09,758 | 6. de Cesaris | 1:07,448 |
| 7. Tambay | 1:20,278 | 7. Lauda | 1:07,743 | 7. Lauda | 1:09,796 | 7. de Angelis | 1:07,696 |
| 8. Lauda | 1:21,005 | 8. Johansson | 1:08,169 | 8. Piquet | 1:09,847 | 8. Fabi | 1:07,871 |
| 9. Prost | 1:21,312 | 9. Warwick | 1:08,238 | 9. Brundle | 1:09,902 | 9. Johansson | 1:07,887 |
| 10. Alboreto | 1:21,374 | 10. Patrese | 1:08,384 | 10. Surer | 1:10,029 | 10. Tambay | 1:08,240 |
| 11. Brundle | 1:22,883 | 11. Piquet | 1:08,933 | 11. Rosberg | 1:10,127 | 11. Prost | 1:08,532 |
| 12. de Cesaris | 1:22,898 | 12. Mansell | 1:09,080 | 12. Alboreto | 1:10,232 | 12. Surer | 1:08,587 |
| 13. Cheever | 1:23,195 | 13. Boutsen | 1:09,413 | 13. Boutsen | 1:10,237 | 13. Warwick | 1:08,604 |
| 14. Alliot | 1:23,651 | 14. Surer | 1:09,572 | 14. Alliot | 1:10,605 | 14. Laffite | 1:08,656 |
| 15. Palmer | 1:24,984 | 15. Berger | 1:09,870 | 15. Laffite | 1:10,692 | 15. Berger | 1:08,672 |
| 16. Berger | 1:25,018 | 16. Tambay | 1:09,989 | 16. Johansson | 1:10,861 | 16. Lauda | 1:09,001 |
| 17. Piquet | 1:25,167 | 17. Winkelhock | 1:10,299 | 17. Cheever | 1:10,938 | 17. Winkelhock | 1:09,114 |
| 18. Winkelhock | 1:25,479 | 18. Brundle | 1:10,718 | 18. Warwick | 1:11,169 | 18. Boutsen | 1:09,131 |
| 19. Laffite | 1:25,678 | 19. Laffite | 1:10,756 | 19. Mansell | 1:11,476 | 19. Brundle | 1:09,242 |
| 20. Warwick | 1:25,924 | 20. Cheever | 1:11,072 | 20. Winkelhock | 1:11,943 | 20. Alliot | 1:09,609 |
| 21. Ghinzani | 1:26,314 | 21. de Cesaris | 1:11,082 | 21. Palmer | 1:12,374 | 21. Patrese | 1:10,110 |
| 22. Bellof | 1:27,148 | 22. Alliot | 1:11,162 | 22. Berger | 1:12,552 | 22. Cheever | 1:10,345 |
| 23. Martini | 1:28,287 | 23. Martini | 1:13,645 | 23. Patrese | 1:12,644 | 23. Palmer | 1:13,713 |
| 24. Patrese | 1:28,379 | 24. Ghinzani | 1:16,400 | 24. Martini | 1:14,067 | 24. Martini | 1:15,363 |
| 25. Senna | 1:28,693 | 25. Bellof | 1:17,009 | 25. Bellof | 1:16,101 | 25. Bellof | 1:16,596 |
| 26. Fabi | 1:41,722 | 26. Palmer | 1:17,856 | 26. Ghinzani | 1:16,829 | | |

Startaufstellung:

Nelson Piquet
Brabham-BMW BT54-6
1:06,249

Keke Rosberg
Williams-Honda
FW10-03, 1:05,591

Ayrton Senna
Lotus-Renault 97T-4
1:06,324

Alain Prost
McLaren-Porsche
MP4/2-2, 1:06,308

Michele Alboreto
Ferrari 156/85-081
1:06,793

Nigel Mansell
Williams-Honda
FW10-06, 1:06,675

Elio de Angelis
Lotus-Renault 97T-3
1:07,581

Andrea de Cesaris
Ligier-Renault JS25/04
1:07,448

Niki Lauda
McLaren-Porsche
MP4/2-4, 1:07,743

Teo Fabi
Toleman-Hart TG185-02
1:07,678

Derek Warwick
Renault RE60B-07
1:08,238

Stefan Johansson
Ferrari 156/85-079
1:07,887

Riccardo Patrese
Alfa Romeo 185T/3
1:08,384

Patrick Tambay
Renault RE60B-06
1:08,240

Jacques Laffite
Ligier-Renault JS25/05
1:08,656

Marc Surer
Brabham-BMW BT54-3
1:08,587

Manfred Winkelhock
RAM-Hart 03-04
1:09,114

Gerhard Berger
Arrows-BMW A8/3
1:08,672

Martin Brundle
Tyrrell-Renault 014-1
1:09,242

Thierry Boutsen
Arrows-BMW A8/4
1:09,131

Eddie Cheever
Alfa Romeo 185T/3
1:10,345

Philippe Alliot
RAM-Hart 03-02
1:09,609

Jonathan Palmer
Zakspeed ZAK841/02
1:13,713

Pierluigi Martini
Minardi-Motori M185/004
1:13,645

Stefan Bellof
Tyrrell-Ford 012-5
1:17,009

Piercarlo Ghinzani
Osella-Alfa FA1G-02
1:16,400

Sonntag-Aufwärmtraining: 1. Prost 1:10,220, 2. Lauda 1:11,393, 3. de Cesaris 1:12,003, 4. Johansson 1:12,005, 5. Piquet 1:12,019, 6. Fabi 1:12,034, 7. Senna 1:12,065, 8. Laffite 1:12,125, 9. Mansell 1:12,317, 10. Rosberg 1:12,787.

Wetter am Renntag: sonnig nach Regenfällen im Training — 80.000 Zuschauer.

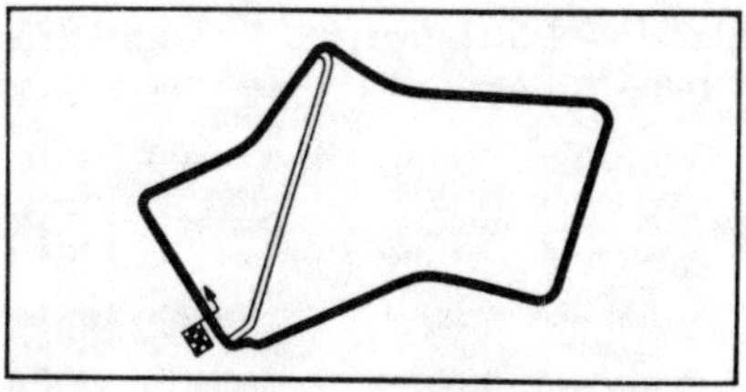

Rekorde: Distanz: Prost (Renault RE40) 224,002 km/h (1983); Runde: Prost (Renault RE40) 1:14,212 = 228,848 km/h (1983); Training: Arnoux (Ferrari 126C3) 1:09,462 = 244,549 km/h (1983).

Boxenstops:

| | | |
|---|---|---|
| de Angelis: | 14. Runde: | Elektrikprobleme, Auto war schon weggeschoben, nach 35 Minuten zündete der Motor wieder, de Angelis fuhr weiter; Platz 11 |

Ausfälle:

| | | |
|---|---|---|
| Tambay: | 1. Runde: | Kollision mit Johansson |
| Johansson: | 1. Runde: | Kollision mit Tambay |
| Alliot: | 1. Runde: | Unfall |
| Ghinzani: | 1. Runde: | Unfall |
| Fabi: | 5. Runde: | Schaltgestänge; Platz 9 |
| Palmer: | 7. Runde: | Nockenwellenantrieb; Platz 17 |
| Cheever: | 18. Runde: | Motor/Ölleitung gebrochen; Platz 12 |
| Mansell: | 18. Runde: | Kupplungsschaden; Platz 8 |
| Rosberg: | 22. Runde: | Motorschaden, Auspuff gebrochen; Platz 3 |
| Winkelhock: | 29. Runde: | Motorschaden; Platz 14 |
| Martini: | 39. Runde: | Hinterradaufhängung bei Unfall gebrochen; Platz 14 |
| de Cesaris: | 42. Runde: | Kupplung; Platz 4 |
| Boutsen: | 58. Runde: | Unfall, weil Gaspedal in Vollgasstellung steckenblieb; Platz 11 |
| Lauda: | 58. Runde: | Elektrik, Bügel der Lichtmaschine abgebrochen; Platz 3 |
| Senna: | 61. Runde: | Einspritzung/Benzinzufuhr; Platz 2 |

Distanz: 65 Runden à 4,718 km = 306,75 km, weil vom Rennleiter irrtümlich um eine Runde zu früh abgewunken.

Stand nach 1 Runde: 1. Senna, 2. Rosberg, 3. Mansell, 4. Prost, 5. de Cesaris, 6. Piquet, 7. Alboreto, 8. de Angelis, 9. Warwick, 10. Fabi.

Stand nach 10 Runden: 1. Senna (12:29,172), 2. Rosberg —3,997, 3. Prost —11,457, 4. de Cesaris —13,260, 5. Mansell —15,410, 6. de Angelis —21,350, 7. Piquet —23,168, 8. Lauda —25,202, 9. Alboreto —27,873, 10. Warwick —35,378.

Stand nach 20 Runden: 1. Senna (24:34,905), 2. Prost —8,316, 3. Rosberg —15,289, 4. de Cesaris —23,078, 5. Lauda —23,718, 6. Piquet —38,837, 7. Alboreto —46,171, 8. Warwick —54,049, 9. Laffite —57,769, 10. Berger —59,493.

Stand nach 30 Runden: 1. Senna (36:35,394), 2. Prost —2,114, 3. Lauda —22,005, 4. de Cesaris —42,560, 5. Alboreto —1:01,038, 6. Piquet —1:02,580, 7. Warwick —1 Runde, 8. Laffite, 9. Berger, 10. Surer.

Stand nach 40 Runden: 1. Senna (48:28,307), 2. Prost —0,778, 3. Lauda —25,957, 4. de Cesaris —57,339, 5. Alboreto —1 Runde, 6. Piquet, 7. Laffite, 8. Warwick, 9. Berger, 10. Surer.

Stand nach 50 Runden: 1. Senna (1.00:12,231), 2. Prost —3,065, 3. Lauda —52,686, 4. Alboreto —1 Runde, 5. Piquet, 6. Laffite, 7. Warwick, 8. Surer, 9. Berger, 10. Brundle.

Stand nach 60 Runden: 1. Prost (1.12:05,174), 2. Senna —6,688, 3. Alboreto —1 Runde, 4. Laffite, 5. Piquet, 6. Warwick, 7. Surer —2 Runden, 8. Berger, 9. Boutsen.

Ergebnis:

| | | |
|---|---|---|
| 1. Alain Prost (Frankreich), McLaren-Porsche | 1.18:10,436 | = 235,425 km/h |
| 2. Michele Alboreto (Italien), Ferrari | 1.18:35,595 | 1 Runde zurück |
| 3. Jacques Laffite (Frankreich), Ligier-Renault | 1.18:58,058 | 1 Runde zurück |
| 4. Nelson Piquet (Brasilien), Brabham-BMW | 1.19:09,527 | 1 Runde zurück |
| 5. Derek Warwick (England), Renault | 1.19:44,359 | 1 Runde zurück |
| 6. Marc Surer (Schweiz), Brabham-BMW | 1.18:12,302 | 2 Runden zurück |
| 7. Martin Brundle (England), Tyrrell-Renault | 1.18:24,454 | 2 Runden zurück |
| 8. Gerhard Berger (Österreich), Arrows-BMW | 1.18:27,689 | 2 Runden zurück |
| 9. Riccardo Patrese (Italien), Alfa Romeo | 1.18:28,423 | 3 Runden zurück |
| 10. Ayrton Senna (Brasilien), Lotus-Renault | 1.12:11,862 | 5 Runden zurück |
| 11. Stefan Bellof (Deutschland), Tyrrell-Ford | 1.18:42,780 | 6 Runden zurück |

Senna bei Schluß nicht mehr im Rennen, aber klassiert; aufgrund zu geringer zurückgelegter Distanz nicht gewertet: de Angelis (37 Runden).

Schnellste Runde: Prost (McLaren-Porsche) 1:09,886 = 243,087 km/h (43. Runde).

Schnellste Runde jedes Fahrers im Rennen: Prost 1:09,886 (43.); Senna 1:10,032 (48.); Lauda 1:10,905 (40.); Alboreto 1:11,290 (56.); Laffite 1:11,649 (48.); Piquet 1:11,837 (43.); de Angelis 1:12,068 (12.); de Cesaris 1:12,089 (36.); Surer 1:12,135 (41.); Warwick 1:12,383 (51.); Brundle 1:12,432 (49.); Berger 1:12,765 (38.); Rosberg 1:12,914 (13.); Boutsen 1:13,021 (48.); Patrese 1:13,111 (47.); Mansell 1,13,532 (16.); Winkelhock 1:14,486 (26.); Cheever 1:15,055 (17.); Martini 1:17,486 (24.); Palmer 1:17,499 (5.); Bellof 1:17,854 (52.); Fabi 1:18,250 (4.); Johansson 2:31,135.

# Lauf 9 — Großer Preis von Deutschland — Nürburgring, 4. Aug. 1985

| Erstes Training (inoffiziell) | | Zweites Training (offiziell) | | Drittes Training (inoffiziell) | | Viertes Training (offiziell) | |
|---|---|---|---|---|---|---|---|
| 1. Fabi | 1:20,317 | 1. Fabi | 1:17,429 | 1. Laffite | 1:21,204 | 1. de Angelis | 1:29,714 |
| 2. Lauda | 1:20,459 | 2. Johansson | 1:18,616 | 2. Senna | 1:21,226 | 2. Cheever | 1:32,376 |
| 3. Senna | 1:20,548 | 3. Prost | 1:18,725 | 3. Prost | 1:21,431 | 3. Tambay | 1:33,373 |
| 4. de Angelis | 1:20,691 | 4. Rosberg | 1:18,781 | 4. Alboreto | 1:21,869 | 4. Senna | 1:36,471 |
| 5. Alboreto | 1:20,981 | 5. Senna | 1:18,792 | 5. Surer | 1:21,904 | 5. Surer | 1:38,330 |
| 6. Johansson | 1:20,987 | 6. Piquet | 1:18,802 | 6. Johansson | 1:22,131 | 6. Rosberg | 1:39,547 |
| 7. de Cesaris | 1:21,005 | 7. de Angelis | 1:19,120 | 7. Lauda | 1:22,211 | 7. de Cesaris | 1:39,623 |
| 8. Prost | 1:21,389 | 8. Alboreto | 1:19,194 | 8. de Cesaris | 1:22,596 | 8. Martini | 1:40,506 |
| 9. Rosberg | 1:21,511 | 9. Patrese | 1:19,338 | 9. Tambay | 1:22,767 | 9. Berger | 1:41,131 |
| 10. Boutsen | 1:21,609 | 10. Mansell | 1:19,475 | 10. Winkelhock | 1:22,796 | 10. Alboreto | 1:41,490 |
| 11. Tambay | 1:21,624 | 11. Surer | 1:19,558 | 11. Boutsen | 1:23,260 | 11. Mansell | 1:42,050 |
| 12. Warwick | 1:22,021 | 12. Lauda | 1:19,652 | 12. Warwick | 1:23,670 | 12. Prost | 1:43,088 |
| 13. Piquet | 1:22,075 | 13. Laffite | 1:19,656 | 13. Cheever | 1:23,778 | 13. Lauda | 1:44,330 |
| 14. Berger | 1:22,402 | 14. de Cesaris | 1:19,738 | 14. Bellof | 1:24,747 | 14. Warwick | 1:46,473 |
| 15. Surer | 1:22,549 | 15. Boutsen | 1:19,781 | 15. Piquet | 1:24,983 | 15. Johansson | 1:46,919 |
| 16. Laffite | 1:22,639 | 16. Tambay | 1:19,917 | 16. Patrese | 1:25,471 | 16. Brundle | 1:47,820 |
| 17. Winkelhock | 1:22,681 | 17. Berger | 1:20,666 | 17. de Angelis | 1:25,512 | 17. Piquet | 1:49,347 |
| 18. Patrese | 1:22,702 | 18. Cheever | 1:21,074 | 18. Rosberg | 1:25,810 | 18. Winkelhock | 1:51,109 |
| 19. Palmer | 1:23,475 | 19. Bellof | 1:21,219 | 19. Mansell | 1:25,848 | 19. Palmer | 1:51,833 |
| 20. Alliot | 1:23,577 | 20. Warwick | 1:21,237 | 20. Palmer | 1:27,031 | 20. Boutsen | 1:53,674 |
| 21. Mansell | 1:23,604 | 21. Alliot | 1:22,017 | 21. Fabi | 1:27,052 | 21. Bellof | 19:04,270 |
| 22. Bellof | 1:24,253 | 22. Winkelhock | 1:22,607 | 22. Brundle | 1:29,525 | | |
| 23. Cheever | 1:24,325 | 23. Hesnault | 1:23,161 | 23. Alliot | 1:30,383 | | |
| 24. Hesnault | 1:25,398 | 24. Palmer | 1:24,217 | 24. Rothengat. | 1:36,887 | | |
| 25. Brundle | 1:26,892 | 25. Rothengat. | 1:26,478 | 25. Berger | 1:37,372 | | |
| 26. Rothengat. | 1:29,047 | 26. Brundle | 1:27,621 | 26. Martini | 1:38,389 | | |
| 27. Martini | 1:29,854 | | | 27. Hesnault | 1:42,772 | | |

Startaufstellung:

Stefan Johansson<br>Ferrari 156/85-079<br>1:18,616

Teo Fabi<br>Toleman-Hart TG185-03<br>1:17,429

Keke Rosberg<br>Williams-Honda<br>FW10-04, 1:18,781

Alain Prost<br>McLaren-Porsche<br>MP4/2-2, 1:18,725

Nelson Piquet<br>Brabham-BMW<br>BT54-6, 1,18,802

Ayrton Senna<br>Lotus-Renault 97T-4<br>1:18,792

Michele Alboreto<br>Ferrari 156/85-078<br>1:19,194

Elio de Angelis<br>Lotus-Renault 97T-3<br>1:19,120

Nigel Mansell<br>Williams-Honda<br>FW10-06, 1:19,475

Riccardo Patrese<br>Alfa Romeo 185T/2<br>1:19,338

Niki Lauda<br>McLaren-Porsche<br>MP4/2-4, 1:19,652

Marc Surer<br>Brabham-BMW BT54-3<br>1:19,558

Andrea de Cesaris<br>Ligier-Renault JS25/04<br>1:19,738

Jacques Laffite<br>Ligier-Renault JS25/05<br>1:19,656

Patrick Tambay<br>Renault RE60B-06<br>1:19,917

Thierry Boutsen<br>Arrows-BMW A8/4<br>1:19,781

Eddie Cheever<br>Alfa Romeo 185T/4<br>1:21,074

Gerhard Berger<br>Arrows-BMW A8/3<br>1:20,666

Derek Warwick<br>Renault RE60B-07<br>1:21,237

Stefan Bellof<br>Tyrrell-Renault 014-1<br>1:21,219

Manfred Winkelhock<br>RAM-Hart 03-04<br>1:22,607

Philippe Alliot<br>RAM-Hart 03-02<br>1:22,017

Jonathan Palmer<br>Zakspeed ZAK841/02<br>1:24,217

Francois Hesnault<br>Renault RE60B-04<br>1:23,161

Martin Brundle<br>Tyrrell-Ford 012-5<br>1:27,621

Huub Rothengatter<br>Osella-Alfa FA1G-02<br>1:26,478

Pierluigi Martini<br>Minardi-Motori<br>M185/002, 1:40,506

Sonntag-Aufwärmtraining: 1. Rosberg 1:23,116, 2. Prost 1:23,122, 3. Senna 1:23,398, 4. de Angelis 1:23,701, 5. Alboreto 1:23,935, 6. Johansson 1:24,186, 7. Fabi 1:24,189, 8. de Cesaris 1:24,253, 9. Lauda 1:24,271, 10. Piquet 1:24,571.

Wetter am Renntag: Bedeckt, windig und sehr kalt — 70.000 Zuschauer.

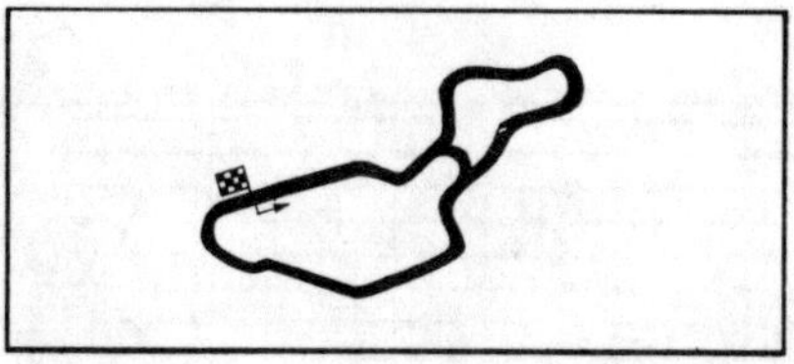

Rekorde: Distanz: Prost (McLaren-TAG MP4/2) 191,751 km/h (1984); Runde: Piquet (Brabham-BMW BT53) und Alboreto (Ferrari 126C4), je 1:23,146 = 196,656 km/h (1984); Training: Piquet (Brabham-BMW BT53) 1:18,871 (1984).

Boxenstops:

| | | |
|---|---|---|
| Johansson: | 1. Runde: | Reifenwechsel rechts hinten nach Kollision mit Alboreto; Platz 2—26 |
| Alliot: | 4. Runde: | beide Hinterreifen gewechselt in 60 Sekunden; Platz 20—26 |
| Rothengatter: | 29. Runde: | Reifenwechsel; Platz 12—15 |
| Cheever: | 29. Runde: | Reifenwechsel; Platz 10—12 |
| Lauda: | 31. Runde: | Reifenwechsel, weil rechtes Hinterrad gelockert, 66 Sekunden; Platz 6—8 |
| Bellof: | 39. Runde: | Reifenwechsel in 12,33 Sekunden; Platz 11 |
| Brundle: | 49. Runde: | Reifenwechsel in 17 Sekunden; Platz 12 |
| Boutsen: | 53. Runde: | Reifenwechsel in 14 Sekunden; Platz 6 |
| Rosberg: | 57. Runde: | Reifenwechsel in 12,41 Sekunden; Platz 3 |

Ausfälle:

| | | |
|---|---|---|
| de Cesaris: | 1. Runde: | Kollision mit Laffite in der 1. Kurve; Platz 14 |
| Palmer: | 8. Runde: | Zahnriemen der Lichtmaschine/Benzinpumpenantrieb; Platz 24 |
| Alliot: | 9. Runde: | Motor; Platz 25 |
| Hesnault: | 9. Runde: | Kupplung; Platz 20 |
| Patrese: | 9. Runde: | Getriebe; Platz 19 |
| Winkelhock: | 9. Runde: | Motorschaden; Platz 18 |
| Surer: | 16. Runde: | Ventilschaden (Motor am Start überdreht); Platz 17 |
| Tambay: | 20. Runde: | Unfall vor Boxeneinfahrt, Bremsdefekt; Platz 14 |
| Piquet: | 24. Runde: | Motorschaden, weil Ladedruck erhöht; Platz 7 |
| Warwick: | 26. Runde: | Motor; Platz 15 |
| Senna: | 28. Runde: | Hauptgelenk/Antriebswelle links hinten; Platz 1—12 |
| Fabi: | 30. Runde: | Motor/Antriebswelle; Platz 9 |
| Rothengatter: | 33. Runde: | Getriebe (4. Gang), alle Zähne ausgebrochen; Platz 15 |
| de Angelis: | 41. Runde: | Motor; Platz 3 |
| Cheever: | 46. Runde: | Turbo; Platz 11 |
| Rosberg: | 62. Runde: | Bremsdefekt hinten; Platz 5—9 |
| Martini: | 63. Runde: | ohne Sprit liegengeblieben; Platz 10 |

Distanz: 67 Runden à 4,542 hm = 304,314 km.

Stand nach 1 Runde: 1. Rosberg, 2. Senna, 3. Alboreto, 4. de Angelis, 5. Prost, 6. Piquet, 7. Mansell, 8. Fabi, 9. Patrese, 10. Laffite.

Stand nach 10 Runden: 1. Rosberg (45,42 km in 14:19,840 = 190,166 km/h), 2. Senna —1,177, 3. Alboreto —7,105, 4. de Angelis —7,334, 5. Prost —7,936, 6. Mansell —12,147, 7. Piquet —14,353, 8. Fabi —14,770, 9. Boutsen —16,253, 10. Lauda —18,214.

Stand nach 20 Runden: 1. Senna (90,84 km in 28:32,944 = 190,914 km/h), 2. Rosberg —2,294, 3. Alboreto —8,990, 4. de Angelis —9,360, 5. Prost —10,736, 6. Mansell —16,710, 7. Piquet —18,650, 8. Fabi —19,326, 9. Boutsen —19,970, 10. Lauda —20,897.

Stand nach 30 Runden: 1. Rosberg (136,26 km in 42:52,007 = 190,721 km/h), 2. Alboreto —4,341, 3. de Angelis —4,840, 4. Prost —5,413, 5. Mansell —12,552, 6. Lauda —13,481, 7. Boutsen —18,732, 8. Laffite —19,049, 9. Berger —50,966, 10. Bellof —1:04,149.

Stand nach 40 Runden: 1. Rosberg (181,68 km in 57:05,696 = 190,924 km/h), 2. Alboreto —2,173, 3. de Angelis —3,027, 4. Prost —3,412, 5. Mansell —14,583, 6. Laffite —18,092, 7. Boutsen —20,258, 8. Berger —58,562, 9. Johansson —1:04,970, 10. Cheever —1:19,938.

Stand nach 50 Runden: 1. Alboreto (227,1 km in 1.11:19,924 = 191,022 km/h), 2. Prost —1,412, 3. Rosberg —9,550, 4. Mansell —18,462, 5. Laffite —18,805, 6. Boutsen —29,018, 7. Johansson —1:06,784, 8. Berger —1:11,288, 9. Lauda —1 Runde, 10. Bellof.

Ergebnis:

| | | |
|---|---|---|
| 1. Michele Alboreto (Italien), Ferrari | 1.35:31,337 | = 191,147 km/h |
| 2. Alain Prost (Frankreich), McLaren-Porsche | 1.35:42,998 | 11,661 zurück |
| 3. Jacques Laffite (Frankreich), Ligier-Renault | 1.36:22,491 | 51,154 zurück |
| 4. Thierry Boutsen (Belgien), Arrows-BMW | 1.36:26,616 | 55,279 zurück |
| 5. Niki Lauda (Österreich), McLaren-Porsche | 1.36:45,309 | 1:13,972 zurück |
| 6. Nigel Mansell (England), Williams-Honda | 1.36:48,157 | 1:16,820 zurück |
| 7. Gerhard Berger (Österreich), Arrows-BMW | 1.35:41,669 | 1 Runde zurück |
| 8. Stefan Bellof (Deutschland), Tyrrell-Renault | 1.36:07,942 | 1 Runde zurück |
| 9. Stefan Johansson (Schweden), Ferrari | 1.36:33,749 | 1 Runde zurück |
| 10. Martin Brundle (England), Tyrrell-Ford | 1.35:51,646 | 4 Runden zurück |
| 11. Pierluigi Martini (Italien), Minardi-MM | 1.34:08,200 | 5 Runden zurück |
| 12. Keke Rosberg (Finnland), Williams-Honda | 1.28:27,652 | 6 Runden zurück |

Martini und Rosberg bei Schluß nicht mehr im Rennen, aber gewertet.

Schnellste Runde: Lauda (McLaren-Porsche) 1:22,806 = 197,464 km/h (53. Runde).

Schnellste Runde jedes Fahrers im Rennen: Lauda 1:22,806 (53.); 2. Rosberg 1:23,481 (59.); Boutsen 1:23,652 (57.); Prost 1:53,810 (51.); Alboreto 1:24,112 (57.); Senna 1:24,270 (20.); Fabi 1:24,354 (25.); Bellof 1:24,476 (54.); Mansell 1:24,486 (5.); de Angelis 1:24,515 (33.); Laffite 1:24,820 (36.); Cheever 1:24,937 (39.); Piquet 1:25,132 (19.); Tambay 1:25,502 (18.); Berger 1:25,555 (5.); Johansson 1:25,555 (5.); Patrese 1:25,854 (5.); Surer 1:26,204 (6.); Warwick 1:26,496 (5.); Winkelhock 1:26,691 (7.); Brundle 1:28,197 (63.); Martini 1:28,341 (38.); Alliot 1:28,424 (7.); Hesnault 1:28,671 (6.); Rothengatter 1:29,263 (31.); Palmer 1:30,543.

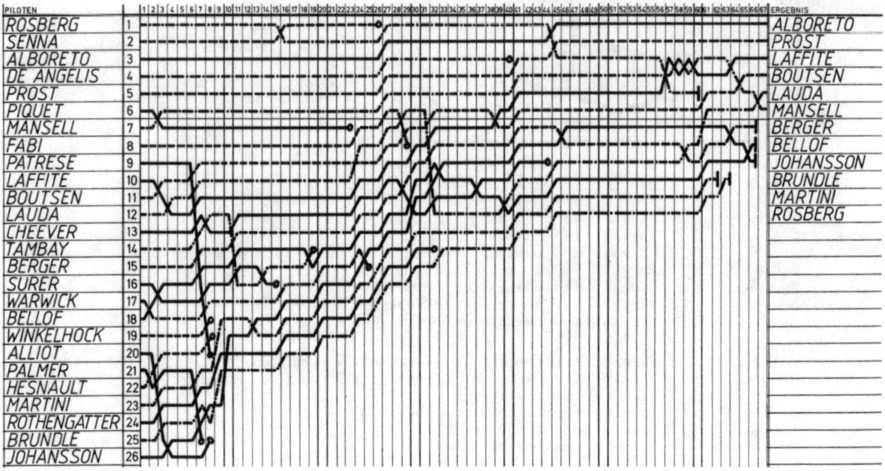


Rundentabelle 9

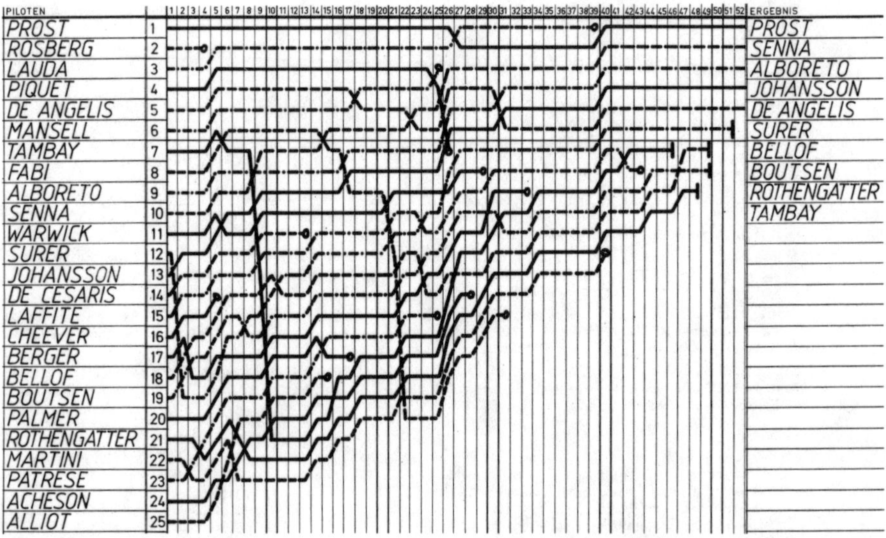


Rundentabelle 10

## Lauf 10 — Großer Preis von Österreich — Zeltweg, 18. August 1985

| Erstes Training (inoffiziell) | | Zweites Training (offiziell) | | Drittes Training (inoffiziell) | | Viertes Training (offiziell) | |
|---|---|---|---|---|---|---|---|
| 1. Prost | 1:26,183 | 1. Prost | 1:25,490 | 1. Lauda | 1:27,238 | 1. Mansell | 1:26,052 |
| 2. Rosberg | 1:26,844 | 2. Lauda | 1:26,250 | 2. Piquet | 1:27,720 | 2. Piquet | 1:26,404 |
| 3. Lauda | 1:28,161 | 3. Rosberg | 1:26,333 | 3. Senna | 1:28,152 | 3. Lauda | 1:26,727 |
| 4. Fabi | 1:28,328 | 4. Mansell | 1:26,453 | 4. Mansell | 1:28,468 | 4. Rosberg | 1:26,762 |
| 5. Alboreto | 1:28,350 | 5. Piquet | 1:26,568 | 5. Rosberg | 1:29,135 | 5. Tambay | 1:27,502 |
| 6. Johansson | 1:29,180 | 6. Fabi | 1:26,664 | 6. Laffite | 1:29,330 | 6. Alboreto | 1:27,516 |
| 7. de Angelis | 1:29,195 | 7. de Angelis | 1:26,799 | 7. Warwick | 1:29,462 | 7. Patrese | 1:27,851 |
| 8. Mansell | 1:29,240 | 8. Tambay | 1:27,722 | 8. Prost | 1:29,835 | 8. Johansson | 1:27,961 |
| 9. de Cesaris | 1:29,731 | 9. Surer | 1:27,854 | 9. Surer | 1:29,884 | 9. Warwick | 1:28,006 |
| 10. Laffite | 1:29,883 | 10. Senna | 1:28,123 | 10. Tambay | 1:30,077 | 10. Laffite | 1:28,249 |
| 11. Surer | 1:30,138 | 11. Johansson | 1:28,134 | 11. Alliot | 1:30,394 | 11. Boutsen | 1:28,262 |
| 12. Patrese | 1:30,351 | 12. Berger | 1:28,566 | 12. Johansson | 1:30,412 | 12. Berger | 1:28,762 |
| 13. Boutsen | 1:30,613 | 13. Boutsen | 1:28,617 | 13. Alboreto | 1:30,511 | 13. Cheever | 1:29,608 |
| 14. Ghinzani | 1:30,640 | 14. de Cesaris | 1:28,666 | 14. de Angelis | 1:30,527 | 14. Alliot | 1:29,827 |
| 15. Piquet | 1:30,807 | 15. Ghinzani | 1:28,894 | 15. de Cesaris | 1:30,686 | 15. Bellof | 1:30,514 |
| 16. Senna | 1:30,986 | 16. Cheever | 1:29,031 | 16. Boutsen | 1:30,878 | 16. Acheson | 1:35,072 |
| 17. Warwick | 1:31,308 | 17. Laffite | 1:29,181 | 17. Ghinzani | 1:31,105 | 17. Palmer | 1:35,787 |
| 18. Berger | 1:31,577 | 18. Patrese | 1:29,485 | 18. Bellof | 1:31,147 | 18. Martini | 1:36,765 |
| 19. Cheever | 1:31,781 | 19. Alboreto | 1:29,774 | 19. Cheever | 1:32,039 | 19. Brundle | 1:37,317 |
| 20. Tambay | 1:31,912 | 20. Warwick | 1:30,602 | 20. Patrese | 1:32,209 | 20. Surer | 1:50,796 |
| 21. Bellof | 1:32,220 | 21. Bellof | 1:31,022 | 21. Fabi | 1:32,245 | 21. Rothengat. | 1:58,090 |
| 22. Martini | 1:35,315 | 22. Alliot | 1:32,766 | 22. Berger | 1:32,848 | 22. Senna | 3:04,856 |
| 23. Palmer | 1:35,759 | 23. Rothengat. | 1:35,329 | 23. Rothengat. | 1:35,107 | 23. Fabi | 11:12,639 |
| 24. Rothengat. | 1:35,871 | 24. Palmer | 1:36,060 | 24. Acheson | 1:35,323 | Prost | |
| 25. Acheson | 1:36,656 | 25. Brundle | 1:39,247 | 25. Palmer | 1:35,854 | de Angelis | |
| 26. Alliot | 1:37,076 | 26. Martini | 10:36,417 | 26. Martini | 1:35,894 | de Cesaris | |
| 27. Brundle | 1:39,801 | 27. Acheson | 1.00:20,516 | 27. Brundle | 1:38,876 | Ghinzani | |

Startaufstellung:

Alain Prost
McLaren-Porsche
MP4/2-3, 1:25,490

Nigel Mansell
Williams-Honda
FW10-06, 1:26,052

Niki Lauda
McLaren-Porsche
MP4/2-4, 1:26,250

Keke Rosberg
Williams-Honda
FW10-07, 1:26,333

Nelson Piquet
Brabham-BMW BT54-6
1:26,404

Teo Fabi
Toleman-Hart TG185-04
1:26,664

Elio de Angelis
Lotus-Renault 97T-2
1:26,799

Patrick Tambay
Renault RE60B-06
1:27,502

Michele Alboreto
Ferrari 156/85-080
1:27,516

Riccardo Patrese
Alfa Romeo 185T/3
1:27,851

Marc Surer
Brabham-BMW BT54-8
1:27,954

Stefan Johansson
Ferrari 156/85-079
1:27,961

Derek Warwick
Renault RE60B-07
1:28,006

Ayrton Senna
Lotus-Renault 97T-4
1:28,123

Jacques Laffite
Ligier-Renault JS25/05
1:28,249

Thierry Boutsen
Arrows-BMW A8/5
1:28,262

Gerhard Berger
Arrows-BMW A8/4
1:28,566

Andrea de Cesaris
Ligier-Renault JS25/01
1:28,666

Piercarlo Ghinzani*
Toleman-Hart TG185-03
1:28,894

Eddie Cheever
Alfa Romeo 185T/1
1:29,031

Philippe Alliot
RAM-Hart 03-04
1:29,827

Stefan Bellof
Tyrrell-Renault 014-1
1:30,514

Kenny Acheson
RAM-Hart 03-03
1:35,072

Huub Rothengatter
Osella-Alfa FA1G-02
1:35,329

Jonathan Palmer
Zakspeed ZAK841/02
1:35,787

Pierluigi Martini
Minardi-Motori
M185/002, 1:36,765

Nicht qualifiziert: Martin Brundle (Tyrrell-Ford 012), 1:37,317.

* Nahm am zweiten Start nicht mehr teil. Alle Chassis-Nummern beziehen sich auf den zweiten Start.
Sonntag-Aufwärmtraining: 1. Prost 1:30,608, 2. de Angelis 1:31,090, 3. Mansell 1:32,095, 4. Senna 1:32,252, 5. Rosberg 1:32,278, 6. Tambay 1:32,577, 7. Fabi 1:32,820, 8. de Cesaris 1:33,464, 9. Alboreto 1:33,720, 10. Berger 1:33,771.

Wetter am Renntag: Bedeckt, windig, kühl — 75.000 Zuschauer.

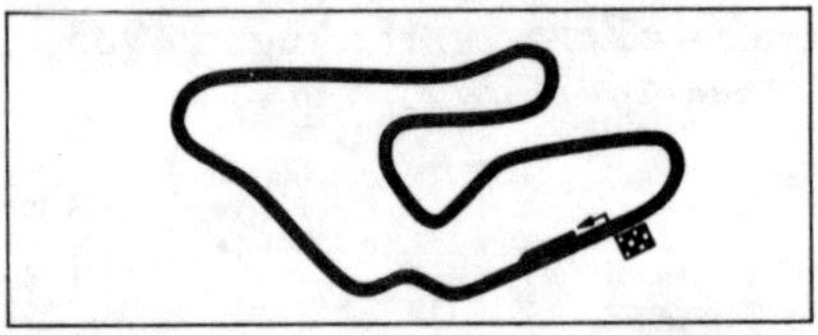

Rekorde: Distanz: Lauda (McLaren-TAG MP4/2) 223,883 km/h (1984); Runde: Lauda (McLaren-TAG MP4/2) 1:32,882=230,305 km/h (1984); Training: Piquet (Brabham-BMW BT53) 1:26,173 (1984).

Boxenstops:

| | | |
|---|---|---|
| Alliot: | 1. Runde: | Kühlertrichter demontiert; Platz 25 |
| Tambay: | 9. Runde: | Reifenwechsel nach Defekt links hinten; Platz 7—13 |
| Alliot: | 15. Runde: | fehlende Motorleistung; Platz 22 |
| Fabi: | 21. Runde: | Fehlzündungen; Platz 9 |
| Bellof: | 24. Runde: | Reifenwechsel nach Defekt links hinten; Platz 10 |
| Prost: | 27. Runde: | Reifenwechsel binnen 11,5 Sekunden; Platz 1—2 |
| Boutsen: | 30. Runde: | Reifenwechsel; Platz 10 |
| Martini: | 34. Runde: | Karosserieteile befestigen; Platz 13 |
| Laffite: | 44. Runde: | Reifenwechsel; Platz 8 |

Ausfälle:

| | | |
|---|---|---|
| Ghinzani: | | nach dem ersten Start Motorschaden (Ventil) |
| Rosberg: | 5. Runde: | Motorschaden, kein Öldruck; Platz 2—20 |
| Cheever: | 7. Runde: | Turboschaden; Platz 14 |
| de Cesaris: | 14. Runde: | Unfall in Panorama-Kurve wegen Untersteuerns, fünf Überschläge, sogar Motor zerbrochen, aber Cockpit unverkehrt, Fahrer unverletzt; Platz 11 |
| Alliot: | 17. Runde: | Motor ohne Leistung; Platz 22 |
| Palmer: | 18. Runde: | Motor beim Verschalten überdreht; Platz 17 |
| Patrese: | 26. Runde: | Motorschaden; Platz 15 |
| Mansell: | 26. Runde: | Motorschaden/kein Öldruck; Platz 3 |
| Piquet: | 27. Runde: | Auspuff gebrochen; Platz 4—7 |
| Acheson: | 29. Runde: | Motorschaden; Platz 14 |
| Warwick: | 30. Runde: | Motorschaden; Platz 8 |
| Fabi: | 32. Runde: | Motorschaden; Platz 15 |
| Berger: | 34. Runde: | Turboschaden, parkte neben Boxeneinfahrt; Platz 9 |
| Lauda: | 40. Runde: | Turboschaden rechts, Welle gebrochen; Stillstand nach den Boxen mit 16 Sekunden Vorsprung; Platz 1 |
| Martini: | 41. Runde: | Einspritzpumpe; Platz 14 |
| Laffite: | 44. Runde: | linkes Vorderrad verloren, Bolzen gebrochen; Platz 7 |
| Tambay: | 48. Runde: | Motorschaden, Dreher, weil Motor blockierte; Platz 7 |
| Bellof: | 50. Runde: | Batteriekabel heruntergefallen; Platz 7 |

Distanz: 52 Runden à 5,942bkm = 308,984 km.

Erster Start: Nach Massenkarambolage mit Berger, de Angelis, Fabi, Alboreto abgebrochen nach einer Runde — mit Lauda klar in Führung.

Zweiter Start: Stand nach 1 Runde: 1. Prost, 2. Rosberg, 3. Lauda, 4. Piquet, 5. de Angelis, 6. Mansell, 7. Tambay, 8. Fabi, 9. Alboreto, 10. Senna.

Stand nach 10 Runden: 1. Prost 15:22,665, 2. Lauda —4,848, 3. Piquet —24,550, 4. de Angelis —25,725, 5. Mansell —26,117, 6. Fabi —26,696, 7. Senna —31,023, 8. Alboreto —32,412, 9. Johansson —34,089, 10. Warwick —38,003.

Stand nach 20 Runden: 1. Prost 30:39,344, 2. Lauda —3,898, 3. Piquet —37,329, 4. Mansell —38,504, 5. de Angelis —41,804, 6. Senna —42,320, 7. Alboreto —37,750, 8. Johansson —48,472, 9. Fabi —1:04,298, 10. Warwick —1:05,676.

Stand nach 30 Runden: 1. Lauda 45:54,110, 2. Prost —27,555, 3. Senna —51,228, 4. Alboreto —58,691, 5. Johansson —59,888, 6. de Angelis —1:01,852, 7. Surer —1 Runde, 8. Warwick, 9. Laffite, 10. Boutsen.

Stand nach 40 Runden: 1. Prost 1.01:20,152, 2. Senna —48,246, 3. Alboreto —55,674, 4. Johansson —58,408, 5. de Angelis —1:26,578, 6. Lauda —1 Runde, 7. Surer, 8. Laffite, 9. Tambay, 10. Boutsen.

Ergebnis:

| | | |
|---|---|---|
| 1. Alain Prost (Frankreich), McLaren-Porsche | 1.20:12,583 | = 231,132 km/h |
| 2. Ayrton Senna (Brasilien), Lotus-Renault | 1.20:42,585 | 30,002 zurück |
| 3. Michele Alboreto (Italien), Ferrari | 1.20:46,939 | 34,356 zurück |
| 4. Stefan Johansson (Schweden), Ferrari | 1.20:51,656 | 39,073 zurück |
| 5. Elio de Angelis (Italien), Lotus-Renault | 1.21:34,675 | 1:22,092 zurück |
| 6. Marc Surer (Schweiz), Brabham-BMW | 1.21:29,538 | 1 Runde zurück |
| 7. Stefan Bellof (Deutschland), Tyrrell-Renault | 1.19:24,502 | 3 Runden zurück |
| 8. Thierry Boutsen (Belgien), Arrows-BMW | 1.21:14,895 | 3 Runden zurück |
| 9. Huub Rothengatter (Holland), Osella-Alfa | 1.21:39,046 | 4 Runden zurück |
| 10. Patrick Tambay (Frankreich), Renault | 1.13:01,244 | 6 Runden zurück |

Bellof (Sprit ausgegangen) und Tambay (Motorschaden, Unfall) bei Schluß nicht mehr im Rennen, aber gewertet.

Schnellste Runde jedes Fahrers im Rennen: Prost 1:29,241 (39.); Lauda 1:30,052 (38.); de Angelis 1:30,949 (40.); Fabi 1:31,089 (26.); Johansson 1:31,501 (45.); Tambay 1:31,525 (45.); Alboreto 1:31,536 (40.); Senna 1:31,666 (36.); Rosberg 1:31,667 (3.); Piquet 1:31,816 (22.); Mansell 1:31,835 (22.); Boutsen 1:32,758 (34.); Surer 1:32,935 (16.); Berger 1:33,663 (33.); Warwick 1:33,677 (22.); Laffite 1:33,708 (23.); de Cesaris 1:33,883 (13.); Alliot 1:34,040 (10.); Bellof 1:34,219 (29.); Patrese 1:34,254 (24.); Cheever 1:35,522 (3.); Palmer 1:35,792 (13.); Acheson 1:36,491 (17.); Rothengatter 1:38,336 (21.); Martini 1:38,727 (27.).

## Lauf 11 — Großer Preis von Holland — Zandvoort, 25. August 1985

| Erstes Training (inoffiziell) | | Zweites Training (offiziell) | | Drittes Training (inoffiziell) | | Viertes Training (offiziell) | |
|---|---|---|---|---|---|---|---|
| 1. Prost | 1:13,409 | 1. Piquet | 1:11,074 | 1. de Cesaris | 1:25,057 | 1. Laffite | 1:28,393 |
| 2. Lauda | 1:13,514 | 2. Rosberg | 1:11,647 | 2. Laffite | 1:26,534 | 2. Prost | 1:29,507 |
| 3. Piquet | 1:13,696 | 3. Prost | 1:11,801 | 3. Ghinzani | 1:27,774 | 3. de Angelis | 1:30,123 |
| 4. Rosberg | 1:13,712 | 4. Senna | 1:11,837 | 4. Mansell | 1:28,675 | 4. Brundle | 1:32,003 |
| 5. Fabi | 1:13,815 | 5. Fabi | 1:12,310 | 5. Prost | 1:28,979 | 5. Johansson | 1:32,544 |
| 6. Mansell | 1:14,331 | 6. Tambay | 1:12,486 | 6. Senna | 1:29,150 | 6. Cheever | 1:32,572 |
| 7. Tambay | 1:14,412 | 7. Mansell | 1:12,614 | 7. Johansson | 1:29,154 | 7. Mansell | 1:32,740 |
| 8. Surer | 1:14,540 | 8. Boutsen | 1:12,746 | 8. Rosberg | 1:29,460 | 8. Palmer | 1:34,316 |
| 9. de Angelis | 1:14,692 | 9. Surer | 1:12,856 | 9. Piquet | 1:29,463 | 9. de Cesaris | 1:34,638 |
| 10. de Cesaris | 1:15,160 | 10. Lauda | 1:13,059 | 10. Fabi | 1:29,745 | 10. Berger | 1:34,857 |
| 11. Boutsen | 1:15,442 | 11. de Angelis | 1:13,078 | 11. Boutsen | 1:29,849 | 11. Alliot | 1:36,270 |
| 12. Johansson | 1:15,570 | 12. Warwick | 1:13,289 | 12. de Angelis | 1:29,900 | 12. Rothengat. | 1:38,149 |
| 13. Bellof | 1:15,874 | 13. Laffite | 1:13,435 | 13. Cheever | 1:30,276 | 13. Martini | 1:38,227 |
| 14. Ghinzani | 1:15,881 | 14. Berger | 1:13,680 | 14. Alboreto | 1:30,318 | | |
| 15. Brundle | 1:15,899 | 15. Ghinzani | 1:13,705 | 15. Rothengat. | 1:30,784 | | |
| 16. Laffite | 1:16,020 | 16. Alboreto | 1:13,725 | 16. Berger | 1:30,824 | | |
| 17. Warwick | 1:16,215 | 17. Johansson | 1:13,768 | 17. Bellof | 1:30,958 | | |
| 18. Alboreto | 1:16,417 | 18. de Cesaris | 1:13,797 | 18. Lauda | 1:30,996 | | |
| 19. Senna | 1:16,479 | 19. Patrese | 1:14,240 | 19. Palmer | 1:31,079 | | |
| 20. Berger | 1:16,620 | 20. Cheever | 1:14,912 | 20. Brundle | 1:31,189 | | |
| 21. Cheever | 1:17,212 | 21. Brundle | 1:14,920 | 21. Tambay | 1:31,627 | | |
| 22. Martini | 1:19,385 | 22. Bellof | 1:15,236 | 22. Warwick | 1:32,610 | | |
| 23. Acheson | 1:19,587 | 23. Palmer | 1:16,257 | 23. Patrese | 1:35,799 | | |
| 24. Patrese | 1:19,713 | 24. Martini | 1:17,919 | 24. Alliot | 1:37,741 | | |
| 25. Palmer | 1:21,227 | 25. Alliot | 1:18,525 | 25. Acheson | 1:41,148 | | |
| 26. Alliot | 1:24,836 | 26. Rothengat. | 1:19,410 | 26. Martini | 6:10,796 | | |
| 27. Rothengat. | 1:29,552 | 27. Acheson | 1:20,429 | | | | |

Startaufstellung:

| | | | |
|---|---|---|---|
| | Keke Rosberg<br>Williams-Honda<br>FW10-07, 1:11,647 | | Nelson Piquet<br>Brabham-BMW BT54-6<br>1:11,074 |
| Ayrton Senna<br>Lotus-Renault 97T-4<br>1:11,837 | | Alain Prost<br>McLaren-Porsche<br>MP4/2B-2, 1:11,801 | |
| | Patrick Tambay<br>Renault RE60B-6<br>1:12,486 | | Teo Fabi<br>Toleman-Hart TG185-05<br>1:12,310 |
| Thierry Boutsen<br>Arrows-BMW A8-5<br>1:12,746 | | Nigel Mansell<br>Williams-Honda<br>FW10-06, 1:12,614 | |
| | Niki Lauda<br>McLaren-Porsche<br>MP4/2B-4, 1:13,059 | | Marc Surer<br>Brabham-BMW BT54-8<br>1:12,856 |
| Derek Warwick<br>Renault RE60B-8<br>1:13,289 | | Elio de Angelis<br>Lotus-Renault 97T-3<br>1:13,078 | |
| | Gerhard Berger<br>Arrows-BMW A8-4<br>1:13,680 | | Jacques Laffite<br>Ligier-Renault JS25-04<br>1:13,435 |
| Michele Alboreto<br>Ferrari 156/85-080<br>1:13,725 | | Piercarlo Ghinzani<br>Toleman-Hart TG185-04<br>1:13,705 | |
| | Andrea de Cesaris<br>Ligier-Renault JS25-03<br>1:13,797 | | Stefan Johansson<br>Ferrari 156/85-079<br>1:13,768 |
| Eddie Cheever<br>Alfa Romeo 185T-01<br>1:14,912 | | Riccardo Patrese<br>Alfa Romeo 185T-03<br>1:14,240 | |
| | Stefan Bellof<br>Tyrrell-Renault 014-2<br>1:15,236 | | Martin Brundle<br>Tyrrell-Renault 014-1<br>1:14,920 |
| Pierluigi Martini<br>Minardi-Motori<br>M185/002, 1:17,919 | | Jonathan Palmer<br>Zakspeed ZAK841-02<br>1:16,257 | |
| | Huub Rothengatter<br>Osella-Alfa FA1G-02<br>1:19,410 | | Philippe Alliot<br>RAM-Hart 03-03<br>1:18,525 |

Nicht qualifiziert: Kenny Acheson (RAM-Hart), 1:20,429.

Sonntag-Aufwärmtraining: 1. Lauda 1:17,172, 2. Prost 1:17,251, 3. Johansson 1:17,562, 4. Alboreto 1:17,612, 5. de Angelis 1:17,647, 6. Rosberg 1:17,744, 7. Senna 1:17,997, 8. Mansell 1:18,387, 9. Bellof 1:19,102, 10. Fabi 1:19,164.

Wetter am Renntag: sonnig, aber stark windig — 40.000 Zuschauer.

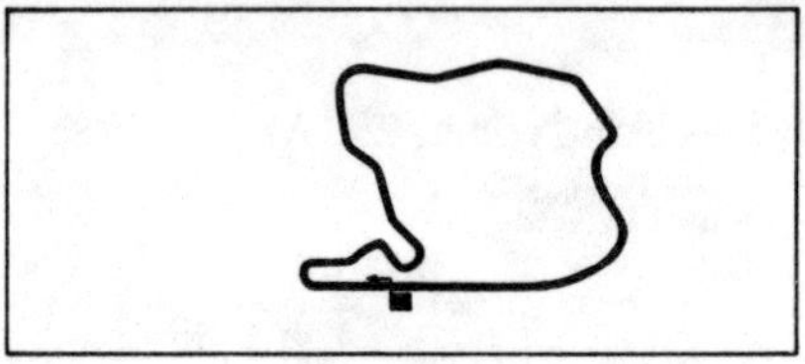

Rekorde: Distanz: Pironi (Ferrari 126C2) 187,3 km/h (1982); Runde: Arnoux (Renault RE25) 1:19,35=192,907 km/h (1980); Training: Prost (McLaren-TAG MP4/2) 1:13,567 (1984).

Boxenstops:

| | | |
|---|---|---|
| Rothengatter: | 7. Runde: | Batterie ausgetauscht; Platz 23 |
| Rothengatter: | 10. Runde: | Zündbox gewechselt, später zwei Kerzenwechsel; Platz 22 |
| Boutsen: | 15. Runde: | Reifenwechsel; Platz 17—19 |
| de Angelis: | 20. Runde: | Reifenwechsel; 9—14 |
| Lauda: | 21. Runde: | Reifenwechsel; Platz 3—8 |
| Bellof: | 23. Runde: | Reifenwechsel; Platz 13—15 |
| Mansell: | 25. Runde: | Reifenwechsel; Platz 6—10 |
| Senna: | 27. Runde: | Reifenwechsel; Platz 2—6 |
| Brundle: | 32. Runde: | Reifenwechsel; Platz 11 |
| Piquet: | 33. Runde: | Reifenwechsel; Platz 12—13 |
| Alboreto: | 33. Runde: | Reifenwechsel; Platz 4—8 |
| Prost: | 34. Runde: | Reifenwechsel; Platz 1—3 |
| Boutsen: | 36. Runde: | zweiter Reifenwechsel; Platz 11—12 |
| Mansell: | 40. Runde: | zweiter Reifenwechsel; Platz 7—9 |
| Berger: | 40. Runde: | Reifenwechsel; Platz 8—9 |

Ausfälle:

| | | |
|---|---|---|
| Patrese: | 2. Runde: | Turbo; Platz 25 |
| Cheever: | 2. Runde: | Turbo; Platz 24 |
| Martini: | 2. Runde: | Unfall in Tarzan-Kurve, weil Auto mit vollen Tanks durchschlug Platz 21 |
| Johansson: | 10. Runde: | Motor; Platz 11—20 |
| Ghinzani: | 13. Runde: | Motor; Platz 20 |
| Palmer: | 14. Runde: | Motor abgestellt, kein Öldruck; Platz 18 |
| Laffite: | 18. Runde: | Motor; Platz 13 |
| Fabi: | 19. Runde: | Radlager rechts hinten; Platz 15 |
| Rosberg: | 21. Runde: | Motor; Platz 1—12 |
| Tambay: | 23. Runde: | Kraftübertragung; Platz 4 |
| de Cesaris: | 26. Runde: | Motor; Platz 11 |
| Warwick: | 28. Runde: | Getriebe; Platz 3 |
| Bellof: | 40. Runde: | Motor; Platz 8 |
| Alliot: | 53. Runde: | Motor überhitzte (105 Grad); Platz 12 |
| Boutsen: | 55. Runde: | Radaufhängung rechts hinten; Platz 9—10 |

Distanz: 70 Runden à 4,252 km = 297,640 km.

Stand nach 1 Runde: 1. Rosberg, 2. Senna, 3. Fabi, 4. Prost, 5. Lauda, 6. Warwick, 7. Mansell, 8. Surer, 9. de Angelis, 10. Laffite.

Stand nach 10 Runden: 1. Rosberg (13:15,630), 2. Senna —2,561, 3. Prost —3,482, 4. Lauda —5,264, 5. Fabi —11,021, 6. Mansell —12,452, 7. Warwick —12,755, 8. de Angelis —14,145, 9. Alboreto —18,897, 10. Surer —21,598.

Stand nach 20 Runden: 1. Prost (26:30,430), 2. Senna —4,868, 3. Lauda —9,221, 4. Warwick —15,011, 5. Mansell —15,083, 6. Tambay —15,196, 7. Alboreto —20,900, 8. Surer —27,330, 9. Berger —38,078, 10. Brundle —38,791.

Stand nach 30 Runden: 1. Prost (39:51,100), 2. Alboreto —24,745, 3. Lauda —28,984, 4. Senna —33,098, 5. Surer —35,973, 6. de Angelis —49,965, 7. Berger —52,637, 8. Brundle —53,662, 9. Mansell —58,681, 10. Bellof —1 Runde.

Stand nach 40 Runden: 1. Lauda (53:24,512), 2. Senna —6,538, 3. Prost —12,039, 4. de Angelis —32,604, 5. Alboreto —39,415, 6. Surer —43,483, 7. Mansell —1 Runde, 8. Bellof, 9. Berger, 10. Brundle.

Stand nach 50 Runden: 1. Lauda (1.06:30,791), 2. Prost —8,220, 3. Senna —14,021, 4. Alboreto —38,857, 5. de Angelis —44,118, 6. Mansell —1 Runde, 7. Brundle, 8. Berger, 9. Surer, 10. Boutsen.

Stand nach 60 Runden: 1. Lauda (1.19:26,863), 2. Prost —2,624, 3. Senna —33,190, 4. Alboreto —47,137, 5. de Angelis —1:12,406, 6. Mansell —1 Runde, 7. Brundle, 8. Piquet, 9. Berger —2 Runden, 10. Surer —3 Runden.

Ergebnis:

| | | |
|---|---|---|
| 1. Niki Lauda (Österreich), McLaren-Porsche | 1.32:29,263 | = 193,089 km/h |
| 2. Alain Prost (Frankreich), McLaren-Porsche | 1.32:29,495 | 0,232 zurück |
| 3. Ayrton Senna (Brasilien), Lotus-Renault | 1.33:17,754 | 48,491 zurück |
| 4. Michele Alboreto (Italien), Ferrari | 1.33:18,100 | 48,837 zurück |
| 5. Elio de Angelis (Italien), Lotus-Renault | 1.33:07,769 | 1 Runde zurück |
| 6. Nigel Mansell (England), Williams-Honda | 1.33:12,672 | 1 Runde zurück |
| 7. Martin Brundle (England), Tyrrell-Renault | 1.33:42,140 | 1 Runde zurück |
| 8. Nelson Piquet (Brasilien), Brabham-BMW | 1.33:46,859 | 1 Runde zurück |
| 9. Gerhard Berger (Österreich), Arrows-BMW | 1.32:58,318 | 2 Runden zurück |
| 10. Marc Surer (Schweiz), Brabham-BMW | 1.32:31,405 | 5 Runden zurück |

Schnellste Runde: Prost (McLaren-Porsche) 1:16,538 = 199,995 km/h (57. Runde).

Schnellste Runde jedes Fahrers im Rennen: Prost 1:16,538 (57.); Lauda 1:17,054 (60.); Mansell 1:17,286 (44.); Tambay 1:17,335 (16.); Piquet 1:17,577 (51.); Alboreto 1:17,710 (43.); Senna 1:17,835 (31.); de Angelis 1:18,229 (39.); Warwick 1:18,230 (4.); Rosberg 1:18,369 (3.); Boutsen 1:18,730 (47.); Bellof 1:18,878 (31.); Fabi 1:19,043 (16.); Brundle 1:19,259 (47.); Berger 1:19,294 (45.); Johansson 1:19,385 (5.); Surer 1:19,400 (9.); Laffite 1:19,549 (5.); de Cesaris 1:19,980 (14.); Palmer 1:20,505 (12.); Ghinzani 1:20,920 (4.); Alliot 1:20,928 (19.); Rothengatter 1:23,102 (51.); Martini 1:41,482 (1.); Cheever 1:50,408 (1.); Patrese 2:11,271 (1.).

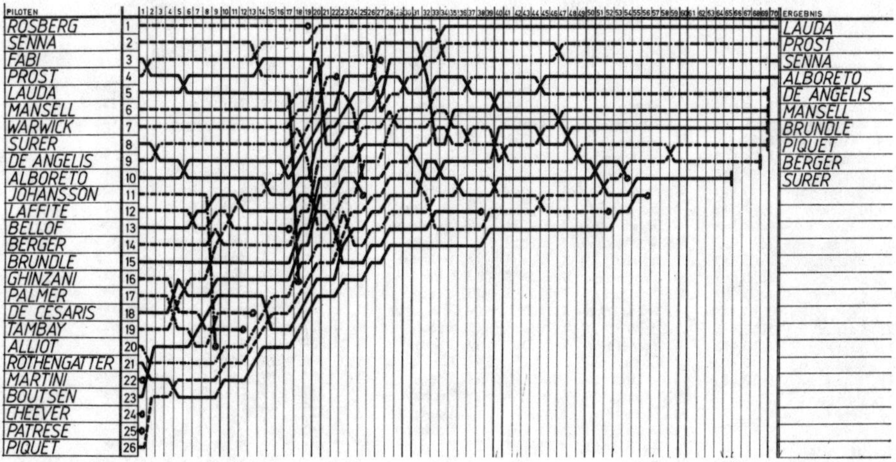


Rundentabelle 11

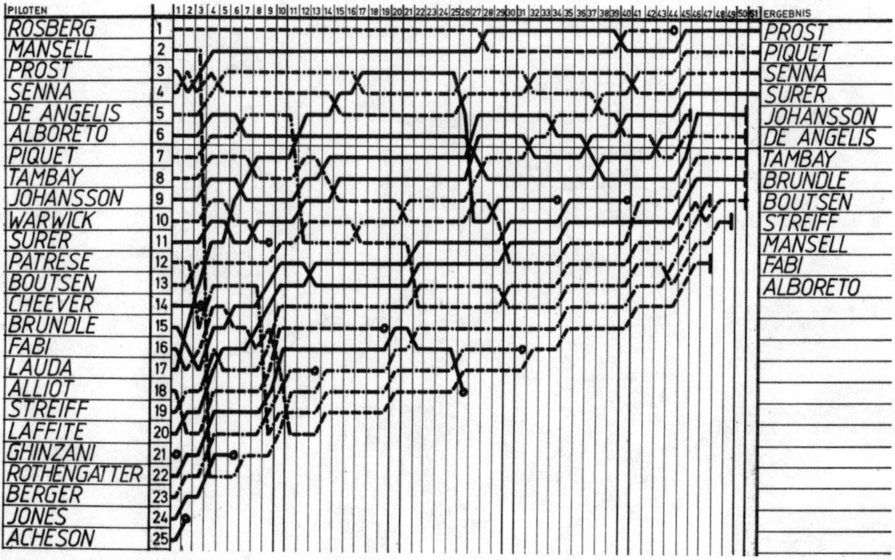


Rundentabelle 12

# Lauf 12 — Großer Preis von Italien — Monza, 8. September 1985

| Erstes Training (inoffiziell) | | Zweites Training (offiziell) | | Drittes Training (inoffiziell) | | Viertes Training (offiziell) | |
|---|---|---|---|---|---|---|---|
| 1. Mansell | 1:27,676 | 1. Piquet | 1:25,679 | 1. Prost | 1:26,952 | 1. Senna | 1:25,084 |
| 2. de Angelis | 1:28,015 | 2. Rosberg | 1:26,161 | 2. Senna | 1:27,659 | 2. Rosberg | 1:25,230 |
| 3. Rosberg | 1:28,197 | 3. Mansell | 1:26,960 | 3. Rosberg | 1:28,076 | 3. Mansell | 1:25,486 |
| 4. Prost | 1:28,219 | 4. Senna | 1:27,009 | 4. Alboreto | 1:28,289 | 4. Piquet | 1:25,584 |
| 5. Alboreto | 1:28,656 | 5. de Angelis | 1:27,098 | 5. Piquet | 1:28,446 | 5. Prost | 1:25,790 |
| 6. Berger | 1:28,911 | 6. Alboreto | 1:27,552 | 6. de Angelis | 1:29,154 | 6. de Angelis | 1:26,044 |
| 7. Senna | 1:29,183 | 7. Prost | 1:27,576 | 7. Surer | 1:29,503 | 7. Alboreto | 1:26,468 |
| 8. Lauda | 1:29,215 | 8. Berger | 1:27,746 | 8. Patrese | 1:29,634 | 8. Tambay | 1:27,020 |
| 9. Tambay | 1:29,368 | 9. Surer | 1:27,799 | 9. Tambay | 1:29,641 | 9. Surer | 1:27,153 |
| 10. Johansson | 1:29,527 | 10. Warwick | 1:28,119 | 10. Johansson | 1:29,895 | 10. Johansson | 1:27,473 |
| 11. Boutsen | 1:29,683 | 11. Boutsen | 1:28,369 | 11. Brundle | 1:29,959 | 11. Berger | 1:27,723 |
| 12. Piquet | 1:30,058 | 12. Lauda | 1:28,472 | 12. Cheever | 1:30,211 | 12. Warwick | 1:28,112 |
| 13. Cheever | 1:30,291 | 13. Tambay | 1:28,578 | 13. Lauda | 1:30,569 | 13. Patrese | 1:28,340 |
| 14. Fabi | 1:30,421 | 14. Johansson | 1:29,011 | 14. Warwick | 1:30,747 | 14. Fabi | 1:28,386 |
| 15. Laffite | 1:30,445 | 15. Fabi | 1:29,050 | 15. Fabi | 1:31,033 | 15. Cheever | 1:28,629 |
| 16. Surer | 1:30,478 | 16. Patrese | 1:29,068 | 16. Mansell | 1:31,337 | 16. Boutsen | 1:28,760 |
| 17. Ghinzani | 1:30,594 | 17. Cheever | 1:29,298 | 17. Ghinzani | 1:31,594 | 17. Brundle | 1:28,793 |
| 18. Warwick | 1:30,903 | 18. Laffite | 1:30,186 | 18. Berger | 1:32,370 | 18. Lauda | 1:28,949 |
| 19. Patrese | 1:31,548 | 19. Ghinzani | 1:30,271 | 19. Streiff | 1:32,629 | 19. Streiff | 1:29,839 |
| 20. Streiff | 1:32,197 | 20. Streiff | 1:31,727 | 20. Boutsen | 1:32,822 | 20. Laffite | 1:30,378 |
| 21. Alliot | 1:32,819 | 21. Brundle | 1:33,503 | 21. Laffite | 1:32,845 | 21. Ghinzani | 1:31,449 |
| 22. Brundle | 1:34,106 | 22. Rothengat. | 1:33,529 | 22. Martini | 1:33,411 | 22. Martini | 1:33,981 |
| 23. Jones | 1:35,942 | 23. Acheson | 1:34,919 | 23. Jones | 1:35,136 | 23. Alliot | 1:37,664 |
| 24. Rothengat. | 1:36,242 | 24. Jones | 1:34,943 | 24. Acheson | 1:36,284 | 24. Rothengat. | 1:37,664 |
| 25. Martini | 1:37,189 | 25. Martini | 1:35,770 | 25. Rothengat. | 1:36,525 | 25. Acheson | 1:38,325 |
| 26. Acheson | 1:45,059 | 26. Alliot | 1:36,221 | 26. Alliot | 1:42,741 | 26. Jones | 1:45,823 |

Startaufstellung:

Ayrton Senna
Lotus-Renault 97T-4
1:25,084

Keke Rosberg
Williams-Honda
FW10-07, 1:25,230

Nigel Mansell
Williams-Honda
FW10-06, 1:25,486

Nelson Piquet
Brabham-BMW BT54-6
1:25,584

Alain Prost
McLaren-Porsche
MP4/2-5, 1:25,790

Elio de Angelis
Lotus-Renault 97T-3
1:26,044

Michele Alboreto
Ferrari 156/85-085
1:26,468

Patrick Tambay
Renault RE60B-08
1:27,020

Marc Surer
Brabham-BMW BT54-8
1:27,153

Stefan Johansson
Ferrari 156/85-083
1:27,473

Gerhard Berger
Arrows-BMW A8/4
1:27,723

Derek Warwick
Renault RE60B-03
1:28,112

Riccardo Patrese
Alfa Romeo 185T/3
1:28,340

Thierry Boutsen
Arrows-BMW A8/5
1:28,369

Teo Fabi
Toleman-Hart TG185-05
1:28,386

Niki Lauda
McLaren-Porsche
MP4/2-4, 1:28,472

Eddie Cheever
Alfa Romeon 185T/1
1:28,629

Martin Brundle
Tyrrell-Renault 014-3
1:28,793

Philippe Streiff
Ligier-Renault JS25/05
1:29,839

Jacques Laffite
Ligier-Renault JS25/03
1:30,186

Piercarlo Ghinzani
Toleman-Hart TG185-04
1:30,271

Huub Rothengatter
Osella-Alfa FA1G-02
1:33,529

Pierluigi Martini
Minardi-Motori
M185/004, 1:33,981

Kenny Acheson
RAM-Hart 03-02
1:34,919

Alan Jones
Lola-Hart THL1-001
1:34,943

Philippe Alliot
RAM-Hart 02-03
1:36,221

Sonntag-Aufwärmtraining: 1. Prost 1:29,361, 2. Lauda 1:29,969, 3. de Angelis 1:30,579, 4. Mansell 1:30,651, 5. Piquet 1:31,098, 6. Alboreto 1:31,353, 7. Rosberg 1:31,601, 8. Surer 1:32,058, 9. Tambay 1:32,252, 10. Ghinzani 1:32,532.

Wetter am Renntag: schön und warm — 120.000 Zuschauer.

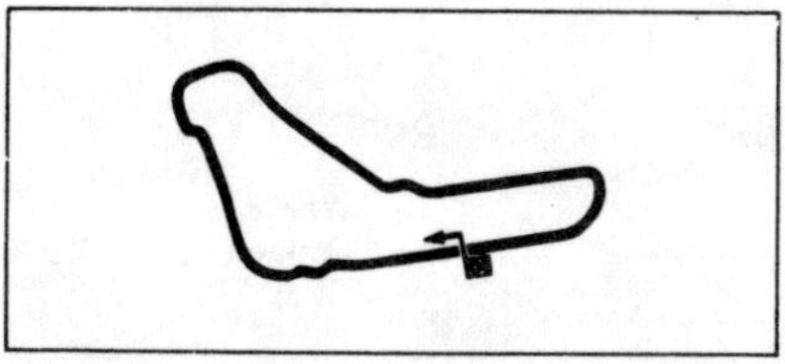

Rekorde: Distanz: Lauda (McLaren-TAG) 220,51 km/h (1984); Runde: Lauda (McLaren-TAG) 1:31,912 = 227,173 km/h (1984); Training: Piquet (Brabham-BMW) 1:26,584 = 241,153 km/h (1984).

Boxenstops:

| | | |
|---|---|---|
| Jones: | 1. Runde: | Kühler von Papier und Plastik befreit; Platz 16 |
| Berger: | 1. Runde: | Frontspoiler verbogen, Startkollision mit Fabi; Platz 19 |
| Acheson: | 2. Runde: | Kupplung, Schaltgestänge; Platz 24 |
| Mansell: | 4. Runde: | Computer ausgetauscht; Platz 2—22 |
| Patrese: | 10. Runde: | Reifenwechsel; Platz 13—20 |
| Fabi: | 11. Runde: | Reifenschaden rechts hinten nach Startkollision mit Berger, Motorprobleme, schlechtes Handling; Platz 17—20 |
| Piquet: | 12. Runde: | Reifenwechsel; Platz 5—11 |
| Patrese: | 19. Runde: | Auspuff; Platz 18 |
| Boutsen: | 22. Runde: | Reifenwechsel; Platz 11—14 |
| Lauda: | 26. Runde: | linker Frontspoiler abgebrochen, 27-Sekunden-Stop; Platz 3—10 |
| Alboreto: | 27. Runde: | Reifenwechsel; Platz 5—8 |
| Rosberg: | 28. Runde: | Reifenwechsel binnen 9,78 Sekunden; Platz 1—2 |
| Mansell: | 29. Runde: | Reifenwechsel binnen 9,80 Sekunden; Platz 15 |
| Tambay: | 30. Runde: | Reifenwechsel; Platz 10—12 |
| Johansson: | 37. Runde: | Reifenwechsel; Platz 6—8 |

Ausfälle:

| | | |
|---|---|---|
| Ghinzani: | am Start: | Motor nicht angesprungen; Platz 21 |
| Martini: | 1. Runde: | Turbo; Platz 23 |
| Acheson: | 3. Runde: | Getriebe; Platz 24 |
| Cheever: | 4. Runde: | Motor; Platz 14 |
| Jones: | 7. Runde: | Motor (Rotorarm gebrochen); Platz 21 |
| Warwick: | 10. Runde: | Kraftübertragung; Platz 11 |
| Berger: | 14. Runde: | Getriebeschaden, zuerst 2. Gang gebrochen; Platz 17 |
| Alliot: | 20. Runde: | kein Ladedruck, Ventil gebrochen; Platz 15 |
| Rothengatter: | 27. Runde: | Motor; Platz 18 |
| Patrese: | 32. Runde: | Auspuff; Platz 16 |
| Lauda: | 34. Runde: | wegen Vibrationen aufgegeben; Platz 9 |
| Laffite: | 41. Runde: | Motor überhitzt auf über 100 Grad; Platz 9 |
| Rosberg: | 45. Runde: | Motorschaden (Fehlzündungen, Temperaturanstieg); Platz 1 |
| Alboreto: | 46. Runde: | Motor; Platz 5 |
| Mansell: | 48. Runde: | Motor; Platz 9 |

Distanz: 51 Runden à 5,8 km = 295,8 km

Stand nach 1 Runde: 1. Rosberg, 2. Mansell, 3. Senna, 4. Prost, 5. de Angelis, 6. Alboreto, 7. Piquet, 8. Tambay, 9. Johansson, 10. Warwick.

Stand nach 10 Runden: 1. Rosberg (58 km in 15:20,406 = 226,856 km/h), 2. Prost —8,877, 3. de Angelis —17,658, 4. Senna —18,899, 5. Piquet —21,840, 6. Alboreto —24,640, 7. Lauda —25,697, 8. Tambay —31,072, 9. Johansson —32,086, 10. Surer —33,024.

Stand nach 20 Runden: 1. Rosberg (116 km in 30:26,084 = 228,686 km/h), 2. Prost —11,526, 3. Lauda —32,711, 4. de Angelis —37,875, 5. Senna —39,240, 6. Alboreto —50,794, 7. Johansson —55,144, 8. Surer —56,359, 9. Tambay —1:05,771, 10. Piquet —1:07,176.

Stand nach 30 Runden: 1. Prost (174 km in 45:42,864), 2. Rosberg —13,810, 3. de Angelis —45,617, 4. Senna —46,450, 5. Johansson —1:01,059, 6. Surer —1:01,744, 7. Piquet —1:04,385, 8. Alboreto —1:26,403, 9. Lauda —1:27,612, 10. Tambay —1 Runde.

Stand nach 40 Runden: 1. Rosberg (232 km in 1.00:48,326 = 228,927 km/h), 2. Prost —9,722, 3. Senna —1:07,590, 4. Piquet —1:08,709, 5. Surer —1:20,134, 6. de Angelis —1:20,337, 7. Alboreto —1 Runde, 8. Johansson, 9. Laffite, 10. Brundle.

Ergebnis:

| | | |
|---|---|---|
| 1. Alain Prost (Frankreich), McLaren-Porsche | 1.17:59,451 | = 227,565 km/h |
| 2. Nelson Piquet (Brasilien), Brabham-BMW | 1.18:51,086 | 51,635 zurück |
| 3. Ayrton Senna (Brasilien), Lotus-Renault | 1.18:59,841 | 1:00,390 zurück |
| 4. Marc Surer (Schweiz), Brabham-BMW | 1.19:00,060 | 1:00,609 zurück |
| 5. Stefan Johansson (Schweden), Ferrari | 1.17:56,687 | 1 Runde zurück |
| 6. Elio de Angelis (Italien), Lotus-Renault | 1.18:32,255 | 1 Runde zurück |
| 7. Patrick Tambay (Frankreich), Renault | 1.18:52,251 | 1 Runde zurück |
| 8. Martin Brundle (England), Tyrrell-Renault | 1.19:05,837 | 1 Runde zurück |
| 9. Thierry Boutsen (Belgien), Arrows-BMW | 1.19:15,239 | 1 Runde zurück |
| 10. Philippe Streiff (Frankreich), Ligier-Renault | 1.18:00,028 | 2 Runden zurück |
| 11. Nigel Mansell (England), Williams-Honda | 1.14:25,895 | 4 Runden zurück |
| 12. Teo Fabi (Italien), Toleman-Hart | 1.18:37,946 | 4 Runden zurück |
| 13. Michele Alboreto (Italien), Ferrari | 1.09:53,289 | 6 Runden zurück |

Mansell und Alboreto (Motorschäden) bei Schluß nicht mehr im Rennen, aber klassiert.

Schnellste Runde: Mansell (Williams-Honda), 1:28,283 = 236,512 km/h (38. Runde).

Schnellste Runde jedes Fahrers im Rennen: Mansell 1:28,283 (38.); Rosberg 1:28,421 (39.); Prost 1:29,714 (27.); Lauda 1:29,998 (30.); Alboreto 1:30,163 (45.); Piquet 1:30,436 (36.); Johansson 1:30,935 (48.); Senna 1:31,703 (43.); Tambay 1:31,745 (43.); de Angelis 1:31,896 (10.); Laffite 1:32,448 (27.); Boutsen 1:32,820 (29.); Warwack 1:33,330 (5.); Brundle 1:33,418 (20.); Streiff 1:33,575 (35.); Fabi 1:33,864 (24.); Patrese 1:34,784 (24.); Alliot 1:35,308 (18.); Cheever 1:36,311 (3.); Berger 1:36,425 (6.); Jones 1:36,536 (6.); Rothengatter 1:37,585 (18.); Acheson 2:14,092 (1.).

# Lauf 13 — Großer Preis von Belgien — Spa, 15. September 1985

| Erstes Training (inoffiziell) | | Zweites Training (offiziell) | | Drittes Training (inoffiziell) | | Viertes Training (offiziell) | |
|---|---|---|---|---|---|---|---|
| 1. Prost | 1:59,626 | 1. Prost | 1:56,563 | 1. Prost | 1:57,300 | 1. Prost | 1:55,306 |
| 2. Mansell | 1:59,783 | 2. Johansson | 1:56,585 | 2. Senna | 1:59,342 | 2. Senna | 1:55,403 |
| 3. Boutsen | 2:00,133 | 3. Piquet | 1:56,643 | 3. de Angelis | 1:59,484 | 3. Piquet | 1:55,648 |
| 4. Johansson | 2:00,292 | 4. Mansell | 1:56,727 | 4. Boutsen | 2:00,269 | 4. Alboreto | 1:56,021 |
| 5. Alboreto | 2:00,542 | 5. Berger | 1:56,770 | 5. Berger | 2:00,287 | 5. Boutsen | 1:56,697 |
| 6. Berger | 2:00,683 | 6. Alboreto | 1:56,999 | 6. Alboreto | 2:00,443 | 6. Johansson | 1:56,746 |
| 7. Rosberg | 2:01,040 | 7. Rosberg | 1:57,582 | 7. Warwick | 2:00,863 | 7. Mansell | 1:56,996 |
| 8. de Angelis | 2:01,268 | 8. Fabi | 1:57,588 | 8. Rosberg | 2:00,936 | 8. de Angelis | 1:57,322 |
| 9. Fabi | 2:01,954 | 9. Tambay | 1:58,105 | 9. Fabi | 2:00,941 | 9. Rosberg | 1:57,465 |
| 10. Alliot | 2:02,118 | 10. Ghinzani | 1:58,820 | 10. Streiff | 2:00,991 | 10. Surer | 1:57,729 |
| 11. Ghinzani | 2:02,379 | 11. de Angelis | 1:58,852 | 11. Mansell | 2:01,204 | 11. Fabi | 1:57,857 |
| 12. Laffite | 2:02,766 | 12. Boutsen | 1:59,046 | 12. Ghinzani | 2:01,376 | 12. Warwick | 1:58,407 |
| 13. Tambay | 2:02,812 | 13. Alliot | 1:59,626 | 13. Patrese | 2:02,122 | 13. Patrese | 1:58,414 |
| 14. Warwick | 2:02,913 | 14. Patrese | 1:59,703 | 14. Johansson | 2:02,131 | 14. Ghinzani | 1:58,706 |
| 15. Piquet | 2:02,926 | 15. Warwick | 1:59,761 | 15. Cheever | 2:02,399 | 15. Laffite | 1:58,933 |
| 16. Brundle | 2:03,647 | 16. Surer | 2:00,154 | 16. Laffite | 2:02,618 | 16. Streiff | 1:59,245 |
| 17. Streiff | 2:03,747 | 17. Streiff | 2:00,599 | 17. Tambay | 2:03,106 | 17. Tambay | 1:59,335 |
| 18. Cheever | 2:04,406 | 18. Senna | 2:00,710 | 18. Surer | 2:03,783 | 18. Cheever | 1:59,370 |
| 19. Lauda | 2:04,695 | 19. Cheever | 2:00,861 | 19. Brundle | 2:04,181 | 19. Alliot | 1:59,755 |
| 20. Surer | 2:05,337 | 20. Brundle | 2:00,950 | 20. Piquet | 2:04,848 | 20. Brundle | 2:01,364 |
| 21. Patrese | 2:06,752 | 21. Laffite | 2:01,345 | 21. Rothengat. | 2:06,107 | 21. Rothengat. | 2:05,776 |
| 22. Danner | 2:07,663 | 22. Danner | 2:05,059 | 22. Alliot | 2:06,299 | 22. Martini | 2:06,606 |
| 23. Rothengat. | 2:12,664 | 23. Martini | 2:06,007 | 23. Danner | 2:08,950 | 23. Danner | 2:07,046 |
| 24. Senna | 2:13,176 | 24. Rothengat. | 2:06,083 | 24. Martini | 2:13,270 | 24. Berger | 17:20,837 |
| 25. Martini | 2:13,620 | | | | | | |

Startaufstellung:

| | | | |
|---|---|---|---|
| | Ayrton Senna<br>Lotus-Renault 97T-4<br>1:55,403 | | Alain Prost<br>McLaren-Porsche<br>MP4/2-5, 1:55,306 |
| Michele Alboreto<br>Ferrari 156/85-078<br>1:56,021 | | Nelson Piquet<br>Brabham-BMW BT54-6<br>1:55,648 | |
| | Thierry Boutsen<br>Arrows-BMW A8/4<br>1:56,697 | | Stefan Johansson<br>Ferrari 156/85-083<br>1:56,585 |
| Gerhard Berger<br>Arrows-BMW A8/5<br>1:56,770 | | Nigel Mansell<br>Williams-Honda FW10-06<br>1:56,727 | |
| | Keke Rosberg<br>Williams-Honda<br>FW10-07, 1:57,465 | | Elio de Angelis<br>Lotus-Renault 97T-3<br>1:57,322 |
| Marc Surer<br>Brabham-BMW BT54-8<br>1:57,729 | | Teo Fabi<br>Toleman-Hart TG185-05<br>1:57,588 | |
| | Derek Warwick<br>Renault RE60B-03<br>1:58,407 | | Patrick Tambay<br>Renault RE60B-04<br>1:58,105 |
| Piercarlo Ghinzani<br>Toleman-Hart TG185-04<br>1:58,706 | | Riccardo Patrese<br>Alfa Romeo 185T/3<br>1:58,414 | |
| | Philippe Streiff<br>Ligier-Renault JS25/03<br>1:59,245 | | Jacques Laffite<br>Ligier-Renault JS25/05<br>1:58,933 |
| Philippe Alliot<br>RAM-Hart 03-04<br>1:59,626 | | Eddie Cheever<br>Alfa Romeo 185T/1<br>1:59,370 | |
| | Christian Danner<br>Zakspeed ZAK841/02<br>2:05,059 | | Martin Brundle<br>Tyrrell-Renault 014-3<br>2:00,950 |
| Pierluigi Martini<br>Minardi-Motori<br>M185/001, 2:06,007 | | Huub Rothengatter<br>Osella-Alfa FA1F-02<br>2:05,776 | |

Sonntag-Aufwärmtraining: 1. Mansell 2:25,462, 2. de Angelis 2:26,491, 3. Senna 2:26,732, 4. Rosberg 2:27,380, 5. Johansson 2:27,996, 6. Boutsen 2:28,234, 7. Berger 2:28,480, 8. Tambay 2:28,878, 9. Warwick 2:29,543, 10. Prost 2:30,151.

Wetter am Renntag: regnerisch, Piste abwechselnd naß, feucht und trocken — 20.000 Zuschauer.

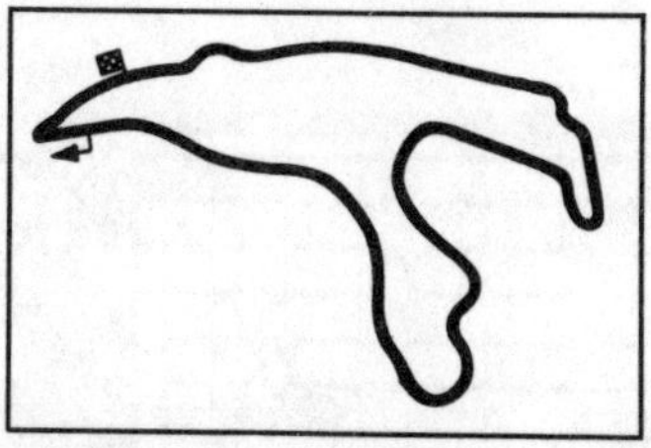

Rekorde: Distanz: Prost (Renault RE40) 191,729 km/h (1983); Runde: de Cesaris (Alfa Romeo 183T) 2:07,493 = 196,217 km/h (1983); Training: Prost (Renault RE40) 2:04,615 = 200,749 km/h (1983).

Boxenstops:

| | | |
|---|---|---|
| Rosberg: | 3. Runde: | Wechsel auf Slicks; Platz 6—21 |
| Streiff: | 5. Runde: | Wechsel auf Slicks; Platz 10—22 |
| Piquet: | 5. Runde: | Wechsel auf Slicks; Platz 19—21 |
| Laffite: | 6. Runde: | Wechsel auf Slicks; Platz 16—19 |
| Surer: | 6. Runde: | Wechsel auf Slicks; Platz 17—20 |
| Fabi: | 7. Runde: | Wechsel auf Slicks; Platz 13—17 |
| Cheever: | 7. Runde: | Wechsel auf Slicks; Platz 15—16 |
| Rothengatter: | 8. Runde: | Wechsel auf Slicks; Platz 18—20 |
| Senna: | 9. Runde: | Wechsel auf Slicks; Platz 1—2 |
| Mansell: | 9. Runde: | Wechsel auf Slicks; Platz 2—3 |
| Prost: | 9. Runde: | Wechsel auf Slicks; Platz 3—6 |
| Warwick: | 9. Runde: | Wechsel auf Slicks; Platz 7—10 |
| Brundle: | 9. Runde: | Wechsel auf Slicks; Platz 9—19 |
| Patrese: | 9. Runde: | Wechsel auf Slicks; Platz 12—14 |
| Danner: | 9. Runde: | Wechsel auf Slicks; Platz 21 |
| Boutsen: | 10. Runde: | Wechsel auf Slicks; Platz 4—7 |
| de Angelis: | 11. Runde: | Wechsel auf Slicks; Platz 3—8 |
| Berger: | 12. Runde: | Wechsel auf Slicks; Platz 7—10 |
| Rothengatter: | 12. Runde: | Getriebeprobleme; Platz 19 |
| Brundle: | 13. Runde: | Reifenwechsel; Platz 18—20 |
| Martini: | 14. Runde: | Wechsel auf Slicks; Platz 17 |
| Rothengatter: | 14. Runde: | Getriebeprobleme; Platz 19 |
| Patrese: | 28. Runde: | Elektrik — Hauptstromkabel; Platz 12 |
| Patrese: | 30. Runde: | Elektrik — Hauptstromkabel; Platz 14 |
| Rosberg: | 33. Runde: | linker vorderer Bremslufteinlaßtrichter weggebrochen, gleichzeitig Reifenwechsel; Platz 3—4 |

Ausfälle:

| | | |
|---|---|---|
| Alboreto: | 4. Runde: | Kupplung; Platz 8 |
| Ghinzani: | 8. Runde: | Unfall, mit kalten Reifen aus der Box; Platz 14 |
| Johansson: | 8. Runde: | Motorschaden; Platz 6—11 |
| Alliot: | 11. Runde: | Unfall nach Boxenstop (kalte Reifen); Platz 9 |
| Danner: | 17. Runde: | Getriebe (6. Gang gebrochen); Platz 18 |
| de Angelis: | 18. Runde: | Turboschaden rechts; Platz 7—16 |
| Fabi: | 24. Runde: | Gaszug gerissen; Platz 12 |
| Tambay: | 25. Runde: | Getriebe (5. Gang herausgesprungen, dann gebrochen); Platz 7—9 |
| Cheever: | 27. Runde: | Getriebe; Platz 7 |
| Patrese: | 32. Runde: | Elektrik — Hauptstromkabel; Platz 15 |
| Laffite: | 39. Runde: | Unfall, mit kalten Reifen aus der Box; Platz 8 |
| Boutsen: | 41. Runde: | Kegel- und Tellerrad gebrochen; Platz 7 |

Distanz: 43 Runden à 6,940 km = 298,420 km.

Stand nach 1 Runde: 1. Senna, 2. Prost, 3. Mansell, 4. Alboreto, 5. Johansson, 6. Boutsen, 7. Rosberg, 8. de Angelis, 9. Berger, 10. Warwick.

Stand nach 20 Runden: 1. Senna (45:22,184), 2. Mansell —12,229, 3. Rosberg —18,421, 4. Prost —19,832, 5. Boutsen —1:01,324, 6. Tambay —1:18,659, 7. Warwick —1:20,816, 8. Cheever —1:22,103, 9. Piquet —1:46,024, 10. Fabi —1:47,714.

Stand nach 40 Runden: 1. Senna (1.27:59,566), 2. Mansell —30,438, 3. Prost —55,171, 4. Rosberg —1:13,987, 5. Piquet —1 Runde, 6. Warwick, 7. Boutsen, 8. Berger, 9. Surer, 10. Streiff.

Ergebnis:

| | | |
|---|---|---|
| 1. Ayrton Senna (Brasilien), Lotus-Renault | 1.34:19,893 | = 189,811 km/h |
| 2. Nigel Mansell (England), Williams-Honda | 1.34:48,315 | 28,422 zurück |
| 3. Alain Prost (Frankreich), McLaren-Porsche | 1.35:15,002 | 55,109 zurück |
| 4. Keke Rosberg (Finnland), Williams-Honda | 1.35:35,183 | 1:15,290 zurück |
| 5. Nelson Piquet (Brasilien), Brabham-BMW | 1.34:26,129 | 1 Runde zurück |
| 6. Derek Warwick (England), Renault | 1.34:43,615 | 1 Runde zurück |
| 7. Gerhard Berger (Österreich), Arrows-BMW | 1.35:12,208 | 1 Runde zurück |
| 8. Marc Surer (Schweiz), Brabham-BMW | 1.35:12,415 | 1 Runde zurück |
| 9. Philippe Streiff (Frankreich), Ligier-Renault | 1.35:44,995 | 1 Runde zurück |
| 10. Thierry Boutsen (Belgien), Arrows-BMW | 1.30:43,474 | 3 Runden zurück |
| 11. Jacques Laffite (Frankreich), Ligier-Renault | 1.26:31,062 | 5 Runden zurück |
| 12. Pierluigi Martini (Italien), Minardi-MM | 1.34:25,948 | 5 Runden zurück |
| 13. Martin Brundle (England), Tyrrell-Renault | 1.35:52,430 | 5 Runden zurück |

Schnellste Runde: Prost (McLaren-Porsche) 2:01,730 = 205,241 km/h).

Schnellste Runde jedes Fahrers im Rennen: Prost 2:01,730 (38.); Surer 2:02,266 (42.); Piquet 2:02,655 (35.); Rosberg 2:03,363 (40.); Mansell 2:03,479 (37.); Senna 2:03,700 (40.); Berger 2:04,142 (41.); Streiff 2:04,685 (38.); Laffite 2:04,835 (35.); Fabi 2:06,350 (18.); Brundle 2:06,557 (37.); Cheever 2:06,658 (20.); Warwick 2:06,697 (20.); Boutsen 2:07,488 (30.); Tambay 2:07,582 (20.); Patrese 2:08,113 (18.); de Angelis 2:09,675 (16.); Danner 2:11,835 (16.); Martini 2:15,557 (38.); Rothengatter 2:19,005 (32.); Alliot 2:22,744 (7.); Johansson 2:24,045 (3.); Ghinzani 2:29,896 (3.); Alboreto 2:30,110 (3.).

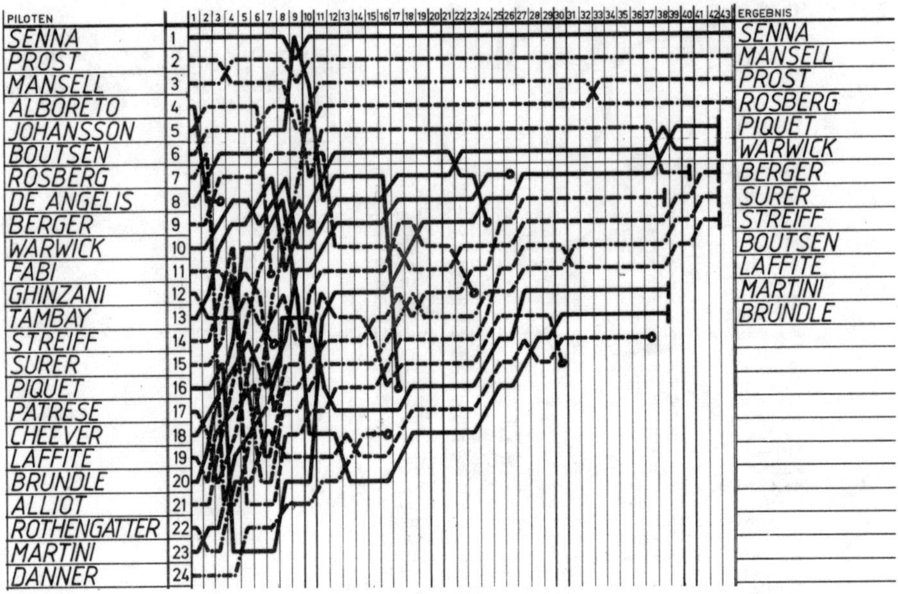


Rundentabelle 13

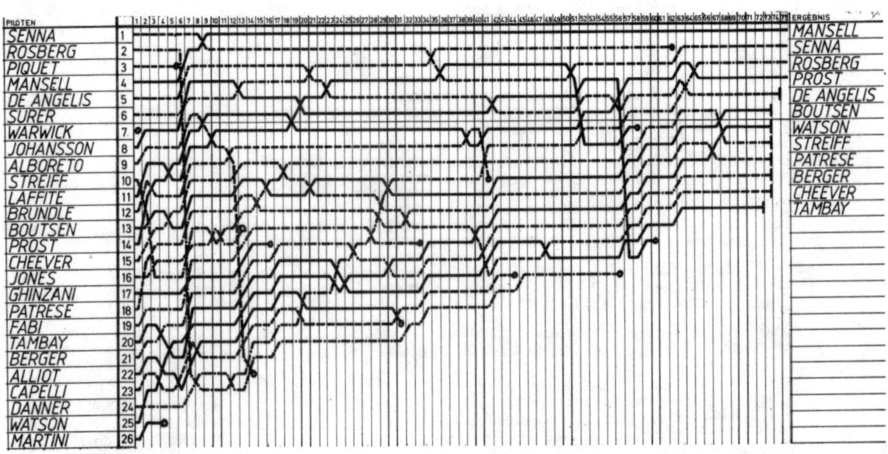


Rundentabelle 14

# Lauf 14 — Großer Preis von Europa — Brands Hatch, 6. Okt. 1985

| Erstes Training (inoffiziell) | | Zweites Training (offiziell) | | Drittes Training (inoffiziell) | | Viertes Training (offiziell) | |
|---|---|---|---|---|---|---|---|
| 1. Senna | 1:09,664 | 1. Senna | 1:08,020 | 1. Prost | 1:10,447 | 1. Senna | 1:07,169 |
| 2. Piquet | 1:11,131 | 2. Piquet | 1:09,204 | 2. Senna | 1:10,526 | 2. Piquet | 1:07,482 |
| 3. Rosberg | 1:11,140 | 3. Rosberg | 1:09,277 | 3. Rosberg | 1:10,595 | 3. Mansell | 1:08,059 |
| 4. Prost | 1:11,286 | 4. Surer | 1:09,762 | 4. Piquet | 1:10,599 | 4. Rosberg | 1:08,197 |
| 5. Mansell | 1:11,618 | 5. Prost | 1:10,345 | 5. Streiff | 1:11,676 | 5. Streiff | 1:09,080 |
| 6. Alboreto | 1:11,800 | 6. Streiff | 1:10,396 | 6. Johansson | 1:12,424 | 6. Prost | 1:09,429 |
| 7. Cheever | 1:12,796 | 7. Mansell | 1:10,537 | 7. Laffite | 1:12,697 | 7. Warwick | 1:09,904 |
| 8. Surer | 1:13,218 | 8. Alboreto | 1:10,877 | 8. Fabi | 1:12,767 | 8. Surer | 1:09,913 |
| 9. Boutsen | 1:13,232 | 9. Boutsen | 1:10,918 | 9. de Angelis | 1:12,773 | 9. de Angelis | 1:10,014 |
| 10. Streiff | 1:13,313 | 10. Patrese | 1:10,963 | 10. Patrese | 1:12,799 | 10. Laffite | 1:10,081 |
| 11. Fabi | 1:13,441 | 11. Warwick | 1:11,014 | 11. Alboreto | 1:12,955 | 11. Patrese | 1:10,251 |
| 12. Warwick | 1:13,537 | 12. Brundle | 1:11,296 | 12. Ghinzani | 1:13,141 | 12. Boutsen | 1:10,323 |
| 13. Watson | 1:13,595 | 13. Johansson | 1:11,309 | 13. Mansell | 1:13,239 | 13. Johansson | 1:10,517 |
| 14. Johansson | 1:13,749 | 14. Laffite | 1:11,312 | 14. Watson | 1:13,247 | 14. Ghinzani | 1:10,570 |
| 15. Alliot | 1:13,766 | 15. de Angelis | 1:11,530 | 15. Warwick | 1:13,289 | 15. Alboreto | 1:10,659 |
| 16. Tambay | 1:14,200 | 16. Berger | 1:11,608 | 16. Capelli | 1:13,509 | 16. Brundle | 1:10,731 |
| 17. Brundle | 1:14,491 | 17. Watson | 1:12,496 | 17. Boutsen | 1:13,512 | 17. Tambay | 1:10,934 |
| 18. Berger | 1:14,541 | 18. Cheever | 1:12,766 | 18. Berger | 1:13,657 | 18. Cheever | 1:11,500 |
| 19. Jones | 1:15,028 | 19. Fabi | 1:13,024 | 19. Tambay | 1:14,289 | 19. Berger | 1:11,638 |
| 20. Patrese | 1:15,376 | 20. Tambay | 1:13,048 | 20. Cheever | 1:14,317 | 20. Fabi | 1:12,090 |
| 21. de Angelis | 1:15,514 | 21. Ghinzani | 1:13,517 | 21. Alliot | 1:14,494 | 21. Watson | 1:12,516 |
| 22. Rothengat. | 1:16,486 | 22. Jones | 1:14,050 | 22. Surer | 1:14,557 | 22. Jones | 1:13,084 |
| 23. Laffite | 1:16,955 | 23. Alliot | 1:14,355 | 23. Jones | 1:14,928 | 23. Alliot | 1:13,537 |
| 24. Danner | 1:17,637 | 24. Danner | 1:15,947 | 24. Brundle | 1:14,953 | 24. Capelli | 1:13,721 |
| 25. Ghinzani | 1:17,680 | 25. Martini | 1:16,942 | 25. Martini | 1:16,859 | 25. Danner | 1:15,054 |
| 26. Capelli | 1:19,813 | 26. Capelli | 1:16,879 | 26. Rothengat. | 1:17,979 | 26. Martini | 1:15,127 |
| 27. Martini | 1:20,435 | 27. Rothengat. | 1:16,994 | 27. Danner | 1:19,554 | 27. Rothengat. | 1:18,022 |

Startaufstellung:

Ayrton Senna
Lotus-Renault 97T-4
1:07,169

Nelson Piquet
Brabham-BMW BT54-9
1:07,482

Nigel Mansell
Williams-Honda
FW10-06, 1:08,059

Keke Rosberg
Williams-Honda
FW10-07, 1:08,197

Philippe Streiff
Ligier-Renault JS25/04
1:09,080

Alain Prost
McLaren-Porsche
MP4/2B-4, 1:09,429

Marc Surer
Brabham-BMW BT54-6
1:09,762

Derek Warwick
Renault RE60B-03
1:09,904

Elio de Angelis
Lotus-Renault 97T-3
1:10,014

Jacques Laffite
Ligier-Renault JS25/05
1:10,081

Riccardo Patrese
Alfa Romeo 185T/3
1:10,251

Thierry Boutsen
Arrows-BMW A8/4
1:10,323

Stefan Johansson
Ferrari 156/85-086
1:10,517

Piercarlo Ghinzani
Toleman-Hart TG185-04
1:10,570

Michele Alboreto
Ferrari 156/85-085
1:10,659

Martin Brundle
Tyrrell-Renault 014-3
1:10,731

Patrick Tambay
Renault RE60B-08
1:10,934

Eddie Cheever
Alfa Romeo 185T/1
1:11,500

Gerhard Berger
Arrows-BMW A8/3
1:11,608

Teo Fabi
Toleman-Hart TG185-03
1:12,090

John Watson
McLaren-Porsche
MP4/2B-4. 1:12,496

Alan Jones
Lola-Hart THL1-002
1:13,084

Philippe Alliot
RAM-Hart 03-02
1:13,537

Ivan Capelli
Tyrrell-Renault 014-2
1:13,721

Christian Danner
Zakspeed ZAK841/02
1:15,054

Pierluigi Martini
Minardi-Motori M185/003
1:15,127

Nicht qualifiziert: Huub Rothengatter (Osella-Alfa Romeo FA1G) 1:16,994.

Wetter am Renntag: bedeckt, kühl und windig — 120.000 Zuschauer.

Sonntag-Aufwärmtraining: 1. Piquet 1:12,333, 2. Senna 1:13,417, 3. Prost 1:13,452, 4. Rosberg 1:13,604, 5. Surer 1:13,612, 6. Johansson 1:13,613, 7. Alboreto 1:14,253, 8. de Angelis 1:14,354, 9. Mansell 1:14,767, 10. Fabi 1:15,219.

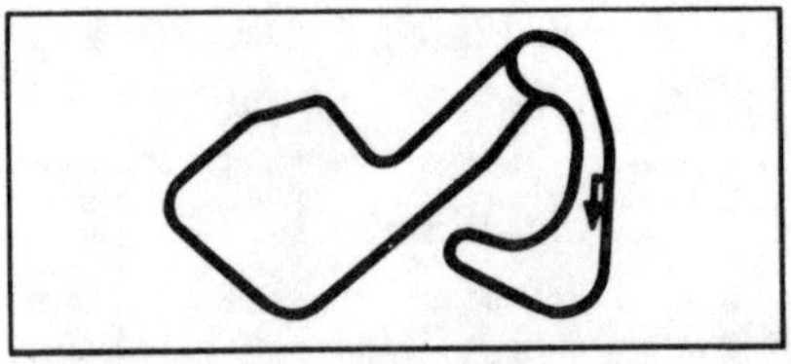

Rekorde: Distanz: Jones (Williams-Ford FW07B) 202,279 km/h (1980); Runde: Pironi (Ligier-Ford JS11/15) 1:12,368 = 209,239 km/h (1980); Training: Rosberg (Williams-Ford FW08) 1:09,540 = 217,836 km/h (1982).

Boxenstops:

| | | |
|---|---|---|
| Warwick: | 2. Runde: | Computer; Platz 7—26 |
| Warwick: | 5. Runde: | Kerzenwechsel, 3 Minuten; Platz 25 |
| Rosberg: | 7. Runde: | Reifenwechsel, Reifenschaden links hinten durch Kollision mit Piquet, Stop dauerte 19,75 Sekunden; Platz 2—23 |
| Alboreto: | 9. Runde: | Reifenwechsel in 10,08 Sekunden; Platz 6 |
| Prost: | 38. Runde: | Reifenwechsel in 16,19 Sekunden; Platz 7—8 |
| Cheever: | 40. Runde: | Reifenwechsel, 9 Sekunden; Platz 13—15 |
| Laffite: | 51. Runde: | Reifenwechsel in 19,23 Sekunden; Platz 3—7 |
| Johansson: | 56. Runde: | Zündungsdefekt, Kerzenwechsel, Reifenwechsel; Platz 4—15 |
| Tambay: | 57. Runde: | Reifenwechsel; Platz 14 |

Ausfälle:

| | | |
|---|---|---|
| Martini: | 4. Runde: | Unfall in der Clark-Kurve; Platz 25 |
| Warwick: | 7. Runde: | Computer, der den Motor steuert; Platz 25 |
| Piquet: | 7. Runde: | Kollision mit Rosberg in der Surtees-Kurve; Platz 3 |
| Alboreto: | 12. Runde: | Turboschaden, brennend an die Box; Platz 8 |
| Jones: | 14. Runde: | Steinschlag, Wasserverlust, Überhitzen; Platz 13 |
| Ghinzani: | 17. Runde: | kein Öldruck; Platz 14 |
| Alliot: | 32. Runde: | Motorschaden; Platz 19 |
| Fabi: | 34. Runde: | Motorschaden; Platz 14 |
| Brundle: | 41. Runde: | defekte Einspritzung; Platz 7 |
| Capelli: | 45. Runde: | Unfall wegen Schaltfehlers; Platz 16 |
| Danner: | 56. Runde: | Turboschaden, Feuer gelöscht; Platz 16 |
| Laffite: | 59. Runde: | Motorschaden; Platz 7 |
| Johansson: | 60. Runde: | defekte Elektrik; Platz 14 |
| Surer: | 63. Runde: | Turboschaden, Feuer gelöscht; Platz 2 |

Distanz: 75 Runden à 4,206 km = 315,45 km.

Stand nach 1 Runde: 1. Senna, 2. Rosberg, 3. Piquet, 4. Mansell, 5. de Angelis, 6. Surer, 7. Warwick, 8. Johansson, 9. Alboreto, 10. Streiff.

Stand nach 10 Runden: 1. Mansell (12:50,597), 2. Senna —3,694, 3. de Angelis —5,939, 4. Johansson —7,237, 5. Surer —8,570, 6. Prost —11,740, 7. Laffite —15,885, 8. Alboreto —18,299, 9. Brundle —19,180, 10. Cheever —27,380.

Stand nach 20. Runden: 1. Mansell (25:14,772), 2. Senna —10,706, 3. de Angelis —13,731, 4. Surer —14,001, 5. Laffite —18,541, 6. Johansson —20,966, 7. Prost —21,390, 8. Brundle —32,993, 9. Streiff —48,654, 10. Cheever —52,907.

Stand nach 30 Runden: 1. Mansell (37:39,373), 2. Senna —12,827, 3. Surer —17,106, 4. Laffite —13,808, 5. de Angelis —23,825, 6. Johansson —24,751, 7. Prost —25,501, 8. Brundle —39,257, 9. Streiff —54,357, 10. Rosberg —1:07,878.

Stand nach 40 Runden: 1. Mansell (49:56,338), 2. Surer —13,634, 3. Laffite —15,339, 4. Senna —18,496, 5. de Angelis —31,559, 6. Johansson —32,003, 7. Brundle —50,713, 8. Prost —1:02,050, 9. Streiff —1:07,225, 10. Rosberg —1:07,866.

Stand nach 50 Runden: 1. Mansell (1.02:10,410), 2. Surer —16,383, 3. Laffite —24,851, 4. Senna —25,486, 5. Johansson —36,986, 6. de Angelis —41,062, 7. Prost —49,512, 8. Rosberg —1:07,341, 9. Streiff —1 Runde, 10. Boutsen.

Stand nach 60 Runden: 1. Mansell (1.14:22,305), 2. Surer —16,800, 3. Senna —22,754, 4. Prost —50,863, 5. de Angelis —52,555, 6. Rosberg —59,969, 7. Streiff —1 Runde, 8. Boutsen, 9. Patrese, 10. Watson.

Ergebnis:

| | | |
|---|---|---|
| 1. Nigel Mansell (England), Williams-Honda | 1.32:58,109 = | 202,250 km/h |
| 2. Ayrton Senna (Brasilien), Lotus-Renault | 1.33:19,505 | 21,396 zurück |
| 3. Keke Rosberg (Finnland), Williams-Honda | 1.33:56,642 | 58,533 zurück |
| 4. Alain Prost (Frankreich), McLaren-Porsche | 1.34:04,230 | 1:06,121 zurück |
| 5. Elio de Angelis (Italien), Lotus-Renault | 1.33:02,797 | 1 Runde zurück |
| 6. Thierry Boutsen (Belgien), Arrows-BMW | 1.33:02,129 | 2 Runden zurück |
| 7. John Watson (Irland), McLaren-Porsche | 1.33:02,987 | 2 Runden zurück |
| 8. Philippe Streiff (Frankreich), Ligier-Renault | 1.33:08,344 | 2 Runden zurück |
| 9. Riccardo Patrese (Italien), Alfa Romeo | 1.33:08,749 | 2 Runden zurück |
| 10. Gerhard Berger (Österreich), Arrows-BMW | 1.33:27,556 | 2 Runden zurück |
| 11. Eddie Cheever (USA), Alfa Romeo | 1.33:57,655 | 2 Runden zurück |
| 12. Patrick Tambay (Frankreich), Renault | 1.33:10,055 | 3 Runden zurück |

Schnellste Runde: Laffite (Ligier-Renault), 1:11,526 = 210,5 km/h (55. Runde).

Schnellste Runde jedes Fahrers im Rennen: Laffite 1:11,526 (55.); Prost 1:11,655 (49.); Rosberg 1:12,022 (58.); Mansell 1,12,583 (60.); Senna 1:12,601 (56.); Surer 1:12,862 (38.); Johansson 1:13,353 (48.); Cheever 1:13,620 (45.); de Angelis 1:13,793 (50.); Watson 1:14,007 (52.); Patrese 1:14,317 (38.); Berger 1:14,391 (54.); Brundle 1:14,462 (35.); Streiff 1:14,476 (25.); Boutsen 1:14,583 (45.); Tambay 1:14,571 (68.); Piquet 1:14,649 (6.); Alboreto 1:15,224 (6.); Capelli 1:15,538 (37.); Fabi 1:15,595 (26.); Ghinzani 1:15,946 (15.); Alliot 1:16,141 (13.); Jones 1:16,390 (9.); Danner 1:19,150 (26.); Martini 1:21,352 (3.); Warwick 1:28,545 (4.).

## Lauf 15 — Großer Preis von Südafrika — Kyalami, 19. Oktober 1985

| Erstes Training (inoffiziell) | | Zweites Training (offiziell) | | Drittes Training (inoffiziell) | | Viertes Training (offiziell) | |
|---|---|---|---|---|---|---|---|
| 1. Rosberg | 1:04,875 | 1. Rosberg | 1:03,073 | 1. Fabi | 1:05,002 | 1. Mansell | 1:03,188 |
| 2. Prost | 1:05,059 | 2. Mansell | 1:03,188 | 2. Piquet | 1:05,092 | 2. Piquet | 1:03,844 |
| 3. Mansell | 1:05,231 | 3. Piquet | 1:03,844 | 3. Senna | 1:05,605 | 3. Rosberg | 1:03,073 |
| 4. Piquet | 1:05,382 | 4. Senna | 1:04,517 | 4. Ghinzani | 1:05,972 | 4. Senna | 1:04,517 |
| 5. de Angelis | 1:05,924 | 5. de Angelis | 1:04,611 | 5. de Angelis | 1:06,152 | 5. Surer | 1:05,411 |
| 6. Lauda | 1:06,098 | 6. Boutsen | 1:05,079 | 6. Lauda | 1:06,325 | 6. de Angelis | 1:04,611 |
| 7. Patrese | 1:06,566 | 7. Alboreto | 1:05,268 | 7. Mansell | 1:06,376 | 7. Fabi | 1:06,083 |
| 8. Fabi | 1:06,630 | 8. Lauda | 1:05,357 | 8. Surer | 1:06,909 | 8. Lauda | 1:05,357 |
| 9. Johansson | 1:06,712 | 9. Johansson | 1:05,406 | 9. Streiff | 1:06,950 | 9. Prost | 1:05,757 |
| 10. Senna | 1:07,187 | 10. Surer | 1:05,411 | 10. Patrese | 1:07,292 | 10. Boutsen | 1:05,079 |
| 11. Surer | 1:07,221 | 11. Prost | 1:05,757 | 11. Prost | 1:07,416 | 11. Berger | 1:06,546 |
| 12. Boutsen | 1:08,243 | 12. Fabi | 1:06,083 | 12. Johansson | 1:07,613 | 12. Patrese | 1:06,386 |
| 13. Jones | 1:08,289 | 13. Patrese | 1:06,386 | 13. Rosberg | 1:07,666 | 13. Ghinzani | 1:07,800 |
| 14. Berger | 1:08,491 | 14. Berger | 1:06,546 | 14. Boutsen | 1:07,791 | 14. Cheever | 1:07,159 |
| 15. Cheever | 1:08,628 | 15. Brundle | 1:06,709 | 15. Alboreto | 1:07,938 | 15. Johansson | 1:05,406 |
| 16. Ghinzani | 1:08,887 | 16. Jones | 1:07,144 | 16. Cheever | 1:07,951 | 16. Brundle | 1:06,709 |
| 17. Alboreto | 1:09,210 | 17. Cheever | 1:07,159 | 17. Jones | 1:07,963 | 17. Jones | 1:07,144 |
| 18. Brundle | 1:09,538 | 18. Ghinzani | 1:07,800 | 18. Brundle | 1:08,247 | 18. Alboreto | 1:05,757 |
| 19. Martini | 1:10,648 | 19. Streiff | 1:07,935 | 19. Berger | 1:08,984 | 19. Streiff | 1:06,205 |
| 20. Streiff | 1:11,978 | 20. Rothengat. | 1:09,904 | 20. Martini | 1:09,344 | 20. Martini | 1:08,658 |
| 21. Rothengat. | 1:12,095 | 21. Martini | 1:10,025 | 21. Rothengat. | 1:10,528 | 21. Rothengat. | 1:09,873 |

Startaufstellung:

Nigel Mansell
Williams-Honda
FW10-06, 1:02,366

Nelson Piquet
Brabham-BMW BT54-9
1:02,490

Keke Rosberg
Williams-Honda
FW10-07, 1:02,504

Ayrton Senna
Lotus-Renault 97T-4
1:02,825

Marc Surer
Brabham-BMW BT54-6
1:04,088

Elio de Angelis
Lotus-Renault 97T-3
1:04,129

Teo Fabi
Toleman-Hart TG185-03
1:04,215

Niki Lauda
McLaren-Porsche
MP4/2B-4, 1:04,283

Alain Prost
McLaren-Porsche
MP4/2B-6, 1:04,376

Thierry Boutsen
Arrows-BMW A8/4
1:04,518

Gerhard Berger
Arrows-BMW A8/2
1:04,780

Riccardo Patrese
Alfa-Romeo 185T/3
1:04,948

Piercarlo Ghinzani
Toleman-Hart TG185-04
1:05,114

Eddie Cheever
Alfa Romeo 185T/1
1:05,260

Michele Alboreto
Ferrari 156/85-084
1:05,268

Stefan Johansson
Ferrari 156/85-086
1:05,388

Martin Brundle
Tyrrell-Renault 014-3
1:05,649

Alan Jones *
Lola-Hart THL1-002
1:05,731

Philippe Streiff
Tyrrell-Renault 014-2
1:06,205

Pierluigi Martini
Minardi-Motori M185/003
1:08,658

Huub Rothengatter
Osella-Alfa FA1G-02
1:09,873

* Nicht am Start

Jones (Beatrice-Lola-Hart) Startverzicht: „Wegen Viruserkrankung heimgeflogen."

Wetter am Renntag: sonnig und heiß, 28 Grad — 85.000 Zuschauer

Samstag-Aufwärmtraining: 1. Piquet 1:06,856; 2. Senna 1:08,296, 3. Rosberg 1:08,635, 4. Lauda 1:08,977, 5. Mansell 1:09,026, 6. Prost 1:09,270, 7. de Angelis 1:09,368, 8. Alboreto 1:09,695, 9. Johansson 1:09,880, 10. Surer 1:10,104.

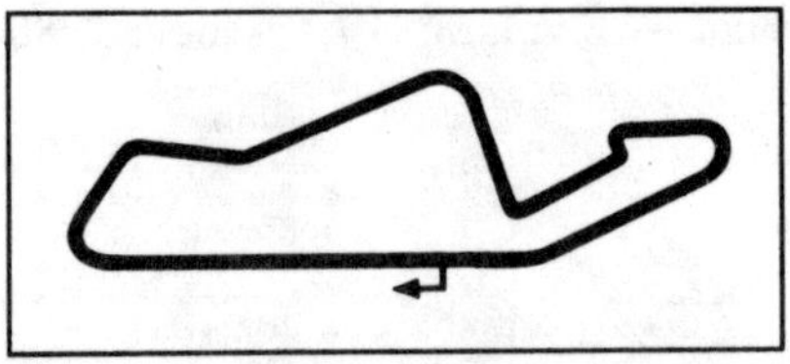

Rekorde: Distanz: Lauda (McLaren-TAG MP4/2) 206,587 km/h (1984); Runde: Arnoux (Renault RE30B) 1:08,278 =216,385 km/h (1982); Training: Piquet (Brabham-BMW BT53) 1:04,871 (1984).

Boxenstops:

| | | |
|---|---|---|
| Ghinzani: | 2. Runde: | neue Frontpartie nach Kollision mit Patrese und Cheever; Platz 18 |
| Rosberg: | 26. Runde: | Reifenwechsel in 8,8 Sekunden; Platz 4—6 |
| Johansson: | 26. Runde: | Reifenwechsel in 7,77 Sekunden; Platz 6—8 |
| Boutsen: | 28. Runde: | Reifenwechsel; Platz 8—9 |
| de Angelis: | 30. Runde: | Reifenwechsel in 13,06 Sekunden; Platz 4—6 |
| Berger: | 30. Runde: | Reifenwechsel; Platz 7—9 |
| Lauda: | 32. Runde: | Reifenwechsel in 15,84 Sekunden; Platz 3 |
| Prost: | 34. Runde: | Reifenwechsel in 18,23 Sekunden; Platz 2—3 |
| Mansell: | 37. Runde: | Reifenwechsel in 11,71 Sekunden; Platz 1 |
| Brundle: | 41. Runde: | Reifenwechsel in 11,17 Sekunden; Platz 5—6 |
| Rosberg: | 47. Runde: | zweiter Reifenwechsel in 7,2 Sekunden; Platz 3 |
| Brundle: | 52. Runde: | zweiter Reifenwechsel in 13,38 Sekunden; Platz 8 |
| Boutsen: | 58. Runde: | zweiter Reifenwechsel; Platz 5—6 |

Ausfälle:

| | | |
|---|---|---|
| Patrese und Cheever: | 1. Runde: | von Ghinzani in der ersten Kurve gestoßen, Karambolage; Platz 12, 13 |
| Surer: | 4. Runde: | Motor/Ventilschaden; Platz 8—16 |
| Rothengatter: | 2. Runde: | Elektrik; Platz 17 |
| Fabi: | 4. Runde: | Motor; Platz 9 |
| Ghinzani: | 5. Runde: | Motorexplosion, großer Ölverlust; Platz 15 |
| Piquet: | 7. Runde: | Motor/Ventilschaden; Platz 3—13 |
| Alboreto: | 8. Runde: | Turbo; Platz 7—12 |
| Senna: | 8. Runde: | Motor; Platz 3—10 |
| Streiff: | 17. Runde: | Unfall, auf Ölspur ausgerutscht; Platz 10 |
| Lauda: | 37. Runde: | Turbolader explodiert; Platz 2 |
| Martini: | 46. Runde: | Motorexplosion; Platz 9 |

Distanz: 75 Runden à 4,1038 km = 307,785 km.

Stand nach 1 Runde: 1. Mansell, 2. Piquet, 3. de Angelis, 4. Senna, 5. Rosberg, 6. Lauda, 7. Surer, 8. Prost, 9. Fabi, 10. Alboreto.

Stand nach 10 Runden: 1. Mansell 11:55,786, 2. Prost —2,271, 3. Lauda —3,098, 4. de Angelis —5,411, 5. Rosberg —10,383, 6. Brundle —19,913, 7. Johansson —20,476, 8. Boutsen —21,234, 9. Berger —22,877, 10. Streiff —29,224.

Stand nach 20 Runden: 1. Mansell 23:43,096, 2. Prost —1,631, 3. Lauda —3,327, 4. Rosberg —15,629, 5. de Angelis —17,634, 7. Johansson —32,933, 7. Brundle —35,689, 8. Boutsen —37,908, 9. Berger —40,459, 10. Martini —1 Runde.

Stand nach 30 Runden: 1. Mansell 35:29,730, 2. Prost —0,357, 3. Lauda —0,715, 4. de Angelis —33,442, 5. Rosberg —43,800, 6. Brundle —51,384, 7. Berger —1:01,789, 8. Johansson —1 Runde, 9. Boutsen, 10. Martini —2 Runden.

Stand nach 40 Runden: 1. Mansell 47:47,744, 2. Prost —0,776, 3. Rosberg —4,434, 4. de Angelis —30,073, 5. Brundle —40,886, 6. Johansson —44,802, 7. Boutsen —57,315, 8. Berger —1:01,015, 9. Martini —2 Runden.

Stand nach 50 Runden: 1. Mansell 59:27,160, 2. Prost —1,793, 3. Rosberg —26,569, 4. de Angelis —35,235, 5. Johansson —56,128, 6. Boutsen —1:08,560, 7. Berger —1 Runde, 8. Brundle.

Stand nach 60 Runden: 1. Mansell 1.11:03,901, 2. Prost —2,448, 3. Rosberg —16,857, 4. Johansson —1 Runde, 5. Berger, 6. Boutsen.

Stand nach 70 Runden: 1. Mansell 1.22:36,603, 2. Prost —8,179, 3. Rosberg —10,120, 4. Johansson —1 Runde, 5. Berger, 6. Boutsen, 7. Brundle —2 Runden.

Ergebnis:

| | | |
|---|---|---|
| 1. Nigel Mansell (England), Williams-Honda | 1.28:22,866 | = 208,959 km/h |
| 2. Keke Rosberg (Finnland), Williams-Honda | 1.38:30,438 | 7,572 zurück |
| 3. Alain Prost (Frankreich), Mc-Laren-Porsche | 1.27:45,721 | 1 Runde zurück |
| 4. Stefan Johansson (Schweden), Ferrari | 1.29:07,822 | 1 Runde zurück |
| 5. Gerhard Berger (Österreich), Arrows-BMW | 1.29:09,266 | 1 Runde zurück |
| 6. Thierry Boutsen (Belgien), Arrows-BMW | 1.29:19,181 | 1 Runde zurück |
| 7. Martin Brundle (England), Tyrrell-Renault | 1.28:51,753 | 2 Runden zurück |

Schnellste Runde: Rosberg (Williams-Honda), 1:08,149 = 216,796 km/h (74. Runde).

Schnellste Runde. jedes Fahrers im Rennen: Rosberg 1:08,149 (74.); Mansell 1:08,518 (74.); Prost 1:08,713 (56.); Boutsen 1:09,230 (63.); Lauda 1:09,500 (35.); de Angelis 1:09,960 (34.); Senna 1:10,077 (7.); Berger 1:10,258 (33.); Brundle 1:10,339 (45.); Johansson 1:10,413 (41.); Piquet 1:10,476 (3.); Alboreto 1:10,850 (5.); Streiff 1:11,404 (5.); Fabi 1:12,035 (3.); Surer 1:12,100 (2.); Martini 1:14,428 (5.); Ghinzani 1:29,450 (3.); Rothengatter 1:29,792 (1.).

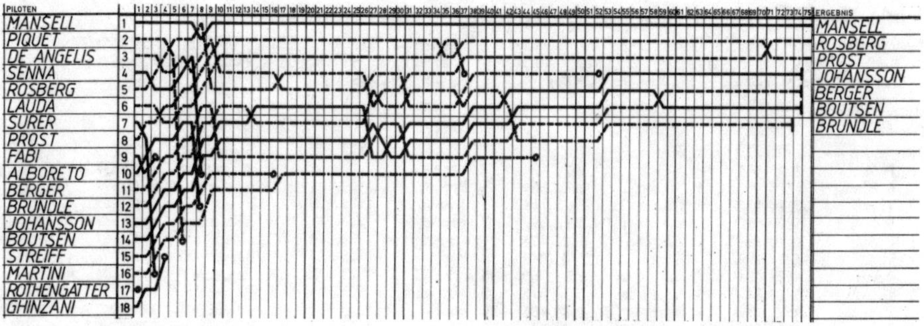


Rundentabelle 15

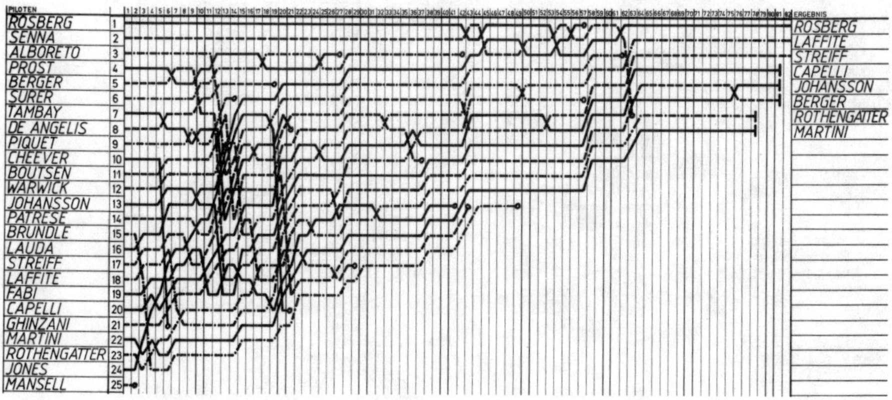


Rundentabelle 16

## Lauf 16 — Großer Preis von Australien — Adelaide, 3. Nov. 1985

Donnerstag-Testfahrten: 1. Senna 1:24,029, 2. Boutsen 1:24,947, 3. Piquet 1:25,131, 4. Surer 1:25,168, 5. Rosberg 1:25,171, 6. Mansell 1:25,288, 7. Alboreto 1:25,327, 8. de Angelis 1:25,621, 9. Warwick 1:25,690, 10. Prost 1:25,734, 11. Berger 1:25,858, . . . 16. Lauda 1:26,785.

| Erstes Training (inoffiziell) | | Zweites Training (offiziell) | | Drittes Training (inoffiziell) | | Viertes Training (offiziell) | |
|---|---|---|---|---|---|---|---|
| 1. Senna | 1:21,820 | 1. Rosberg | 1:22,402 | 1. Mansell | 1:22,353 | 1. Senna | 1:19,843 |
| 3. Piquet | 1:23,654 | 2. Senna | 1:22,403 | 2. Senna | 1:22,507 | 2. Mansell | 1:20,537 |
| 2. Rosberg | 1:23,480 | 3. Mansell | 1:22,564 | 3. Piquet | 1:22,747 | 3. Rosberg | 1:21,887 |
| 4. Tambay | 1:24,132 | 4. Piquet | 1:23,018 | 4. Tambay | 1:23,228 | 4. Prost | 1:21,889 |
| 5. Mansell | 1:24,250 | 5. Cheever | 1:23,597 | 5. Alboreto | 1:23,241 | 5. Alboreto | 1:22,337 |
| 6. Prost | 1:24,262 | 6. Patrese | 1:23,758 | 6. de Angelis | 1:23,263 | 6. Surer | 1:22,561 |
| 7. Surer | 1:24,293 | 7. Prost | 1:23,943 | 7. Patrese | 1:23,514 | 7. Berger | 1:22,592 |
| 8. Berger | 1:24,664 | 8. Boutsen | 1:23,960 | 8. Streiff | 1:23,622 | 8. Tambay | 1:22,683 |
| 9. de Angelis | 1:24,686 | 9. Warwick | 1:24,372 | 9. Warwick | 1:23,743 | 9. Piquet | 1:22,718 |
| 10. Patrese | 1:24,790 | 10. Surer | 1:24,404 | 10. Surer | 1:23,857 | 10. de Angelis | 1:23,077 |
| 11. Boutsen | 1:24,926 | 11. de Angelis | 1:24,543 | 11. Prost | 1:24,108 | 11. Boutsen | 1:23,196 |
| 12. Cheever | 1:24,943 | 12. Alboreto | 1:24,666 | 12. Brundle | 1:24,276 | 12. Warwick | 1:23,426 |
| 13. Johansson | 1:25,223 | 13. Lauda | 1:24,691 | 13. Lauda | 1:24,367 | 13. Johansson | 1:23,902 |
| 14. Warwick | 1:25,315 | 14. Johansson | 1:24,732 | 14. Cheever | 1:24,454 | 14. Lauda | 1:23,941 |
| 15. Alboreto | 1:25,349 | 15. Ghinzani | 1:25,021 | 15. Johansson | 1:24,560 | 15. Patrese | 1:24,128 |
| 16. Brundle | 1:25,439 | 16. Tambay | 1:25,173 | 16. Jones | 1:24,867 | 16. Brundle | 1:24,241 |
| 17. Lauda | 1:25,448 | 17. Berger | 1:25,362 | 17. Berger | 1:24,964 | 17. Streiff | 1:24,286 |
| 18. Streiff | 1:25,448 | 18. Brundle | 1:25,646 | 18. Rosberg | 1:25,055 | 18. Cheever | 1:24,295 |
| 19. Jones | 1:25,469 | 19. Jones | 1:25,780 | 19. Laffite | 1:25,354 | 19. Jones | 1:24,369 |
| 20. Ghinzani | 1:27,051 | 20. Streiff | 1:26,618 | 20. Fabi | 1:27,035 | 20. Laffite | 1:24,830 |
| 21. Fabi | 1:27,775 | 21. Laffite | 1:26,972 | 21. Ghinzani | 1:27,391 | 21. Ghinzani | 1:26,630 |
| 22. Laffite | 1:27,810 | 22. Capelli | 1:27,120 | 22. Boutsen | 1:27,447 | 22. Martini | 1:27,402 |
| 23. Martini | 1:27,924 | 23. Martini | 1:27,196 | 23. Rothengat. | 1:28,288 | 23. Fabi | 1:28,110 |
| 24. Capelli | 1:34,242 | 24. Fabi | 1:28,261 | 24. Martini | 1:30,132 | | |
| | | 25. Rothengat. | 1:30,319 | | | | |

Startaufstellung:

| | | | |
|---|---|---|---|
| | Ayrton Senna<br>Lotus-Renault 97T-3<br>1:19,843 | | Nigel Mansell<br>Williams-Honda<br>FW10-06, 1:20,537 |
| Keke Rosberg<br>Williams-Honda<br>FW10-07, 1:21,887 | | Alain Prost<br>McLaren-Porsche<br>MP4/2B-6, 1:21,889 | |
| | Michele Alboreto<br>Ferrari 156/85-084<br>1:22,337 | | Marc Surer<br>Brabham-BMW BT54-6<br>1:22,561 |
| Gerhard Berger<br>Arrows-BMW A8/3<br>1:22,592 | | Patrick Tambay<br>Renault RE60B-05<br>1:22,683 | |
| | Nelson Piquet<br>Brabham-BMW BT54-9<br>1:22,718 | | Elio de Angelis<br>Lotus-Renault 97T-3<br>1:23,077 |
| Thierry Boutsen<br>Arrows-BMW A8/4<br>1:23,196 | | Derek Warwick<br>Renault RE60B-08<br>1:23,426 | |
| | Eddie Cheever<br>Alfa Romeo 185T/1<br>1:23,597 | | Riccardo Patrese<br>Alfa Romeo 185T/3<br>1:23,758 |
| Stefan Johansson<br>Ferrari 150/85-083<br>1:23,902 | | Niki Lauda<br>McLaren-Porsche<br>MP4/2B-4, 1:23,941 | |
| | Martin Brundle<br>Tyrrell-Renault 014-2<br>1:24,241 | | Philippe Streiff<br>Ligier-Renault JS25/04<br>1:24,286 |
| Alan Jones<br>Lola-Hart THL 1-002<br>1:24,369 | | Jacques Laffite<br>Ligier-Renault JS25/05<br>1:24,830 | |
| | Piercarlo Ghinzani<br>Toleman-Hart TG185-04<br>1:25,021 | | Ivan Capelli<br>Tyrrell-Renault 014-4<br>1:27,120 |
| Pierluigi Martini<br>Minardi-Motori M185/003<br>1:27,190 | | Teo Fabi<br>Toleman-Hart TG185-03<br>1:28,110 | |
| | Huub Rothengatter<br>Osella-Alfa FA1G-02<br>1:30,319 | | |

Sonntag-Aufwärmtraining: 1. Senna 1:23,854, 2. Prost 1:24,117, 3. Piquet 1:24,222, 4. Surer 1:24,789, 5. Rosberg 1:24,918, 6. Mansell 1:25,183, 7. Alboreto 1:25,579, 8. Lauda 1:25,633, 9. Cheever 1:25,803, 10. Jones 1:26,598.

Wetter am Renntag: sehr heiß, über 30 Grad — 120.000 Zuschauer (an allen drei Tagen 200.000)

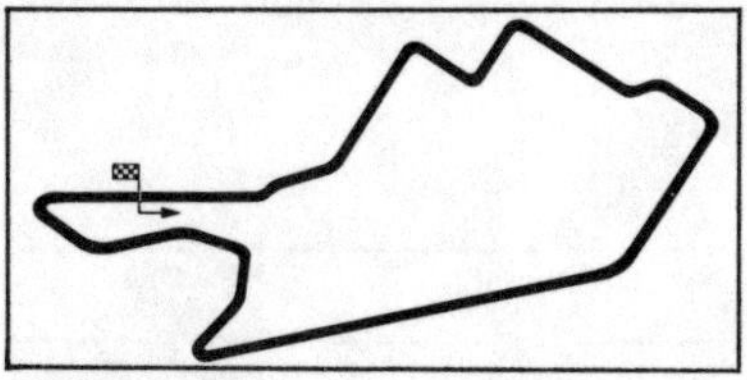

Rekorde: noch keine, neue Strecke.

Boxenstops:

| | | |
|---|---|---|
| Brundle: | 4. Runde: | Elektrikprobleme; Platz 15 |
| Laffite: | 7. Runde: | Reifenwechsel; Platz 16—22 |
| Fabi: | 11. Runde: | Reifenwechsel; Platz 18 |
| Berger: | 11. Runde: | Reifenwechsel; Platz 4—17 |
| Alboreto: | 12. Runde: | Reifenwechsel; Platz 3—10 |
| Boutsen: | 13. Runde: | Reifenwechsel; Platz 7—13 |
| Jones: | 20. Runde: | Motorprobleme, Batterie gewechselt; Platz 7 |
| Patrese: | 20. Runde: | Motorprobleme; Platz 12—14 |
| Ghinzani: | 22. Runde: | Reifenwechsel; Platz 15 |
| Berger: | 26. Runde: | zweiter Reifenwechsel; Platz 11—13 |
| Johansson: | 27. Runde: | Reifenwechsel; Platz 11—12 |
| Boutsen: | 35. Runde: | zweiter Reifenwechsel; Platz 8—10 |
| Rothengatter: | 39. Runde: | Reifenwechsel; Platz 14 |
| Rosberg: | 42. Runde: | Reifenwechsel; Platz 1—2 |
| Streiff: | 42. Runde: | Reifenwechsel; Platz 6—9 |
| Senna: | 44. Runde: | Reifenwechsel, neuer Frontspoiler rechts vorn; Platz 1—3 |
| Rosberg: | 45. Runde: | zweiter Reifenwechsel;Platz 1 |
| Berger: | 50. Runde: | dritter Reifenwechsel; Platz 9 |
| Rosberg: | 53. Runde: | dritter Reifenwechsel; Platz 1—3 |
| Berger: | 76. Runde: | vierter Reifenwechsel; Platz 5—6 |

Ausfälle:

| | | |
|---|---|---|
| Mansell: | 2. Runde: | Getriebe/Kraftübertragung nach Kollision mit Senna in der dritten Kurve; Platz 1—25 |
| Cheever: | 6. Runde: | Zündung, Wasserverlust; Platz 10 |
| Piquet: | 15. Runde: | Kabelbrand, Rauch im Cockpit; Platz 6 |
| Jones: | 20. Runde: | Motorschaden; Platz 20 |
| Tambay: | 21. Runde: | Differentialschaden; Platz 7 |
| Prost: | 27. Runde: | Zuerst Überdruckventil-, dann Turboschaden; Platz 3 |
| Ghinzani: | 29. Runde: | Kupplung; Platz 17 |
| Boutsen: | 38. Runde: | loser Ölschlauch/Motorschaden; Platz 10 |
| Fabi: | 41. Runde: | Motorschaden; Platz 12 |
| Patrese: | 43. Runde: | Motor/Ventilschaden wegen defekter Zündkerze; Platz 14 |
| Surer: | 43. Runde: | Reifendefekt (slow puncture), in der Haarnadel ausgerutscht, Motor abgestorben; Platz 3 |
| Lauda: | 58. Runde: | totaler Bremsdefekt, gegen die Mauer abgebremst; Platz 1 |
| Warwick: | 58. Runde: | Kraftübertragung; Platz 6 |
| Alboreto: | 62. Runde: | Schaltgestänge, kleiner Bolzen gebrochen; Platz 3 |
| Senna: | 63. Runde: | Motorschaden; Platz 2—7 |
| de Angelis: | | wegen Überholens in der Aufwärmrunde (Motor war abgestorben) disqualifiziert, in der 18. Runde schwarzgeflaggt; Platz 5 |

Distanz: 82 Runden à 3,78 km = 309,796 km.

Stand nach 1 Runde: 1. Rosberg, 2. Senna, 3. Alboreto, 4. Prost, 5. Berger, 6. Surer, 7. Tambay, 8. de Angelis, 9. Piquet, 10. Cheever.

Stand nach 30 Runden: 1. Rosberg (113,34 km in 43:40,390 = 155,711 km/h), 2. Senna —5,565, 3. Surer —29,949, 4. Lauda —43,415, 5. Alboreto —1:06,696, 6. Streiff —1:13,565, 7. Boutsen —1:24,100, 8. Warwick —1:25,913, 9. Capelli —1 Runde, 10. Laffite.

Stand nach 50 Runden: 1. Rosberg (188,90 km in 1.12:43,606 = 155,844 km/h), 2. Senna —30,165, 3. Lauda —31,082; 4. Alboreto —1:14,904, 5. Warwick —1 Runde, 6. Laffite, 7. Capelli, 8. Streiff, 9. Berger, 10. Johansson —2 Runden.

Stand nach 70 Runden: 1. Rosberg (264,46 km in 1.42:46,440 = 154,393 km/h), 2. Laffite —42,038, 3. Streiff —58,252, 4. Capelli —1:23,158, 5. Berger —1 Runde, 6. Johansson, 7. Rothengatter —4 Runden, 8. Martini.

Ergebnis:

| | | |
|---|---|---|
| 1. Keke Rosberg (Finnland), Williams-Honda | 2.00:40,473 | = 154,032 km/h |
| 2. Jacques Laffite (Frankreich), Ligier-Renault | 2.01:26,603 | 46,130 zurück |
| 3. Philippe Streiff (Frankreich), Ligier-Renault | 2.02:09,009 | 1:28,536 zurück |
| 4. Ivano Capelli (Italien), Tyrrell-Renault | 2.00:40,898 | 1 Runde zurück |
| 5. Stefan Johansson (Schweden), Ferrari | 2.00:54,187 | 1 Runde zurück |
| 6. Gerhard Berger (Österreich), Arrows-BMW | 2.02:07,752 | 1 Runde zurück |
| 7. Huub Rothengatter (Holland), Osella-Alfa | 2.01:44,024 | 4 Runden zurück |
| 8. Pierluigi Martini (Italien), Minardi-MM | 2.02:04,319 | 4 Runden zurück |

Brundle (Tyrrell-Renault) bei Schluß noch im Rennen, aber aufgrund zu geringer zurückgelegter Distanz nicht gewertet (33 Runden).

Schnellste Runde: Rosberg (Williams-Honda) 1:23,758 = 162,382 km/h (57. Runde).

Schnellste Runde jedes Fahrers im Rennen: Rosberg 1:23,758 (57.); Senna 1:24,140 (37.); Johansson 1:24,337 (74.); Lauda 1:24,498 (54.); Alboreto 1:24,642 (57.); Streiff 1:25,032 (62.); Laffite 1:25,469 (41.); Surer 1:25,751 (24.); Prost 1:25,388 (26.); Berger 1:26,216 (74.); Warwick 1:26,313 (56.); Capelli 1:26,497 (47.); Boutsen 1:26,668 (14.); Tambay 1:26,819 (20.); de Angelis 1:26,913 (8.); Piquet 1:27,155 (8.); Brundle 1:27,223 (25.); Jones 1:27,504 (6.); Cheever 1:27,744 (5.); Martini 1:28,366 (52.); Fabi 1:28,535 (30.); Patrese 1:28,675 (8.); Ghinzani 1:28,809 (6.); Rothengatter 1:28,942 (52.); Mansell 2:23,614 (1.).

# ANALYSE DER 16 WM-LÄUFE 1985

| Rennen | Pole-position (Vorsprung) | Führungskilometer | | Sieger (Vorsprung) | Schnellste Runde |
|---|---|---|---|---|---|
| Rio | Alboreto | Rosberg | 42,5 | Prost | Prost |
| | +0,096 | Alboreto | 43,0 | +3,259 | |
| | | Prost | 221,4 | | |
| Estoril | Senna | Senna | 291,4 | Senna | Senna |
| | +0,413 | | | +1:02,978 | |
| Imola | Senna | Senna | 282,2 | de Angelis | Alboreto |
| | +0,027 | Johansson | 2,6 | +1 Runde | |
| | | Prost | 17,6 | | |
| Monte Carlo | Senna | Senna | 42,0 | Prost | Alboreto |
| | +0,086 | Alboreto | 14,3 | +7,541 | |
| | | Prost | 19,9 | | |
| | | Alboreto | 28,8 | | |
| | | Prost | 153,3 | | |
| Montreal | de Angelis | de Angelis | 66,2 | Alboreto | Senna |
| | +0,249 | Alboreto | 242,6 | +1,957 | |
| Detroit | Senna | Mansell | 0,7 | Rosberg | Senna |
| | +1,198 | Senna | 31,5 | +57,549 | |
| | | Rosberg | 221,2 | | |
| Le Castellet | Rosberg | Rosberg | 58,8 | Piquet | Rosberg |
| | +0,373 | Piquet | 254,9 | +6,660 | |
| Silverstone | Rosberg | Senna | 269,2 | Prost | Prost |
| | +0,658 | Prost | 7,2 | +1 Runde | |
| | | Senna | 2,0 | | |
| | | Prost | 28,3 | | |
| Nürburgring | Fabi | Johansson | 0,2 | Alboreto | Lauda |
| | +1,187 | Senna | 2,6 | +11,661 | |
| | | Rosberg | 68,1 | | |
| | | Senna | 49,9 | | |
| | | Rosberg | 83,6 | | |
| | | Alboreto | 99,9 | | |
| Zeltweg | Prost | Prost | 160,5 | Prost | Prost |
| | +0,562 | Lauda | 71,5 | +30,002 | |
| | | Prost | 77,0 | | |
| Zandvoort | Piquet | Rosberg | 83,6 | Lauda | Prost |
| | +0,573 | Prost | 56,7 | +0,232 | |
| | | Lauda | 157,3 | | |
| Monza | Senna | Rosberg | 162,4 | Prost | Mansell |
| | +0,146 | Prost | 68,8 | +51,635 | |
| | | Rosberg | 24,0 | | |
| | | Prost | 40,6 | | |
| Spa | Prost | Senna | 62,5 | Senna | Prost |
| | +0,097 | de Angelis | 6,9 | +28,422 | |
| | | Senna | 229,0 | | |
| Brands Hatch | Senna | Senna | 26,2 | Mansell | Laffite |
| | +0,313 | Mansell | 315,5 | +21,396 | |
| Kyalami | Mansell | Mansell | 30,2 | Mansell | Rosberg |
| | +0,124 | Rosberg | 3,6 | +7,572 | |
| | | Mansell | 274,0 | | |
| Adelaide | Senna | Mansell | 0,8 | Rosberg | Rosberg |
| | +0,694 | Rosberg | 157,8 | +46,130 | |
| | | Senna | 3,8 | | |
| | | Rosberg | 34,0 | | |
| | | Senna | 14,3 | | |
| | | Lauda | 7,6 | | |
| | | Senna | 12,1 | | |
| | | Rosberg | 79,4 | | |

**Totale Führungskilometer 1985 (ungefähr): 1. Senna 1318,7; 2. Rosberg 1019,0; 3. Prost 851,3; 4. Mansell 621,2; 5. Alboreto 428,6; 6. Piquet 254,9; 7. Lauda 236,4; 8. de Angelis 73,1; 9. Johansson 2,8 km.**

# ALLE TRAININGSERGEBNISSE 1985

| | Brasilien | Portugal | San Marino | Monaco | Kanada | USA | Frankreich | England | Deutschland | Österreich | Holland | Italien | Belgien | Europa (Brands Hatch) | Südafrika | Australien |
|---|---|---|---|---|---|---|---|---|---|---|---|---|---|---|---|---|
| Prost | 6 | 2 | 6 | 5 | 5 | 4 | 4 | 3 | 3 | 1 | 3 | 5 | 1 | 6 | 9 | 4 |
| Alboreto | 1 | 5 | 4 | 3 | 3 | 3 | 3 | 6 | 8 | 9 | 16 | 7 | 4 | 15 | 15 | 5 |
| Rosberg | 2 | 3 | 2 | 7 | 8 | 5 | 1 | 1 | 4 | 4 | 2 | 2 | 10 | 4 | 3 | 3 |
| Senna | 4 | 1 | 1 | 1 | 2 | 1 | 2 | 4 | 5 | 14 | 4 | 1 | 2 | 1 | 4 | 1 |
| de Angelis | 3 | 4 | 3 | 9 | 1 | 8 | 7 | 8 | 7 | 7 | 11 | 6 | 9 | 9 | 6 | 10 |
| Mansell | 5 | 9 | 7 | 2 | 16 | 2 | 8 | 5 | 10 | 2 | 7 | 3 | 7 | 3 | 1 | 2 |
| Johansson | 23 | 11 | 15 | 15 | 4 | 9 | 16 | 11 | 2 | 12 | 17 | 10 | 5 | 13 | 16 | 15 |
| Piquet | 8 | 10 | 9 | 13 | 9 | 10 | 5 | 2 | 6 | 5 | 1 | 4 | 3 | 2 | 2 | 9 |
| Laffite | 15 | 18 | 16 | 16 | 19 | 16 | 15 | 16 | 13 | 15 | 13 | 20 | 17 | 10 | — | 20 |
| Lauda | 9 | 7 | 8 | 14 | 17 | 12 | 6 | 10 | 12 | 3 | 10 | 16 | — | — | 8 | 16 |
| Boutsen | 12 | 16 | 5 | 6 | 7 | 21 | 12 | 19 | 15 | 16 | 8 | 14 | 6 | 12 | 10 | 11 |
| Tambay | 11 | 12 | 11 | 17 | 10 | 15 | 10 | 13 | 16 | 8 | 6 | 8 | 13 | 17 | — | 8 |
| Surer | — | — | — | — | 20 | 11 | 14 | 15 | 11 | 11 | 9 | 9 | 12 | 7 | 5 | 6 |
| Warwick | 10 | 6 | 14 | 10 | 6 | 6 | 11 | 12 | 20 | 13 | 12 | 12 | 14 | 8 | — | 12 |
| Bellof | — | 21 | 24 | 22 | 23 | 19 | 26 | 26 | 19 | 22 | 22 | — | — | — | — | — |
| Streiff | — | — | — | — | — | — | — | — | — | — | — | 19 | 18 | 5 | 19 | 18 |
| Arnoux | 7 | — | — | — | — | — | — | — | — | — | — | — | — | — | — | — |
| de Cesaris | 13 | 8 | 13 | 8 | 15 | 17 | 13 | 7 | 14 | 18 | 18 | — | — | — | — | — |
| Berger | 19 | 17 | 10 | 11 | 12 | 24 | 9 | 17 | 17 | 17 | 14 | 11 | 8 | 19 | 11 | 7 |
| Capelli | — | — | — | — | — | — | — | — | — | — | — | — | — | 24 | — | 22 |
| Brundle | 21 | 22 | 25 | 18 | 24 | 18 | 21 | 20 | 26 | 27 | 21 | 18 | 21 | 16 | 17 | 17 |
| Watson | — | — | — | — | — | — | — | — | — | — | — | — | — | 21 | — | — |
| Rothengatter | — | — | — | — | — | — | — | — | 25 | 24 | 26 | 22 | 23 | 27 | 21 | 25 |
| Martini | 25 | 25 | 19 | 26 | 25 | 25 | 25 | 23 | 27 | 26 | 24 | 23 | 24 | 26 | 20 | 23 |
| Patrese | 14 | 13 | 18 | 12 | 13 | 14 | 17 | 14 | 9 | 10 | 19 | 13 | 15 | 11 | 12 | 14 |
| Cheever | 18 | 14 | 12 | 4 | 11 | 7 | 18 | 22 | 18 | 20 | 20 | 17 | 19 | 18 | 14 | 13 |
| Ghinzani | 22 | 26 | 22 | 21 | 22 | 22 | 24 | 25 | — | 19 | 15 | 21 | 16 | 14 | 13 | 21 |
| Alliot | 20 | 20 | 21 | 23 | 21 | 23 | 23 | 21 | 21 | 21 | 25 | 26 | 20 | 23 | — | — |
| Palmer | — | 23 | 17 | 19 | — | — | 22 | 24 | 24 | 25 | 23 | — | — | — | — | — |
| Winkelhock | 16 | 15 | 23 | 24 | 14 | 20 | 20 | 18 | 22 | — | — | — | — | — | — | — |
| Teo Fabi | — | — | — | 20 | 18 | 13 | 19 | 9 | 1 | 6 | 5 | 15 | 11 | 20 | 7 | 24 |
| Hesnault | 17 | 19 | 20 | 25 | — | — | — | — | 23 | — | — | — | — | — | — | — |
| Jones | — | — | — | — | — | — | — | — | — | — | — | 25 | — | 22 | 18 | 19 |
| Baldi | 24 | 24 | 26 | — | — | — | — | — | — | — | — | — | — | — | — | — |
| Acheson | — | — | — | — | — | — | — | — | — | 23 | 27 | 24 | — | — | — | — |
| Danner | — | — | — | — | — | — | — | — | — | — | — | — | 22 | 25 | — | — |

## SIEGERMARKEN DER WM-LÄUFE 1950—1985
(exklusive Indianapolis, das zeitweilig zur Fahrer-WM zählte)

| | |
|---|---|
| Ferrari | 96 |
| Lotus | 75 |
| McLaren | 48 |
| Brabham | 35 |
| Tyrrell | 23 |
| Williams | 23 |
| BRM | 17 |
| Cooper | 16 |
| Renault | 15 |
| Alfa Romeo | 10 |
| Matra | 9 |
| Mercedes | 9 |
| Maserati | 9 |
| Vanwall | 9 |
| Ligier | 3 |
| March | 3 |
| Wolf | 3 |
| Honda | 2 |
| Talbot | 2 |
| Eagle | 1 |
| Porsche | 1 |
| Hesketh | 1 |
| Penske | 1 |
| Shadow | 1 |

## KONSTRUKTEURBEWERB 1985

| | Brasilien | Portugal | San Marino | Monaco | Kanada | USA | Frankreich | England | Deutschland | Österreich | Holland | Italien | Belgien | Europa (Brands Hatch) | Südafrika | Australien | |
|---|---|---|---|---|---|---|---|---|---|---|---|---|---|---|---|---|---|
| 1. McLaren-TAG | 9 | — | 3 | 9 | 4 | — | 4 | 9 | 8 | 9 | 15 | 9 | 4 | 3 | 4 | — | = 90 |
| 2. Ferrari | 9 | 6 | 1 | 6 | 15 | 10 | 3 | 6 | 9 | 7 | 3 | 2 | — | — | 3 | 2 | = 82 |
| 3. Lotus-Renault | 4 | 12 | 9 | 4 | 2 | 2 | 2 | — | — | 8 | 6 | 5 | 9 | 8 | — | — | = 71 |
| Williams-Honda | — | 2 | 2 | — | 4 | 9 | 6 | — | 1 | — | 1 | — | 9 | 13 | 15 | 9 | = 71 |
| 5. Brabham-BMW | — | — | — | — | — | 1 | 9 | 4 | — | 1 | — | 9 | 2 | — | — | — | = 26 |
| 6. Ligier-Renault | 1 | — | — | 4 | — | — | — | 4 | 4 | — | — | — | — | — | — | 10 | = 23 |
| 7. Renault | 2 | 4 | 4 | 2 | — | — | 1 | 2 | — | — | — | — | 1 | — | — | — | = 16 |
| 8. Arrows-BMW | — | — | 6 | — | — | — | — | — | 3 | — | — | — | — | 1 | 3 | 1 | = 14 |
| 9. Tyrrell-Ford/Renault | — | 1 | — | — | — | 3 | — | — | — | — | — | — | — | — | — | 3 | = 7 |

# GRAND-PRIX-SIEGER 1950—1985

| | |
|---|---|
| 27 Große Preise: | Jackie Stewart (Schottland) |
| 25 Große Preise: | Jim Clark (Schottland)<br>Niki Lauda (Österreich) |
| 24 Große Preise: | Juan Manuel Fangio (Argentinien) |
| 21 Große Preise: | Alain Prost (Frankreich) |
| 16 Große Preise: | Stirling Moss (England) |
| 14 Große Preise: | Jack Brabham (Australien)<br>Graham Hill (England)<br>Emerson Fittipaldi (Brasilien) |
| 13 Große Preise: | Alberto Ascari (Italien)<br>Nelson Piquet (Brasilien) |
| 12 Große Preise: | Mario Andretti (USA)<br>Alan Jones (Australien)<br>Carlos Reutemann (Argentinien) |
| 10 Große Preise: | James Hunt (England)<br>Ronnie Peterson (Schweden)<br>Jody Scheckter (Südafrika) |
| 8 Große Preise: | Jacky Ickx (Belgien)<br>Denis Hulme (Neuseeland) |
| 7 Große Preise: | René Arnoux (Frankreich) |
| 6 Große Preise: | Tony Brooks (England)<br>John Surtees (England)<br>Jochen Rindt (Österreich)<br>Gilles Villeneuve (Kanada)<br>Jacques Laffite (Frankreich) |
| 5 Große Preise: | Dr. Giuseppe Nino Farina (Italien)<br>Clay Regazzoni (Schweiz)<br>John Watson (Irland)<br>Keke Rosberg (Finnland)<br>Michele Alboreto (Italien) |
| 4 Große Preise: | Bruce McLaren (Neuseeland)<br>Dan Gurney (USA) |
| 3 Große Preise: | Mike Hawthorn (England)<br>Peter Collins (England)<br>Phil Hill (USA)<br>Didier Pironi (Frankreich) |
| 2 Große Preise: | Froilan Gonzales (Argentinien)<br>Maurice Trintignant (Frankreich)<br>Wolfgang Graf Berghe von Trips (Deutschland)<br>Pedro Rodriguez (Mexiko)<br>Jo Siffert (Schweiz)<br>Peter Revson (USA)<br>Patrick Depailler (Frankreich)<br>Jean-Pierre Jabouille (Frankreich)<br>Patrick Tambay (Frankreich)<br>Riccardo Patrese (Italien)<br>Elio de Angelis (Italien)<br>Ayrton Senna (Brasilien)<br>Nigel Mansell (England) |
| 1 Großer Preis: | Luigi Fagioli (Italien)<br>Piero Taruffi (Italien)<br>Luigi Musso (Italien)<br>Joakim Bonnier (Schweden)<br>Innes Ireland (Schottland)<br>Giancarlo Baghetti (Italien)<br>Lorenzo Bandini (Italien)<br>Richie Ginther (USA)<br>Ludovico Scarfiotti (Italien)<br>Peter Gethin (England)<br>Francois Cevert (Frankreich)<br>Jean-Pierre Beltoise (Frankreich)<br>Carlos Pace (Brasilien)<br>Jochen Mass (Deutschland)<br>Vittorio Brambilla (Italien)<br>Gunnar Nilsson (Schweden) |